창의적 스타트업

Creative Startup

백광현 김성호 공저

진샘미디어

머리말

최근 창업생태계가 급속도로 확산되면서 창업초기기업을 지칭하는 용어들이 여럿 사용되고 있다. 근래 들어 스타트업(startup)이라는 용어가 대두되면서, 벤처기업(venture business)과 스타트업이 비슷한 것 같기도 하고, 다른 것 같기도 하기에 혼란을 야기하기도 한다. 스타트업은 원래 영세한 창업초기기업을 말하는데, 처음엔 미국 실리콘밸리(Silicon Valley)에서 혁신적 기술과 아이디어(idea)를 보유하고 있지만, 자금력이 부족한 창업기업을 뜻했고, 1990년대 후반 닷컴 버블(dot-com bubble)로 창업 붐이 일었을 때 생겨난 용어다.

현재의 확장된 개념으로, 신(新)기술 기반의 아이디어 혹은 아이디어 기반의 혁신적 기술을 바탕으로 한 신생 기업인 스타트업의 경우, 新기술 기반 신규 기업을 뜻하는 벤처의 부분집합에 속한다고 보면 된다. 벤처기업과의 상하위(上下位) 개념보다는 오히려 교집합(交集合)적인 부분이 많은 다른 기업으로 보는 것이 옳을 것이다.

창업(創業, foundation or establishment)은 새로운 사업을 시작하는 것을 의미하는데, 여기서는 4차 산업혁명 시대에서의 스타트업 창업을 중점적으로 설명하고자 한다. 스타트업 창업이란 첨단기술 분야에서 혁신적 아이디어를 가지고 창의적으로 이뤄지는 모험적 창업을 말한다. 이러한 창업은 실제 성공할 확률은 매우 낮다. 따라서 창업을 제대로 알고 체계적으로 준비한 사람만이 성공할 수 있다는 사실을 간과해서는 안된다.

지금 대한민국은 4차 산업혁명, 디지털 대전환 속에서 차세대 산업혁명으로 인공지능, 사물인터넷, 로봇기술, 드론, 자율주행차, 가상현실 등 '초연결', '초지능', '초융합'의 산업 구조로 급속히 발전해 가고 있다.

이와 같은 산업환경속에서 기업경쟁력의 하나로 활용되는 특허경쟁력은 갈수록 격화될 것으로 보인다. 이와 관련하여 우리나라 연구개발비 증가를 보면 연평균 2.2%로 나타나고 있으며, 특허 출원도 2019년 기준 전년 대비 6.4%의 증가율을 보였다. 이러한 증가세는 국내 특허 출원수가 200,000건이 넘는 세계적 수준에 다다르는데 일조하였다. 그러나, 이러한 결과에도 불구하고 특허의 사업화 및 창업은 미국, 유럽, 독일, 일본에 비해 아직 미흡한 실정이 현실이다.

이 책은 기존의 창업 관련 교재와는 달리, 특히 특허를 활용하여 4차 산업혁명 기반 기술을 중심으로 창업에 접목시키기 위한 지침서로서, 스타트업 창업에 중점을 두고 이론적 지식과 실무적 지식을 균형 있게 다루고자 하였다. 스타트업 창업을 배우고자 하는 학생들 그리고 스타트업에 관심 있는 일반인에게 가장 기본적이면서도 중요한 부분만을 요약·기술하고, 다양한 실전사례 소개를 통해 창업의 기초를 다질 수 있도록 구성돼 있다.

먼저, 4차 산업혁명 시대에 스타트업에 대한 기본 개념을 이해하고, 어떻게 운영되는지 파악하는데 도움을 줄 수 있도록 설명하고자 하였다. 스타트업 창업뿐 아니라 기업 내에서 새로운 사업을 추진하는데 필요한 기초 지식을 쌓는 데 많은 도움을 주고자 하였다. 특히, 창업에 대해 배우는 경영 전공 학생은 물론 스타트업에 관심 있는 일반인 및 비전공자들까지도 다양한 사례와 실전을 통해 창업의 기초를 다질 수 있도록 구성돼 있다.

여러분에게 지금 당장 창업을 하라고 권유하는 것은 아니다. 만약 창업의 필요성을 깨닫고 언젠가 한 번은 도전할 생각이었다면, 이 책을 통해 독자들에게 충분한 고민거리와 해결방안을 제시할 수 있기를 바라는 것이다. 독자는 이 책을 통해 1) 4차 산업혁명 시대의 큰 변화를 예측하고, 2) 기업가정신(起業家精神, entrepreneurship)을 배우고, 3) 창의적 사업아이디어를 발굴·보호하고, 4) 이를 사업화할 수 있는 비즈니스 모델(창업아이템)을 설계하고, 5) 창업팀을 이뤄 네트워크를 구축하는 구체적인 방법을 학습할 수 있다.

끝으로 어려운 여건임에도 불구하고 기꺼이 출판에 응해준 진샘미디어 출판사 관계자 여러분께 감사드린다. 이 책에서 4차 산업혁명 시대의 스타트업 창업을 위해 체계적으로 소개해 보다 쉽게 이해하고 활용할 수 있도록 노력하였으나 부족한 점이 많이 있으리라 생각된다. 좀 더 좋은 지침서가 될 수 있도록 독자 여러분의 적극적인 충고와 채찍을 기대한다.

저자들

제1부 4차 산업혁명과 스타트업

제 1 장 | 4차 산업혁명 시대의 이해

제 2 장 | 스타트업 창업의 이해

제 3 장 | 스타트업 창업의 기본 과정

제2부 스타트업 창업 실전

제 4 장 | 스타트업 비즈니스 모델 설계

제3부 스타트업 창업 경영

제 7 장 | 특허기반의 기술창업

제 8 장 | 스타트업 자금조달과 투자유치

제 9 장 | 지식재산권과 특허경영전략

그림차례

차례

표차례

제1부

4차 산업혁명과 스타트업

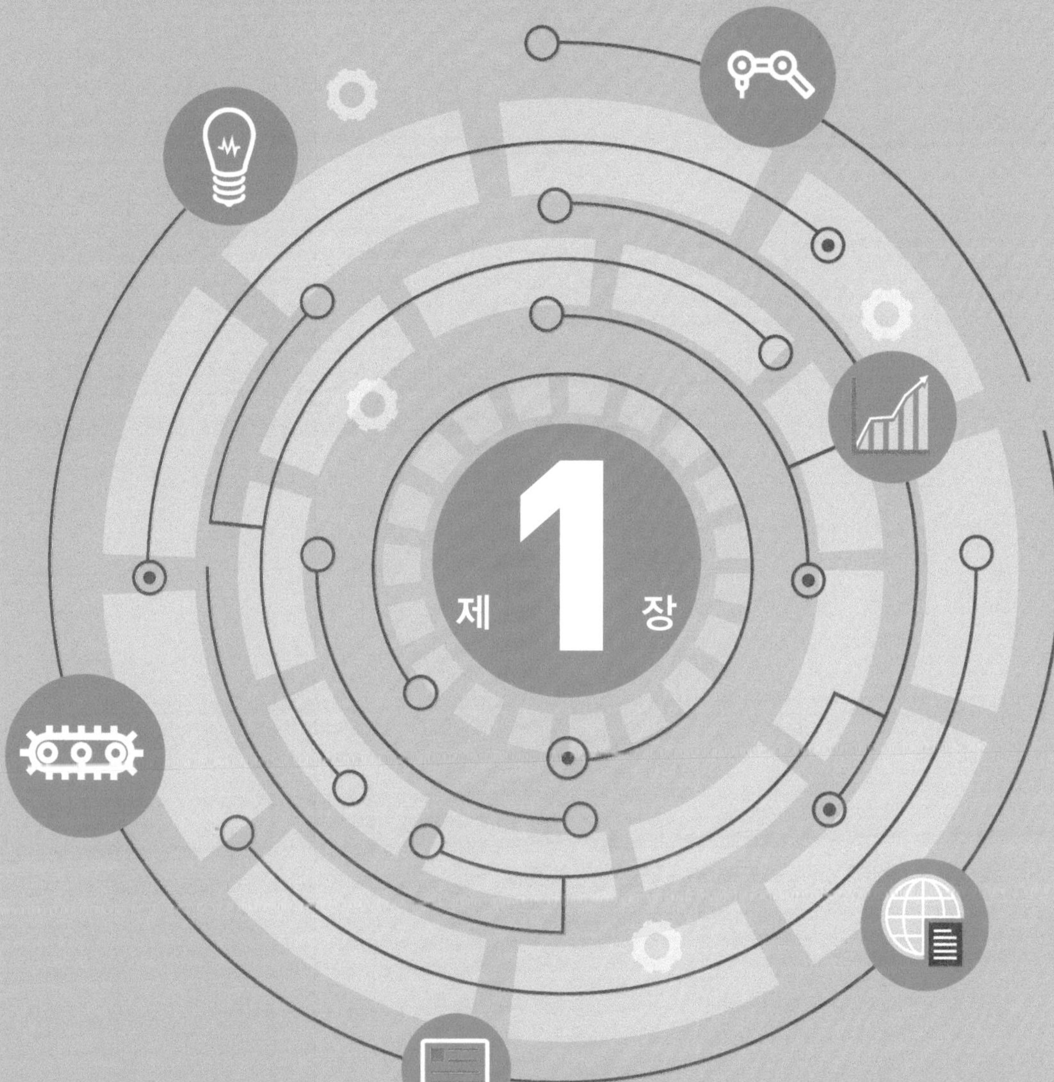

제 1 장

4차 산업혁명 시대의 이해

The Fourth Industrial Revolution & Startup

1.1 산업혁명의 역사

1.1.1 사회 변화와 기술 발전

사회도 생물과 같은 유기체로 생각할 수 있다. 사회도 고대 원시사회로부터 현대사회에 이르기까지 끊임없이 변화해 왔다. 역사학자들은 사회의 변화 과정을 생산기술의 발전과 연관지어 설명한다. 사회의 변화 과정은 그림 1-1에서 보는 바와 같이 수렵사회, 농경사회, 산업사회, 정보사회의 과정을 거쳐 발전했는데, 각 단계마다 혁신적 기술의 등장이 있었으며, 새로운 기술의 발전으로 생산력이 급속히 증대될 때 새로운 사회로 변화되었다.

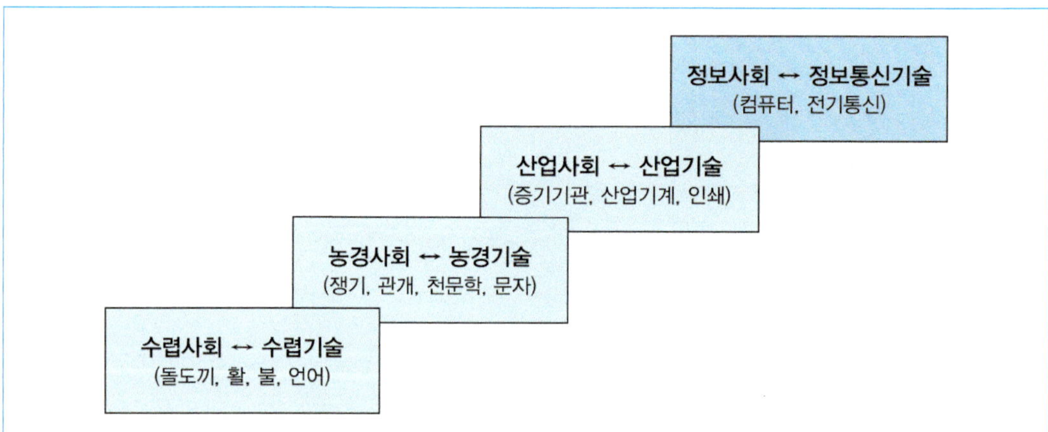

그림 1-1 기술 발전에 의한 사회 변화

새로운 사회는 새로운 기술에 적합한 문화, 사회적 제도, 경제구조를 형성해 혁신적 기술 발전을 지원하고 촉진한다. 각 사회의 기반구조를 형성하는 생산기술은 발전단계에 따라 각각 수렵기술, 농경기술, 산업기술이었으며, 현재 정보사회의 사회적 기술은 정보통신기술(ICT: Information and Communication Technology)이다.

초기의 인류는 직립보행을 해 손이 자유로워지고 지능이 발달함에 따라 노구와 불을 이용해 자연을 정복해 나갔다. 수렵과 채집생활을 하던 구석기인들은 유목생활에서 농기구의 발달로 인한 **농업혁명**을 통해 정착생활로 그 생활방식을 바꾸었다.

1

18세기 중엽 영국에서 시작된 생산기술의 혁신과 이에 수반해 일어난 사회·경제구조상의 변혁인 **산업혁명**이 일어났다. 이의 원동력이 되었던 제임스 와트(James Watt)의 증기기관은 수력·풍력·축력·인력 등 농업사회의 기본적인 동력을 능가하는 것으로서, 혁신적 동력혁명을 가져왔다. 면직물 공업에서의 기계화를 선두로 시작된 산업혁명은 대량생산을 가능케 했다. 그리고 교통·통신의 발달이 산업의 발달을 촉진시켰다.

사회의 역사를 발전 단계적으로 보는 경우, 선진국에서는 산업혁명에 의해 성립하고 발전해 온 '공업사회'가 성숙해 고도화돼 '탈공업사회'에서 정보사회라고 불리는 새로운 단계로 전환되었다. 이 새로운 전환이 태동하고 있는 동향을 산업혁명이라는 말과 대응시켜 **지식정보혁명**이라고 부른다. 구체적으로 차례차례 전개되는 정보통신기술(ICT) 혁신에 의해 사회의 산업구조가 변화하고, 시장은 국제 규모로 확대되고, 국내적으로는 다양한 대중소비경제가 한층 진전됨으로써 사회·경제·정치의 모든 면에서 대량·신속·적절한 정보가 요구되는 정도가 매우 높아졌다.

이렇듯 인류는 기술 발전의 관점에서 농업혁명, 산업혁명, 지식정보혁명의 세 가지 혁명에 의해 발전해 왔다. 미국의 미래학자인 앨빈 토플러(Alvin Toffler)는 1980년 그의 저서 「제3의 물결(The Third Wave)」에서 이런 변화를 제1의 물결, 제2의 물결, 제3의 물결이라고 말하고 있다. 현재 우리는 제3의 물결인 지식정보혁명으로 물질 중심의 산업사회에서 지식 중심의 정보사회로 바뀌는 과정에서 정보 기반의 중추로서 물질자원, 에너지, 공해 및 환경 등의 문제를 해결하고, 더 나아가 풍요로운 삶을 인류에게 제공할 것이라고 주장하였다.

이와 같이, 우리가 살고 있는 사회에서는 발전하고 있는 ICT를 기반으로 그림 1-2와 같이 정보가 물질 자원이나 에너지 자원보다 더 큰 비중을 가지고 경제, 사회 발전에 중추적인 역할로 변화하고 있다. 그리고 산업구조적으로는 정보를 수집·처리·가공·분배하는 ICT산업이 농업이나 공업보다 더 큰 비중을 차지하고 있다. 이는 더욱 더 많은 사람들이 교육, 소프트웨어, 증권·보험, 행정·법률, 의료 전문업 등 정보서비스 산업에 종사하게 될 것이다.

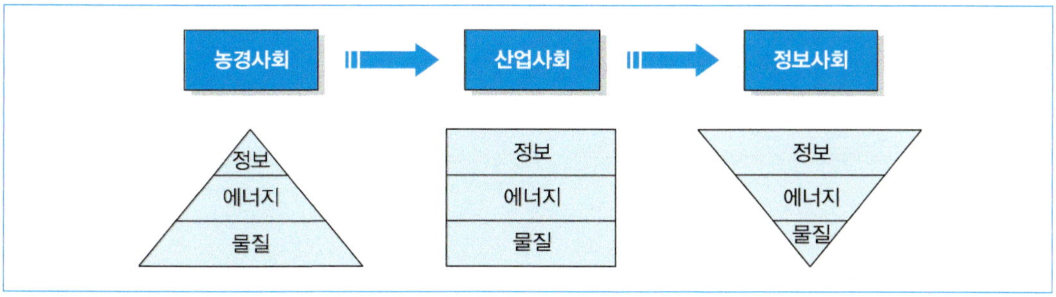

그림 1-2 정보 가치의 증대

1.1.2 산업혁명의 전개와 재조명

혁신(innovation)과 혁명(revolution)의 차이를 살펴보면, **혁신**은 '새로운 아이디어, 방법, 장치 등의 등장'을 의미하며, **혁명**은 '갑작스럽고 급진적이지만 필요한 모든 것이 갖춰진 완전하고 근본적인 변화'로 정의된다. 그러므로 산업혁명은 '기술적 혁신과 이로 인해 일어난 경제적, 사회적 큰 변화'라 할 수 있다. 따라서 인류역사의 변화 중심에는 새로운 기술의 등장과 기술 혁신이 자리 잡고 있다. 새로운 기술의 등장이 단순히 기술적 발전에 그치지 않고 全세계의 경제·사회 구조에 큰 영향을 미쳐 근본적으로 혁신이 일어나야 혁명이 일어나게 된다.

산업혁명이라는 용어는 1884년 영국의 역사학자 아널드 토인비(Arnold J. Toynbee)가 「18세기 영국 산업혁명 강의」에서 산업혁명을 언급하면서, 이 용어가 널리 사용하게 되었다. 본래 산업혁명은 18세기 후반 증기기관 발명으로 인해 급격한 산업 생산력의 증대로 영국에서 시작된 경제·사회 구조의 획기적인 변화를 일컫는다. 이는 18세기에서 19세기 사이에 유럽과 북미로 확산되었으며, 20세기 후반에 이르러서는 동남아시아와 아프리카 및 라틴아메리카로 확산되었다.

이러한 산업혁명은 르네상스 이래 유럽의 전반적인 근대적 발전을 배경으로 경제적, 사회적 조건이 서서히 누적되면서 어떤 임계점(critical point)[1)]을 기점으로 경제·사회적인 변화가 급속도로 일어난 현상이다. 이처럼 산업혁명의 전개 단계는 경제·사회 구조의 변혁을 촉진한 핵심 발명품의 등장 시기를 기준으로 나뉜다.

18세기 후반부터 19세기 전반에 걸쳐 발생한 **1차 산업혁명** 즉, 증기기관의 혁신이 가져온 기계화는 영국 섬유공업의 거대 산업화로 국가 내부의 연결성을 강화하는 계기가 되었으며, 증기기관이 만들어낸 기계, 철도, 자동차, 배(선박)의 출현은 대량생산, 빠른 배송으로 19세기 중반에 全세계 석탄의 3분의 2, 면제품의 3분의 1 이상을 생산함으로써 세계 경제를 지배하게 되었다.

19세기 말에서 20세기 초까지 이어진 **2차 산업혁명** 즉, 새로운 에너지의 혁신을 가져온 전기(電氣)는 컨베이어벨트 활용 기반으로 대량생산체제가 구축되고, 전신·전화 등 통신기술은 기업과 국가 간의 연결성이 강화함으로써, 산업패권이 유럽에서 미국으로 이동하게 되었다. 증기시대에서 전기시대로, 외연기관에서 내연기관으로의 혁신 그리고 가솔린·디젤엔진 개발 등은 수송 분야의 혁명을 가져오게 되었다. 뿐만 아니라 철강산업과 함께 화학산업은 신소재 개발을 통해 2차 산업혁명에 기여하게 되었다.

---

1) 이를 당시 시대적으로 보면, 새로운 농업기술의 도입, 식민지 개척과 신규시장 확보, 정치적 안정, 지주계급의 등장 등으로 설명할 수 있다.

20세기 후반부터 금세기 초반까지 이어진 **3차 산업혁명** 즉, 컴퓨터와 인터넷 혁신이 가져온 정보화는 사람, 환경, 기계의 연결성이 강화되면서 정보처리 방식의 자동화체제와 기계·소프트웨어가 데이터를 생산하는 계기가 되고, 인터넷 기반의 지식정보혁명이 일어났다. 이러한 혁명은 ICT의 혁신적 발전으로 미국의 글로벌 ICT기업이 부상되었다.

	1차 산업혁명	2차 산업혁명	3차 산업혁명
• 연도	1784년	1870년	1969년
• 주도 국가	영국	독일, 미국	미국, 일본
• 핵심 발명품	증기 기관, 방적기	전기, 전동기(모터)	컴퓨터, 인터넷
• 핵심 산업	면방직 산업	자동차, 중화학, 철강	정보통신, 반도체
• 경제 구조의 변화	• 공업 중심의 경제로 전환 • 지속적인 경제 성장으로 진입	• 대기업 중심의 경제 성장 • 후발 공업국의 산업화	• 벤처 기업이 혁신의 주체로 등장 • 세계 경제의 글로벌화
• 사회 구조의 변화	• 노동자 계급의 성장 • 자유 민주주의 체제 형성	• 자본가의 영향력 증대 • 기술 의존도 심화	• 생활 편의 향상 • 신지식인 그룹 등장

출처 : 한국은행, 과학기술정책연구원

그림 1-3 산업혁명의 전개 과정과 재조명

1.1.3 4차 산업혁명의 등장 배경 : 독일의 'Industry 4.0'

2016년 스위스의 다보스(Davos)에서 개최된 세계경제포럼(WEF: World Economy Forum)회장 클라우스 슈바프(Klaus Schwab)는 기조연설에서 독일의 'Industry 4.0'[2)]에 의해 탄생한 자동화 기술의 확산이 제조업뿐만 아니라, 경제 전반의 생산과 사회 구조의 변동을 가져온 현상을 **4차 산업혁명**으로 지칭하였다. 슈바프는 4차 산업혁명을 3차 산업혁명을 기반으로, 디지털, 바이오와 물리학 기술 간의 모든 경계를 허무는 **융합기술 혁명**으로 정의하고 경제·사회의 새로운 패러다임으로 제시하였다.

'Industry 4.0'은 처음 독일이 자국 제조업의 경쟁력을 강화하고 주도권을 이어가기 위해 구상한 차세대 산업혁명을 말한다. 세계 최고 수준의 제조업 역량을 자랑하던 독일은 중국과 한국 등 후발 국가의 기술 추격과 빠른 고령화로 인한 생산 인구 부족으로 위기를 맞았다. 이를 극복하기 위해 ICT와 제조업을 융합해 생산에 투입되는 인력을 최소화하는 자동생산 체계를 구축하는 'Industry 4.0'이라는 전략을 추진하였다.

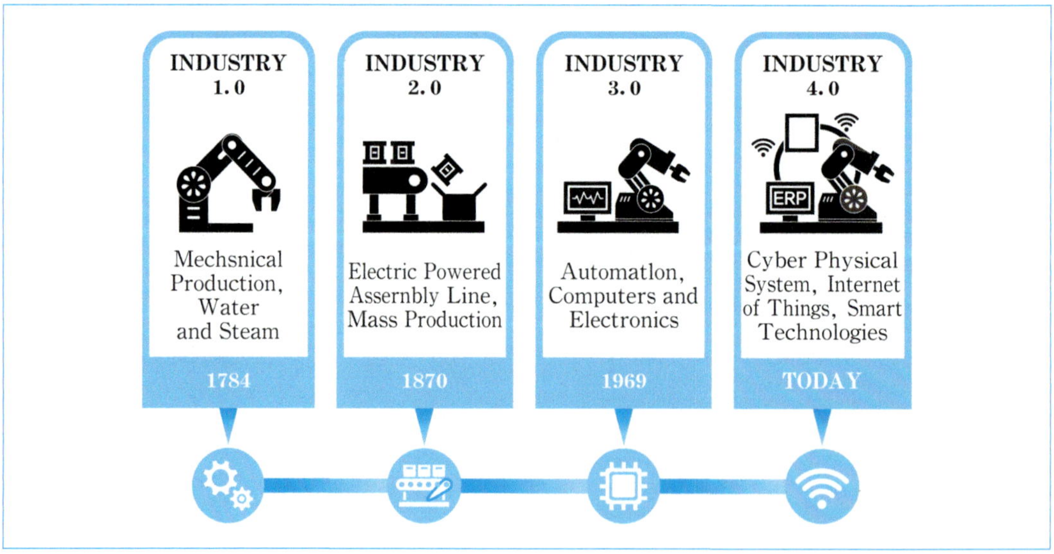

그림 1-4 'Industry 4.0'의 진화

2) 영어의 Industry는 독일어의 Industrie와 마찬가지로 산업이라는 뜻이 있다. 그러나 영어의 Industry와 달리 제조의 뜻도 포함하고 있다. 그래서 인더스트리 4.0은 '제조 4.0'이란 의미로도 쓰인다.

1

이처럼, 독일은 인터넷 기술의 진화가 오프라인 세상을 바꿔놓고 있는 환경 변화를 일찍이 감지했다. O2O(Online-to-Offline)[3] 시대로의 변화에 맞춰 제조업 경쟁력을 한 단계 업그레이드해야 미래의 경쟁력을 확보할 수 있음을 깨달았다. 독일 정부는 기존 제조업 기반에 ICT를 융합하는 'Industry 4.0' 프로젝트를 2013년부터 시작했다. 그 결과, 4차 산업혁명의 핵심이라고 할 수 있는 지능형 스마트공장(smart factory)을 탄생시켰다.

독일의 대표적인 스마트공장인 지멘스(Siemens)社의 암베르크(Amberg) 공장에서는 각 부품 및 공정마다 센서(sensor)와 스캐너(scanner)를 연결해 제품의 완성도를 높였다. 여기서는 생산라인의 기계끼리 서로 소통하고 모든 부품을 인식할 수 있게 됨에 따라서 맞춤형 대량생산이 가능하다. 즉, 사물인터넷(IoT: Internet of Things), 인공지능(AI: Artificial Intelligence), 로봇공학(robot engineering), 클라우드 컴퓨팅(cloud computing) 등과 같은 온라인 新기술이 제조업 공장에 적용되면서 스마트공장이 탄생하게 되었다. 스마트공장은 수요에 따라 모든 생산라인을 자유롭게 바꿔가면서 맞춤형 제품을 대량으로 생산할 수 있게 되었다.

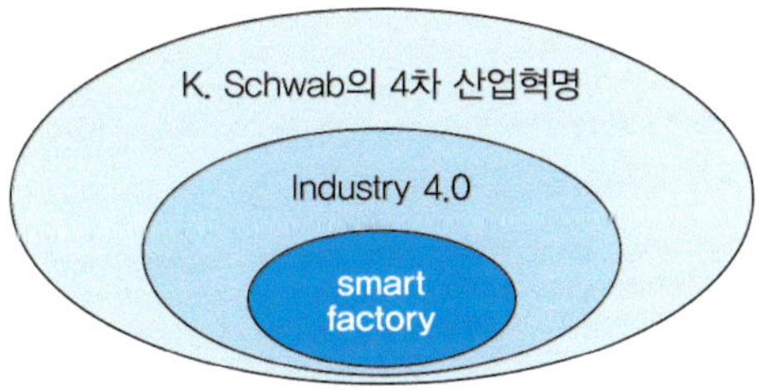

그림 1-5 4차 산업혁명과 'Industry 4.0'의 관계

3) 이는 단어 그대로 온라인이 오프라인으로 옮겨온다는 뜻이다. 정보 유통 비용이 저렴한 온라인과 실제 소비가 일어나는 오프라인의 장점을 접목해 새로운 시장을 만들어 보자는 데서 나왔다.

1.2 | 4차 산업혁명의 개요

1.2.1 4차 산업혁명의 정의

일반적으로, 4차 산업혁명은 인공지능(AI), 로봇공학(robot engineering), 사물인터넷(IoT), 3D 프린팅, 빅데이터(big data) 등의 기술이 주도하는 차세대 산업혁명을 말한다. 4차 산업혁명의 주요 기술이 컴퓨터나 네트워크를 기반으로 한다는 점에서 3차 산업혁명의 범주에서 벗어나지 않는다는 지적이 있으나, 이러한 기술들이 어떤 방향으로든 경제·사회에 큰 변화를 가져올 것이라는 데는 이견이 없다.

오늘날 벌어지고 있는 4차 산업혁명은 3차 산업혁명의 단순한 연장이 아니라, 그것과 구별되는 새로운 산업혁명의 도래라고 봐야 하는데, 여기에는 크게 세 가지의 이유가 있다. 바로 그 속도와 범위·깊이 그리고 시스템에 미치는 영향이다. 4차 산업혁명은 혁신적 정보통신기술(ICT)의 발달로, 나타나는 기술의 융합과 연결과정을 거쳐 이뤄지는 산업구조와 새로운 경제 패러다임을 의미한다.

- ❑ **속도**(velocity) : 1~3차 산업혁명과는 달리, 4차 산업혁명은 선형적 속도가 아닌 기하급수적인 속도로, 모든 것이 과거에 비해 훨씬 빠른 속도로 일어나고 있다. 이는 우리가 살고 있는 세계가 다면적이고 서로 깊게 연계돼 있다.
- ❑ **범위·깊이**(breadth & depth) : 4차 산업혁명은 디지털혁명을 기반으로 다양한 기술을 융합해 개개인뿐 아니라, 경제·사회를 유례없는 패러다임 전환으로 유도한다. 이는 수많은 분야에서 근본적 변화가 동시다발적으로 발생한다.
- ❑ **시스템에 미치는 영향**(system impact) : 4차 산업혁명은 국가 간, 기업 간, 산업 간, 그리고 사회 전체시스템의 완전한 변화를 수반한다.

이처럼, 1784년 영국에서 시작된 증기기관과 기계화로 대표되는 1차 산업혁명, 1870년 전기를 이용한 대량생산이 본격화된 2차 산업혁명을 거쳐, 1969년 인터넷이 이끈 컴퓨터 정보화 및 자동화 생산시스템이 주도한 3차 산업혁명에 이어, 4차 산업혁명은 수요기술인 AI, IoT, 빅데이터 등을 통해 실재(實在)와 가상이 통합돼 사물을 자동적, 지능적으로 제어할 수 있는 가상물리시스템(CPS: Cyber Physical System)의 구축이 기대되는 산업 환경의 변화를 일컫는다.

가상물리시스템(CPS)는 컴퓨터 프로그래밍으로 만들어진 가상(cyber) 세계, 즉 디지털 환경과 물리적(physical) 법칙에 의해 운용되는 물리적 세계를 통합하는 개념을 의미한다. 다시 말하면, 이는 로봇, 의료기기 등 물리적인 실제(實際)의 시스템과 가상공간의 소프트웨어 및 주변 환경을 실시간으로 통합하는 시스템을 일컫는 말로, 주로 IoT에 관련된 센서 등과 이를 통제하는 컴퓨팅적 요소의 결합으로 등장하였다.

따라서 인간의 생활에서 사용되는 다양한 기계와 이를 제어하기 위한 소프트웨어, 액추에이터(actuator), 센서, 전자 하드웨어, 임베딩(embedding) 시스템 등을 포함한 각종 네트워크 시스템을 연결 짓는다면, IoT의 개념과 일맥상통한다고 볼 수 있다. 스마트폰 등과 같은 각종 스마트기기, IoT를 적용한 디바이스(device)[4]나 스크린야구, 스크린골프 등도 CPS에 해당된다. 뿐만 아니라 전력망, 에너지, 건강진료, 수자원관리, 공공기초시설, 운송시스템 등 매우 복잡한 핵심 인프라(infra)[5]가 모두 CPS의 적용대상에 해당된다.

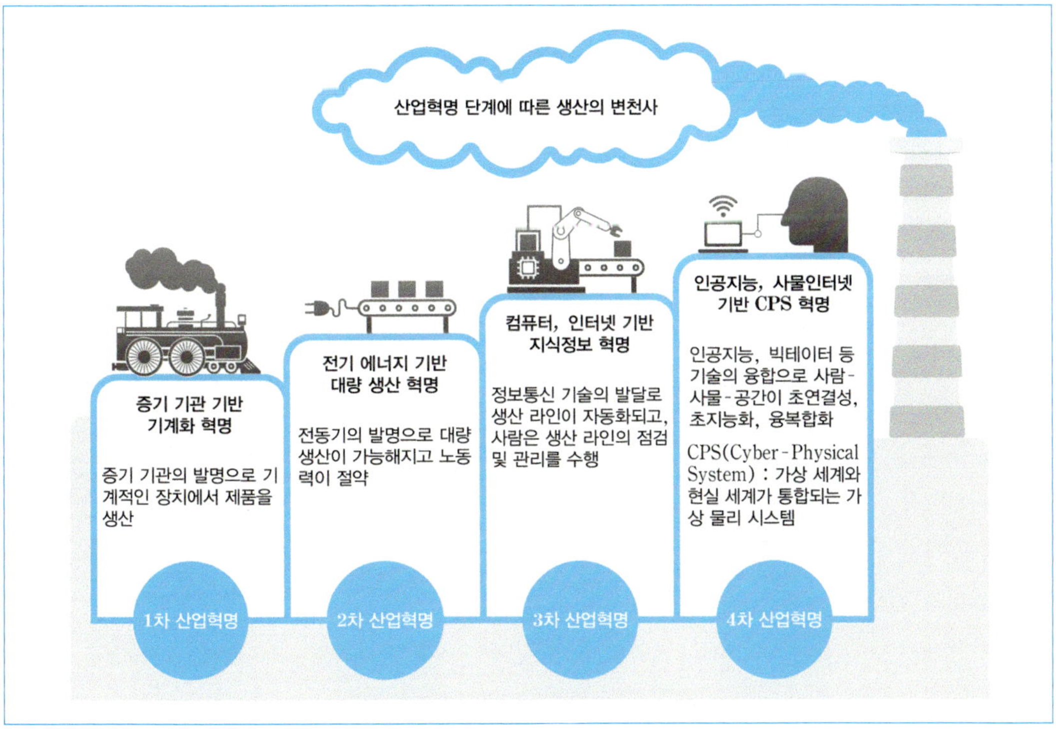

그림 1-6 4차 산업혁명 시대의 도래

4) 이는 어떤 특정한 목적을 위해 구성한 기계적 · 전기적 · 전자적인 장치를 말한다.

5) 이는 infrastructure의 줄인 용어로, 생산이나 생활의 기반을 형성하는 중요한 구조물을 말한다.

실례로, 스마트공장은 가상 시뮬레이션(simulation) 기술을 오프라인 공장에 적용한 CPS 방식으로, 공장의 생산라인을 수시로 바꿀 수 있다. 가상공간에 제작 프로세스를 가상으로 설계하면, 오프라인 생산라인이 자동으로 변경되는 CPS 방식은 맞춤형 대량생산을 가능하게 만들 수 있다. 그동안 불가능했던 소비자의 수요 변화에 맞춘 대규모 맞춤 생산이 드디어 가능하게 된 것이다.

1.2.2 4차 산업혁명의 주요 특징

인공지능(AI), 사물인터넷(IoT), 빅데이터 등 4차 산업혁명의 주요 기술들은 정보를 자동으로 데이터화하고 분석해 현실과 가상의 세계를 하나로 연결한 가상물리시스템(CPS) 체계를 구축하고 있다. 4차 산업혁명은 자동으로 처리된 O2O 상의 정보를 바탕으로 개인별 맞춤형 생산을 촉진한다는 점에서 정보를 수동적으로 온라인에 입력해야 했던 3차 산업혁명과 구별된다.

4차 산업혁명과 함께 시작된 디지털 전환(digital transformation)은 큰 틀에서 '**전면적 디지털화**'로 요약될 수 있다. 기존의 디지털 변혁의 범위가 全방위로 확대되면서 이뤄지는 변화, 즉 '전면적 디지털화'는 4차 산업혁명의 핵심적인 기술적 특징이다.

'전면적 디지털화'를 통해 가능하게 된 변화는 **초연결성**(hyper-connectivity)와 **초지능화**(super-intelligence)로 요약될 수 있으며, 이는 다시 산업 등 다양한 영역에서의 **융복합화**(convergence)를 가속화한다. 즉 '전면적 디지털화'에 따른 초연결성, 초지능화, 융복합화를 큰 축에서의 기술 변혁의 핵심 요소로 정리할 수 있을 것이다. 이처럼 4차 산업혁명은 인류가 전혀 경험하지 못할 만큼 빠른 속도로 획기적인 기술의 진보와 全산업 분야의 혁신적인 개편을 불러일으킬 것이다.

결국, 4차 산업혁명은 진정한 스마트(smart) 시대를 의미하는 초연결성, 초지능화 그리고 융복합화로, 스마트홈·스마트시티·스마트공장·스마트농업·스마트카 등의 산업으로의 발전을 가속화하고 있다. 이와 더불어 공유경제(sharing economy)·온디맨드경제(on demand economy) 등이 등장하고 기존 산업을 혁신하는 패러다임 변화가 일어난다. 현재와 같은 비약적인 발전 속도는 전례가 없다. 이전의 산업혁명과 비교하면, 4차 산업혁명은 산술급수적이 아니라 기하급수적으로 전개되고 있다. 4차 산업혁명에 따른 변화의 폭과 깊이는 생산·관리·통제 전반에 걸쳐 전체 시스템의 변화를 예고한다.

1 초연결성

초연결(hyper-connected)이란 미국 시장조사업체 가트너(Gartner)가 기업들의 새 트렌드를 강조하기 위해 2008년 처음 사용한 용어로, 모바일 시대를 맞아 사람과 사람, 사람과 사물, 사물과 사물이 연결된 상황을 일컫는다. 현재의 개념으로 초연결이란 사람과 사물(공간·생물·정보·비즈니스 등)이 물리·가상공간의 경계 없이 서로 유기적으로 연결돼 소통하고 상호작용하는 만물인터넷(internet of everything) 개념의 인프라를 뜻한다.

4차 산업혁명의 특징 중 하나는 ICT를 기반으로 하는 IoT의 진화를 통해 사람과 사람, 사람과 사물, 사물과 사물을 대상으로 한 초연결성이 기하급수적으로 확대하는 것이다. 초연결 사회에서는 모든 사물에 부착된 센서(sensor)가 만들어내는 초연결성은 원하는 정보를 포착, 데이터화해서 이를 활용할 수 있도록 도와준다. 즉 이는 데이터를 획득·저장·분석한 뒤 다시 활용할 수 있고 미래까지 예측할 수 있도록 정보제공자 역할을 한다.

IoT은 인간-사물 연결·데이터화로, 비인간 행위 주체의 O2O 시대에 따른 연결 강화를 의미한다. 여기에 웨어러블(wearable) 기술 역시 중요한 축을 차지한다. 인간 생체정보(심박수, 산소포화도 등)의 전면적 수집을 가능하게 하는 웨어러블 장비의 일상화(생체정보·행동정보의 데이터화)된다. 이렇게 수집된 데이터는 결과적으로 빅데이터화로 이어진다. 기존의 디지털 데이터 수집은 온라인 상의 사용자 활동 정보를 중심으로 이뤄진다.

다시 말하면, 초연결성이란 '전면적 디지털화'에 기초한 초연결화(전면적 온라인화)에 따른 현실-가상 경계의 소멸 및 데이터베이스화를 의미한다. '전면적 디지털화'에 따른 초연결의 강화는 O2O 체계의 구분 없이 인간 활동 全영역의 활동 정보의 데이터베이스화를 가능하게 한다. 이렇게 확보된 빅데이터는 머신러닝(machine learning)·딥러닝(deep learning) 등을 통한 초지능화(super-intelligence)의 기반이 된다.

2 초지능화

4차 산업혁명 시대의 특징은 데이터 분석 및 머신러닝을 통한 인공지능(AI)의 발전, 이를 통한 전면적 기계자율의 확대가 초지능화의 핵심이라 할 수 있다. AI의 핵심인 초지능화의 특징은 개인화과 기계자율화이다. 이때 **개인화**는 개인 활동의 전면적 데이터화에 따른 개인 맞춤형 추천의 확대와 상거래(commerce)와의 연결을 의미한다. **기계자율화**는 로봇 기술의 발전과 연계된 물리적 노동 행위의 대체(블루컬러 대체), 그리고 딥러닝 기술 발전에 따른 인간의 지적 노동의 대체(화이트컬러 대체)를 의미한다.

다음으로, 초지능화의 특징으로는 **인간–기계 협력**시대의 시작을 들 수 있다. 기계가 인간의 육체노동뿐 아니라 지식노동을 대체할 능력을 갖게 되면서 AI가 인간 의사결정 과정의 조력자로서, 인간과 협력하는 시대가 되는 것이다. AI는 컴퓨터의 신속·정확한 분류·계산·검색 능력에 더해 의사결정의 오류를 방지하고 대안을 제시하는 지식을 제공하고 인간은 최종적으로 판단하고 결정하는 방식으로 역할분담이 이뤄진다.

또한, AI와 빅데이터의 결합·연계를 통해 기술과 산업 구조의 초지능화가 강화되고 이러한 초지능화의 결과는 결국 개인화 경제의 탄생과 인간 노동의 대체, 이에 따른 비즈니스 환경의 변화와 노동 기회 감소 등을 꼽을 수 있을 것이다. 더욱이 지식학습이 용이한 분야는 AI 및 로봇이 인간 역할을 상당수 대체할 전망이다. 스마트로봇, 스마트헬스, 스마트학습, 스마트홈 등 다양한 지능형 제품 및 서비스가 출현해 건강·치료·경제·주거·교육 등 다양한 개인맞춤형 서비스 가치를 전달하게 된다.

3 융복합화

4차 산업혁명 시대의 특징을 나타내는 세 번째 주요 단어는 융복합화(convergence)이다. 3차 산업혁명에서 컴퓨터의 보급으로 디지털 시대를 열며 인터넷을 통해 全세계를 연결해 지식과 정보를 교환했다면, 4차 산업혁명은 과학기술과 ICT의 급격한 발전을 통해 연결의 속도를 증가시켰으며, 디지털 기계뿐 아니라 사물과 사람과의 융복합의 과정을 거쳐 새로운 가치와 삶의 방식을 창조하고 있다.

이처럼, 초연결과 초지능의 확대는 결과적으로 기존에 분리돼있던 다양한 영역들의 융복합으로 이어지게 된다. 오프라인 활동과 에이전트들(상점, 서비스, 사물, 생체정보 등)의 온라인화와 이를 통한 융복합화 및 가상·증강 현실화가 전개되는 것이다. 또한, 기술 간, 산업 간 융합 역시 촉진될 것이다. 초연결 환경은 독자적인 발전 동인에 의해 진보해온 바이오·나노·에너지·신소재 등 산업 및 기술 간 직접적인 융복합 확산의 기폭제가 될 전망이다.

4차 산업혁명은 단순히 기기와 시스템을 연결하고 스마트화 하는데 그치지 않고, 유전자 염기서열분석에서 바이오프린팅, 나노기술, 재생가능에너지에서 양자컴퓨팅(quantum computing)[6)]까지 다양한 분야에서 거대한 약진이 동시다발적으로 일어나고 있다. 이 모든 기술이 융복합해 디지털, 바이오, 물리학 분야가 상호교류하고 융합하는 4차 산업혁명은 종전의 그 어떤 혁명과도 근본적으로 궤를 달리한다.

4차 산업혁명은 진행 속도와 범위 외에도 수많은 분야와 발견이 끊임없이 융복합 하고 조화를 이루는 독특한 습성을 지니고 있다. 실례로 디지털 제조와 생물학 분야의 합작이 성사되었다. 몇몇 디자이너와 건축가는 이미 전산설계, 적층가공, 재료공학, 합성생물학을 접목해 미생물과 인간의 신체, 소비재와 거주 건물까지 포괄하는 시스템을 개척하는 중이다.

4차 산업혁명 시대에서는 혁신적 ICT의 발전을 통해 연결된 수십억 인구는 전례 없이 빠른 처리 속도와 엄청난 저장 용량 그리고 편리한 정보 접근성을 갖춤으로써 할 수 있는 일이 무한해질 것이다. 앞서 설명했듯이, AI, 빅데이터, IoT, 로봇공학, 3D 프린팅, 드론 등 지능화된 디지털 기술과 물리학 기술이 기존 산업과 서비스에 융복합되거나 유전공학, 합성생물학, 바이오프린팅, 나노 신소재, 재생에너지 등 여러 분야의 新기술과 결합돼 실세계 모든 제품·서비스를 네트워크로 연결하고 사물을 지능화한다. 이로서 각각 영역에서 새로운 기술들이 새로 생겨나고 비약적으로 발전함에 따라 그 가능성은 더욱 커지게 된다.

6) 이는 원자의 집합을 기억 소자로 간주해 원자의 양자 역학적 효과를 기반으로 방대한 용량과 초병렬 계산이 동시에 가능한 컴퓨팅을 의미한다. 즉, 한 원자가 얻을 수 있는 상태 중의 하나를 한 수치에 적용시켜 양자 이론의 중복 상태(원자를 얻을 수 있는 두 가지 상태)를 응용해 초고속, 초소형, 초신뢰성을 얻고자 하는 것으로 광통신 등의 기초 기술이 되고 있다.

1.2.3 4차 산업혁명 진전에 따른 지능정보사회로의 진화

1 지능정보사회의 정의

지능(intelligence)이란 원래 정보통신기술(ICT) 분야에서는 시스템이나 장치, 기기가 반복 수행함으로써 그 능력을 개선하는 능력을 말한다. 이는 처음에는 '처리 기능'이라는 정도의 가벼운 의미로도 사용되고 있었으나, 최근에는 급발전하는 ICT와 더불어 인공지능(AI) 기술처럼 내용이 점점 고도화되고 있다.

지능정보사회는 연결과 융복합을 기반으로 한 사회로서, 정보만이 아니라 지식에 지능이 결합되는 사회는 그 이전의 정보사회와는 크게 다르다. 다시 말하면, 이는 고도화된 ICT 인프라를 통해 생성·수집·축적된 데이터(≒빅데이터)와 AI가 결합한 지능화된 기술이 경제, 사회, 삶 모든 분야에 보편적으로 활용됨으로써 새로운 가치가 창출되고 발전하는 사회를 말한다.

지능정보사회에서는 인간이 주도하는 사회가 아니라, 인간과 사물이 함께 지능을 가지고 주도하는 사회가 된다. 경제는 물질 경제를 넘어서 서비스 경제화 되고 더 나아가 공유경제 그리고 온디맨드(on demand)경제로 발전한다. 국가 간, 국가 내에서, 하드파워(hard power)보다는 소프트파워(soft power)가 더 중요해지고[7] 사회의 지배 양식은 수직적인 위계적(位階的, herarchical) 지배 질서가 아니라, 수직-수평적인 혼계적(混系的, heterarchical) 지배 질서로 변화하며, 혼성 문화의 특징을 갖는다.

2 지능정보사회의 특징과 추세

인류는 자연에서 생존하고, 여러 종을 지배하기 위해 공동체 중심사회를 유지해 왔다. 그런데 지능이 인간 이외에 사물로까지 확대돼 지능을 외부사회에 독립적으로 존재하는 상품으로 변화시켜 누구나 활용할 수 있는 것이 되면 공동체를 흔들게 된다. 공동체나 결사체보다는 개인 중심, 개인과 기계의 연결에서 오는 관계가 더욱 중요해진다. 지능이 대량화돼 생산성과 효율성이 크게 향상되므로 기능의 우열에서 오는 격차가 줄어든다.

인간에게는 다른 인간이나 기계와 더욱 공감하는 역할이 점점 중요해진다. 공감사회의 성격이 강해지며, 여기서 **사회자본이 중요한 역할**을 한다. 사회자본이 풍부하면 사회구성원들의 상호

7) 조셉 나이(Joseph Samuel Nye)는 그의 저서 「Bound to Lead: The Changing Nature of America Power」에서 하드파워와 소프트파워에 대해서 처음 언급했다. 먼저 군사, 경제력 등으로 자신이 원하는 것을 상대방에게 하도록 하는 힘이 **지배력**(또는 **하드파워**)이라 하고, 그리고 문화, 이데올로기, 체제 등으로 자신이 원하는 것을 상대방도 원하게 만드는 힘을 **흡수력**(또는 **소프트파워**)이라고 하였다.

이익을 위한 연결이 긍정적인 역할을 한다. IoT와 AI로 연결이 극대화되는 지능정보사회에서는 사회자본의 역할이 그 어느 때보다 크다. 연결을 통한 공유가 잘 작동되기 위해서는 사회적 신뢰에 바탕을 둔 사회자본이 풍부해야 한다. 그리고 AI 등에 의해 다른 인간의 감정을 이해하고 지각하는 공감의 능력이 사회 운영의 키워드가 된다.

따라서 지능정보사회의 경제도 **소프트파워의 특성**을 포함하는 디지털 경제의 특징을 갖는다. IoT는 창의적인 아이디어와 결합해 더욱 창의적이고, 새로운 서비스를 발굴하는 지속적인 경제성장 추진체로 기능한다. IoT는 가치 연결 역할을 통해 산업 간의 협력을 이뤄 완전히 새로운 가치를 창출한다. 자동차, 의료, 에너지, 전력 등 연결 환경을 기반으로 하는 분야에 IoT를 적용해 새로운 부가가치를 창출하는 것이다.

따라서 지능정보사회에서는 **자본주의 시장과 공유경제가 혼합된 경제**의 특성을 갖게 된다. 우리는 자동차, 집, 가구, 의류 등을 소셜미디어(social media), 조합, 재분배 클럽 등을 통해 공유하는 방식에 익숙해지고 있다. 따라서 물건이나 재화의 소유자가 물건을 보유하는 것이 아니라 이용자가 주체가 된다. 제품·서비스·콘텐츠 공유를 위한 거래비용을 대폭 줄여서 효율적으로 활용할 수 있게 되는 것이다.

한편, 지능정보사회에서는 제조업의 서비스화가 진행돼 **서비스 경제**로 이어진다. 기업은 종전에 단지 제품을 판매하던 것에서 서비스를 제공하는 방식으로 변화한다. 사회적 생산의 중요성이 커진다. 사회적 생산은 소셜네트워크(social network)로 연결된 다양한 사람들의 자발적·개방적·수평적 협업을 통해 제품이나 서비스를 생산하는 방식이다. 또한 지능정보사회는 데이터와 지식이 기존 생산요소(노동, 토지, 자본 등)보다 중요해지고 다양한 제품, 서비스 융합으로 산업 간 경계가 붕괴되며, 지능화된 기계를 통한 자동화가 지적노동 영역까지 확장되는 등 경제·사회 전반에 혁신적인 변화가 발생하게 된다.

지능정보사회는 대량생산 중심이 아니라 이용자 **개별 맞춤형 경제**가 중심이 된다. 지능화로 인해 규모의 경제가 축소되고, 소규모 서비스와 소수 대상 상품 등이 주류가 된다. 이는 개인의 상황과 요구를 반영한 개인화된 맞춤형 서비스로 삶의 질을 향상하는데 기여할 수 있다. 또한 지능을 활용해 사회문제 해결을 위한 경제활동의 비중을 늘릴 수 있다. 경제활동이 에너지 관리, 환경, 안전, 범죄, 보건, 교통, 기상 등 사회문제 해결의 견인차가 된다. 지능화된 여러 시스템과 기술을 활용해 불확실성을 통제하고, 위험에 대한 사전예측 및 선제적 대응으로 사회질서를 확립하고 범죄 없는 사회를 구현하고자 하는 목표를 갖는다.

또한, 지능정보사회는 사회 전체가 하나의 플랫폼으로 작동하게 돼 **플랫폼 사회적인 특성**이 강화된다. 4차 산업혁명의 주요기술은 그것이 구현되는 경제적 플랫폼 수준에 의존한다. 그래서 1차 산업혁명이 공장을 중심으로 이뤄졌다면, 4차 산업혁명은 플랫폼을 중심으로 일어난다는 말이 나온다. 그러므로 앞으로의 기술 발전도 네트워킹 기술과 컴퓨팅 기술이 결합하면서도 컴퓨팅 기술이 결정적인 역할을 하는 방향으로 전개된다. IoT와 AI, 빅데이터 등은 그러한 기술 발전의 연장선상에 있는 것들이다.

요약하면, 지능정보사회로의 변화는 4차 산업혁명이라는 거대한 새로운 패러다임의 변화 속에서 AI, 로봇공학, IoT 등의 융합기술이 산업은 물론 노동·복지·고용·교육·국방 등 다양한 분야에 진입, 스마트화를 촉발해 사회 전반에 혁신적 변화를 도래할 것이다. 4차 산업혁명의 효과가 구현되기 시작할 지능정보사회에서는 초지능, 초연결, 융복합화를 통한 지속적인 사회발전이 촉진될 것으로 예상되는 사회로서, 기술·경제·정치·사회·문화 부문에서 진행될 것으로 추정되는 핵심적 동향과 총괄적 추세는 다음 표 1-1과 같이 변화하게 될 것이다.

표 1-1 지능정보사회로의 변화 트랜드

부문	지능정보사회의 변화 트랜드
기술	도구(instrument)에서 주관자(agent)로
	활용(utility)의 시대에서 협력(co-work)의 시대로
경제	일자리(job)에서 일거리(work)로
	과업(task)의 시대에서 활동(activity)의 시대로
정치	위계적(hierarchical) 지배에서 혼계적(heterarchical) 지배로
	지배(governing)의 시대에서 호응(response)의 시대로
사회	격차(disparity)에서 부조화(mismatch)로
	조율(alignment)의 시대에서 화합(harmony)의 시대로
문화	단일문화(uni-culture)에서 다문화(multi-culture)로
	다(多)문화(multi-culture) 시대에서 간(間)문화(Inter-culture) 시대로
종합	수직사회에서 수평사회로(from vertical to horizontal society)
	성과의 시대에서 교감의 시대로(from attainment to communion age)

1.3 4차 산업혁명 시대의 기반 기술

1.3.1 3대 핵심영역 기술

모든 新개발과 新기술에는 하나의 공통된 특성이 존재한다. 디지털화와 정보통신기술(ICT)의 광범위한 힘을 활용한다는 점이 바로 그것이다. 모든 혁신은 디지털 능력을 기반으로 구현되고 성장한다는 것이다. 예컨대 유전자염기서열분석(gene sequencing)[8]은 컴퓨터 연산력과 데이터 분석의 발전 없이는 불가능했다. 첨단 로봇도 인공지능(AI)이 없었더라면 존재할 수 없다. AI 또한 그 자체가 연산력에 기반하고 있다.

이러한 메가트랜드(mega trend)를 정확히 이해하고, 4차 산업혁명을 이끌 핵심영역 기술을 조망하기 위해 디지털 기술(digital technology), 물리학 기술(physical technology), 바이오 기술(BT: Bio Technology)로 크게 세 가지 분야로 분류해 설명할 수 있다. 4차 산업혁명 시대에는 이러한 세 개의 영역은 서로 깊이 연관돼 있으며, 상호 연결과 융복합을 통해 새로운 발전과 진보를 하고 있다.

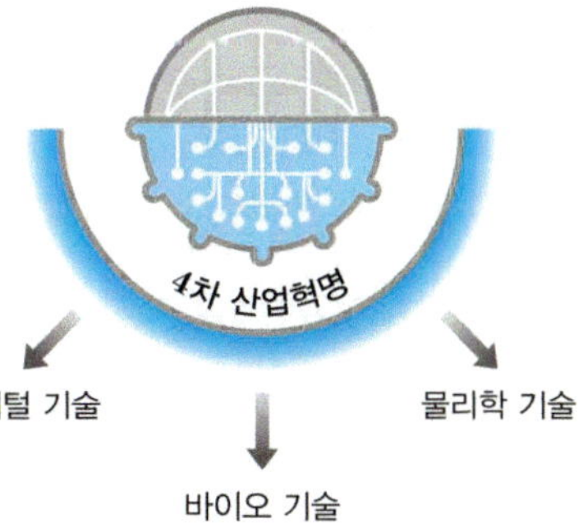

그림 1-7 4차 산업혁명의 3대 핵심영역 기술

오늘날 우리는 디지털, 물리학 그리고 바이오 분야가 상호교류하고 융복합하는 4차 산업혁명 시대의 시작점에 있다. 과거에 증기기관의 발명이 철도라는 근대적인 교통수단의 시발점이 되었듯이, 4차 산업혁명의 3대 핵심영역 기술의 연결과 융복합을 통해 지능정보사회로의 변화가 추진

8) 이는 DNA에 들어 있는 아데닌, 구아닌, 시토신, 티민 및 RNA에 있는 아데닌, 구아닌, 시토신, 우라실 등의 서열을 분석하는 것을 말한다.

되고 있고 그 예로서 다음 표 1-2와 같다. 이는 가상환경과 물리환경을 통합한 가상물리시스템(CPS)을 구축하는 계기로 작용하고 있다.

표 1-2 4차 산업혁명의 3대 핵심영역 주요 기술

핵심 기술	주요 기술
디지털 기술 (digital technology)	• 인공지능(AI: Artificial Intelligence) • 빅데이터(big data) • 사물인터넷(IoT: Internet of Things) • 블록체인(blockchain)·비트코인(bitcoin) • 가상현실(VR: Virtual Reality)·증강현실(AR: Augmented Reality) • 클라우드 컴퓨팅(cloud computing) • 엣지 컴퓨팅(edge computing)
물리학 기술 (physical technology)	• 로봇공학(robotics·robot engineering) • 3D 프린팅(three Dimensional printing) • 자율주행차(autonomous driving car·self-driving car) • 드론(drone) • 신소재(advanced materials)
바이오 기술 (BT: Bio Technology)	• 유전공학(genetic engineering) • 합성생물학(synthetic biology) • 3D 바이오프린팅(3D bio printing)

1 디지털 기술

18세기 후반 시작된 산업혁명은 기계(증기기관)를 이용해 물품의 대량 생산과 대량 소비를 가능케 했다. 이후 1950년대 후반에서 1970년대 후반에 걸쳐 컴퓨터의 발명과 함께 모든 정보가 아날로그(analog) 형식에서 디지털(digital) 형식으로 전환되고, 컴퓨터의 상용화와 인터넷의 발달, 즉 ICT의 발달은 사회 전반에 걸쳐 급격한 변화가 일어났는데, 이러한 전체적인 과정을 일컫어 **디지털 혁명**(digital revolution)이라 한다.

실제 세계에서 소리나 빛처럼 물리적인 파장을 갖고 있는 신호를 **아날로그**라고 한다. **디지털**은 연속된 값을 사용하는 아날로그에 반해, 띄엄띄엄 떨어진 값을 사용해 정보를 가공하고 구현 방식을 의미한다. 즉, 이는 0과 1로 이뤄지는 **이진법 논리**를 사용해서 0과 1의 각종 조합을 만든 후 그것의 조작과 처리를 통해 여러 가지 정보를 생산·유통·전달할 수 있도록 만든다.

전기를 통해 기호화된 디지털 신호는 소프트웨어와 하드웨어의 결합을 통해 0과 1로 이뤄진 기호들의 집합으로 처리되면서, 새로운 기호의 집합을 만든다. 모든 물질의 아날로그 정보는 디지털 정보로 전환될 수 있다. 디지털 컴퓨터의 발명으로 물질세계를 이루는 아날로그 정보가 0과 1의 조합으로 이뤄진 디지털의 세상으로 전환될 수 있게 되었다. 1

디지털 신호를 구성하는 **비트**(bit)는 컴퓨터를 움직이는 기본 단위다. 비트는 물질과 달리 색깔도 없고 무게도 없다. 비트는 0과 1로 이뤄진 데이터의 최소 단위이자 정보를 구성하는 기본 단위다. 비트는 데이터들의 집합에 불과하지만 그것은 디지털로 영상과 소리를 만드는 기초 재료가 된다. 컴퓨터가 처리하는 모든 정보는 비트로 이뤄진다. 컴퓨터는 비트로 비트를 처리하고 비트로 비트를 만든다.

이처럼, 물리학이나 공학에서 주로 사용하는 디지털 표현방법은 2진법으로 0과 1을 기본으로 한다. 이진법을 사용하면 그 값을 두 개의 상태로 대응시킬 수 있어, 어떤 신호가 있고 없음, 스위치가 연결되고 끊김, 어떤 아날로그 신호가 기준 값에 비해 높고 낮음 등으로 나타내기 쉽기 때문이다. **디지털 기술**(digital technology)은 이진법으로 정보를 처리하고 저장하고 전송하는 장치를 연구하고 개발하는 것에 관한 기술을 말한다. CPU(Central Processing Unit)로 구현되는 디지털 기술은 범용기술(GPT: General Purpose Technology)[9]로서, 아날로그 등의 다른 기술과는 변별되는 아래와 같은 특성을 가진다.

앞서 설명했듯이, 디지털 기술은 정보 저장방식이 0과 1의 조합으로 이뤄지기 때문에 모든 형태의 정보가 비트로 표현 가능한 **통합성**을 갖고, 또한 정보가공이 쉽고 다양한 형태로 변형이 가능하다는 특징을 가진다. 이러한 **조작 및 변형의 용이성**은 지금까지 인간이 상상하지 못했던 새로운 가능성들을 제공하고 있다.

특히 헐리우드 SF(Science Fiction) 영화시리즈 중 「터미네이터(Terminator) 2」에서는 언제 어디서나 자유자재로 변형이 가능한 새로운 사이보그(cyborg)[10] T-1000을 등장시켜 영화관객의 눈을 의심하게 만들기도 했다. 경찰로도, 희생자의 어머니로도, 그 무엇으로도 변화하는 T-1000이야말로 디지털 기술의 조작 및 변형의 용이성을 보여주는 미래 산업의 대표적인 증거다.

9) 이는 국가 혹은 全지구적 차원에서 생산성 향상 등을 통해 경제에 근본적 영향을 미칠 수 있는 기술을 말한다. 인쇄술, 증기기관, 전기, 컴퓨터, 인터넷 등이 범용기술에 해당한다.

10) 이는 생물과 기계장치의 결합체를 뜻하며, cybernetic과 organism의 두 단어를 합성해 만든 말이다. 인조인간으로 사람과 똑같은 형태를 한 로봇은 만들 수 있을지 모르지만, 뇌만은 아직은 기술적으로 흉내낼 수 없다.

또한, 디지털 기술은 **광속성**(또는 전파성이라 함)을 가진다. 디지털 기술은 빛과 같은 속도로 정보를 확산한다. 우리 인간으로서는 상상하기 어려운 속도로 정보를 전달하는 것이다. 이러한 초고속을 바탕으로 디지털 기술은 아무리 거리가 멀리 떨어져 있어도, 동시에 여러 곳에서 같은 정보를 받아보고 같은 이벤트를 감상할 수 있어 거리의 개념을 무색하게 만들고 있다. 현재 진행되고 있는 全세계적인 글로벌화는 이러한 디지털 기술의 특성에 힘입은 바가 크다.

디지털 기술이 각광받고 있는 또 하나의 이유는 아날로그와는 달리 디지털은 반복 사용해도 정보가 줄어들거나 질이 떨어지지 않는다는 점에 있다. 이를 디지털 기술의 **복제성**이라고도 하는데, 이는 정보의 손상 없이 저장·복사·변환 등을 **무한 반복재현**이 가능한 것이다. 단순한 예를 들자면, 복사기로 종이를 복사해 봐도 복사가 거듭됨에 따라 글자가 흐릿하게 나타나는 것을 알 수 있다. 그러나 디지털 기술에서는 몇 천번, 몇 만번, 수도 없이 반복이 돼도 원본의 질과 성질이 그대로 유지되는 것이다. 이와 동시에 **축적성**(거의 공간을 차지하지 않는 무한의 정보가 수집·저장 가능)이라는 특성을 띠게 된다.

디지털 기술이 가진 또 하나의 특징은 **쌍방향성**이다. 정보의 쌍방향 전달이 용이한 것이다. 이러한 특징으로 인해 이제 어느 한쪽에서는 정보를 보내고 한쪽에서는 받기만 하던 시대는 막을 내리게 되었다. 상호작용(interactive)한 관계가 둘 이상의 사람이 참여하는 의사소통(communication)의 기본적인 성격이 된 것이다.

마지막으로, 아무리 방대한 정보도 데이터 프로세싱(processing)을 통해 **압축이 가능**하다는 특성을 꼽을 수 있다. 디지털 기술이 아무리 좋은 기술이라고 해도 집채만한 기기가 필요하다면 결코 현실적으로 유용될 수 없었을 것이다. 이로서, 한 손에 쉽게 쥐고 사용이 가능한 포터블(portable) 정보기기가 기존의 핸드폰, PDA(Personal Digital Assistants), 노트북 시장을 밀어내고 디지털 통합을 이뤄낼 것이다.

결론적으로 종합하면, 디지털 기술은 **동시성**이라는 측면에서 우리에게 **시공간의 한계**를 극복하게 해주고 있다. 이러한 디지털 기술은 공간이라는 물리적 한계를 넘어 全세계 어디서나 동시에 연결되는 시간의 혁명을 초래하고 있다.

2 물리학 기술

물리학(物理學, physics)이란 한자 그대로 물체의 이치를 연구하는 학문이다. 세상 모든 사물이 그 대상이고 우리 주위에 있는 모든 것이 물리학의 범주에 들어간다. 과거 과학이라는 학문이 발전하기 시작할 때부터, 물리학은 모든 과학의 기초로 견고히 뿌리내려 왔다. 물리학은 대학에서 배우는 모든 이공계 관련 학과의 기초학문이자 더 나아가 모든 과학의 기초이기도 하다.

물리학에도 수많은 분야가 있다. 입자물리학, 핵물리학, 응집물질물리학, 응용물리학, 통계물리학, 플라즈마물리학, 광학, 양자전자학, 원자 및 분자물리학, 반도체물리학, 천체물리학 등 다양한 분과가 존재하고, 각 분과의 하위 부문에 해당하는 수많은 갈래들로 나누어진다.

결국, 4차 산업혁명을 이끄는 핵심기술 중 하나인 물리학 기술(physical technology)은 자연의 가장 기본적인 특성을 연구하고 그 결과를 이용해 복잡한 세계를 지배하는 근본 원리를 이해할 수 있는 기술을 말한다. 로봇공학, 3D 프린팅, 신소재, 그리고 자율주행차 등으로 대변되는 4차 산업혁명 시대를 맞이하고 있는 현재 우리가 겪어온 엄청난 혁신들은 물리학 기술의 결과로부터 시작됐다고 해도 과언이 아니다.

3 바이오 기술

바이오 기술(BT: Bio Technology)는 생물학(biology)과 기술(technology)의 합성어로, 다양한 학문을 배경으로 만들어진 종합적인 분야이다. **생명공학**(bio engineering)이란 용어로도 혼용돼 불리는 바이오 기술(BT)은 넓은 의미로 미생물, 동물, 식물, 인체 등의 생명현상을 규명하고, 이를 바탕으로 생물체가 가지고 있는 독특한 능력을 활용해, 산업적으로 유용한 제품 또는 공정을 제조하거나 개선함으로써, 인류의 복리에 활용하는 4차 산업혁명 시대의 첨단 기술 분야이다.

앞으로 점점 촉망받고 있는 바이오 기술(BT)에는 바이오 신약, 바이오 치료, 바이오 기기, 바이오 공정, 유전자 변형생물(GMO: Genetically Modified Organism), 바이오 환경 에너지 등이 있다. 특히 단백질, 호르몬 같은 생체물질을 활용해 약물을 개발하는 바이오 신약이나 세포 및 유전자 치료, 장기이식 등의 바이오 치료 같은 것들은 생명공학의 발달과 더불어 미래에 아주 기대가 되는 분야이다.

따라서 **바이오산업**(bioindustry)은 BT를 바탕으로 생물체의 기능과 정보를 활용해 인류가 필요로 하는 유용한 물질과 서비스를 생산하는 산업을 의미한다. 바이오산업은 융합을 통한 新기술, 新산업 등 새로운 부가가치 창출이 가능한 4차 산업혁명 시대의 주요 산업 분야이다.

BT의 응용분야가 매우 다양하기 때문에 바이오산업은 제품에 따라 분류되지 않고 기반 기술의 적용 대상에 따라 구분돼, 바이오가 일부분 융복합된 다른 산업까지 통틀어 총칭한다. 바이오산업은 전문인력을 필요로 하는 기술집약적 지식기반 산업으로, 바이오기업의 연구개발(R&D) 역량이 중요하다. 또한 기초 기술의 의존도가 높아 산·학·연의 협력체계 및 데이터의 체계적 관리가 된다. 기술에 비해 자원에 대한 의존도가 적어, 우리나라와 같은 제한된 환경적 특성을 가진 나라에 대단히 적합한 사업이다.

바이오산업은 고위험 고수익(high risk high return) 사업으로, 사업 개발에 필요로 하는 투자 금액이 높고 회수기간이 길어 장기 투자가 필수적이다. 성공 시 높은 수익이 보장되지만, 성공까지 이어질 확률이 적다. 가장 중요한 특징은 앞서 말했듯이, 바이오산업은 이종 기술과 융합이 이뤄지는 집적화 산업이라는 점이다.

대표적인 **바이오 융합사업**으로는 유전자 치료 합성생물학(유전자분석+공학), 정밀의료 디지털 헬스케어(의료정보+빅데이터), 바이오에너지 및 바이오소재(바이오 기술+에너지 소재), 약물전달 바이오 나노로봇(바이오테크놀로지+나노테크놀로지), BMI (Brain Machine Interface) 바이오닉스 (뇌과학+기계공학) 등이 있다.

BT는 기술적으로 빠르게 발전하고 있으나, 바이오산업의 한계는 기술이 아닌 법·규제 그리고 윤리적인 문제 등이 있다. 생명 윤리의 문제를 해결하기 위해 법적, 제도적 장치가 필요하며, 생명의 존엄성에 대한 인식을 바탕으로 한 신중한 연구, 사적 목적을 위한 연구를 철저히 금하는 등의 대응책을 사회적 합의에 의해 이끌어낼 수 있는 분위기가 확립돼야 한다.

1.3.2 5대 주요기술의 활용 사례

2016년 다포스포럼에서 4차 산업혁명 관련 언급되는 5대 주요기술로는 인공지능(AI), 로봇공학, 사물인터넷(IoT), 3D 프린팅, 빅데이터 등이 있다. 이러한 기술은 디지털 기술, 물리학 기술 그리고 바이오 기술과 융복합돼 자율주행자동차, 간병전문로봇, 스마트공장, 인공장기, 개인맞춤형 헬스케어 등 새로운 제품 및 서비스를 창출한다. 다음 표 1-3과 같이 5대 주요기술의 발전과 혁신 기술 간의 융합이 4차 산업혁명을 유발하고 있다.

표 1-3 4차 산업혁명 시대의 5대 주요기술과 활용 사례

주요기술	내 용
인공지능 (AI: Artificial Intelligence)	• 컴퓨터가 사고, 학습, 자기계발 등 인간 특유의 지능적인 행동을 모방할 수 있도록 하는 컴퓨터공학 및 정보통신기술 • 다양한 분야와 연결해 인간의 업무를 대체하고 그 보다 높은 효율성을 가져올 것으로 예상 (예시) 인공지능 + 사물인터넷 + 자동차 = 자율주행차
로봇공학 (robotics)	• 인간이 지니는 감각을 갖도록 해 자동적으로 작동하는 자동장치나 기계를 이용하는 것으로 기계공학, 전기·전자공학, 컴퓨터공학, 생체공학 등을 융합시켜 적용하는 기술 • 로봇공학에 생물학적 구조를 적용함에 따라 더욱 뛰어난 적응성과 유연성을 갖추고 정밀농업에서 간호까지 다양한 분야의 광범위한 업무를 처리할 만큼 활용도가 향상 (예시) 간호 + 로봇 = 간병전문로봇
사물인터넷 (IoT: Internet of Things)	• 사물에 센서를 부착해 네트워크 등을 통한 실시간 데이터 통신 기술 • 인간의 개입 없이 사물 상호 간 정보를 직접 교환하며 필요에 따라 정보를 분석하고 스스로 작동하는 자동화 (예시) IoT + AI + 빅데이터 + 로봇공학 = 스마트공장
3D 프린팅 (three Dimension printing)	• 입체적으로 형성된 3D 디지털 설계도나 모델에 원료를 층층이 겹쳐 쌓아 유형의 물체를 만드는 기술(적층가공, additive manufacturing)로 소형 의료 임플란트에서 대형 풍력발전기까지 광범위하게 응용 가능 (예시) 3D 프린팅 + 바이오 기술 = 인공장기
빅데이터 (big data)	• 디지털 환경에서 생성되는 다양한 형태의 방대한 데이터를 바탕으로 인간의 행동패턴 등을 분석 및 예측하고 산업현장 등에서 활용하면 시스템의 최적화 및 효율화 도모 가능 (예시) 빅데이터 + AI + 의학정보 = 개인맞춤형 헬스케어

1.3.3 4차 산업혁명을 이끄는 기술 트랜드

가트너(Gartner)[11]는 혁신적 잠재력을 갖춘 2020년 10대 전략적인 기술 트렌드를 발표하면서, '초자동화', '다중경험 휴먼증강' 등 인간중심적 기술 접근방식을 강조하고 있다. 최근 3년간 지능화(intelligent), 디지털화(digital), 융합화(mesh) 3가지 테마로 전략기술을 설명한 반면, 2020년부터는 사람중심(people-centric), 스마트공간(smart spaces)으로 새롭게 분류하고 있다.

물리적 환경은 사람과 기술 시스템이 개방적으로 연결되고, 지능화해 사람과 사물이 상호작용할 수 있는 스마트공간으로 진화하고 있다. 4차 산업혁명 시대에서의 전략 기술은 인간 중심의 스마트공간을 구현하는 핵심 기술이 주도하고 있다. 자동화된 다양한 기술 확산과 인간의 역량을 강화하는 핵심 촉매제가 AI이라고 설명하고 있다. 또한, 빅데이터, 블록체인, IoT 등 첨단 기술의 진전으로 프라이버시, 디지털윤리, 보안문제 등이 언급되고 있다.

표 1-4 4차 산업혁명 시대의 기술 트렌드 전망

2019년		
트렌드	**전략 기술**	
지능화 intelligent	자율이동체(autonomous things)	
	증강분석(augmented analytics)	⇒
	AI주도개발(AI-driven development)	
디지털화 digital	디지털트윈(digital twin)	
	엣지컴퓨팅(empowered edge)	⇒
	몰입경험(immersive experience)	
융합화 mesh	블록체인(blockchain)	
	스마트공간(smart spaces)	⇒
공통	디지털윤리/프라이버시 (digital ethics and privacy)	
	양자컴퓨팅(quantum computing)	

2020년	
트렌드	**전략 기술**
사람 중심 people centric	초자동화(hyperautomation)
	멀티경험(multiexperience)
	민주화(democratization)
	휴먼증강(human augmentation)
	투명성과 추적성 (transparency and traceability)
스마트 공간 smart spaces	강화엣지(the empowered edge)
	분산클라우드(distributed cloud)
	자율이동체(autonomous things)
	실용적 블록체인 (practical blockchain)
	AI 보안(AI security)

자료 : Garner, 2018.10.12. / 2019.10.21.

11) 이는 미국 코네티컷州에 본사를 둔 ICT분야의 리서치 기업이다. 2001년까지 가트너 그룹(The Gartner Group)으로 널리 알려졌으며, 현재는 가트너로 불리고 있다. 다국적 ICT기업 및 각국의 정부기관 등을 主고객으로 두고 있으며 설문조사 부분의 높은 신뢰도로 공신력이 크다.

1.4 | 4차 산업혁명 시대의 스타트업

1.4.1 스타트업의 이해

최근 창업생태계가 급속도로 확산되면서 창업초기기업을 지칭하는 용어들이 여럿 사용되고 있다. 근래 들어 스타트업(startup)이라는 용어가 대두되면서, 벤처기업과 스타트업이 비슷한 것 같기도 하고, 다른 것 같기도 하기에 혼란을 야기하기도 한다. 최근 하나의 문화로 발전하고 있는 스타트업과 기존의 기술기반 신생중소기업인 벤처기업과의 차이는 무엇일까?

1 벤처기업의 의미

벤처(venture)란 말은 일반적으로 (벤처)사업 또는 (사업상의) 모험을 의미한다. 벤처, 한때 대한민국을 흔들었던 용어이다. 누구나 익숙하고, 또 그 뉘앙스로 벤처기업(venture business)의 속성을 어느 정도 감은 잡을 수 있다. 벤처기업은 일반적으로 고도의 전문 능력, 창조적 재능, 기업가정신을 살려 대기업에서 착수하기 힘든 분야에 도전하는 新기술 기반 중소기업을 지칭하는 용어로 쓰인다. 이러한 벤처기업은 생산·수출·고용 등 각 분야에서 경제의 핵심 주체의 역할을 하고 있을 뿐만 아니라, 질적인 측면에서도 한국경제가 지식기반 경제로 전환하고 대기업 중심의 경제체질을 개선하는 등 경제성장 및 고용창출의 견인차 역할을 하는 데에 크게 기여하고 있다.

그러기에 국내에서는 경제위기 이후 일자리 창출과 경제 활력 제고를 위해 벤처기업 육성을 경제정책의 핵심과제로 추진, 1997년 10월 「벤처기업육성에 관한 특별조치법」(이하 '벤처기업법')을 한시적으로 제정하고, 벤처기업을 육성·지원하기 위한 정책을 시행하고 있다. '벤처기업법'은 집중적인 지원을 통해 벤처생태계 기반을 마련하는데 그 목적을 두고 10년 한시법으로 제정되었지만, 그 내용 일부를 개정(법률 제117764호, 2020.12.29.부터 시행)해 장기적인 시각에서 벤처생태계 조성사업을 진행 중이다. 국내 벤처기업 개수는 2010년 2만개를 돌파했으며, 2020년 12월말 기준 39,511개이다.

벤처기업의 정의는 학술적으로 명확히 정리된 개념은 없으며, 벤처기업의 국민경제적 역할과 가치가 높이 평가되면서 세계 주요국들은 보다 많은 벤처기업을 창출해내기 위한 정책을 경쟁적으로 펼치고 있으며, 이에 따라 정책대상으로서의 벤처기업 정의가 다양한 형태로 출현되고 있다. 원래 미국에서는 다른 기업보다 상대적으로 사업의 위험성은 높으나 성공하면 높은 수익이 보장되는 기업으로 일반적으로 벤처캐피털(venture capital)로부터 투자를 받은 기업을 의미하나, 다른 나라에서는 이와는 다른 개념으로 新사업 기술집약기업, 첨단기술기업 등을 의미하는 것으로 사용하고 있다.

표 1-5 벤처기업의 다양한 정의

국가	정의
미국	「중소기업투자법」에서 위험성이 크나 성공할 경우 높은 기대수익이 예상되는 新기술 또는 아이디어를 독립기반 위에서 영위하는 신생기업
일본	「중소기업의 창조적 사업 활동 촉진에 관한 임시조치법」에서 중소기업으로서 연구개발투자 비율이 총매출액의 3% 이상인 기업, 창업 후 5년 미만의 기업
OECD국가	R&D 집중도가 높은 기업 또는 기술혁신이나 기술적 우월성이 성공의 주요 요인인 기업

원칙적으로 벤처기업은 독립된 사업체나 기업을 뜻하지만, 최근 관심과 중요성이 높아짐에 따라 많은 대기업이 참여하고 다양한 종류의 자본투자가 이뤄져 합작벤처·사내벤처 등 여러 형태의 벤처기업이 등장하고 있다. 성공적인 벤처기업 중에 구글, 페이스북 등과 같은 정보통신 분야의 기업이 많은 관계로 벤처기업은 대체로 ICT 분야에 많다는 통념이 있으나, 에볼라 바이러스 백신으로 유명한 바이오 분야의 Z맵을 비롯, 농업 분야의 네타핌(Netafim), 폐수처리 분야의 에메프시(Emefcy) 등 다양한 분야에 벤처기업이 존재한다.

결론적으로 말하면, 벤처기업은 주로 창조적 아이디어와 첨단 기술 분야의 업종을 바탕으로 도전적인 사업을 갓 시작한 중소기업을 말한다. 이러한 기업들은 첨단의 신기술과 아이디어를 개발해 사업에 도전하는 창조적인 중소기업으로, 일반적으로는 연구개발형 기업, 기술집약형 기업, 모험기업 등으로 부르며, 한편으로는 위험기업이라고도 부른다. 벤처기업협회(www.venture.or.kr)는 '개인 또는 소수의 창업인이 위험성은 크지만, 성공할 경우 높은 기대수익이 예상되는 新기술과 아이디어를 독자적인 기반 위에서 사업화하려는 신생중소기업'으로 정의하고 있다.

2 스타트업의 정의

스타트업(startup)에 대한 다양한 정의가 존재하지만, 넓은 의미로 스타트업은 새롭게 창업한 회사를 의미한다. 1976년 포브스(Forbes)誌에서 처음 사용된 이 단어는 닷컴 버블(dot-com bubble)[12]로 창업 붐 현상이 발생했던 1990년대 후반, 실리콘밸리(Silicon Valley)에서 사용되면서 널리 알려지기 시작했다. 처음엔 미국 실리콘밸리에서 혁신기술과 아이디어를 보유하고 있지만, 자금력이 부족한 창업기업을 뜻했고, 일반적으로 인터넷 기술 기반의 회사로 고위험·고성장 가능성을 지닌 기업을 의미했었다.

이후 미국에서 성공한 스타트업이 속속 등장하면서 스타트업은 새로운 시각으로 조명을 받게 되었고, 새로운 의미를 더해갔다. 이에 따라 스타트업의 본거지인 미국 실리콘밸리에서조차 최근 스타트업에 대한 정의를 다시 내리며 공감대를 형성하고 있다. 하지만, 국내에서는 아직까지 스타트업은 어떤 기업인지에 대한 명쾌한 정의를 내리려는 노력이 부족해 보인다. 스타트업 열풍 조짐이 보이는 이 시점에도 어떤 기업이 진정한 스타트업인지, 어떤 기준으로 어떻게 스타트업을 판단해야 하는지, 도대체 알 길이 없다. 심지어 정부가 스타트업을 개발, 지원 및 육성한다고 하는데, 과연 어떤 기업을 스타트업으로 간주하는지 궁금하기도 하다.

많은 사람들이 스타트업이란 영어 단어 때문에 단순히 신생기업이나 소규모 기업쯤으로 알고 있을 수도 있고, 아니면, 확장 가능한 비즈니스 모델을 찾기 위해 구성된 일종의 벤처기업 같은 것으로 알고 있을 수도 있는데, 이런 정의는 진정한 스타트업의 본질과는 거리가 멀다. 모두들 스타트업을 이야기 하지만, 스타트업이 무엇인지, 스타트업은 기존의 벤처기업이나 중소기업과는 어떻게 다른 지에 대한 질문에 정확히 대답할 수 있는 사람은 드물다.

스타트업의 다양한 상황적 견해들이 있지만, 보편적이고 공통적인 내용을 추려보면, 창업한 지 얼마 되지 않았고, 대규모 자금을 조달받기 전 상태지만, 급성장을 기대할 수 있는 기업, 즉 기술 기반의 아이디어 혹은 아이디어 기반의 기술을 바탕으로 한 영세한 신생기업이다. 이는 초기 창업 기업이기에 전체적으로 운영상의 안정이 되지 않은 상태로 회사를 성장시키기 위해 다양한 방법을 시도하게 된다.

스타트업은 이미 제도화한 벤처기업과 달리 정부 인증이 없다. 영세한 창업초기기업을 모두 스타트업으로 지칭할 수 있다. 다만 최근 창업생태계가 발달하면서 스타트업 창업이 늘고 이에 따

12) 닷컴 버블은 인터넷 관련 분야가 성장하면서 산업 국가의 주식 시장이 지분 가격의 급속한 상승을 본 1995년부터 2000년에 걸친 거품 경제 현상이다. IT 버블 또는 인터넷 버블이라고 불리기도 한다. 이 시기는 흔히 닷컴 기업이라 불리는 인터넷 기반 기업이 설립되던 시기였으며, 많은 경우에 실패로 끝났다.

른 독특한 문화까지 형성하면서 기업 규모만을 따지는 단순한 용어를 넘어섰다는 평가도 나온다. 그리고 현재 쓰임을 봐서는 굳이 ICT 분야로만 제한을 두지는 않는다. 기본적으로 기술 지향적인 벤처기업과 큰 틀에서 의미가 비슷하지만, 대규모 자금을 유치하기 전 단계라는 것이 벤처기업과 차이점을 둔다. 또한 이미 안정적인 기업 형태를 갖춘 벤처기업과는 달리, 갓 시작한 잠재력 위주라는 점이 다를 뿐이다.

결론적으로 말하면, 4차 산업혁명 시대에 新기술 기반의 아이디어 혹은 아이디어 기반의 기술을 바탕으로 한 신생 기업인 스타트업의 경우,[13] 新기술 기반 신규 기업을 뜻하는 벤처의 부분집합에 속한다고 보면 되나, 우리나라의 '벤처기업법'상 정의에 따르면 스타트업 중에서도 벤처라 부를 수 있는(즉 인증을 받은) 기업이 있는가 하면, 그렇지 않은 기업도 있게 된다.[14] 따라서 벤처기업과의 상하위 개념보다는 오히려 교집합(交集合)적인 부분이 많은 다른 기업으로 보는 것이 옳을 것이다.

1.4.2 스타트업의 특징적 개념

4차 산업혁명 시대가 도래함에 따라 작은 기업이라 하더라도 역량이 있다면 全세계 고객에게 제품과 서비스를 제공할 수 있는 시대가 되었다. 이에 따라 스타트업의 육성에 대한 중요성이 대두되고 있다. 흔히 유니콘(unicorn)[15]이라 불리는 기업가치 1조원을 달성한 국내·외 스타트업들이 속속 나오며, 4차 산업혁명을 기반으로 한 스타트업은 더 다양해지고 전문성을 띠고 생겨나고 있다.

100명의 사람이 있다면 100가지의 스타트업 정의 방식이 있다. 그만큼 스타트업에 대한 정의가 비슷하면서도 서로 다르고, 누가 정의하느냐, 어떤 가치에 초점을 맞추느냐에 따라 다양하다. 스타트업의 특성을 아래와 같이 '극한의 불확실성', '확장성과 성장성', '문제해결' 등 세 가지 관점에서 설명하고자 한다.

---

13) 이를 테크 스타트업(tech startup)라고도 하는데, 이는 전자상거래 등 서비스형 스타트업과 구분되며, AI, IoT 등 4차 산업혁명의 기반 기술 개발을 통해 부가가치를 창출해내는 신생 벤처기업을 말한다.

14) '8.5.1 벤처기업 인증' 참조.

15) 이는 원래 머리에 뿔이 하나 달린 신화 속의 동물을 일컫는데, 경제분야에서는 기업가치가 10억 달러 이상인 비상장 신생기업(startup)을 말한다. 2013년 미국의 벤처캐피탈社인 카우보이벤처스 (Cowboy Ventures)의 설립자이자 대표인 에일린 리(Aileen Lee)가 2003년 이후 창업한 스타트업을 조사해 기업가치가 10억 달러를 넘는 회사 39곳을 '유니콘클럽'으로 분류하는 글을 ICT전문매체 테크크런치(TechCrunch)에 기고한 데서 비롯했다. 그리고 그보다 기업가치가 더 커져 100억 달러 이상인 스타트업은 데카콘(decacorn)이라 부른다. 이는 유니콘보다 희귀하다고 알려진 뿔이 열 개 달린 데카콘으로 빗대 표현한다. 2020년 4월 기준 全세계 유니콘 기업의 수는 465개, 데카콘 기업의 수는 23개에 달하나, 우리나라 유니콘 기업 수는 10개지만 데카콘 기업은 존재하지 않는다.

1 극한의 불확실성

에릭 리스(Eric Ries)는 매출 5천만 달러를 기록한 스타트업 IMVU(임뷰)의 공동창업자이자 CTO(Chief Technology Officer, 최고기술경영자)로 스타트업에게 바이블(bible)처럼 떠받들어지는 「린 스타트업」 책의 저자이다. 그의 저서 「린 스타트업」은 도요타의 린(lean) 생산시스템을 스타트업 경영에 도입하고 응용한 것이다. 여기서 최소실행가능제품(MVP: Minimum Viable Product), 혁신 회계, 유효한 학습, 방향 전환(pivot) 등 스타트업에게는 필수적이라고 할 수 있는 주요 개념들이 다양하게 언급돼 있다.

에릭 리스는 극심한 불확실성을 스타트업의 핵심으로 보고, 스타트업을 극심한 불확실성 속에서 신규 제품·서비스를 만들고자 하는 조직으로 정의한다. 에릭 릭스에 따르면, 차고에서 혹은 카페에서 밤낮으로 컴퓨터 자판을 두드리며 갓 탄생한 기업만이 스타트업인 것은 아니다. 대기업도, 심지어 정부도 극심한 불확실성을 바탕으로 신규 제품이나 서비스를 구성하고 이를 만들어 나간다면 스타트업에 해당된다. 그는 실제로 한 대기업의 신규 서비스 런칭(launching)팀도 스타트업으로 규정하기도 하였다.

2 확장성과 성장성

컬럼비아 대학교수인 스티브 블랭크(Steve Blank)[16]에 의하면, 스타트업은 반복적이고(repeatable) 확장 가능한(scalable) 비즈니스 모델(BM: Business Model)[17]을 찾아내기 위해 만들어진 조직이라고 정의하고 있다. 여기서 'repeatable'과 'scalable'에 주목해야 한다. 즉, 스타트업의 BM은 잭팟(jackpot)처럼 일회성에 그치면 안 되고 끊임없는 반복을 통해 정교화되고 지속가능해야 한다. 또한 스타트업의 BM은 확장 가능해야 한다. 확장 가능성으로 번역한 'scalable'은 부언하자면 J커브형 성장 혹은 하키스틱형 성장을 이끌어 낼 수 있는지의 여부를 의미한다. 결국 스타트업은 지속 가능하고, 가파른(혹은 급격한) 성장을 이뤄낼 수 있는 BM을 고민하고 연구하는 기업이라는 것이다.

진정한 스타트업이 되기 위해서는 스타트업은 초고속 성장을 지향해야 한다. 스타트업은 성장(growth)이라고 처음 정의한 사람은 스타트업 양성가로 유명한 폴 그레이엄(Paul Graham)[18]이

16) 그는 총 8회의 창업을 경험하고 여러 차례 출구(exit)에 성공한 실리콘밸리의 연쇄 창업가(serial entrepreneur)이자 고객개발론의 창시자이다. 그의 경험과 이론은 에릭 리스의 린 스타트업의 근간이 되었다.

17) '제4장 스타트업과 비즈니스 모델 설계' 참조

18) 프로그래머이자 기업가, 벤처투자자인 그레이엄은 시드 투자를 전문으로 하는 투자社인 Y컴비네이터의 공동창업자로, 세계적으로 유명한 스타트업 구루(guru)이다.

다. 그의 정의에 의하면, 스타트업은 매우 빠르게 성장하도록 디자인된 기업이고 지리적 제한이 없이 성장에 집중한다는 것이다. 즉, 스타트업은 가파르게 성장해야 하고(scalable), 그 성장에 지역적 제한이 있어서는 안된다. 이처럼 이러한 성장에의 집착이야말로 스타트업의 본질이라 한다.

그레이엄(Graham)에 의하면, 스타트업은 태생부터 다르다. 기업이 성장하기 위해서는 모든 사람들이 원하는 것을 만들 뿐 아니라, 원하는 모든 사람들에게 언제든 서비스할 수 있어야 한다. 이 두 가지 조건을 모두 충족시켜야 만이 고속성장을 할 수 있다는 얘기다. 예를 들어, 이발소를 창업하는 경우는 모든 사람들이 머리 깎기를 원한다는 점에서 첫 번째 조건을 충족시키지만, 업의 특성과 지역의 한계로 모든 사람들에게 서비스를 할 수 없기 때문에 스타트업이 될 수 없다. 반면 구글은 태생부터 고속 성장을 목표로 탄생된 스타트업이다. 왜냐하면, 이 두 가지 조건을 완벽히 충족시켰기 때문이다.

흥미롭게도 스티브 블랭크와 폴 그레이엄의 스타트업에 대한 정의는 'scalable'이라는 교집합을 가지고 있다. 두 사람의 정의가 조금씩 다르긴 하지만 가파른 성장을 스타트업의 본질로 언급했다는 점은 주목할 만하다. 그렇기 때문에 'scalable(확장 가능성, 가파르게 성장할 수 있는지 여부)'은 가장 일반적으로 받아들여지는 스타트업의 판단기준이다.

3 문제해결

문제해결이란 목표와 현상을 분석하고, 이 결과를 토대로 과제를 도출해 최적의 해결책을 찾아 실행·평가해가는 활동을 의미한다. 이러한 문제해결은 조직, 고객, 자신의 세 가지 측면에서 살펴볼 수 있다. 조직 측면에서는 자신이 속한 조직의 관련 분야에서 세계 일류수준을 지향하며, 경쟁사와 대비해 탁월한 우위를 확보하기 위한 끊임없는 문제해결이 요구된다. 고객 측면에서는 고객이 불편하게 느끼는 부분을 찾아 개선하고 고객 감동을 통한 고객 만족을 높이는 측면에서 문제해결이 필요하다. 자기 자신의 측면에서는 불필요한 업무를 제거하거나 단순화해 업무를 효율적으로 처리함으로써 스스로 경쟁력 있는 사람으로 만들어가는데 문제해결 능력이 요구된다.

문제해결 능력이란 스타트업 창업 중에 발생되는 여러 가지 문제를 창의적, 합리적, 논리적 사고로 접근해 올바르게 인식하고 적절히 해결하는 능력을 말한다. 스타트업 창업 과정 중에 문제들은 더욱 복합적이고 다양한 형태로 나타나고 있다. 그러므로 문제해결 능력은 창업 중에 발생되는 문제를 바르게 인식하고 성공적인 창업을 위해 요구되는 가장 중요한 요소이다.

유니콘 스타트업인 와비파커(Warby Parker)社의 공동창업자 닐 블루멘탈(Neil Blumenthal)의 정의는 문제 해결에 방점을 둔다. 블루멘탈은 '스타트업은 해결책이 명확하지 않고, 성공이 보장되지 않은 영역에서 문제를 해결하기 위해 노력하는 기업이다.'라고 정의 내렸다.

닐 블루멘탈이 공동설립한 와비파커는 안경 하나를 맞추는데 500달러가 필요한 미국의 현실을 해결해야 할 문제라고 인식했다. 그들은 마음에 드는 안경을 저렴하게 구매하는 방법을 고민했다. 와비파커의 창업자들은 고객들이 온라인으로 마음에 드는 5개의 상품을 고르면 이를 택배로 보내주고, 고객들이 직접 안경을 써보고 한 개를 결정한 후 나머지 4개를 반송하도록 하는 해결책을 찾아냈다. 이를 통해 사람들이 안경을 맞추는데 드는 비용을 500달러에서 95달러로 1/5나 줄어들었고, 와비파커는 급성장해 기업가치가 1조원을 넘는 유니콘 스타트업이 될 수 있었다. 이처럼 닐 블루멘탈은 스타트업을 세상의 문제를 해결하고자 하는 기업으로 보았다.

1.4.3 스타트업의 전략적 방향

앞서 설명했듯이, 스타트업에 대한 다양한 관점에서의 정의가 있지만, 그 어느 것도 결정적이지는 않다. 그렇기 때문에, 세상에는 스타트업으로 넘쳐난다. 이제는 새로 시작한 회사를 지칭하는 일반명사처럼 쓰이기도 한다. 추후에는 신장개업한 중국집에서도 스타트업이라는 말을 쓸지도 모르겠다. 건물 두 채만 가지고 있으면 회장님, 점포 하나만 가져도 사장님, 대표님인 것처럼 말이다. 자신들의 기업을 스타트업으로 부르는 것은 자유다. 그러나 스스로에게 끊임없이 질문해야 한다.

진정한 스타트업인지 아닌지를 판단하는 것은 주식시장에 새로 상장된 기업의 미래 가치를 예측하는 것보다 더 어려운 일일 수 있다. 하지만, 상대적으로 기존 시장에 파괴적 충격을 줄 수 있는 잠재력을 갖춘 진정한 스타트업을 식별하는데, 활용할 수 있는 최소한의 기준은 조속히 마련돼야 한다. 성공적인 스타트업을 운영하기 위해서 전략을 제시함으로써, 스타트업을 꿈꾸는 많은 국내의 예비 창업자들이 자신의 비전 및 목표, 그리고 방향성을 설정해야 한다. 따라서 진정한 스타트업의 의의를 세 가지 전략적 방향으로 아래와 같이 제시하고자 한다.

1 초고속 성장 지향

성장하지 않는 스타트업은 문제가 있다. 스타트업에서 말하는 성장은 연간 10~20%의 성장이 아니라, 지난달에 비해 10% 성장했는가, 20%가 성장했는가의 문제이다. 앞서 설명한 폴 그레이엄(Paul Graham)의 정의에는 구체적인 성장 목표치가 없다. 과연 얼마나 빠른 성장을 목표로 해야 진정한 스타트업이라고 할 수 있을까? 이 질문에 대한 해답으로 옥스퍼드대 출신이며, 그랜트리(GrandTree)社의 공동 창업자인 다니엘 테너(Daniel Tenner)의 정의를 인용하면, "스타트업은 향후 5년 이내에 10배 이상을 성장하기 위한 야망과 목표를 가진 기업이다."

여기서, 5년 이내와 10배 이상이라는 수치는 그동안 진정한 스타트업의 성장 속도를 관찰한 결과 도출된 것이고, 중요한 것은 초고속 성장에 대한 야망과 목표가 있느냐 없느냐라는 것이다. 왜냐하면, 이러한 야망과 목표가 있느냐 없느냐에 따라 시장 선택과 사업 전략, 그리고 기업문화가 달라질 것이기 때문이다. 종로에 호프집을 창업하면, 지역적 한계로 초고속 성장을 기대할 수 없기 때문에, 태생부터 스타트업이 될 수 없다. 하지만, 종로에 全국민을 대상으로 한 영어 콘텐츠 기업을 창업하며 초고속 성장을 위한 야망과 목표를 지향하면, 스타트업으로 정의될 수 있다는 얘기다.

2 파괴적 혁신 추구

진정한 스타트업이 되기 위해서는 파괴적 혁신(disruptive innovation, 기존 생태계를 교란하는 혁신)을 추구해야 한다. 파괴적 혁신은 하버드대학의 클레이튼 크리스텐슨(Clayton Christensen) 교수에 의해 소개되었는데, 기존 시장의 선도 기업들이 예측하지 못했던 방식으로 개선된 상품이나 새로운 서비스를 내놓는 혁신을 말한다.

다시 말하면, 파괴적 혁신이란 새로운 시장과 새로운 고객 가치 체계를 창출할 수 있는 새로운 아이디어를 실행해, 궁극적으로 기존 시장과 기존 고객 가치 체계를 파괴시키고, 새로운 선도 기업으로 등극하고자 하는 것이다. 파괴적 혁신이라는 용어는 스타트업 업계에서 흔히 사용된다. 크리스텐슨 교수에 의하면, 파괴적 혁신이 되기 위해서는 아래의 두 가지 조건이 만족돼야 한다.

첫째, 파괴적 혁신은 로우엔드(low end)[19] 발판이나 新시장 발판을 통해 발생한다. 즉, 기존 시장의 지배자들이 큰 수익이 기대되지 않아 관심을 가지지 않은 소비자나, 관심을 가지지 않았던 새 시장을 공략함으로써 발생한다는 것이다. 하지만 우버(Uber)는 기존 시장의 고객(택시를 타려는

19) 이는 제품군 가운데 비교적 성능이 떨어지는 제품으로, 하이엔드(high end)에 상반되는 개념이다. 컴퓨터 관련 제품의 성능 표시를 자주 사용된다.

고객)을 공략하였고 로우엔드로 만족하는 고객을 공략한 것이 아니었기에 첫 번째 기준을 만족하지 못한다.

1

둘째, 파괴적 혁신은 지속적 혁신을 바탕으로 한다. 로우엔드로 만족하는 고객이나 기존에 존재하지 않은 新시장을 노린 혁신은 대부분의 경우 그 품질이 충분하지 않아 주류시장의 고객들에게는 외면당한다. 파괴적 혁신이 되기 위해서는 로우엔드를 요구하는 소비자나 新시장을 공략하며 혁신을 시작하되, 지속적인 혁신과 개선을 통해 주류시장의 소비자들까지도 고객으로 포섭할 수 있어야 한다. 크리스텐슨 교수에 의하면, 우버는 이 두 번째 기준만큼은 만족한다.

크리스텐슨 교수의 정의대로라면 파괴적 혁신으로 스타트업을 설명하기에는 조금 무리가 있어 보인다. 그러나 파괴적 혁신의 개념을 적절히 활용해, 스타트업 기존의 시장의 질서를 교란하고 파괴하면서 새로운 질서와 더 큰 고객가치를 제공하는 기업으로 정의하고 있다.

대부분의 파괴적 혁신을 추구하는 스타트업들은 초기 시장진입을 위해 시장 선도 기업들의 기존 상품보다 성능이 떨어지는, 하지만 '그런대로 쓸 만한' 솔루션[20]을 제공한다. 그리고 나서, 근본 기술과 잘 실행된 비스니스 전략의 빠른 성숙을 통해 이러한 스타트업들은 주류시장 내에서 파괴력을 발휘할 정도로 진화한다. 예를 들어, 안드로이드는 기존의 초기 스마트폰보다 열등했었고, 페이스북은 기존 형태의 소셜 커뮤니케이션보다 열등했었고, 아이패드는 기존 노트북보다 열등했었다.

파괴적 혁신은 스타트업 창업자가 주로 단순함과 편리함과 가격경쟁력에 중점을 둔 솔루션을 시장에 내놓으면 일어나는데, 완전히 새로운 기술의 혁신이라기보다는 대부분 기존 BM의 변형에 의한 것들이다. 어쨌든, 무엇보다도 스타트업은 현 시장 선도자들에 의해 제공되는 기존 솔루션을 신속히 성숙시키고 추월할 잠재력이 있는 상품이나 서비스에 대한 아이디어가 있어야 한다.

다시 말해, 스타트업은 자신만의 독특한 기술 우위점을 공격적으로 개발 가능하게 하는 파괴적 비즈니스 전략을 갖고 있어야 한다는 것이다. 어쨌든, 진정한 스타트업은 설령 실패하더라도 파괴적 혁신을 추진해야 한다. 파괴적 혁신에 대한 투자는 확실한 성공을 위한 학습 기회이기도 하다. 실패하면 즉시 방향을 전환하면 된다. 스타트업에 있어 파괴적 혁신을 추구하지 않으면 실패할 위험은 없지만, 성공할 희망도 없는 것이다.

20) 린 스타트업에서는 이를 MVP(Minimum Viable Product, 최소실행가능제품)이라 한다. 제5장 참조.

3 스타트업 문화 구축

진정한 스타트업을 위한 마지막 전략은 강력한 스타트업 문화 구축이다. 스타트업의 성공은 강력한 문화에 달려있다고 해도 과언이 아니다. 미국 최대 온라인 신발 쇼핑몰인 자포스(Zappos)의 젊은 CEO 토니셰어(Tony Hsieh)는 자신의 문화와 맞지 않는 사람은 고용하지 않고, 고용한 후에도 자신의 문화와 어긋나는 행동을 보이면 즉시 해고하는 것으로 유명하다. 애플은 스티브잡스(Steve Jobs) 생존 시 스티브잡스를 신봉하고 애플에 열광하는 문화로 혁신을 이끌었다. 구글은 스타트업의 열정과 영혼, 스피드를 가진 기업문화를 창출하기 위해 파격적인 복리후생제도 제공 등을 통해 일하기 좋은 기업으로 만들었다. 스타트업의 최대 자산은 사람이다. 일하는 풍토와 분위기가 긍정적이면 직원들의 잠재능력이 커지고, 역량도 최대로 발휘된다.

강력한 스타트업 문화를 구축하기 위해서는 가장 먼저 **전직원 모두가 의사결정권자**가 될 수 있어야 한다. 회사의 실주주이건 아니건, 모든 직원은 오너(owner)의 시각으로 중요한 결정에 언제든 의견을 피력하고 참여할 수 있어야 한다. **공동 책임과 공동 권한의식**은 강력한 스타트업 문화의 기반이 되는 것이다. 아직도 스타트업 문화를 유지하고 있는 거대 기업 구글 직원들은 지금도 이메일로 또는 식당 대화를 통해 아니면, 매주 금요일에 열리는 주간 회의에서 레리 페이지(Larry Page)나 세르게이 브린(Sergey Brin) 같은 경영진에게 다양한 회사 문제에 대해 공개적으로 직접 질문하고, 회사의 결정에 조언하고 있다.

또한, 강력한 스타트업 문화를 구축하기 위해서는 권위와 위계질서가 배제된 상황에서의 **수평적 열린 소통이 가능**해야 한다. 직원 간 자율적이고 수평적인 소통을 통해 공유 가치가 형성되고, 창조력을 높이는 분위기가 조성된다. 스타트업의 성공은 스타트업 구성원으로부터 얼마나 많은 것을 이끌어내느냐에 달려있다. 모든 직원은 평등하다는 생각으로 상대방을 배려하면 스스로 참여하고 헌신하게 된다. 자유롭고 활발하게 질문하고 토론하는 수평적 소통을 통해서만이 강력한 스타트업 문화가 창출될 수 있는 것이다.

그리고 마지막으로 강력한 스타트업 문화를 구축하기 위해서는 **즐거운 직장 환경을 조성**해야 한다. 즐거움은 스타트업 문화의 가장 중요한 부분이다. 진정한 스타트업 직원들은 서로를 단순한 동료가 아닌 친구나 가족으로 생각한다. 사내 스포츠 팀에서 함께 운동하고, 해피아워(happy hour)[21]를 함께 보내고, 동료를 위한 다양한 파티를 열어준다. 동료와 함께 시간을 보내는 것을 좋아하고, 함께 즐기고, 다양한 많은 방법으로 서로의 성공을 축하해준다. 구글, 페이스북, 징가(Zynga) 등 스타트업으로 성공한 기업들은 지금도 직원 복리후생에 엄청난 공을 들이고 있다.

21) 이는 주로 주말 오후 퇴근 후 간단히 한잔하는 시간을 말한다.

제 2 장

스타트업 창업의 이해

2.1 창업의 기본적 개념

우리에게 소중한 교훈 중 하나는 세상은 변한다는 명제와 살아 있는 모든 생명체는 언제나 경쟁해야만 생명력을 유지할 수 있다는 사실이다. 더구나 현 사회에서 오늘 지식이 내일은 쓰레기가 되는 혁명적 속도의 시대가 된다던 엘빈 토플러(Alvin Toffler)의 말처럼, 세상의 변화는 지식공유경제의 확산과 인공지능(AI: Artificial Intelligence), 사물인터넷(IoT: Internet of Things), 자율주행차(self-driving car) 등의 4차 산업혁명 쓰나미(tsunami)가 몰려오고 있다.

과거 우리나라도 빠르고 강한 추진력을 바탕으로 극심한 빈곤을 딛고 세계에서 유례없는 가파른 경제성장을 실현한 경험이 있었으나, 1980년대 중반 이후 글로벌화와 정보통신기술(ICT: Information and Communication Technology)의 발달로 비즈니스 환경이 예측할 수 없게 바뀌었고, 그동안 경제의 주축이었던 자동차, 조선, 철강, 전자 등 전통산업에서 점차 경쟁력이 떨어지고 있다. 더구나 떠오르는 4차 산업혁명 관련 사업이나 新사업에서도 선도적인 입지를 확보하지 못한 기업들의 악화된 경영실적과 역동성 하락에, 일자리 창출효과가 큰 창업에 대한 관심이 점차 높아지는 상황이다.

기대수명이 점점 늘어남에 따라 기업에 취직해서 60대에 퇴직을 해도 그 이후의 삶을 보장받기 힘든 시대가 왔다. 또한 ICT강국인 한국 산업이 고무된 상태로 지속되자 4차 산업혁명의 트렌드를 따라 가치를 창출하려는 시도 또한 중요해지고 있다. 이러한 상황 속에서 트렌드에 민감한 20대와 30대의 혁신적이고 창의적인 창업 도전은 대한민국 산업이 새로운 전환점을 맞이하는 하나의 시발점이 될 수도 있다.

오랫동안 준비를 마치고 사회에 진출하려는 청년들이 고대하는 취직은 그 조직의 목표달성에 이바지하겠다는 약속을 하는 것이지만, 창업은 내가 선택한 일을 통해 꿈을 이루려는 결심을 실행하는 일이다. 창업을 하게 되면 곳곳마다 잠재위험은 크지만 그만큼 엄청난 성취감을 얻을 수 있는데, 이때 수많은 위기를 극복할 수 있는 에너지의 원천으로서 창업을 하는 명쾌한 이유와 창업을 하는 최종목표를 분명하게 정립하는 것이 매우 중요하다.

2.1.1 창업의 일반적 정의

2

창업(創業, foundation or establishment)이란 일반적으로 중소기업을 새로 설립해 사업을 개시하는 것을 말한다.(「중소기업창업지원법」 제2조) 다시 말하면, 창업은 주어진 목표를 달성하기 위해 기업이라는 새로운 조직을 일으켜 세우는 모든 행위를 말한다. 하지만 넓은 의미로의 창업은 새로운 기업조직을 설립하는 것은 물론, 기존의 기업이 전혀 다른 새로운 종류의 제품을 생산하거나 새로운 서비스를 제공하는 사업을 시작하는, 즉 신규 사업을 시작하는 경우까지도 넓게 포함한다.

먼저 결론적으로 설명하면, 창업이란 **기업가정신**(起業家精神)[1]을 갖춘 개인이나 (창업)팀이 내·외부 환경으로부터 얻은 사업아이디어를 가지고, 사업목표를 세우고 난 후 사업기회(창업아이템)에 경영자원을 투입해 재화(goods)의 생산 또는 용역(service) 제공의 사업을 시작해 가치(또는 영리)를 창출하는 것을 의미한다.

일반적으로 창업의 분류를 표 2-1과 같이 크게 구분할 수 있다. 본 책에서는 기술창업의 관점에서 서술한다. 여기서 '**기술창업**'이란 특정 분야에서 新기술 또는 새로운 아이디어를 생산 또는 서비스하는 창업을 말하나, 해당 기업군을 정의하는 일관된 용어는 없지만 벤처기업(venture company), 하이테크 기업(high technology business), 기술집약형 기업(new technology based firm) 등의 기업을 설립하는 행위로 볼 수 있다. 기술창업의 범주를 제도적으로 정의되고 있는 벤처기업의 정의보다 좀 더 실질적인 내용 위주의 의미로 해서해, 벤치기업 인증을 받지 않았더라도 특정한 기술을 기반으로 창업을 준비하는 예비 중소기업을 포함하고자 한다.[2]

표 2-1 창업의 대분류

분류	사업 유형	사업 수행형태	특 성
기술 창업	제조업 전문서비스업 지식문화사업	신기술 또는 새로운 아이디어를 가지고 제품·서비스의 생산 및 판매 활동을 하는 형태	• high risk(고위험)이나 성공 시 high return (고수익) • 소규모 창업 고성장률 통한 중견기업 성장 가능
일반 창업	일반서비스업 도소매업 (일부 건설업)	음식업, 이미용업, 기타 일반상품을 단순 유통하는 등의 일반적 사업형태 (생계형창업)	• 낮은 진입장벽, 빈번한 창업 및 소멸 • 소자본 창업으로 일반적 영세, 낮은 부가가치

1) '2.3 스타트업 창업의 원동력 : 기업가정신' 참조.

2) '8.5.1 벤처기업 인증' 참조.

고용 없는 성장과 일자리 창출 정체현상이 지속됨에 따라, 지금까지 우리 경제의 발전을 주도해 왔던 대기업의 고용창출은 한계에 부딪히고 있다. 이에 따라, 그 어느 때 보다 기술창업 활성화를 통한 벤처기업 또는 스타트업의 육성으로 고용창출에 대한 기대가 높아지고 있다. 특히 4차 산업혁명 기술을 바탕으로 한 스타트업 창업은 기존 시장을 대체하거나 확장시키는 새로운 직업군을 창출함으로써 고용확대의 핵심 역할을 할 것으로 기대되고 있다.

따라서, 기술창업에 대한 정확한 이해를 바탕으로, 많은 벤처기업이나 스타트업이 창조되고 성장할 수 있도록 정부와 기업 등 우리 경제 주체들의 기술창업 활성화를 위한 노력이 매우 필요한 시기이다. 국내에서도 정부의 적극적인 창업활성화 정책에 따라 2008년 이후 창업률이 증가하는 추세를 보이고 있다. 하지만, OECD 회원국 중 부가가치가 높고 생존력이 우수한 기술창업보다 일반창업(생계형창업) 비중이 상대적으로 높은 것으로 나타남에 따라, 미래에는 창의적 아이디어 중심의 기술창업 비중을 높일 필요가 있다.

2.1.2 창업의 동기와 특성

1 창업의 동기

창업은 창업자가 고객의 욕구를 만족시키기 위해 사업아이디어를 가지고 필요자원을 확보, 활용해 특정한 제품이나 서비스를 생산하는 기업을 설립하는 것을 의미한다. 창업의 동기는 창업자에 따라 다르겠지만, 일반화시켜 본다면 아래와 같이 세 가지로 설명할 수 있다.

첫째, **경제적 동기**를 들 수 있는데, 가장 기본적이고 일반적인 경제적 **현실추구형**이라 할 수 있다. 최근 급격한 경제 환경변화와 어려움으로 인한 고용불안으로 확대되고 있는 실직난이나 구직난, 직장의 장래 전망 불투명 등의 이유 때문에, 이를 벗어나려는 목적의 창업이나 창업을 위해 투입되는 자원의 크기보다 미래에 대한 기대 수익이 훨씬 더 크다고 생각해 창업을 시작하는 경우가 여기에 속한다. 비자발적 실업자인 경우에도 어쩔 수 없이 생업을 위해 구직이 아닌 창직(創職)을 하는 생계형 창업을 많이 시도한다.

둘째, **자아실현 동기**를 들 수 있는데, 이는 경제적 동기와는 달리, 개인의 현장경험과 지식을 바탕으로 꼭 해보고 싶은 일을 실현시켜 보려는 **성취추구형**의 경우를 말한다. 즉 자신의 기업을 소유·운영해 보고 싶은 욕구, 보다 만족스런 경력에 대한 욕구와 기업 소유자로서 얻게 되는 명성과 기업경영을 통해 자신의 꿈과 이상을 실현하고자 하는 동기를 말한다. 또한 (사회적 기업) 창업을 통해 사회적 책임감을 가지고 사회에 봉사와 헌신으로 공익을 실현하고자 하는 사회적 동기의 경우도 성취추구형의 동기에 포함될 수 있다.

셋째, **창조 동기**로서, 창의적이고 혁신적인 아이디어 또는 노하우, 신기술개발 또는 특허를 획득함에 따라 독립적인 사업을 하려는 **창조추구형** 도전 정신을 가진 창업자에 의한 창업의 동기가 바로 이 경우이다. 개인이 가지고 있는 사업아이디어의 활용이나 새로운 사업기회의 포착을 통해 사업화하려는 모험정신의 발현 목적에서 이뤄지는 창업으로, 가장 이상적이고 순수한 창업 동기라 할 수 있다.

2 창업의 기본적 특성

우리 주변에서는 매일매일 수많은 기업이 도산해 문을 닫는 경우가 발생하고, 이보다 많은 수의 기업들이 탄생하고 있다. 그러나 날마다 창업되는 많은 기업들 중에서 실제로 성공했다고 평가받을 만한 경우는 극히 적은 수에 불과하다. 그 이유는 누구라도 쉽게 창업할 수 있으나, 아무나 성공할 수 없는 나름대로의 특성이 있기 때문이다. 기업을 새로이 설립하는 창업은 기업의 경영활동으로 인식되는 기존 활동과 많은 점에서 다른 특성을 가지고 있다.

1) 의사결정의 불확실성

창업은 불확실하고 모호한 여건 속에서 예측을 기반으로 하는 어려운 의사결정을 해야 한다. 아무리 완벽하게 창업 준비를 하였다 하더라도 창업의 과정과 기업 운영에서 예상치 않은 많은 변수들이 등장하기 때문에 그 누구도 창업의 성공을 장담할 수 없다.

창업아이템이 아무리 훌륭하더라도 수요가 저절로 창출되는 것도 아니고, 지금까지 전혀 경험하지 못한 새로운 사업을 추진하는 과정에서 예상치 못했던 변수들이 자원의 과다한 소모나 실패를 유발시키는 경우가 많다. 이처럼 창업은 새로운 사업을 시작하는 것이기 때문에, 그 결과를 예측하기가 어렵고 불확실할 수밖에 없는 특이성을 갖게 되는 것이다.

2) 많은 자원투입을 전제로 하는 투자의사결정

창업은 다수 인적자원의 투입과 많은 자본의 투자를 전제로 해 시작되는 것이므로, 처음부터 어느 정도 위험부담을 안고 출발할 수밖에 없다. 그러나 이러한 투자자원에 대해서 그 결실은 장기간에 걸쳐서 서서히 이뤄지며, 또한 그 결실의 크기 또한 불확실하기 때문에 창업은 많은 위험이 수반되는 특징을 가지고 있는 것이다.

3) 본질적으로 진취적·창조적이며 모험적인 성격

창업은 본질적으로 진취적이고 창조적이며 모험적인 성격을 갖고 있다. 이는 본래 창업이 갖고 있는 불확실성과 위험성을 띠고 있으나, 창업은 더 나은 미래의 많은 수익과 보상을 기대하게 되며, 심지어 더 큰 기회 이익이 예상되기 때문이다. 하지만 그 미래의 이익은 상상력과 창의력이 뛰어나고 결단력이 있는 기업가정신을 가진 창업가에 의해서만 만들어지나, 지금은 잠재적 가능성을 갖는 기대에 불과하다.

창업의 이러한 특성으로 인해 사업을 시작하기 전에 철저한 전략 수립과 적정한 경영자원의 투입 등을 통해 신중하게 접근할 필요가 있고, 이는 기업가적 자질을 갖고 있는 야심가, 자기사업을 통해 자아실현을 추구하려는 사람, 그리고 성장 및 성과개선을 추구하는 기업들의 변신 수단으로 추진된다는 특성을 갖고 있다.

2.1.3 창업의 범위와 유형

최근 들어 새로운 기업의 설립뿐만 아니라 사내벤처, 심지어 기존 기업의 승계까지도 창업의 영역에 포함시키기도 한다. 「중소기업창업지원법」에서는 '창업'이란 중소기업을 새로이 설립해 사업을 개시하는 것으로 정의하고 있고 '창업자'란 중소기업을 창업하는 자와 중소기업을 창업해 사업을 개시한 날부터 7년이 경과되지 아니한 자로 정의하고 있다.[3] 이 때 사업을 개시한 날은 창업자 또는 재창업자가 법인이면 법인설립한 등기일을, 개인사업자면 「부가가치세법」 제8조제1항의 규정에 의한 사업개시일(다만, 사업계획의 승인을 얻어 사업을 개시하는 경우에는 사업자등록일)을 말한다.

이는 새로운 기업조직을 설립하는 것은 물론, 기존의 기업이 이제까지와 전혀 다른 새로운 기업조직을 설립하는 것과 기존의 기업이 이제까지 전혀 다른 새로운 종류의 제품을 생산하거나 판매하는 일을 시작하는 것까지 포함해 실질적으로 사업을 개시하는 행위를 말한다.

「중소기업창업지원법」과 조세감면 시의 창업의 정의에 의해, 창업으로 보지 않은 경우는 '사업승계'(상속 포함), '형태변경'(법인전환 포함), '폐업 후 재창업', '업종추가' 등이 있는데, 이와 관련된 경우에 창업의 범위에 포함되느냐 여부는 중소벤처기업부에서 기준을 정하고 있다. 이를 구체적으로 살펴보면 다음 표 2-2와 같다.

---

3) 하지만, 동법 상 숙박 및 음식업과 부동산업 등 일부 업종은 제외하고 있다.

표 2-2 창업의 범위

주체	사업장소		사례	창업여부
A 개인이	갑장소에서	갑장소에서의 기존 사업을 폐업하고	B법인을 설립해 동종업종 제품을 생산	사업승계, 형태변경
			B법인을 설립해 이종업종 제품을 생산	★창업
		갑장소에서의 기존 사업을 폐업 않고	B법인을 설립해 동종업종 제품을 생산	사업승계
			B법인을 설립해 이종업종 제품을 생산	★창업
A 법인이	갑장소에서	갑장소에서의 기존 사업을 폐업하고	B법인을 설립해 동종업종 제품을 생산	사업승계
			B법인을 설립해 이종업종 제품을 생산	★창업
		갑장소에서의 기존 사업을 폐업 않고	B법인을 설립해 동종업종 제품을 생산	사업승계
			B법인을 설립해 이종업종 제품을 생산	★창업
A 개인이	을장소에서	갑장소에서의 기존 사업을 폐업하고	B법인을 설립해 동종업종 제품을 생산	사업승계, 형태변경
			B법인을 설립해 이종업종 제품을 생산	★창업
		갑장소에서의 기존 사업을 폐업 않고	B법인을 설립해 동종업종 제품을 생산	★창업
			B법인을 설립해 이종업종 제품을 생산	★창업
A 법인이	을장소에서	갑장소에서의 기존 사업을 폐업하고	B법인을 설립해 동종업종 제품을 생산	사업승계
			B법인을 설립해 이종업종 제품을 생산	★창업
		갑장소에서의 기존 사업을 폐업 않고	B법인을 설립해 동종업종 제품을 생산	★창업
			B법인을 설립해 이종업종 제품을 생산	★창업
A 개인이	을장소에서	갑장소에서의 기존 사업을 폐업하고	다시 A명의로 동종업종 제품을 생산	폐업 후 재창업
			다시 A명의로 이종업종 제품을 생산	★창업
		갑장소에서의 기존 사업을 폐업 않고	다시 A명의로 동종업종 제품을 생산	사업승계
			다시 A명의로 이종업종 제품을 생산	업종추가

주) 1. 업종구분은 한국표준산업분류의 세 분류(4자리)를 기준으로 함
(한국표준산업분류 5자리 중 앞에서 4자리까지 일치하면 '동종업종'에 해당)
2. '갑'장소는 기존사업장, '을'장소는 신규사업장 (사업장이 기존사업장과 접하고 있더라도 별도의 경계(담, 출입문, 도로 등)를 두고 있어 공정의 연속성이 없는 경우는 신규사업장에 해당)
3. 'B'법인은 'A'가 출자한 법인임
4. 'A명의'란 개인사업자로서 대표자가 동일한 경우를 말함
5. '기존사업을 폐업하고'란 사업자등록을 반납 또는 취소 조치함을 말함
6. 창업의 범위가 명확하지 않은 경우는 해당 지방중소벤처기업청이나 중소벤처기업부의 결정에 따르도록 함

일반적으로 창업유형을 살펴보면, 특별히 정형화된 유형을 찾기에는 어려우나 대체적으로 업종에 따른 분류, 창업자의 창업동기와 창업자의 창업배경에 따라 창업의 형태를 분류할 수 있다.

업종에 따른 분류로는 제조업, 서비스업, 도소매 유통업 등으로 분류할 수 있으며, 창업자의 창업동기를 중심으로 창업유형을 살펴보면 부업을 포함한 생계형 창업, 기회형 창업, 방법형 창업 등으로 분류할 수 있다. 창업자의 배경을 중심으로 창업하는 경우에는 기술형 창업, 경력형 창업, 취미형 창업 등으로 분류할 수 있다.

또 다른 측면에서 창업의 유형은 개인사업자나 법인사업자와 같은 형태상의 유형 분류, '1인 창조기업' 또는 '팀(team) 창업' 등과 같은 구성원의 참여 수에 따른 분류 외에도 다양한 기준에 의해 분류할 수 있다. '1인 창조기업'은 2011년 제정된 「1인 창조기업 육성에 관한 법률」 제 2조에서 정의하고 있는 바로는 창의성과 전문성을 갖춘 1인이 상시근로자 없이 대통령령으로 정하는 지식서비스업, 제조업 등을 영위하는 자를 말한다. '팀 창업'이란 여러 명의 구성원(동업자)들이 창업 준비 과정 및 창업에 필요한 능력 및 자원(기술력, 전문경영 지식, 경험, 자금, 네트워크 등)을 상호 보완적으로 협력해 창업성공률을 제고하고자 하는 창업유형을 말한다.

표 2-3 창업의 일반적 유형 분류

<table>
<tr><th>구 분</th><th colspan="4">유 형</th></tr>
<tr><td>업종별 분류</td><td>제조업 창업</td><td colspan="2">서비스업 창업</td><td>도·소매 유통업 창업</td></tr>
<tr><td>창업동기별 분류</td><td>생계형 창업</td><td colspan="2">기회형 창업</td><td>방법형(동업형, 전환형) 창업</td></tr>
<tr><td>창업자 배경별 분류</td><td>기술형 창업</td><td colspan="2">경력형 창업</td><td>취미형 창업</td></tr>
<tr><td>특성별 분류</td><td>소규모 창업</td><td colspan="2">가족기업 창업</td><td>벤처형 창업</td></tr>
<tr><td>형태별 분류</td><td>신규 창업</td><td>인수 창업</td><td>승계 창업</td><td>프랜차이즈 창업</td></tr>
<tr><td>기업형태별 분류</td><td colspan="2">개인 창업</td><td colspan="2">법인 창업</td></tr>
<tr><td>구성원 참여 수에 따른 분류</td><td colspan="2">1인 창조기업</td><td colspan="2">팀(team) 창업</td></tr>
</table>

2.1.4 창업의 중요성

2

앞서 설명했듯이, 혁신적 사업아이디어나 사업모델, 우수한 기술력을 바탕으로 하는 창업은 산업구조를 고도화하고 양질의 일자리 창출함에 있어 핵심이다. 또한, 4차 산업혁명이 본격적으로 확산되는 미래를 대비하고 우수한 인재에 의해 국가 경쟁력이 결정되는 시대를 준비하는 효율적인 수단이라는 점에서 그 중요성은 더욱 커지고 있다.

창업은 개인의 관점에서 보면 개인적인 부(富, wealth)를 창출하기 위한 활동이지만, 그것은 개인의 차원을 넘어서 국가적·사회적으로 여러 가지 중요성을 가진다. 먼저, 일반적으로 창업이 갖는 개인적 중요성을 정리하면 아래와 같다.

1 개인적 관점에서의 중요성

1) 개인에 있어서 부(富)의 창출

창업의 가장 직접적인 목표는 부를 창출하는 것이다. 창업을 통해서 창출되는 부는 개인적으로 소중할 뿐만 아니라, 사회적으로도 유용한 것이다. 좀 더 많은 사람들이 물질적인 풍요로움의 혜택을 받기 위해서는 먼저 사회 전체의 부의 크기가 증가해야 하는데, 창업은 이러한 결과를 위해 필요하고도 중요한 활동이다. 창업은 자원을 활용해 가치가 좀 더 큰 새로운 재화와 서비스를 생산하고 이를 통해 부를 축적하게 된다.

2) 자아실현 욕구

인간은 누구나 자신의 꿈을 현실에 실현시키고 싶은 욕구가 있다. 이는 개인의 경험과 지식을 기반으로 해 아이디어를 사업 현장에 접목시켜 성공하고자 하는 욕구이다. 창업은 자신의 기업을 독자적으로 경영하거나 자신의 특수한 기술이나 재능을 발휘하고자 하는 창업자에게 기회를 제공한다.

특히 현대의 청년들은 유리한 급여조건에 만족하지 않고 독립해 자영하려는 경향이 강한데, 창업은 이들에게 능력발휘의 장을 제공하고 기업가적 재능에 대한 시험장이 되고 있는 것이다.

2 국가적·사회적 관점에서의 중요성

1) 삶의 공간 창출

현대사회에서 직장은 단순히 생계에 필요한 물질을 얻기 위한 활동이라는 차원을 넘어서 삶 그 자체의 매우 중요한 일부이다. 그러므로 기업에서 근무하는 동안 삶의 질(質)은 조직구성원들의 삶의 질을 결정하는데 중요한 요인이 되는 것이다. 이러한 관점에서 볼 때 창업은 창업자 본인뿐만 아니라 사회 구성원에게도 윤택한 삶의 공간을 창출하는 행위라 할 수 있다.

2) 일자리 창출

국가적으로 창업은 일자리 창출의 중요한 원천이다. 이와 같은 일자리 창출은 개인에게 생활의 터전을 제공하게 되며, 국가적으로는 경제활동 인구를 늘리고, 실업문제를 해결하는 데 있어서 가장 근본적인 방안인 것이다.

현재 고용 없는 성장과 일자리 창출 정체현상이 지속됨에 따라, 지금까지 우리 경제의 발전을 주도해 왔던 대기업의 고용창출은 한계에 부딪히고 있다. 이에 따라, 그 어느 때 보다 스타트업이나 벤처창업의 고용창출에 대한 기대가 높아지고 있다. 특히 기술혁신형 창업은 기존 시장을 대체하거나 확장시키는 새로운 직업군을 창출함으로서 고용확대의 핵심 역할을 할 것으로 기대되고 있다. 실제로 미국을 비롯한 선진국의 경우 창업한 지 5년이 안된 신생기업들이 일자리의 70%를 창출하고 있으며, 미국의 경우 4%의 벤처기업이 일자리의 60%를 만들어 내고 있다.

3) 국민경제 활성화

창업은 개인적인 활동 차원을 넘어 국민경제의 관점에서도 중요한 의미를 갖는다. 창업의 직접적인 목적은 개인의 부(富)를 창출하는 것이지만, 국민경제의 관점에서 보면 대기업의 묘상(苗床)이 된다. 현재의 대기업들도 창업기에는 소규모 기업으로 출발해 지속적으로 성장, 발전해 온 것이다. 따라서 유망한 스타트업 창업이 많아질수록 국민경제의 잠재력은 보다 커질 것이다.

국가가 스타트업 창업에 관심을 갖고 지원에 나서는 것도 국민경제의 발전에 중소벤처기업의 역할이 크기 때문이다. 특히나 우리나라와 같이 국제통상이 국가경제에서 차지하는 비중이 큰 나라의 경우, 창업은 앞에서 설명한 여러 가지 기능 외에, 국제수지 개선에도 많은 영향을 미칠 수 있는 중요한 경제활동이다.

4) 4차 산업혁명 기반 기술을 활용한 창업생태계 활성화

미래의 세상에는 새로운 기술이 개발돼 상상하지 못한 변화가 일어날 것이다. 4차 산업혁명 시대 도래로 인한 新기술의 등장으로 유망시장이 나타날 수 있으며, 4차 산업혁명의 기반 새로운 기술 등의 출현으로 新사업과 중소벤처기업의 기회가 나타날 것이다. 이처럼 스타트업·벤처기업은 신기술을 활용하게 되는 경우가 많으며, 기업 활동은 새로운 기술의 발달을 요구하게 된다. 그러므로 창업은 결과적으로 과학과 기술의 발달을 촉진하게 된다.

4차 산업혁명의 기반 기술의 진보에 따라 탄생하는 새로운 사업 또는 창업은 우리가 상상하지 못하는 영역에서 창출될 가능성이 높다. 불과 10년 전에는 없었으나 지금 각광받는 직업을 살펴보면, 대부분 기술 진보로 인해 새로운 영역을 구축한 경우에 속한다. 예를 들어 드론은 드론 기술이 상용화됨에 따라 새로운 물류나 유통산업에서도 새로운 사업으로 부상한 것이다. 이처럼 과학기술의 발전과 진보로 인해 뇌, 우주 등 다양한 분야가 개척되면서 관련 산업에서 부상할 것으로 보인다.

2.2 스타트업 창업의 요건

2.2.1 스타트업 창업의 3 요소

세계적으로 일어나고 있는 스타트업 창업의 붐은 '소리 없는 혁명(silent revolution)'이라 불리고 있다. 스타트업 창업은 새로운 기회를 만들어내고, 포착하며, 이용하는 것이다. 창업을 하기 위한 실무적인 절차들은 매우 복잡해보이지만, 정해진 절차만 따라서하기 때문에 오히려 단순한 작업이라고도 할 수 있다. 그러나 진정 스타트업 창업에 성공하려면 창업과정에서 세 가지 핵심요소가 꼭 필요하고, 이를 중심으로 한 창업(준비)과정이 체계적으로 수행돼야 한다. 이를 위해서는 스타트업 창업의 3 요소들 간의 **적합성**(fit)이 반드시 필요하다.

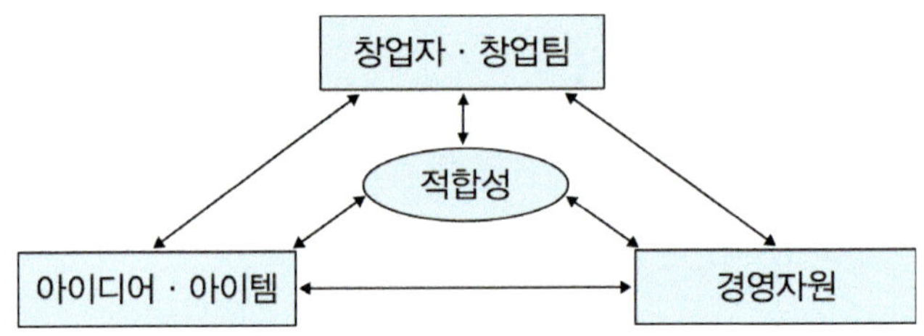

그림 2-1 스타트업 창업의 3 요소

1 창업자·창업팀

스타트업 창업과정의 세 가지 핵심요소 중에서도 가장 중요하고 창업성공의 여부는 창업자·창업팀의 능력과 자질에 달려있다. 스타트업 창업에는 많은 위험부담이 따른다. 중소벤처기업부 산하기관 창업진흥원(www.kised.or.kr)의 통계에 의하면, 열 명이 창업을 했을 경우 두세 명 정도만 성공하고 나머지 일곱 여덟 명 정도는 실패한다고 조사되었다. 창업을 희망하는 사람들의 가장 큰 소망이 바로 성공창업이다.

1) 창업자의 요건

2

창업자는 기업의 설립자로서 창업을 주도적으로 계획하고 창업에 따른 모든 위험을 책임지는 사람이다. 사업의 성패는 창업자의 기업가(起業家)로서의 자질, 사업계획 수행능력에 의해 좌우된다고 해도 과언이 아니다. 창업 분야에 대한 자신의 지식 및 정보, 장·단점 등을 스스로 체크하고 평가해 자신의 역량에 맞는 창업을 해야만 성공할 수 있다.

창업이 성공하기 위해서는 사업아이디어도 잘 선택해야 하고 자금도 충분히 확보되고 어느 정도의 매출규모를 달성해야 하지만, 무엇보다도 창업자에게는 **도전적인 기업가정신**(起業家精神, entrepreneurship)이 가장 필요하다. 창업자는 새로운 사업기회를 창출하고 포착된 아이템을 통해 높은 성장잠재력을 갖는 성공기업으로 키우고자 한다. 창업자들은 보통 사람들이 보지 못하는 것을 보고 생각하지 못하는 것을 생각하고 다르게 행동한다. 그들은 단지 사업이 생존하는 것만으로 만족하지 않고 지속적인 고성장을 추구한다. 그들은 도전과 창조정신으로 기업을 경영한다.

창업자는 높은 자질의 인적자원을 사업에 끌어 들일 수 있는 매력적인 자질(지도력)과 그들을 창업 비전에 동참할 수 있도록 동기부여를 잘해야 한다. 또한 창업자는 팀워크를 기초로 한 조직구성을 할 수 있는 능력을 소유해야 한다. 수직적 구조의 조직보다는 수평구조의 팀조직으로서, 조직구성원을 아주 진솔하고 꾸밈없이 정직하게 대하고 그들 스스로 알아서 일을 할 수 있도록 모든 지원을 할 수 있어야 한다. 창업의 성공과 실패는 창업자의 사업가적 기질이나 적성에 따라 큰 차이를 가져온다. 사업성패의 원인은 창업자 자신에게 있다는 중요한 사실을 잊어서는 안 된다. 창업자에게 필수적으로 요구되는 몇 가지의 특성을 살펴보면 아래와 같다.

첫째, 창업자는 **적극적으로 사고하는 능력(몰입, 헌신, 주도력, 책임감)**을 가지고 있어야 한다. 어떤 문제 상황에 부딪쳤을 때 이의 해결방안을 스스로 찾아보고 시도해 보고자 하는 강한 의욕을 가져야 한다. “어떻게 되겠지”, “누가 도와주겠지”와 같은 의타적인 사고방식은 문제해결에 도움이 되지 못한다.

둘째, **성취에 대한 강한 욕구(성취욕구)**를 가지고 있을 때 창업자는 성공할 가능성이 크다고 본다. 일단 심사숙고해서 사업의 업종을 결정하고 사업을 시작하게 되면, 온갖 열정과 성의를 다해 그 일에 전념하고 추진해 이뤄놓겠다는 강한 욕구와 의지력이 필요하다. 물론 경영의 결과로 이윤을 얻는 것이 성취에 대한 보상이지만, 한걸음 더 나아가서 일 자체에서의 보람과 즐거움을 찾을 수 있을 때 더욱 촉진제 역할을 하게 될 것이다.

셋째, 창업자는 **상황을 민감하게 판단할 수 있는 특성(결단력)**이 있어야 한다. 사업을 경영하려면 그 규모가 크건 작건 간에 시작에서부터 매사를 스스로 판단하고 결정 내려야 되는 경우가 대부분이다. 물론 전문가의 도움을 받고 조언을 참조하기는 하나, 결국 마지막 판단을 내리는 사람은 창업자 자신이므로 그때그때 상황에 대한 정보를 구하고 그 가능성을 판단할 수 있는 민감성이 요구된다.

넷째, 창업자는 **좌절에 대해 이를 극복할 수 있는 힘(회복력)**을 가지고 있어야 한다. 경영을 해나가다 보면 즐겁고 순탄한 길을 걸을 수도 있으나 괴롭고 좌절감에 힘겨워할 수도 있다. 좌절감에 부딪쳤을 때 자기의 역량을 탓하거나 능력이 없음을 비판해 스스로 죄책감에 빠져들기보다는, 실패의 원인이 무엇이고 앞으로 실패의 상황을 어떻게 보완해 나감으로써 성공으로 이끌어 갈 수 있는지를 생각해 보는 능력이 보다 바람직하다. 이러한 능력은 인내와 끈기, 그리고 일에 대한 지구력과도 관련된다.

다섯째, 창업자는 대화를 즐길 뿐 아니라 **어느 정도의 설득력과 화술을 갖추는 것**이 바람직하다. 한 가지 유념해 둘 것은, 화술이라고 해서 능란하고 청산유수격의 말솜씨보다는 상대방의 의견을 듣고 진지하게 자기의 생각과 의견을 전달해 주는 태도가 더욱 중요하다. 특히 상품에 대한 올바른 정보를 진솔하게 펼쳐 보이는 것이 과장된 선전보다 훨씬 구매자를 설득시킬 수 있는 원동력이 될 것은 분명하다.

2) 창업자의 유형

창업자는 일반적으로 아래와 같이 기술창업자, 기회창업자 그리고 사내창업자, 사회적 창업자로 구분할 수 있다.

① 기술창업자

기술창업자(technical entrepreneur)는 **기술적 경험 및 지식을 중심으로 사업을 시작하는 창업자**이다. 기술창업자는 기술을 기반으로 독자적인 창업을 해 부의 창출을 목적으로 한다. 그들은 관리적인 임무를 수행하기보다는 기술적인 일을 선호하는 사람들이다. 따라서 기술창업자에 의한 기술창업은 가부장적인 방식으로 사업을 시도하려는 경향이 있는 숙련된 기술자 중심의 창업이며, 기회창업과는 대조적으로 더 전문적인 방식으로 사업을 시도하고, 비기술적 문제에 대해서는 특정교육이나 외부 전문가를 통해 보완하려는 경향이 있는 창업이라고 할 수 있다.

② 기회창업자

일반(기회)창업자는 기술 중심의 창업보다는 **사업의 관리능력 위주의 창업자**를 말한다. 기회창업자(opportunists)는 폭넓은 경험과 고학력의 특성을 가지고 있다. 그들은 미래지향적이고 관리적·도전적인 성향으로 설명될 수 있다. 따라서 그들은 환경에 대해 적응능력에 자신감을 가지고 있으며 변화를 기꺼이 수용한다. 그들의 조직은 급속히 성장하며 다양하고 혁신적인 전략을 추구하고 외부 자금조달에 적극적이다. 이들 창업자들은 재무적 이득과 성공적인 조직을 구축하기 위한 기회에 의해서 동기 유발된다고 볼 수 있다.

2

③ 사내창업자

사내창업자는 기업 내의 연구소, 컴퓨터, 기자재 등의 확보된 제반 자원을 활용해 **기업 내에서 혁신을 창출**하는 자를 말한다. 즉, 기업 내에서 아이디어를 수익성 있는 사업으로 구체화하는데 실천적 역할을 수행함으로써 기업의 성장을 주도하는 사람을 말한다.

사내벤처를 추진하려는 기업은 우선 조직구성원들을 대상으로 아이디어 발굴을 통한 **신규 벤처의 기회**를 찾는다. 그 후 조직이 벤처사업을 하기로 결정하면 사내창업자(intrapreneur)를 중심으로 벤처팀을 구성한다. 벤처팀은 벤처사업을 성공시키기 위해 제반 벤처 활동을 진행한다. 벤처의 결과가 성공적으로 결실을 맺으면 사업화를 추진하게 하며, 이 때 사내벤처사업으로 계속 진행할 것인지, 사업부로 전환할 것인지, 또는 별도법인(spin-off)으로 독립시킬 것인지를 결정하게 된다. 또한 성과평가를 통해 성공에 대한 보상을 실시하며, 실패 시 사내벤처팀은 해체된다.

④ 사회적 창업자

사회적 창업자는 사회적 목적을 추구하고 이를 위해 수익 창출 등 영업 활동을 위해 사회적 기업을 창업하는 기업가를 말한다. 사회적 기업은 취약계층에게 일자리나 사회서비스 제공, 환경보호처럼 사회적으로 가치 있는 활동을 통해 영리를 창출하게 된다. 이는 기업의 영리성과 자신의 사회성을 통합한 새로운 개념의 기업이라고 할 수 있다.

사회적 기업은 자선단체와 달리 수익을 창출하는데, 일회성이 아니라 **지속가능한 사회적 가치 실현을 추구**한다. 또한 주주나 소유자를 위한 이윤 극대화를 추구하기보다는 우선적으로 사회적 목적을 추구하기 때문에, 이윤을 사업 또는 지역공동체에 재투자한다. 사회적 기업가는 사회적 가치를 추구하지만, 사업을 비즈니스 관점에서 바라보기 때문에 보다 혁신적으로 사회적 가치창출이 가능하다.

3) 창업팀의 중요성

창업을 준비 중인 예비창업기업이나 이제 새로운 사업을 시작한 창업초기기업들은 기존 기업과 비교할 때 상대적으로 부족한 자원을 갖고 있다. 이 같은 현상은 '신생기업의 한계(liability of newness)'라 불리기도 하는데, 초기 창업기업들은 태생적으로 자본, 네트워크, 인력 등의 보유 자원이 부족함에 따라 창업 활동에 한계가 있음을 의미한다.

최근에는 '신생기업의 한계'를 극복하기 위해, 역량 있고 다양한 경험을 가진 사람들이 창업팀(entrepreneurial team)을 구성하고 높은 성장잠재력을 보여주는 사례가 많아지고 있다. 애플(apple)社의 스티브 잡스(Steve Jobs)와 스티브 워즈니악(Steve Wozniak), 구글(google)社의 레리 페이지(Larry Page)와 세르게이 브린(Sergey Brin), HP社의 휴렛(Hewlett)과 팩커드(Packard), MS社의 빌 게이츠(Bill Gates)와 폴 앨런(Paul Allen) 등 대표적인 기업의 창업자들은 파트너를 확보해 창업팀을 구성했다는 공통점이 있다. 또한 이들처럼 완벽한 창업팀을 꾸리기 어려운 기업은 외부 전문가를 활용해 기존 팀의 부족한 기능을 보완하기도 한다.

일반적으로 창업자가 기술혁신 능력뿐만 아니라 경영지식을 다 가지기는 어려움이 있으므로, 개인 창업보다는 서로 보완적인 역량을 갖춘 사람들이 창업팀을 구성해 창업을 하는 경우가 많다. 창업을 하는 경우 창업자를 중심으로 한 창업팀이 중요한 이유 중의 하나는 벤처캐피털에서 투자심사 시 중요하게 여기는 요인 중의 하나이기 때문이다. "A급 아이디어를 가진 B급 창업자보다 B급 아이디어를 가진 A급 창업팀에 투자하겠다."는 말과 같이 창업팀의 구성은 매우 중요하다고 볼 수 있다.

따라서 팀에 의한 창업은 다양한 특기 및 경험 제공, 사업 안정성 제공, 부문별 전문성에 의한 사업의 균형 유지, 개인 창업의 부족한 점을 보완할 수 있다는 장점을 가질 수 있다. 팀에 의한 창업이 개인 혼자 창업하는 것보다 유리한 이유를 열거하면 아래와 같다.

첫째, 여러 사람의 장점을 십분 발휘할 수 있고 각자가 가진 약점을 보완할 수 있다. 모든 것을 다 잘 할 수 있는 사람은 이 세상에 하나도 없다. 그러므로 혼자 창업을 하면 **창업자의 약점을 보완**하기 어렵다.

둘째, 팀의 능력에 따라 개인이 창업하는 것과는 다른 결과를 가져올 수 있다. 특히 **창업의 성장과 창업팀의 성공은 상당히 밀접한 관계**가 있다.

셋째, 개인 혼자 창업으로도 성공할 수 있다. 그러나 창업팀의 리더는 팀 조직을 창조한 것이고 그 조직은 **팀 리더의 능력에 따라 성장 가능성이 있는 조직으로 거듭 창조**될 수 있다.

팀에 의한 창업은 팀 자체에 그 중요성이 있는 것이 아니라 그 팀의 경쟁력이 중요하다. 경쟁력을 갖춘 팀을 우수한 창업팀이라 할 수 있는데, 우수한 창업팀이 되려면 올바른 팀원을 선택해야 한다. 올바른 팀원이란 학력이 우수하고 특수한 기술을 소지한 사람만을 일컫는 것이 아니다. 경쟁력 있는 창업팀이 되기 위해서는 아래와 같은 특성을 갖춰야 한다.

첫째, 창업팀의 목적과 팀원 각자의 목적이 같아야 함은 물론 팀원의 목적도 일치돼야 한다. 팀원은 창업팀의 목적을 달성할 때까지 생사고락(生死苦樂)을 같이 할 수 있는 의지를 갖고 있어야 한다. (**응집력**)

둘째, 팀원들의 재능과 경력, 기술 등은 서로 달라야 좋다. 재능과 경력, 기술과 같은 사람들끼리 창업팀을 조직하면 서로 간의 강점을 합쳐질 수 있지만, 보완할 수 없고 때로는 의견이 충돌하기 쉬워 팀워크십(teamwork ship)이 깨지기 쉽다. 하지만 팀의 통합력이 약하면 업무 협조가 잘 안 되고 팀원 간의 정보, 지식의 공유가 되지를 않아 일의 추진 속도가 늦고 이중으로 비용이 발생돼 팀의 효율성은 낮고 업무 효과도 제대로 달성되지 않는다. (**팀워크 → 통합력**)

셋째, 팀원은 팀의 승리는 팀원 모두의 노력이 결실이라는 것을 인정해야 한다. 그리고 팀의 실패는 팀원 모두의 실패라는 것을 받아들여야 한다. 팀원 모두가 승리는 자기만의 공이고 실패는 다른 팀원의 원인이라고 생각이 된다면 그 팀은 머지않아 분열되고 해체되고 만다. (**팀 결실의 의지**)

넷쌔, 팀원 각자는 팀의 생존과 승리를 위해 희생하는 정신을 가지고 있어야 한다. 장기간 동안 창업팀의 목적이 성취되지 않더라도 팀과 같은 운명을 감수하고 팀에 대한 헌신을 할 수 있는 의지를 팀원은 갖춰야 한다. 먼저 팀의 리더인 창업자가 창업조직에 대한 헌신의지를 보이면 그 헌신의지가 팀원에 의해 확인이 되면 다른 팀원도 창업팀에 대한 헌신의지가 생긴다. (**장기적 헌신의지**)

다섯째, 창업팀은 팀원 간의 보상 문제, 인사문제, 업무분담 문제 등에 있어서 공정하고 공평하다고 팀원이 받아들여야 그 조직은 계속적인 발전을 할 수가 있다. 기회가 똑같이 주어진 상황과 환경 하에서 팀원은 각자의 능력과 노력 그리고 창의성을 발휘해 고객을 위해 일을 하게 한다. 같은 기회와 조건 하에서 고객에게 더 많은 부가가치와 기쁨, 만족을 창조 분배한 팀원은 팀조직의 가치를 많이 향상시킴으로서 당연히 더 많은 대우와 권리를 누려야 한다. (**공평, 차별속의 평등**)

결론적으로 여기서는 창업팀은 새로운 사업을 공동으로 시작하기 위해 모인 두 명 이상의 개인들로 구성된 집단으로 정의된다. 창업팀은 예비 창업단계부터 참여하는 개인들로 구성돼 있기 때문에, 기업설립 시점에서 구성원 간 역할과 책임분배, 재무적 관계(예를 들면 소유권 지분율)를 협의하고 확정지음으로써 추후에 발생하는 이해관계 갈등 소지 축소, 창업의 리스크와 비전 공유 등이 매우 중요하다.

2 아이디어·아이템

창업의 경우 무엇을 생산 혹은 판매를 하거나 새로운 서비스를 제공해 수익을 창출할 것인가가 중요한데, 이에 해당하는 것이 아이디어(idea)이다. 아이디어는 아이템(item)을 의미하기도 하는데,[4] 이는 현장경험, 신상품의 발명, 취미, 우연한 발견 등에서 **혁신**(innovation)으로부터 나온다. 창업을 하려는 자에게는 정말 이러한 아이디어가 구현가능성이 있는 기회(opportunity)인지, 얼마나 큰 가치를 창출할 기회인지를 재빨리 판단해낼 수 있는 능력, 그리고 얼마나 많은 시간과 노력이 여기에 얼마나 필요한 것인지를 결정할 수 있는 능력이 요구된다. 즉, 창업자·창업팀은 사업기회를 정확하고 시의 적절하게 인식하는 능력이 요구된다.

창업자·창업팀이 사업기회를 인식하는데 있어 기반이 되는 것은 **창의적 사업아이디어**이다. 그러나 아이디어 자체가 바로 가치창조로 이어지는 것이 아니다. 기업가, 회사원, 발명가, 연구원, 대학생 등 많은 부류의 사람들이 사업화할 수 있다고 여겨지는 새로운 아이디어를 무수히 제공하고 있다. 그러나 이들이 반드시 좋은 사업기회를 제공하지는 못한다. 요컨대 아이디어가 반드시 기회가 되지는 않는다는 것이다.

현실적으로 유망업종과 신종사업 등에 관해서 많은 창업 관련 서적들이 있으며, 사업아이디어를 평가하고 추출하는 수많은 방법론이 존재한다. 이렇게 지천으로 제시되는 사업아이디어 중에서 창업으로 이어져 수십억 이상의 외형으로 성장하는 회사는 극히 소수에 불과하다.

수많은 아이디어 속에서 창업자는 단순히 아이디어로 끝날 것과 진정한 사업기회를 구별해내야 한다. 사업기회와 아이디어를 구별하는데 있어 가장 중요한 것은 사업기회란 진정한 기업가정신이 발휘되는 시장지향적인 과정임을 인식하는 것이다. 다시 말하면, 사업기회는 **이윤추구**(기술타당성, technical feasibility)상 매력적이어야 하며, 동시에 **시간적으로 지속성**(시장수용성, market acceptance)을 지녀야 한다.

창업자·창업팀은 기술의 진보, 시장특성의 변동, 경쟁구도의 변화 등의 균형이 깨지는 틈새를 발견하고, 그 불완전한 상태를 메울 기회를 찾아낸다. 기회는 제반 상황이 변화해 경제와 기술상의

4) 아이디어와 아이템 두 용어는 일반적으로는 많이 혼용해 쓰이지만, 여기서는 아이템은 아이디어에 비즈니스 모델을 더해 문서화한 것으로 이해하기로 한다. 다시 말하면 아이템은 구체화돼 있는 상태를 의미하고 아이디어는 구체화되기 전을 의미한다.

혼돈, 불일치, 진공 상태, 지체 등이 발생될 때 창출되며, 창업자·창업팀은 이를 인식하고 포착하는 것이다.

시장의 균형 하에서는 단지 적정 이윤밖에 얻지 못한다고 인식돼 있다. 유능한 창업자·창업팀은 다른 이들이 미처 발견하지 못한 기회를 찾아낼 뿐만 아니라 스스로 시장 상황의 갭(gap)을 만들어 초과 이윤을 창출할 수 있도록 한다. 창업자·창업팀에게 창업 과정상 가장 중요한 이슈로서 염두에 두어야 하는 것은 결국 **가치창조의 문제**이다.

사업기회의 포착에 있어서 적시성이 중요하다. 기회를 너무 늦게 또는 너무 빠르게 발견하는 것은 이윤창출의 기반을 약화시킨다. 현재 전개되고 있는 4차 산업혁명 시대에서는 전반적인 혁신의 수명주기는 과거에 비해서 비교하기 어려울 정도로 빨라져 있다. 따라서 창업자·창업팀은 기회발견에 늦을 가능성을 더욱 경계해야 할 것이다. 전반적으로, 이러한 판단은 창업자·창업팀의 고뇌와 통찰에서 나올 수 있는 것이다.

3 경영자원

사업기회를 실행에 옮기는 데 요구되는 경영자원(business resource)을 파악하고 유치하며 관리해 나가는 것도 창업자·창업팀 및 사업기회와 더불어 스타트 창업의 주요 (핵심)요소 중의 하나이다. 창업의 목표를 달성하는 데 필요한 경영자원으로는 자금, 시설, 조직구성원, 사무실(혹은 공장부지), 기계설비, 정보·지식 등으로 다양하나, 이러한 것을 조달하는 데 가장 중요한 것은 자금이다.

다른 기업과 마찬가지로 창업 기업도 당연히 자금이 없이는 추진될 수 없다. 하지만 창업기업이 **자금을 조달하는 능력**은 결국 사업성과 수익성에 대한 기대에 달려있다. 창업자금은 일반적으로 보통 자기자본의 50% 이상이 있어야 창업이 용이하며, 창업 후 3년까지가 가장 어려운 시기이다. 필요한 자금을 조달하는 방법은 창업자가 직접 부담하는 자기자본과 타인이나 금융기관에 의존하는 타인자본으로 나눌 수 있다. 창업 초기에는 자기자본에 주로 의존하나, 왕성한 기업가정신과 참신한 창업아이템을 가진 스타트업 기업의 경우, 벤처캐피털이나 엔젤 등에 의존하기도 한다.

창업 성공의 중요한 것 중의 또 하나는 인적자원의 관리이다. 고성장 추구와 지속적인 새로운 사업의 성취 욕구를 달성하기 위해 그들이 가장 중요시하는 것은 그들과 함께 사업에 통찰할 인적자원의 확보이다. 즉 창업자·창업팀 자신이 갖고 있는 강점을 더욱 강하게 지원해 주면서 약점을 보완해 줄 수 있는 유능하고 도전적인 (내부) **인적자원의 확보**가 중요하다. 이와 더불어 외부자원도 적극 활용해야 한다. **외부 자원**에는 아래의 사항들이 모두 포함될 수 있다.

- 사외이사, 벤처금융가, 컨설턴트, 변호사, 회계사 등 인적 자원
- 정부의 연구개발사업, 창업지원 등 정책자금(재무 자원)
- 창업보육센터 등 물적 자원
- 관련 창업정보를 제공하는 정보센터 및 네트워크(지식·정보)
- 외부자원들과의 교류 및 유대관계 : 인적 네트워크 관리
- 관련 파트너로부터의 신용·신뢰 확보

이러한 경영자원은 최소의 투입으로 최대의 산출을 거두기 위해서는 기업가정신에 의한 최소자원투입의 원칙이 필요하며, 다단계에 걸친 자원 확보가 무엇보다도 중요하다. 창업자·창업팀들은 경영자원을 활용하는데 있어 일반적인 경영자들과 차이가 있다. 일반적으로 창업자·창업팀은 초기 자본금의 한계 때문에 희소자원을 활용해 살아남는 다양한 방법을 모색한다. 즉, 창업자·창업팀은 최소한의 자원으로도 사업 추진을 감행하고 주어진 자원을 최대한 활용하고자 각별한 노력을 한다.

창업 초기에 자원의 활용에 있어 특히 중요한 것은 창업기업이 많은 자원을 소유하는 것이라기보다는 제한된 상황에서 긴요한 자원을 최대한 통제할 수 있는 입장에 서도록 하는 것이다. 이렇게 희소한 자원이 특정한 부문에 장기적으로 묶여있지 않고 불특정한 미래 시점에서 탄력적으로 투여되게 하는 능력이 중요하다.

2.2.2 스타트업 창업의 결정 고려사항

스타트업 창업의 3요소(창업자·창업팀, 아이디어·아이템, 경영자원)를 창업을 위한 1차적인 요소라고 하면, 이와 관련해 구체적으로 창업을 위해서 고려돼야 할 요소들은 무엇인가 살펴볼 필요가 있다. 창업과정 상에서는 직면하게 되는 주요 결정요인은 크게 경영능력(계획사업 추진능력), 정부정책·제도, 시장성, 기술성 그리고 경제성 등으로 분석할 수 있으며, 세부 결정 요인의 내용은 다음 표 2-4와 같이 포괄적으로 나열할 수 있다.

표 2-4 창업결정의 세부요인

요인	세부 결정 요인	세부적 내용
경영능력	자금조달능력	창업 및 원활한 기업운영을 위해서 요구되는 운영자금의 조달능력
	판매·서비스능력	제품의 판매(촉진) 및 AS와 고객관리능력
	조직·인력관리능력	기업의 조직·운영 및 효율적 구성원의 인력관리능력
	동종 및 관련 산업관리능력	창업아이템(제품)과 관련된 제품 및 산업의 예측과 분석능력
정부정책·제도	정부지원 품목	중소기업을 보호·육성하기 위해 정부에서 중점적으로 적극 지원하는 대상품목(아이템)
	정책 자금지원	창업을 위해 정책적으로 지원하는 자금의 종류 및 자금의 지원규모, 조건(금리, 원리금상환 등)
	환경규제 문제	제품 생산과정에서 환경오염(공해유발)과 완제품 폐기 시 재활용 및 환경규제와 관련성 정도
	세제 지원	정부로부터 적극적인 지원을 받는 세제 감면의 혜택항목
시장성	시장 성장성	아이템(제품 또는 서비스)의 시장에서의 성장가능성
	예상 시장점유율	아이템이 시장에 출시되었을 때 예상되는 시장에서 차지하는 정도
	유통 경로	원자재 또는 제품이 분배·수집되는 과정(절차)의 원활한 정도
	가격 경쟁력	아이템이 시장에 출시되었을 때 타사의 경쟁제품에 대한 가격의 경쟁우위
기술성	국산화 정도	제품 생산을 위해 소요되는 생산기술 중에서 국내기술이 차지하는 정도
	기술인력 확보	제품 및 서비스를 위해서 요구되는 기술 인력의 확보 정도
	기술 집약도	제품 및 서비스를 위해 요구되는 기술 중에서 첨단기술 확보 정도
	생산기술 능력	제품 생산을 위해 요구되는 기술(소재, 가공, 조립, 포장 등)의 확보 또는 운영능력
경제성	공장(건물) 부지	제품생산을 위한 공장(건물)부지
	기계(장치) 설비	제품을 생산하기 위한 공장의 기계(장치)설비
	운전자금	사업 운영하기 위한 원자재, 인건비, 제조경비 등에 투하되는 자본
	수익성	창업을 했을 경우 예상되는 아이템에 대한 매출액 대비 이익

2.2.3 국내 스타트업 창업생태계의 현황

「중소기업창업지원법」 제정(1986년)으로부터 35여년, 「벤처기업육성을 위한 특별조치법」 제정(1997년)으로부터는 25여년이 지난 지금, 국내 창업생태계는 빠른 속도로 양적 성장을 이뤘지만, 아직도 스타트업 창업생태계의 질적 성숙이 시급하다고 한다. 창업 분야가 소프트웨어 또는 ICT 등 일부 분야로 집중돼 있고 정책자금 중심의 투자, 창업초기 단계에 집중된 정책 지원, 회수, 재투자 기반 미약 등의 과제가 여전하다고 것이다.

창업 정책의 초창기라고 볼 수 있는 1990년대 후반부터 2000년대 초반에는 창업을 촉진하기 위해 각 대학·연구소에 창업보육센터(BI: Business Incubator)를 설치하고, 코스닥시장 활성화, 이스라엘의 요즈마(Yozma) 펀드를 벤치마킹한 한국모태펀드 조성 등 국내 창업 정책은 1990년대 후반부터 중소기업 육성정책과 같이하면서 발전돼 왔다. 특히, 1997년 외환위기를 극복하는 과정에서 창업은 위기극복의 핵심 대안 역할을 담당하였다.

2000년대 초반 세계적인 ICT 붐 붕괴로 인해 국내 창업생태계도 한동안 위축기를 겪었지만, 2017년 11월 '혁신창업 생태계 조성방안'을 거쳐, 이후 2019년 3월 국가경쟁력의 핵심 요인 벤처 창업 역량을 높이기 휘한 국가적 전략으로 '제2의 벤처 붐 확산 전략'을 발표했다. 중소벤처기업부뿐만 아니라, 기획재정부, 금융위원회, 특허청, 산업은행 등 다양한 관계부처가 합동 발표한 이 전략은 정부는 양질의 일자리를 창출하고, 혁신적 포용국가의 기반을 구축을 위해 '① 창업 → ② 투자 → ③ 성장 → ④ 회수·재투자'의 성장단계를 강화하고, 스타트업 친화적 생태계를 구축하는 것을 목표로 하고 있다. 이러한 스타트업 친화적 생태계 조성을 위해서 아래와 같이 순차적으로 진행되고 있다.

첫째, **창업 단계의 강화**를 위해 新산업 창업 지원, 기술인재의 高기술 창업 지원 전략을 수행해 新산업·高기술 스타트업을 발굴하고 있으며,

둘째, **투자 단계의 강화**를 위해 혁신 벤처투자 제도 도입 및 개선, 엔젤 및 초기단계 등 벤처투자 확충을 통해 벤처투자 시장 내 민간자본을 활성화하고 있다.

셋째, **성장 단계의 강화**를 위해 스타트업 스케일업(scale up) 지원 및 혁신 벤처 글로벌화 지원 전략을 통해 스케일업과 글로벌화를 지원하고 있으며,

넷째, **회수·재투자 단계의 강화**를 위해 투자자 및 기업의 회수시장 참여 확대, 엔젤 및 초기투자 촉진 전략을 통해 벤처투자의 회수·재투자를 유도하고 있다.

더불어 스타트업 친화적 생태계 조성을 위해 규제의 유연한 재설계, 핵심인재의 유입, 혁신 창업거점 활성화 등을 통해 스타트업 친화적 인프라를 구축하고 있다. 이러한 정부와 민간의 노력에 의해 국내 스타트업 창업생태계 모습은 발전하고 있다. 정부는 혁신성장의 핵심정책으로 창업생태계를 창업플랫폼 성과중심으로 고도화해 나가고 있으며, 이의 현재 스타트업 창업생태계 현황(2019년 기준)은 다음 표 2-5와 같다.

표 2-5 창업생태계를 위한 국내 창업지원 플랫폼 현황

요소	준비기	창업기	도약기
창업자/ 창업팀	창업강좌(1,0461개), 창업동아리(5,468개)	기술기반 신설법 인수 (358,763개)	벤처기업수(35,282개)
자금	시제품 제작터(18개)	엔젤클럽(189개), 개인투자조합(382개), 액셀러레이터(56개), 크라우드펀딩 플랫폼(14개)	펀드조성 총액(20.1조원). 창투사(120개), 벤처펀드 (718개), M&A info Market, KOSDAQ, KONEX, K-OTC
인프라	창업정보(K-Startup) 창업절차(온라인 법인설립 등)	창업선도대학(40개), TIPS운영사(38개), 스마트벤처캠퍼스(5개), 청년창업사관학교(5개), 창업보육센터(262개), 창조경제혁신센터(19개)	

국내 스타트업 시장은 현황은 어떨까? 먼저 창업 열기가 확산됨에 따라 창업기업 수가 꾸준히 증가하고 있는 추세이다. 중소벤처기업부에 따르면, 2019년 창업기업 수는 1,285,259개, 2018년 제조업과 지식기반 서비스업을 제공하는 기술기반 업종에 대한 창업기업 수는 220,607개에 달했다. 또한, 창업기업에 대한 투자액 또한 증가해 더 많은 스타트업이 투자를 유치할 수 있는 환경이 조성되고 있다. 한국벤터캐피털협회의 창업투자회사(투자조합) 현황 및 투자실적에 따르면, 2019년 벤처투자액은 4조 2,777억원, 2018년 엔젤투자액은 5,338억에 달했다.

스타트업 창업생태계의 확대는 일자리 창출에도 기여하고 있다. 중소벤처기업부가 2015년부터 2019년까지 5년 간 벤처 투자를 받은 기업을 대상으로 투자 직전 연도말 고용과 2019년 말 고용을 비교한 결과, 투자 전년 고용인원 수 80,790명, 2019년 말 고용인원 수 128,815명으로 59.4%의 고용 증가율을 기록한 것으로 나타났다. 벤처투자를 받은 기업이 5년 간 약 4만8,000명을 새롭게 고용한 것이다. 스타트업의 고용률은 매년 증가하는 추세이기 때문에 일자리 창출 효과는 더욱 커질 것으로 보인다.

2.3 스타트업 창업의 원동력 : 기업가정신

최근 세계 경제의 성장이 둔화되고 있는 상황에서 새로운 도약의 돌파구를 마련하기 위한 일환으로 세계 각국이 앙트레프리뉴어십(entrepreneurship, 起業家精神) 현상의 활성화에 관심을 높이고 있다. 특히 국내 기업환경은 글로벌 경쟁 환경과 고용 없는 성장의 시대에서 기업환경의 급변에 따른 불확실성의 증가로 기업의 생존은 더욱 어려워지는 실정이다. 이러한 기업환경을 극복하고 생존과 지속가능한 성장을 위해서는 사회 전반에 걸쳐 기업가정신의 필요성이 증대되고 있다.

최근 청년 실업의 증가로 인한 일자리 창출이 경제정책의 최우선 과제로 대두되면서 스타트업 창업의 성공과 기존 기업의 지속가능한 성장을 위해 기업가정신의 활성화가 문제해결의 핵심 수단으로 인식되고 있다. 흔히 무(無)에서 유(有)를 창조했다고 말해지는 한국경제의 발전신화는 사실 기업가정신이라는 무형자산으로만 설명이 가능하고, 미국의 실리콘밸리의 성공신화는 기업가정신의 가장 발전된 형태의 전형을 보여준다.

기업가정신은 기회 추구를 핵심으로 하는 새로운 사고방식이자 접근방법이며 아울러 행동과 실행을 수반하는 과정으로서, 지난 수십 년 동안 미국과 우리나라를 비롯한 여러 나라에서 국가경제 및 사회발전의 원동력으로서의 역할을 수행해왔다. 이러한 기업가정신의 핵심에는 기업가가 있다. 기업가(≒창업가)란 기업을 지배하고 경영하는 주체로서 다양한 관점에서 논의돼 오고 있다. 초기에는 기업가의 개념을 위험감수성에 바탕을 둔 기업가의 행동에 초점을 두었으며, 최근에는 기업가의 행동 중에서 적응력을 강조한 연구들과 혁신(innovation)과 리더십(leadership)에 바탕을 둔 과정 중심적 연구들이 주류를 이루고 있다.

역사적으로 기업가정신이 언제부터 나타났는지는 명확하지 않다. 그러나 산업혁명 이전에도 무역을 하던 중 기업가의 역할이 대두되고 있었음은 부인할 수 없을 것이다. 18세기 프랑스의 경제학자 캉티용(Richard de Cantillon)의 기업가에 대한 정의를 분석해 보면, 기업가정신은 단순한 위험 가속성에 바탕을 둔 관리행동이 중심이 돼 나타났을 것으로 추론된다.

그러나 이는 기업가정신의 일면만을 나타냄으로써 진정한 의미의 기업가정신으로 평가될 수 없었다. 진정한 의미의 기업가정신은 산업사회의 등장과 함께 대두되었다고 할 수 있다. 농업사회에서 산업사회로 이행되는 과정은 사회경제적으로 일대 변혁기였으며, 이러한 변혁의 구심점은 산업혁명으로 고찰될 수 있다. 기업가정신은 이러한 과정 속에서 기업가의 역할에 따라 산업혁명의 중요한 원동력이 되었다.

2.3.1 기업가의 이해

2

기업가정신은 기업가가 갖춰야 할 가장 핵심적인 역량으로 강조되고 있다. 하지만, 정작 기업가정신이 다양한 분야에서 발생하는 다면적인 현상 때문에 경영학, 경제학, 정치학, 사회학, 심리학 등 다양한 분야에서 연구되고 있어, 서로 상충되는 정의가 제시되는 등 개념 이해에 어려움이 있어, 먼저 기업가에 대한 명확한 이해가 필요하다.

1 기업가의 정의

기업가는 일반적으로 크게 두 가지 유형으로 구분할 수 있다. 주어진 기업의 경영관리를 잘해서 최소의 비용으로 최대의 이익을 창출하고자 노력하는 **경영자형 기업가**(企業家, managerial CEO)와 자신의 재능 및 주변의 환경에서 새로운 기회를 발견해, 새로운 업과 사회적 부가가치를 창출하는 **창업 기업가**(起業家, entrepreneurial CEO)로 구분할 수 있다.

표 2-6 기업가와 경영자의 차이점

항복	경영자형 기업가(企業家)	창업 기업가(起業家)
전략 출발점	통제하의 자원(내부자원 지향)	기회 인식(외부시장 지향)
기회포착	점진적이고 장기간	현실적이고 단기간
역할	관리 중시	전략 중시
적응대상	조직에의 적응	환경에 적응
적응방식	사후 반응적(reactive)	사전 대응적(preactive)
자원확보	위임된 권한구조 하에 체계적인 의사결정	많은 단계를 밟지만 각 단계가 잘 드러나지 않음
자원관리	한정된 기존자원 활용	획일적 활용, 기존자원 최적 활용
경영구조	계층조직(관료조직)	다양한 비공식 평면 조직
결정대상	수단	목적
성과척도	효율성	효과성
목표 중점	안정성, 수익성	성장 혁신
결정영역	생산성향상, 생산기술개선, 원가절감	신사업에 진입, 기존사업에서의 철수, 대규모적 기술 혁신
책임	경영책임(경영권에 대한 책임)	최종책임(재산권에 대한 책임)

이제 여기서부터는 **기업가**(entrepreneur, 起業家)를 경영자형 기업가라 아니라 **새로운 업을 창조하는 창업가로 정의한다.** 즉 기업가는 남들이 발견하지 못한 사업기회를 찾아내어 자신의 책임하에 필요한 경영자원을 조달해 사업을 시작하는 사람을 말한다. 사업 기회를 찾아낸다는 것은 시장과 소비자들에게 제품이나 서비스를 제공하고 그들이 기꺼이 구입해줄만한 새로운 제품이나 서비스를 발견하거나, 기존의 것을 더 싼 값에 제공할 수 있는 방법을 찾아내는 것을 의미한다.

기업가를 의미하는 'entrepreneur' 어원을 살펴보면, 시작하다(commence), 모험하다(undertake)의 의미의 프랑스어 'entreprendre'에서 유래되었다. 이는 일정한 수익을 기대하면서 위험을 무릅쓰고 사업을 일으키고 경영을 하는 사람을 의미하며, 이들의 열성적 노력과 창의성에 의해 新제품 및 새로운 형태의 서비스가 출현하고 그 결과로 경제가 활력을 갖게 된다.

기업가정신과 관련된 대표적 학자인 미국의 경제학자 요셉 슘페터(Joseph A. Schumpeter)는 새로운 생산방법과 새로운 상품개발을 기술혁신으로 규정하고, 기술혁신을 통해 창조적 파괴(creative destruction)에 앞장서는 기업가를 혁신가로 인식하고, ① 새로운 제품의 개발, ② 새로운 생산방식의 도입, ③ 새로운 시장의 개척, ④ 원료나 반제품의 새로운 활용, ⑤ 독점과 같은 새로운 산업조직이나 경쟁체제의 구축을 실천하는 사람으로 정의하고 있다.

또한, 피터 드러커(Peter F. Drucker)는 자신의 저서 「혁신과 기업가정신(Innovation and Entrepreneurship)」에서 "기업가는 뭔가 새롭고 이질적인 것을 창조해야 한다. 변혁을 일으키고 새로운 가치를 창조해야 한다. 따라서 기업가란 변화를 탐구하고, 변화에 대응하며, 또한 변화를 기회로써 이용하는 사람이다."라고 말한다.

이처럼 기업가를 혁신 자체로서 정의하고 있으므로 새로운 가치의 창출이 기업가에게 가장 중요한 역할임을 알 수 있다. 실제로 **기업가의 역할**은 상황에 따라 매우 다양하게 나타날 수 있다. 일반적으로 첫째, 기존의 사업체가 아닌 새로운 사업체를 창업하거나 신규사업 부서를 만드는 조직자(organizer) 역할, 둘째, 경제발전의 원동력이 되는 창조적 파괴를 수행하는 혁신자(innovator)의 역할, 셋째, 기존 시장에서 채우거나 도달하지 못한 지점에 도달하는 전략가(strategist) 역할, 넷째, 새로운 비전 제시와 구성원 동기부여를 통해 목표를 달성하는 지도자(leader) 역할, 다섯째, 두 가지 이상의 사회적 그룹이나 지역을 연결하는 중개자(linker) 역할, 여섯째, 위험을 감수하고 이에 대한 보상적 수익을 추구하는 투자자(investor), 일곱째, 기술·시장·조직·사회 등의 대안을 제시하고 구현하려고 노력하는 설계자(architect) 역할 등으로 구분해볼 수 있다.

결론적으로, 기업가(entrepreneur, 起業家)는 **창업이나 新사업개발 등을 통해 새로운 기회를 적극적으로 추구하면서 혁신을 통해 무엇인가 새로운 것을 만들어가는 사람**으로 정의한다. 궁극적으로, 기업가는 사업기회를 포착해 사업구성을 하고, 필요한 인적·물적 자원을 동원해, 기회를 실제의 결과로 전환시키는 역할을 한다. 그리고 그 기업의 목적과 사명을 설정하고 수행하며, 생산성을 향상시키고, 근로의욕을 불러일으키고, 사회적 책임을 수행한다.

2 기업가의 특성

일반적으로 성공한 기업가의 특성을 논하는 것에는 한계가 있지만, 그럼에도 불구하고 어떠한 점들이 사업을 가장 성공적으로 이끌기 쉬운 특성인지, 또한 사업에 실패한 사람에게 나타는 특성인지에 대한 연구들이 많이 이뤄져 있다.

미국의 벤처기업 연구에 의하면, 그 동안 50여 개의 기존 연구결과들을 종합해 성공한 기업가들과 실패한 기업가들의 특성과 형태에 대해 아래 내용과 같이 종합하였다. 이러한 성공 또는 실패하는 기업가들의 공통적인 특성은 창업자가 성공하기 위해 조건을 갖추거나 제거해야할 사항이라고 하였다.

이러한 기업가의 특성은 상당부분 후천적인 학습에 의해 개선이 가능하다. 특히 기업가가 자신의 사업에 대해 강한 동기가 유발되었을 때 더욱 빠르게 개선될 수 있다고 한다. 특정 기업가의 입장에서 보면, 자신의 특성을 모두 변화시키는 것은 가능하지도 않고 또 그럴 필요도 없을 것이다. 그렇지만 평소 자신의 객관적인 강·약점이 무엇인지 아는 것은 필요하리라고 여겨진다.

1) 성공한 기업가의 특성

창업의 성공요인에는 기업가(≒창업자)의 능력과 자질, 창업아이템의 적합성, 공장입지의 규모, 자금규모와 조달능력 등 여러 가지 요인이 있지만, 이 중 가장 중요한 요소가 바로 '기업가 자신'이라고 할 수 있다. 여기서 성공한 기업가란 올바른 기업가정신에 입각해 기업을 창업하고 경영활동을 행하며 선구자적 개척정신과 모험정신을 통해 기업의 혁신활동을 계속적으로 수행하는 주체를 말한다.

기업가는 위험과 변화를 받아들이는 혁신 능력이 강조되고 있으며, 나아가 기업가로서의 자질(quality), 지식(knowledge), 인간적인 성숙(maturity) 등을 골고루 갖춰야 한다. 기업가의 자질이나 능력은 창업의 성패에 중요한 영향을 미치는데, 성공한 기업가들은 일반적으로 아래와 같은 특징을 갖고 있다.

① 기회포착과 목표지향적인 성향

좋은 사업기회를 포착하는 감각은 기업가에게 성공의 핵심요소이며, 기업가는 달성 가능한 사업목표를 설정해 추진하는 기회지향적인 성향을 갖고 있다. 다시 말하면, 성공한 기업가는 현재 보유하고 있는 자원에 근거해 행동하기 보다는 기회를 먼저 포착하고 자원과 전략을 거기에 맞춰 나가려는 기회지향적인 성향이 있다. 그리고 높지만 달성 가능한 목표를 설정하고 거기에 모든 힘을 집중하려고 한다.

성공한 기업가들은 사업에 완전히 몰입하는 것으로부터 기회를 추구하고 실현하다. 성공한 기업가들은 스스로 목표를 설정하고, 그 목표에 대해 단계적으로 목표를 뛰어넘는데 주력한다. 그리고 이 목표가 달성되면 다시 새로운 목표와 기준을 상향 조정해 계속적으로 도전한다. 때로는 무리한 가능성일지라도 이들은 '실패'라는 두려움보다는 '성공'이라는 목표를 향해 도전한다.

② 책임의식과 적극적인 몰입도

성공한 기업가는 사업의 결과에 대한 책임감 그리고 사업에 대한 전반적인 문제를 주도적으로 해결할 수 있는 적극성을 지니고 있다. 성공하는 기업가들은 남의 의견이나 간섭을 참고는 할지언정, 절대적으로 자기 주도적이다. 설령 타인이나 지인의 아이디어나 권유·말류에도 불구하고 자신만의 시나리오에 의한 생각과 직관에 의해 주도적으로 문제를 탐색하고 해결책을 제시하려 한다.

그리고 일의 결과에 대해 스스로 책임지려 한다. 특히 많은 벤처캐피털 회사들은 투자 여부의 결정에 있어 기업가가 얼마나 자신의 시간적, 물질적 자원을 실제적으로 투입하고 있는가를 중시한다. 이는 사업에 대한 몰입정도가 사업성공에 중요한 영향을 미침을 나타낸다. 실제로 기업가 중에는 여러 가지 걱정거리는 뒤로 미루고 일단 일을 벌여 적극적으로 밀어붙인 덕분에 성공한 경우가 많다.

③ 신속한 의사결정과 추진력

기업의 목표달성을 위한 장·단기적 계획을 수립하고 이의 해결을 위한 의사결정을 신속, 정확하게 하는 경향을 가지고 있다. 사업을 하다 보면 해결해나가야 할 문제들에 끊임없이 봉착하게 되는데, 이를 침착하게 처리해 실행하는 능력이 있다.

하고자 하는 일에 장애 요인들이 나타날 경우, 이를 극복하려는 욕구가 강해 안 되는 쪽보다 되는 쪽, 즉 부정적 접근법 보다 긍정적인 접근법에 몰두해 하기 전에 포기하기보다는 최대한의 노력을 경주하며 문제해결을 위해 끈기 있게 노력한다.

④ 리더십과 의사소통 능력

성공적인 기업가 중에는 공식적인 권한이 없으면서도 영향력을 행사하는 능력이 잘 발달된 사람들이 많다. 이들은 설득·의사소통·협상·갈등해소에 능통하고, 언제 논리적이어야 하고, 언제 설득해야 하며, 언제 양보해야 하고, 언제 강요해야 하는지 잘 알고 있다. 여러 이해 관계자들과 골고루 좋은 관계를 유지하는 것이다. 성공적인 기업가는 타인을 통제하고 압박하기보다는 상호 보완적이다. 적극적으로 팀을 형성해 성취에 대한 공적을 나누고 책임감을 부여하는 능력이 탁월하다.

⑤ 자신감과 자기통제력

독립적으로 자신의 사업을 시작한다는 것은 대단한 자신감을 필요로 한다. 성공적인 기업가는 자기 자신의 통제력과 영향력을 믿는다. 즉, 외부 환경 탓을 하기 이전에 자신의 노력에 의해서 일을 성공적으로 수행해나갈 수 있다고 믿는다. 그들은 실패를 두려워하지 않으며, 실패의 경험을 학습의 방법으로 활용할 줄 안다.

사업을 하다 보면 원하지 않은 일을 하는 경우도 많이 있다. 사업상 필요하다면 어떠한 성질의 일이든 자제력을 가지고 처리해낼 수 있는 능력이 요구된다. 성공한 사람들은 스스로를 좋아하며 자신이 과거 성공한 일에 대해 긍지를 느낀다. 그러나 더러는 이러한 자부심이 지나쳐 교만해지거나 독선적이 되기도 한다.

2) 기업가에 대한 잘못된 인식과 실패한 기업가의 특성

기업가에 대해서 제대로 정의되지 않거나 일부의 경험으로 일반화하는 경우, 오해가 생겨날 수 있다. 이러한 오해나 미흡한 지식은 잘못된 기업가정신으로 오해시킬 수 있다. 기업가에 대한 잘못된 인식을 다음 표 2-7과 같이 정리할 수 있다.

표 2-7 기업가에 대한 잘못된 인식

잘못된 주장	실제 모습
기업가는 선천적으로 타고 나는 것이다.	기업의 경영에 필요한 개인적 특성은 상당부문 후천적으로 학습돼질 수 있다.
누구라도 아이디어만 있으면 창업할 수 있다.	사업의 성공을 위해서는 창의력과 경영능력이 겸비돼져야 한다.
기업가는 도박가와 같다.	기업의 모험은 도박과 같이 막연한 것이 아니라 위험을 계산하고 대비하며 공유하거나 분산하는 전략을 많이 사용한다.
기업가는 모든 것을 혼자할 수 있다.	기업의 규모가 어느 정도 성장하면 업무의 적절한 배분 및 권한의 위임이 이뤄져야 한다.
창업은 젊었을 때 하는 것이다.	창업에는 젊음과 패기가 중요하나 경험과 지식도 중요하다.
기업가는 언제나 시간이 부족하다.	초기에는 퇴근시간이 없을 정도로 많은 일을 해야 하나 어느 정도 안정되면 관리하기에 따라 다르다.
원칙과 도덕성을 무시해야 성공할 수 있다.	오히려 도덕적, 원칙적으로 운영하는 기업이 성공하는 사례가 많이 나타나고 있다.
엄청난 스트레스를 받게 된다.	기업가가 업무 중 느끼는 성취감과 직무만족도가 높기 때문에 실제 스트레스를 느끼는 정도는 더 적을 수도 있다.
경제적, 권력적인 면만을 추구한다.	많은 기업가들이 경제적, 권력적인 추구보다는 자신의 성취욕구와 이상의 실현을 위해 기업을 영위한다. 돈이나 권력은 단지 수단이 될 뿐이며 성취감과 만족감 때문에 기업을 경영하는 경우가 더 많은 것이다.
가정적일 수가 없다.	성공하는 기업가일수록 가정에서도 성공하는 것으로 나타나고 있다.

실패한 기업가의 특성은 성공한 기업가들이 가진 특성들과는 반대되는 것이다. 여기에는 쓸데 없는 자만심과 과시욕, 탐욕과 불성실, 피해망상과 낮은 대인안목, 충동적인 성향과 성급성, 사업지식의 결여, 관리체계의 결여 등이 있다. 기업가로서 맞지 않는 특성들을 구체적으로 살펴보면, 창업 시 어떤 함정에 주의해야 하는지 알 수 있게 된다.

① 자만감과 과시욕

실패한 기업가는 재난 등과 같은 사고가 자신에게는 일어날 수 없다는 사고방식을 갖고 있다. 그리고 이런 사람들은 쓸 데 없는 기회를 잡으려고 커다란 위험을 감수하는 경향이 있다. 어떤 사람들은 다른 사람에게 과시하려는 자만심에서 쓸 데 없는 위험을 감수한다.

또한, 실패한 기업가는 외부의 작용에 의해 자신의 활동이 통제되는 것에 분노한다. 성과를 증진시키기 위해 피드백을 찾고 활용하는 노력을 하지 않고, 대신 모든 것을 알고 있다고 착각하는 경우도 문제다. 완벽주의자는 시간과 비용을 과다하게 소비하며, 결국 기회의 창이 닫혀버리는 상황에 빠진다.

② 탐욕과 불성실

사업상의 탐욕은 몇 가지 형태로 나타날 수 있다. 어떤 기업가들은 팀원들의 도움 없이는 성공할 수 없다고 앎에도 불구하고 탐욕에 사로잡혀 팀원들과 사업성과를 나누려하지 않는다. 이러한 일이 반복되면 제대로 보상을 받지 못한 팀원들은 회사를 떠나려 할 것이다. 또한 탐욕이 심한 나머지 자신이 이룬 성공에 만족하지 못하고 무리하게 사업을 확장하다가 실패하는 경우가 더 많다.

신용은 사업의 성공에 매우 중요하다. 사업의 세계에서 다른 사람에게 신뢰를 줄 수 있고 매우 성실하다면 기업가에게 온갖 좋은 일들이 생길 수 있다. 그러나 기업가가 신용도 없고 불성실하다면 사업은 큰 어려움을 겪을 수 있다. 단 한 번의 불성실한 행동으로 기업가가 파멸의 길로 빠졌다는 이야기는 수없이 많다.

③ 피해망상과 낮은 대인 안목

어떤 사람들은 남을 믿지 못하는 성격으로 인해서 제대로 인간관계를 맺지 못하는 경우도 있다. 이들은 상대방을 적대시하고 항상 경계하기 때문에 자신이 필요로 하는 협조를 타인에게서 얻어내기가 어렵다. 사업 성공을 위해서는 적재적소에 인재를 고용해야 하고, 필요한 도움을 얻어야 하는데, 사람 보는 눈이 부족해 실패를 경험하기도 한다.

파트너를 영입해 놓고 보니 애초에 생각했던 것만큼 재능이 있지 않았다거나, 또는 성실치 못하다거나 부지런하지 않았다고 후회하는 기업가가 많다. 기대만큼 업무능력이 따라주지 못하는 사람들을 잘못 판단해 배치한 결과이다. 따라서 사람의 외모보다는 능력과 업적에 초점을 맞추고, 말보다는 행동(성실성)을 주시해야 한다. 아무리 기술이 뛰어나도 성실성이 부족하면, 그 사람에게서 얻을 수 있는 것은 별로 없다.

④ 충동적인 생각과 성급성

일반적으로, 사람들은 결정의 순간에 차분히 대안을 고려하지 않고 빨리 해야 한다는 강박관념을 갖게 된다. 새로운 사업을 이끌어 나가다 보면 일의 성격상 상당히 긴 시간을 필요로 하기도 한다. 이런 일에 대해서까지 모두 조급하게 일을 처리하다 보면 나중에 후회하게 된다.

예컨대 빨리 주문을 딸 욕심으로 가격을 터무니없이 낮추었다가 나중에 그로 인해 손해를 입게 된다든지, 너무 서두른 나머지 맞지 않는 사람을 고용한다든지, 사업장을 빨리 열 생각에 불리한 리스계약을 맺는다든지 하는 일들이 다 성급한 탓이다.

⑤ 사업지식의 결여

사업에 실패하는 큰 이유는 해당사업에 대한 지식의 결여에서 기인된다. 어떤 종류의 사업이든 그 분야에 대해 반드시 알아야 할 지식이 있다. 가령 외상거래를 현명하게 주는 방법을 모른다면 악성 미수금 때문에 흑자도산의 위기를 맞을 수 있다. 따라서 자신의 사업에 필요한 지식체계를 알지 못한다면 실패하기 마련이다.

⑥ 관리체계의 결여

사업실패 원인을 살펴보면, 파산의 가장 큰 이유가 관리체계의 결여라고 한다. 실패한 기업가들은 경비, 재고, 현금과 인력의 관리방법을 몰랐던 것이다. 흔히 회계시스템이 전혀 없거나, 있어도 형편없는 것일 수 있다. 만약 관리체계와 관리의 필요성을 제대로 이해하지 못한다면 불행한 일들을 경험하게 될 것이다.

위에서 설명한 기업가에 대한 잘못된 인식과 실패한 기업가의 특성과 비교해 보면, 다음 표 2-8과 같은 유형으로 설명할 수 있다.

2

표 2-8 실패한 기업가의 유형

유형	특성
불사조형	너무 확신에 의한 결론적 사고로 자신에게는 실패가 일어나지 않는다는 망상에 사로잡힌 경우를 말한다. 이 경우 방만하고 경솔한 투자로 실패할 가능성이 높다.
천하무적형	항상 남보다 우월하고 어떤 경쟁자라도 제거할 수 있다는 자만으로 가득 찬 경우를 말한다. 이 경우 경쟁자와 소모적 경쟁을 벌임으로써 사업에 해를 끼칠 수 있다.
간섭마라형	다른 사람의 지시와 조언을 불필요하게 여기고 기피하는 성향으로서, 이 경우 주위로부터 피드백이 부족해 잘못된 의사결정이나 행동을 수정할 기회를 놓치기 쉽다.
즉흥형	매사를 그 당시의 상황과 기분으로 결정하고 처리하는 성향을 의미한다. 이 경우 어떤 행위나 결정에 대해 그것이 갖는 궁극적인 의미나 실제 결과를 파악하기 어렵다. 또한 더 나은 대안을 찾지 못하는 결점을 갖는다.
운수형	잘되면 운이 좋아서, 안되면 운이 나빠서 그렇게 되었다고 생각하는 성향이다. 운명주의적 철학이나 기복신앙을 가진 사람들에게서 많이 나타난다.
완벽주의형	완벽한 일처리를 지나치게 강하는 성향을 의미한다. 예를 들면, 자사에선 신규로 생산하는 제품의 불량으로 인해 고객신뢰와 원망이 있을지 모른다는 두려움에 너무 세심한 주의를 기울이나 정작 소요되는 비용, 시장의 여건, 타이밍 등을 무시한 결정을 내리기 쉽다.
다안다형	문제에 대한 해답을 자신이 모두 안다는 자만심을 의미한다. 이 경우 주위로부터 더 나은 해답을 얻을 기회를 잃기 쉽다.
신세안진다형	주위로부터 도움이나 협조를 받지 않고 모든 것을 혼자 결정해 처리하려는 자세를 말한다.

3 기업가의 자질

기업가로서 요구되는 자질은 기업의 규모나 성격에 따라서 매우 다양하다. 다양한 기업가의 자질 중 개인적인 특성에 따라 여러 가지로 분류하기도 하지만 기업가의 자질은 다음 표 2-9와 같이 선천적 자질과 후천적 자질, 두 가지 유형으로 크게 나눠 볼 수 있다.

표 2-9 기업가의 선천적·후천적 자질

선천적 자질	후천적 자질
• 새로운 것에 도전하는 모험심이 유별난 사람 • 가능성에 대한 집념이 강한 사람 • 스케일이 크고 큰일을 해내는 사람 • 사람을 잘 통제할 줄 아는 사람 • 쉽게 좌절하지 않고 의지력이 강한 사람 • 정통파로서 동료들 간에 평판이 좋은 사람	• 본인이 지금까지 쌓아온 창업관련 분야에서의 경험 • 지금까지 배워서 얻은 학문과 지식 • 본인의 성격, 체질, 체력적인 자질 • 본인이 가지고 있는 자격, 사회지위, 前직장에서의 신용 • 지금까지 인간관계에 있어서의 교제 인물의 폭과 깊이 • 창업환경을 둘러싼 인간관계 경험

일반적으로 성공하는 기업가의 자질은 개인적인 특성을 중심으로 그 자질을 갖고 있는 것도 중요하지만, 실천적인 면을 중심으로 살펴보면 분석력, 예측력, 조직력, 추진력, 조정력, 설득력, 포용력 등의 다양한 관리능력을 기반으로 그 자질을 갖추고 있어야 한다. 이를 성공하는·실패하는 기업가의 자질을 종합하면 다음 표 2-10과 같다.

표 2-10 성공하는·실패하는 기업가의 자질

성공하는 기업가의 자질	실패하는 기업가의 자질
• 정통파로서 동료들 간에 평판이 좋은 사람 • 부부·가족 간의 이해와 협력을 받는 사람 • 조직구성원 관리능력이 우수한 사람 • 정리, 정돈의 습관이 있고 청결감이 있는 사람 • 고객에 대한 서비스정신이 있는 사람 • 신용도가 높은 사람 • 신속성과 사무처리 능력이 있는 사람 • 자세가 진취적이고, 과거에 집착하지 않는 사람	• 과시하고, 자기욕구가 강한 사람 • 무리한 차입 계획으로 시작한 사람 • 이론이 앞서고, 극단적으로 앞서가는 사람 • 행동이 따르지 않고, 불만만 하는 사람 • 결단력, 판단력에 결함이 있는 사람 • 의타심이 있어 자주성이 없는 사람 • 자기자산의 경험, 능력을 과시하는 사람 • 명령만 받고 타인에게 지시를 잘 못하는 사람

2.3.2 기업가정신의 정의 및 특성

2

최근에 기업가정신의 주제는 대중화되기는 하였지만, 그러나 완전하게 그 개념을 이해하는 사람은 많지 않다. 대부분의 기업가정신에 대한 정의들은 조직적인 규정을 받아들이고 혁신적 결과의 목표에 대한 자원몰입을 얻는 기업가 활동에 귀결시키려는 것에 동의하고 있다. 그러나 기업가정신의 주요한 개념은 창업생태계 내에서 기업가정신을 개발하는 것이다. 그러므로 기업가는 **혁신을 성공시키려는 분위기**를 고조시켜야 하는 것으로 인식되고 있다.

혁신(innovation)이란 묵은 풍속, 관습, 조직, 방법 등을 바꾸어 새롭게 하는 것을 의미한다. 따라서 혁신이란 새롭게 한다는 뜻으로 사용하는데, 이는 현실을 그대로 지속하는 것이 유지이고, 유지보다 좀 더 강한 이미지가 개선이고, 개선보다 더 강한 이미지가 개혁이고, 개혁보다 더 강한 이미지가 혁신 또는 혁명이라고 할 수 있다. 즉 그 개념은 "**유지 〈 개선 〈 개혁 〈 혁신 〈 혁명**"이라는 의미로 볼 수 있다.

1 기업가정신의 정의

기업가정신이라는 용어는 지금까지 많은 학자들에 의해 사용돼왔으나, 아직 공통된 정확한 정의는 없는 실정이다. 다만 지금까지 기업가정신에 관한 정의들은 크게 두 가지로 분류될 수 있다

첫째, 기업가가 **하는 일 또는 기능에 의한 정의**이다. 쟝 세이(Jean B. Say), 요셉 슘페터(Joseph Schumpeter), 피터 드러커(Peter F. Drucker) 등의 학자들은 기업가가 어떤 일을 해내는 사람인가에 초점을 둬 기업가정신을 서술하고 있다.

둘째, 기업가의 **개인특성에 의한 정의**이다. 이러한 정의는 개인 기업가의 사회 심리적 특성에 초점을 맞춘다. 예를 들자면 성취욕구, 자유 실천의지, 위험감수성 등 심리적 특성을 강조하기도 하며, 가정환경과 교육수준 등 사회적 배경요인을 중시하기도 한다.

우리는 기업가정신을 이야기할 때 '정신'이라는 단어 때문에 '기업가로서 갖춰야할 도전적이고 진취적인 마인드(mind) 또는 혁신적인 사고'라고 제한적으로 이해하는 경우가 많다. 하지만, 이러한 이해는 기업가정신의 올바른 의미를 충분히 설명하지 못하는 것이라고 할 수 있다. 기업가정신의 어원을 살펴보면 단순한 마인드만이 아님을 알 수 있다.

기업가정신의 어원은 수행하다(to undertake)라는 불어 entrepreneuriant에서 유래한 만큼, 생각보다는 행동과 실천이 주요한 요소임을 알 수 있다. 기업가정신이란 용어는 위험감수를 강조한 18세기 프랑스의 경제학자 캉티용(Richard de Cantillon)이 처음 사용한 이래 현재까지 널리 사용돼왔고, 여러 경제학자, 경영학자들과 경영자들에 의해 조금씩 그 의미가 확장, 변화돼왔다.

기업가정신의 핵심 개념은 다소 추상적이고 형이상학적인 개념으로 인식되는 경향이 있지만, 매우 현실적이고 구체적인 행동을 의미한다. 특히 새로운 사업을 일으킨다는 의미를 강조하기 위해 '꾀할 기(企)' 대신에 '일으킬 기(起)'를 사용해 '起業家精神'이라고 표현하기도 한다.

기업가정신 起業家精神 (entrepreneurship)	□ 기업가 ▪ 企業家(business man 또는 owner) • 이윤창출을 목표로 사업을 영위하는 사람 ▪ 起業家(entrepreneur) • 기회를 실현하기 위해 새로운 사업을 추진하는 사람 ▪ 創業者(founder) • 새로운 기업을 만드는 사람
	□ 정신 ▪ 精神(spirit) – 사고방식 ▪ 行動(action) – 행동양식 ▪ 精神 + 行動 – 사고방식 및 행동양식

그림 2-2 기업가정신의 정의

즉 기업가정신(起業家精神)은 기업가가 갖춰야할 성격적, 행동적 특성을 말하는데, 이는 무(無)에서 유(有)를 창조해 가치 있는 어떤 것을 이뤄내는 행동(혁신성, 진취성, 위험감수성, 자율성)을 중시하는 기업가의 성격이라고 정의할 수 있다. 다시 말하면 기업가정신이란 현재 보유하고 있는 자원이나 능력에 구애 받지 않고 기회를 포착하고 추구하는 창조적 사고방식 및 행동양식을 의미하고 있으며, 개인적으로나 경제적으로 파악된 위험(calculated risk)을 감수하는 것이라고 할 수 있다.

이러한 기업가정신은 자원보다 기회를 먼저 생각하고 기회 포착에 더 중점을 둔다. 다음 표 2-11은 기업가적 경영자와 관리자적 경영자의 차이를 '기회 포착'과 '자원 관리' 방식의 측면에서 요약해 보여주고 있다.

❑ **자원 관리** : 관료주의적인 조직에서는 먼저 보유 자원을 파악해, 기존 자원을 활용하는 범위 내에서 기회를 추구한다.

❑ **기회 포착** : 기업가정신을 추구하는 조직에서는 기회를 먼저 생각하고 난 후, 필요한 자원을 확보하기 위한 제반 방안을 모색한다.

표 2-11 기업가적 경영자와 관리자적 경영자의 행동양식 비교

구분		기업가적 경영자의 행동양식	관리자적 경영자의 행동양식
기회 포착	전략적 성향	기회에 대한 인식에 따라 행동	통제가능한 자원에 따라 행동
	기회추구 방식	획기적이고 단기적으로 신속하게 추구	점진적이고 장기적으로 신중하게 추구
자원 관리	자원확보 방식	다단계에 걸친 자원 확보	단일단계, 결정에 따른 자원의 완전 투입
	자원관리 방식	필요한 자원의 임기응변식 사용 (활용 중시)	소요자원의 자체소유 또는 고용 (소유 중시)
	조직관리/구조	비공식적 네트워크를 수평적으로 운영	공식 위계구조 중시
	보상체계	가치 중심적 성과 중심적 팀 중심 사고 무제한적 보상	안정 추구적 자원 중심적 승진을 통한 보상 제한적 보상

이처럼 앞으로도 우리 경제의 지속성장 및 성장잠재력을 추구해 나가기 위해서는 미래의 불확실성과 높은 위험에도 불구하고 혁신과 창의성을 발휘해 새로운 가치를 창출하는 기업가의 활동, 즉 기업가정신의 왕성한 발현이 필요하다. 따라서 기업가정신은 학문적으로도 **경영학의 중요한 독자 영역**으로 발전해오고 있으며, 기업가정신의 중요성이 사회 전반에 인식되면서 최근에는 그 범위가 이익창출을 목표로 하는 영리기업을 중심으로 新사업개발, 창업 부문에서부터 사회적 기업 및 공공 부문 및 비영리단체 등 다른 영역까지 확대 적용되고 있다.

2 기업가정신의 본질적 특성

기업가정신은 성공한 기업가(起業家)에게서 공통적으로 찾아볼 수 있는데, 이처럼 새로운 사업에 도전해 성공하려면 기회추구에 대한 적극성, 몰입과 집중력, 결단력과 끈기, 위험평가와 대응능력, 도전의식과 탁월성의 추구 등이 필요하다. 기업가정신의 본질적 특성은 아래와 같이 세 가지로 정리해볼 수 있다.

첫째, 기업가정신은 **기회에 대한 갈망과 애착, 집요한 추구**로 설명할 수 있다. 기회는 떠다니는 것처럼 잘 잡히지는 않지만 어디엔가는 있는 것이다. 기업가정신은 기회에 집착한다. 새로운 가치를 창출하는 기회에 헌신한다. 그리고 기회는 드러나기 전에는 잘 보이지 않지만, 준비되고 안목이 있는 기업가에게는 열렬하고 명확하다.

둘째, 기업가정신은 **새로움을 향한 모험과 탐험의 여정**이다. 기업가는 불확실성과 위험, 새로운 발견을 향해 나아가는 항해의 길을 간다. 모든 사람이 가는 길을 간다면, 그 곳에 별다른 성취가 있을 수 없는 것이다. 기업가는 사람들이 잘 가지 않은 길 중에서 흥미로운 길을 선택해 그 길을 가는 것이다. 그리고 예상치 못한 많은 시련들을 극복하고 나서 마침내 새로운 곳에 다다른다.

셋째, 기업가정신은 **혁신을 통해 문제를 해결하고 새로운 가치창출을 지향**한다. 기업가정신은 시장과 사회에 존재하는 문제에 대한 솔루션을 개발·제공한다. 사회에 아무 문제가 없고 새로운 요구가 없다면, 어떤 사업도 필요 없을 것이다. 물론 사업을 시작한다고 해서 모두 스타트업 창업자는 아니다. 단순 경작이나 유사반복 행위에는 새로운 가치가 없다. 기존의 방식이 아니라 새롭게 문제를 해결하는 방식을 만들어내는 것이 바로 혁신이며, 기업가정신은 혁신을 추구한다.

2.3.3 기업가정신의 중요성

2

2000년 이후 수출증가와 제조업 성장이 고용확대를 유발하지 못하는 고용 없는 성장이 지속되면서 새로운 일자리 창출 방안을 찾는 것이 시급한 실정이다. 저성장 기조를 극복하고 새로운 일자리를 창출을 위해서는 미국, 유럽, 일본 등과 같이 4차 산업혁명을 통한 일자리 확대뿐만 아니라 창업활동 증대를 통한 새로운 일자리 창출이 매우 주요한 시기이다. 미국 카프만재단(Kaufman Foundation)[5]의 연구에서도 제시하였듯이, 창업한지 3년 미만인 창업 초기기업에서 일자리 창출 능력이 가장 높은 것으로 나타났다.

독일 막스플랑크연구소(Max-Planck-Institute)는 '국민소득 2만 달러까지의 성장은 생산요소의 투입으로 가능하지만 그 이상 성장하기 위해서는 기업가정신의 확산이 관건이다.'라고 언급하였다. 그래서 이미 오래전에 미국, 영국, 이스라엘 등은 국민소득 2만 달러 달성 시점에서 기업가정신 교육을 국가 아젠다(agenda)로 정하고 기업가정신 교육을 의무화하였다. 유럽의 각국에서는 대학을 중심으로 한 창업을 국가적인 과제로 드라이브(drive)하고 있다. 특히 미국과 영국을 비롯한 선진국들은 매년 11월을 세계 기업가정신 주간(Global Entrepreneurship Week)으로 정하고 다양한 관련 행사를 개최함으로써 기업가정신의 국가적인 중요성을 알려나가고 있다.

기업가정신은 신속한 환경 대응과 혁신적 행동의 원동력이기 때문에 그 중요성은 더욱 증대하고 있다. 이러한 기업가정신은 생신 활동에서 마케팅 및 재무관리의 전반에 걸친 기업경제를 활성화하고 고용을 창출하는 등 국가경제에 중요한 영향을 미치고 있다.

경제활동을 하는 사람들은 많은 경우 독자적으로 사업을 일으킴으로써 경제적 부를 누리고 성취감을 맛보려는 욕구를 가지고 있다. 이러한 욕구는 산업발전과 자본주의 사회의 성장에 원동력이 돼왔다. 또한 기존 기업들도 급속한 환경변화에 대응해 보다 혁신적이고 도전적 자세를 견지하려 하고 있다. 여기에서 다루고자 하는 기업가정신은 바로 이와 같은 개인의 창업활동과 기존 기업들의 혁신적 행위를 주(主) 내용으로 한다. 이러한 기업가정신이 더욱 중요하게 요구되는 이유는 아래와 같이 설명할 수 있다.

5) 미국 캔자스州 캔자스시티에 위치하고 있는 카우프만재단은 기업가정신 확산을 위한 세계 비영리법인 가운데 가장 큰 조직이다. 카우프만재단은 모든 연령층을 대상으로 기업가정신 함양을 위한 사업을 전개하고 있다. 재단은 1992년부터 리더십센터를 설립해 예비기업가 등을 대상으로 기업가정신을 교육해왔다. 2002년부터는 연령에 따라 기업가정신 교육프로그램을 차별화했다. 초중고생 각각에 대해 별도의 교육프로그램을 마련했고, 대학생에 대해서는 전공분야에 상관없이 기업가정신 교육을 받을 수 있는 '카우프만 캠퍼스'를 미국 19개 대학에서 운영하고 있다.

1 급격한 지식의 증가

지금 세계는 대량생산 위주의 산업사회를 거쳐 정보화를 바탕으로 지식 중심의 정보사회로 바뀌고 있다. 지금 우리가 소유하고 있는 지식의 90%는 불과 30년 이전에 창출된 것이며, 앞으로 10~15년이 지나면 지식의 양은 엄청나게 증가가 될 것이라고 한다. 이렇게 급격히 증가하는 지식을 적절히 활용함은 사업성패에 중요한 영향을 미칠 것이다.

따라서 새로운 지식을 창출하고 위험을 무릅쓰고 그것을 사업화하거나 사업에 반영하는 의지와 행동(기업가정신)은 개인 및 기업차원에서 뿐만 아니라 경제발전 차원에서 매우 중요해지고 있다.

2 급변하는 시장환경과 기업환경의 불확실성

잘 알려진 바와 같이 우리나라 경제는 자유경쟁체제를 지향하고 있으며, 이에 따라 국내외 시장에서 경쟁이 급격히 증대하고 있다. 이와 더불어 WTO(World Trade Organization, 세계무역기구) 체제의 가동, 한미 FTA(Free Trade Agreement, 자유무역협정) 등 급속한 기술변화, 정부의 규제완화정책 등으로 인해 기업이 심각히 대처해야할 환경의 불확실성이 크게 증가하고 있다.

이에 따라 환경변화에 대응한 신속하고도 유연한 적응력과 혁신적 행위는 기업의 성패에 핵심이 되고 있다. 기업가정신은 신속한 환경대응과 혁신적 행위의 원동력이 되기 때문에 그 중요성은 더욱 증대하고 있다.

3 신기술과 4차 산업혁명과의 연결

기업가정신은 새로운 기술을 제품과 서비스로 실물화 함으로써, 4차 산업혁명과 산업을 연결시키는 매우 중요한 역할을 한다. 즉 이는 4차 산업혁명 기반 기술을 사업화해 기업을 창업하고 새로운 제품과 서비스를 시장에 내보내는 역할을 한다. 이러한 기업가정신의 역할은 경제를 활성화하고 일자리를 창출하는 등 국가경제에 중요한 영향을 미친다.

이와 같은 기업가정신의 중요성에 대한 인지도는 사회 전반에 걸쳐 증가하고 있다. 예를 들자면, 각국 정보는 기업가정신을 고취하기 위해 개인 창업을 권장하고 세제 및 행정지원 등 제도적인 뒷받침을 하고 있다. 또한 사업에 성공한 사람이 사회적으로 주목받고 존경받는 사회풍토를 조성하는데 힘쓰고 있다. 한편 기존의 대기업들도 기업가정신이 자신의 경쟁력에 미치는 영향을 간파하고 기업 내부에서 벤처사업을 운영하게 하는 등 사내기업가정신의 내부고취에 커다란 관심을 보이고 있다.

2.3.4 기업가정신의 개념적 확장

기업가정신의 개념은 시대의 변천에 따라 다소 다르게 정의되지만, 전통적으로는 자수성가형 사업가와 사업추진자의 개념이 지배적이었다. 현대적으로 기업가정신이란 위험을 감수하면서 변혁을 일으키고 새롭게 가치를 창조하고자 새로운 결합이나 혁신을 촉진시키는 정신으로 보고 있다. 전통적 개념의 기업가정신 본질과 현대적 개념에서의 기업가정신 본질은 다소 시대에 따라 다르게 파악될 수 있다. 이는 다음 표 2-12와 같다.

표 2-12 기업가정신의 전통적 본질과 현대적 본질의 차이

전통적 개념의 기업가정신 본질	현대적 개념의 기업가정신 본질
• 비전과 개척자정신: 창업(startup) • 창의성과 혁신(innovation) • 위험부담과 할 수 있다(can do spirit)는 성취동기	• 우수기업의 창조와 훌륭한 인재양성(건전한 지도자의 양성)의 책임 • 사내기업가정신과 변혁적 리더십 • 사회적 경제와 사회적 기업가정신

앞서 설명했듯이, 기업가정신이란 창의성과 혁신, 도전정신, 새로운 가치창출 등의 능력을 갖고 빈손으로 거대한 집단의 부(富)를 이룩한 창업자적 전문경영자의 정신이라고 규정하기도 한다. 기업가정신을 천부적인 재능, 타고난 능력, 천재적 영감 또는 천재의 번뜩이는 아이디어로 볼 것인가? 그렇지 않다. 기업가정신이란 체계적으로 가다듬고 키워나가야 하는 과업으로 여겨야 한다.

이제는 '기업가정신≒신규창업'이라는 좁은 범위에서의 기업가정신 정의에서 벗어나 빠르게 변화하는 외부의 환경에 적응해 기업의 혁신을 이끄는 사내기업가와 기업 조직의 핵심 대응 역량으로서 **사내기업가정신**을 조명할 필요가 있다. 사내기업가정신이 기업의 성장과 생존에 관한 역량을 의미함에 따라, 구성요소 역시 비전과 전략, 기업가적 특성, 문화와 구조 및 운영체계, 기업성과, 기업가적 활동 등 광범위한 영역을 포괄 한다.

특히나 여기서는, 창업에 대한 이해를 창업에 대한 사고의 전환을 갖고자 한다. 즉 창업의 정의를 폭넓게 할 필요가 있다. 창업을 새로운 사업을 시작하는 것이라는 정의에서 벗어나, 회사나 조직에 입사해 새로운 프로젝트를 수행하기 위해 가치 제안서를 만들고 비즈니스 모델(BM: Business Model)을 구축하는 등의 성공적인 결과를 거둘 수 있는 역량까지 포함해서 보는 자세가 절대적으로 필요하다. 이를 실무적으로는 사내기업가정신(intrapreneurship 또는 corporate entrepreneurship)이라 부른다.

사내기업가정신(corporate entrepreneurship)은 초기 기업가의 개인적 특성과 역량에 대한 관점에서 확대해 보다 큰 규모의 조직과 기업 형태에서 기업가정신이 충만한 관리자를 육성하고, 사내벤처 육성과 기업가적인 조직문화(entrepreneurial culture)를 어떻게 조성해 나갈 것인지에 주목한다. 갈수록 경쟁이 치열해지는 기업 경영환경에서 조직의 크고 작음을 떠나 기업가적인 태도(entrepreneurial attitudes)와 행동이 점점 요구되고 있는 것이다.

예일대 경영대학원의 소렌슨(Olav Sorenson) 교수의 연구에 따르면, 벤처창업의 90%는 학생이 아니라 사내기업가들로부터 시작된다고 한다. 국내의 경우에도 95%의 창업이 기업에서 비롯하고 있다고 한다. 이 사실은 벤처창업 활성화를 위한 국가 정책에서 사내기업가정신이 핵심 위치를 차지해야 하는 첫 번째 이유라고 할 수 있다.

이와 더불어 지속가능한 사회를 만들기 위해 **사회적 기업가정신**도 고려해야 한다. 사회적 기업도 역시 이를 운영하는 기업가가 기업가정신을 발휘해 사회적 목적의 달성과 더불어 경제적 이익의 달성이 이뤄야만 생존이 가능하다. 전통적인 기업가정신과 마찬가지로 사회적 기업가정신은 사회적 기업이 사회적 문제를 해결하는데 있어서 혁신이나 모험, 대대적 변신을 도모하는 것이다. 사회적 기업가정신이 발현되는 과정은 사회적 기회를 인식하고, 이를 기업적인 개념으로 변화시키면서 시작된다.

제 3 장

스타트업 창업의 기본 과정

The Fourth Industrial Revolution & Startup

창업은 차근차근 단계적으로 빠짐없이 준비해야 한다. 스타트업 창업을 준비하는 많은 사람들은 주로 창업아이템(업종) 선정, 창업팀, 자금 조성, 회사 설립 등에 집중한다. 그러나 눈에 보이지 않은 창업을 위한 소프트웨어인 사업 역량의 함양, 인적 관계의 조성, 사업 준비를 위한 계획, 정보 수집 등의 활동은 소홀히 한다. 또한 성급한 마음에 창업의 여건 파악, 시장 조사, 고객 분석, 사업타당성 분석, 사업전략 수립, 사업계획서 작성 등을 무시하는 경우가 많다.

창업을 하려면 먼저 창업아이템을 선정한 후, 이에 대한 사업타당성 조사를 실시하고 사업규모, 기업형태 등을 포함한 사업계획을 수립해야 한다. 또한 창업 활동을 하기 위해 아이템(업종)에 따라 해당 관청에서 법적인 인·허가를 취득하고 공장설립이 필요한 경우에는 공장의 규모와 성격 및 설립 가능성에 대해 관계 법령을 충분히 검토해야 한다.

그러나 창업 준비과정 하나하나 단계가 사업 성공의 기초가 되고 시행착오를 줄여 주는 것이라는 사실을 반드시 인식해야 한다. 스타트업 창업 과정상의 절차는 법률적으로 준수해야 할 내용을 포함하지만, 철저한 창업 과정의 준비는 기업에 사업기회를 주며, 스타트업 창업의 성공가능성을 높여 준다. 일반적으로 다음 표 3-1과 같은 기본적인 창업 과정을 거치게 된다.

표 3-1 스타트업 창업의 기본 과정

기본 과정	창업 세부 과정
스타트업 창업의 구상	1. 경영환경 분석 2. 창업자 환경 분석 - 창업 전략 수립 3. 사업기회 탐색 - 특허, 소비자, 시장 분석 4. 사업아이디어 발굴
스타트업 창업의 계획	5. 창업아이템 선정 6. 사업타당성 분석 7. 사업계획서 작성
스타트업 창업의 시작	8. 회사의 설립과 인·허가의 취득 9. 사업장, 조직 및 팀 빌딩 10. 사업개시 및 경영관리

3.1 스타트업 창업의 구상

3.1.1 스타트업 창업의 경영환경 분석

1 경영환경의 이해와 SWOT분석

경영(administration or management)이란 개인 또는 조직이 기업목표를 달성하기 위해 기업이 필요로 하는 인적·물적·재화적 자원을 효율적으로 배분하고 운용함으로써 최종산출물을 생산해 가는 일련의 과정이다. 다시 말하면, 경영은 목표를 설정하고 이를 효율적(efficient), 효과적(effective)으로 달성하기 위한 수단을 선택, 실행하는 것으로, 경영이 추구하는 목표는 생산성(productivity)이라고 볼 수 있다. 생산성은 생산을 위해 투입(input)한 여러 생산요소의 양에 대한 생산물의 산출량(output)의 비율을 말하는 것으로서, 모든 경제적 자원을 어떻게 생산적으로 이용할 것인가 하는 경제적 활동의 목표인 동시에, 그 성과를 측정하는 기준이 된다.

기업경영이란 기업의 경영이념을 토대로 경영목표를 설정하고 그 목표를 달성하기 위한 전략과 세부계획을 수립해 이를 추진해나가는 관리, 운영 활동이다. 이를 실행과정(process) 측면에서 살펴보면 계획, 조직화, 지휘, 통제라는 상호 연계되고 의존적인 네 단계의 하부행위가 수반되는 합목적적 행위라고 할 수 있다. **계획**(planning)이란 목표를 설정하고 이를 달성하기 위한 수단·전략을 사전에 선택하는 것이고, **조직화**(organizing)은 경영목표를 이루기 위해 조직을 구성하고, **지휘**(leading)이란 계획을 실행하는 것이며, **통제**(controlling)란 계획한 대로 집행되고 있는지 점검하고 차이가 발생하면, 원인을 규명하고 시정 및 조정하는 **순환과정**(cycle)을 의미한다.

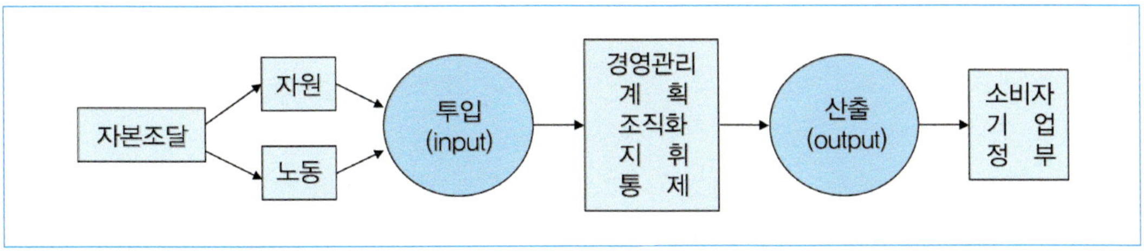

그림 3-1 경영의 일반적 활동

경영의 일반적 활동 관점에서, 기업을 운영하는 목적 가운데 가장 중요한 하나는 **이윤(영리)의 극대화**라고 할 수 있다. 하지만 기업이 제 아무리 투입물보다 커다란 가치를 지닌 산출물을 생산하더라도 정작 이 산출물을 이용하고자 하는 고객, 즉 소비자가 이를 찾고, 구매하고, 소비해주지 않는다면 기업은 원활하게 돌아갈 수 없고, 따라서 영속적인 실체(going concern)로서 기능을 수행할 수 없게 된다.

즉, 기업이 내놓은 상품과 고객이 내놓은 돈의 교환으로 조성된 돈을 가지고 기업은 그 다음 단계에서 필요한 투입물을 구입해 다시 그 생산 활동을 수행할 수 있다. 고객이 원하는 것은 지불한 돈보다 높은 가치의 상품이나 서비스를 구입하는 것이고, 기업이 원하는 것은 비용보다 높은 가격으로 판매함으로써 이익이 발생하므로, 사업의 핵심은 고객이 만족할 만한 비용보다 높은 가격의 가치를 만들어내야 한다. 기업이 추구하는 1차적 목표는 매출과 수익을 창출하고 지속가능하게 꾸준히 유지하며 성장시키는 것이다.

경영에 영향을 미치는 기업 내·외부의 환경을 **경영환경**이라 하는데, 기업이 목표를 달성할 수 있도록 환경 내에서 제대로 기능하도록 하는 것이 창업자의 임무라 할 수 있다. 기업은 하나 이상의 목적을 성취하기 위해 설립되며, 변화의 속도나 원인은 달라진다 해도 시간에 따라 변화하는 환경 속에서 존재하게 된다. 보통 커다란 도전이 없는 상황에서는 점진적으로 변화하지만, 최근 대부분의 기업은 전보다 더 심각한 변화를 겪고 있다.

기업가·창업자는 직면하는 주요 과업의 하나는 기업이 그 목표를 달성할 수 있도록, 그리고 그 존재 환경 내에서 제대로 기능하도록 준비하는 것이다. 기업은 자급자족할 수 없으므로, 끊임없이 외부 환경과 접촉하게 된다. 외부 환경을 정의할 때 공통적으로 고려할 요소로는 기술적 요인, 사회적 요인, 법규 요인 그리고 경쟁 요인 등 변화를 들 수 있다.

미래를 준비하는 창업자에게는 이러한 환경변화 요인을 이해하고, 또한 기업과 조직구성원이 맞이하는 상황에 이러한 환경변화 요인을 어떻게 적용할 것인가를 이해하는 일은 매우 중요하다. 한편, 외부적 요인보다는 덜 극적이고 덜 분명하게 드러나는 내부 환경 조건도 모든 창업에 영향을 미친다. 조직구성원이 보유한 집합적인 기술과 경험, 경영 스타일, 그리고 고용·승진·내부 커뮤니케이션 등과 같은 문제들을 총괄하고자 수립해놓은 정책 등이 창업자가 고려해야 하는 주요 내부 요인에 속한다.

경영환경의 변수와 창업자의 잠재력을 감안해 창업의 방향을 설정하고자 할 때 많이 사용하는 방법 중의 하나가 바로 SWOT분석이다. SWOT분석이란 사업에 영향을 끼치는 각종 환경 분석을 통해 **기회요인**(Opportunity)과 **위협요인**(Threat)을 발굴하고, 이를 다시 자신이 가진 **장점**(Strength)과 **약점**(Weakness)에 연결시켜 타당한 방향을 찾는 방법이다. SWOT분석은 환경을 분석하는 안목을 갖출 수 있고, 나아가 자신의 잠재력과 결합해 거시적인 창업 방향을 탐색할 수 있다. 3

기회요인이란 지금의 환경변화가 창업을 할 때 어떤 점에서 유리할지를 찾아내는 것이다. 반면, 위협요인은 환경변화 중에서 창업자들에게 불리하게 작용할 변수들을 말한다. 기회요인이나 위협요인을 발굴하는 방법은 환경변화의 내용을 직시하고 그 중에서 창업에 유리하거나 불리한 영향을 줄 항목들을 골라내면 된다. 환경요소를 분석할 때는 가급적 5년 정도의 중장기적 관점에서 접근해야 미시적 접근에 따른 판단 오류를 방지할 수 있다.

2 스타트업 창업의 내·외적 경영환경 분석

오늘날 경제 환경의 급속한 변화로 미래의 경제상황을 예측하기 어렵다. 이런 객관적인 상황만 고려한다면 창업을 결심하기가 쉽지 않다. 그러나 이런 상황을 심층 검토해 보면 그 자체가 좋은 사업기회인 업종을 발굴할 수도 있다. 뿐만 아니라 창업은 현재의 상황만 고려하는 것이 아니라 적어도 몇 년 후를 내다보면 준비하는 것이기 때문에 현재의 상황만을 고려하는 것은 바람직하지 않다. 창업 시기는 차후에 결정하더라도 현재와 앞으로의 경영환경이 어떻게 변화할 것인지를 분석하면서 준비해야 한다.

성공적인 스타트업 창업을 위해서는 내·외적 경영환경 분석을 위한 충분한 사전준비와 체계적 절차가 필요하다. 스타트업 창업의 준비와 절차는 창업을 하는 동기와 창업의 형태, 그리고 창업규모와 업종 등에 따라 약간씩 다를 수 있다. 철저한 창업과정의 준비는 창업자에게 사업기회를 주며 창업의 성공기회를 한층 더 높여줄 수 있다.

1) 스타트업 창업의 내부 환경

스타트업 창업에 영향을 미치는 내부 환경요인으로는 창업자의 자질과 스타트업의 조직구조 그리고 창업전략과 관련된 요인들로 설명될 수 있으며, 이들은 창업성패에 절대적으로 영향을 미칠 수 있다.

- **창업자의 자질** : 창업자의 특성은 창업 동기나 역량 그리고 행동을 통해 사업계획과 운영에 많은 영향을 준다. 창업자의 신뢰성 있는 행동과 네트워킹 활동은 중요한 정보의 수집 및 외부자원의 조달에 있어서 중요하게 된다.

❑ **조직구조 및 팀 빌딩** : 조직구조는 권한과 커뮤니케이션(communication)을 통해 경영자로부터 조직구성원에 이르기까지 일련의 의사소통 과정을 나타낸다. 특히 조직구성원의 잠재적인 창의성과 자발성이 중요한 업종에서는 자율적인 직무수행은 매우 중요한 요소로 강조된다. 또한 팀 빌딩에 있어 가장 중요한 것은 구성원으로 하여금 명확한 목적의식을 공유하게 하고, 그 목적을 성취하려는 의욕을 고취시키는 것이다.

❑ **창업전략** : 내부 환경으로서의 창업전략은 기업 내부의 모든 부문에서 행하는 의사결정에 영향을 미치게 된다. 예를 들면 우수한 제품공급과 마케팅 혁신에 의한 원가우위 전략, 차별화 전략, 외부자원을 적극적으로 활용해 외부와 긴밀한 협력적 관계를 유지하기 위한 외부자원 활용 전략 등이 있다.

2) 스타트업 창업의 외부 환경

창업에 영향을 미치는 외부 경영환경으로는 법·정치적 환경, 경제·기술적 환경 그리고 사회·문화적 환경 등 세 가지로 크게 분류할 수 있다. 법·정치적 환경이란 창업에 영향을 끼치는 국회의 입법, 정치권이나 지자체의 움직임 등을 말하며, 경제·기술적 환경은 금융정책이나 소비구조, 기술의 변화 등을 말한다. 사회·문화적 환경은 사람들의 심리나 사회 흐름의 변화 등 소비구조에 영향을 미칠 수 있는 요소를 찾아내고 분석해 철저히 대비함으로써 실패 확률을 낮출 수 있다.

❑ **법·정치적 환경** : 지금 우리 사회는 법률과 정치 환경 측면에서 큰 변화가 일어나고 있다. 이러한 법·정치적 환경의 특징적 변화 내용을 창업자가 생각나는 대로 추출해 보고, 이를 다시 기회요인과 위협요인으로 분류해 보면 아래와 같다.

[환경변화의 내용 예시]

- 각종 규제의 철폐 및 완화
- 외국자본의 국내 유입 가속화
- 민생 관련 법률의 개혁
- 중산층의 몰락과 사회계층의 양극화
- 창업에 관련된 법·제도 및 정부정책의 변화

❑ **경제·기술적 환경** : 경제적 환경에는 경제체제, 산업구조, 정부의 재정 및 금융정책, 경기흐름, 시장구조, 소비성향 등이 있다. 기술적 환경은 제품·서비스의 생산과 관련되는 지식

의 상태를 나타내는 것으로, 어떤 일을 하는 방법에 관한 숙련된 경험과 관련 기술 환경을 의미한다. 이러한 기술적 환경은 정보통신기술(ICT), 생명공학, 공장자동화(FA), 컴퓨터통합생산시스템(CIM) 등이 포함되며, 최근 4차 산업혁명 기반 기술인 인공지능(AI), 사물인터넷(IoT), 로봇공학, 바이오기술(BT) 등에 의한 새로운 제품 및 서비스의 창출이 확산되고 있다. 앞에서와 마찬가지방법으로, 경제·기술적 환경변화의 내용을 생각나는 대로 발굴해 보면 아래와 같다.

[환경변화의 내용 예시]

- 경제개혁의 필요성 증대
- 도산기업 증가
- 주식시장 붕괴
- 가계소비 축소
- 경제문제에 정부개입 증가
- 대기업들의 구조계획
- 고용불안 및 실업증대
- 부동산 경기침체
- 新산업 등장 가속화
- 4차 산업혁명 기반 기술 발달

❑ **사회·문화적 환경** : 사회·문화적 환경변화의 예로 임금의 대폭상승 및 후발 개도국의 추격, 다국적 기업의 세계화, 시장개방 압력 등을 들 수 있다. 생산방식의 측면에서 보면 수요중심의 다품종소량생산방식 혹은 변종변량생산방식[1]의 확립이 경쟁력 확보의 전제조건으로 요청되고 있다. 창업방향을 수립하고 구체적인 아이디어를 구상할 때 사회·문화적인 변화들을 심층 고려해 고객을 확보하는 영업 전략을 수립해야 한다. 현재 전개되고 있는 사회·문화적인 변화들을 기술하면 아래와 같다.

[환경변화의 내용 예시]

- 소비자 의식의 변화
- 가격 및 개념파괴의 확산
- 귀농·귀향인력의 증가
- 지자체 및 개인이기주의 등장
- 화이트칼라의 붕괴 가속화
- 소비구조의 양극화
- 복고주의(retro)의 등장
- 한류로 인한 대중문화 글로벌화
- 스포츠 및 레저산업의 호황
- 스타트업 창업 분위기 확산

1) 변종생산방식이란, 모델의 빈번한 변경보다는 주요모델상품을 '필요한 양'만 생산해 '타사보다 빨리' 제공하는 생산방식이다. 이것은 빈번한 모델변경을 통해 판매극대화를 꾀하는 단순한 다품종소량생산방식이 과도한 연구개발비용, 모델변경에 따른 생산라인의 조정비용부담, 팔리지 않는 모델의 재고비용 등에 의해서 매출액에 비해 수익성이 낮은 것에 대한 반성에서 나온 것으로 다양성(variety)보다는 적응속도(speed)를, 그리고 디자인, 연구개발 등 상류부문보다는 마케팅 등 하류부문을 중시하는 생산개념이라고 할 수 있다.

먼저 각각의 경영환경에 해당하는 변화요소를 도출하고, 이러한 환경변화 중에서 기회로 작용할 요인과 위협이 될 만한 내용으로 분류해야 한다. 여기서 유의할 것은 환경변화 항목 중 어떤 측면에서는 기회도 되지만, 한편으로는 위협도 될 수 있는 양면성을 가진 것들이 많다는 점이다.

첫째, **기회 요인의 발굴**

창업을 준비하는 자신에게 도움이 될 만한 것들은 무엇인지 생각해면, 먼저 각종 규제의 철폐나 완화 추세는 대단히 매력적인 내용이다. 그 동안 어떤 사업을 시작하려고 해도 행정당국의 규제로 착수조차 하지 못하는 경우가 많았기 때문이다. 또한 외국자본의 국내 유입 가속화도 업종에 따라서는 좋은 기회요인이다. 이와 같은 방법으로 자신이 막연하게 구상 중인 사업과 환경변화의 내용을 연관 지어 생각해보면, 좋은 기회가 될지 아니면 위협요인이 될지 창업전략을 수립하는 데 도움이 된다.

둘째, **위협 요인의 발굴**

기회요인과 반대로, 위의 환경요인 중 자신이 구상하는 사업에 불리하게 작용할 수 있는 요소를 찾는 것이 위협요인의 발굴이다. 현재 국내의 중산층의 몰락은 全업종 모두 사업을 어렵게 할 가능성이 있고, 미래 경제가 불확실한 가운데 번창할 수 있는 사업은 거의 없기 때문이다. 외국자본의 국내 유입 가속화도 업종에 따라서 위협요인이 될 수 있다. 이는 곧 시장개방을 의미하기 때문이다. 또한 정치권 개편은 선거대행업 등 업종에 따라서 유리할 수도, 불리할 수도 있다. 이렇듯 환경변화의 다양한 내용이 자신이 구상하는 사업에 어떤 영향을 끼칠지는 일률적으로 판단하기 어렵다. 그만큼 환경변화는 양면성이 있기 때문이다.

성공적인 스타트업 창업을 위한 외부 환경 분석을 위해서는 먼저 세 가지 환경변화의 내용을 나열하고 이를 기회요인 및 위협요인으로 정리하되 가장 핵심적으로 영향을 미칠 수 있는 요소를 5개 이내로 간추려서 정리해 본다. 이와 같이 세 가지 측면에서 환경 분석과 기회 및 위협요인의 발굴이 끝나면 표 3-2에 체계적으로 정리하고 활용방안을 모색해 본다. 그리고 SWOT 분석에 활용할 때는 세 분야의 요소들을 망라해 기회와 위협요인으로 가장 중요한 것을 다음 표 3-3과 같이 다시 5개씩 추려서 대입시키면 된다.

표 3-2 외부 환경별 기회요인과 위협요인의 체계적 정리

번호	기회요인 BEST 5	위협요인 BEST 5
1		
2		
3		
4		
5		

표 3-3 외부 환경 분석 결과 정리 시트

구분	기회요인(O)	위협요인(T)
법·정치적 환경 (중요 5가지 항목)	• • • • •	• • • • •
경제·기술적 환경 (중요 5가지 항목)	• • • • •	• • • • •
사회·문화적 환경 (중요 5가지 항목)	• • • • •	• • • • •

3.1.2 창업자·창업팀의 환경 분석

1 창업자의 역량과 역할

창업자는 사업아이디어 발굴, 창업아이템의 선정, 사업타당성 분석, 사업계획서 작성, 사업 실행 등을 주도하고 책임지는 창업의 주도자이다. 창업자는 이러한 기능을 수행하기 위해 기업설립에 필요한 물적·인적자원을 동원하고, 이들을 적절하게 결합해 기업이라는 시스템을 만들고 설립된 기업이 의도하는 바대로 기능을 발휘하도록 관리하는 역할을 수행해야 한다. 그러므로 창업자의 능력, 가치관 등은 창업기업의 성패와 효율에 지대한 영향을 미치게 된다.

물론 성공하기 위한 창업자의 자질에 대한 일반적인 표준적 모형은 없다. 어떠한 자질이 창업자에게 요구되느냐 하는 것은 일반적인 모형이 있는 것이 아니라, 창업자에게 처해 있는 환경, 사업형태, 사업기회 등에 따라 다른 자질이 요구될 수도 있다. 물론 성공적인 기업가적 자질은 타고나지만, 노력과 교육을 통해서 더 훌륭한 창업자가 될 수도 있다.

창업자의 바람직한 태도는 위험감수의 의지와 노력의 태도이며, 이러한 태도는 각 개인의 성장 동기에 의해 결정된다. 즉 성공하고 싶은 동기 부여가 확실하면, 인간은 스스로 변화하고 배우려고 하며 어떠한 어려움도 극복하려고 하는 것이다. 창업자에게 아래와 같은 역량이 기본적으로 요구된다.

첫째, 창업자에게 요구되는 것은 무엇보다도 단순한 경영지식이 아니라, **새로운 시대에 맞는 새로운 경영감각과 사회적으로 신뢰받을 만한 교양과 인격**을 지니고 있어야 한다. 더욱이 창업자는 개인의 영리추구에 그치지 않고, 경영 전반에 대한 철저한 윤리의식과 사회적 책임을 인식하고 실천할 수 있어야 한다.

둘째, **미래의 경영환경 변화에 대한 예리한 통찰력과 판단력을 발휘해 장기적인 목표를 설정하고, 장기적 관점에 근거한 경영행동**으로 목표를 달성해야 한다. 즉 경영진과 조직구성원들이 일체가 돼, 장기적인 비전을 가지고 열정적으로 일을 할 수 있도록 여건을 조성하는 능력이 필요하다.

셋째, **새로운 사업 수행에 대한 창의력이 있어야 하며, 이를 계속 수행할 수 있는 강한 추진력**이 있어야 한다. 모든 기업경영에 있어서 성공요소 중 가장 중요한 것은 최고경영자의 적극적인 의지와 결단력이라는 것은 많은 학자들의 연구 결과에서 나타나고 있다. 스타트업 창업의 경우에 있어서도 창업자가 창업에 대한 적극적인 의지와 결단력이 있다면, 창업자는 어려운 장애와 고난도 극복할 수 있고 창업자가 갖고 있는 약점도 보완할 수 있다.

넷째, **창업자는 항상 환경변화에 도전해 새로운 사업성 기회를 적극 모색**해야 하며, **자신의 모든 것을 투자하고 희생시킬 수 있는 투철한 기업가정신**을 가지고 있어야 한다. 창업에 성공하기 위해서는 창업자의 총체적인 헌신의 노력이 요구된다.

다섯째, 창업 활동을 통해 **자아실현을 달성하겠다는 강력한 성취욕구와 타인에게 고용·종속되고 싶지 않은 독립심**이 있어야 한다. 또한 창업자는 자기 자신에게 요구되고 있는 능력과 자질을 충분히 인식하고, 스스로의 능력개발을 적극적으로 도모해야 한다. 이러한 능력과 자질은 실무경험, 각종 교육훈련 프로그램, 전문교육기관 등에 의해 상당 부분 획득할 수 있다. 창업을 성공적으로 하기 위해서는 비전을 현실화하고 新기술 투자 및 새로운 것을 배우는데 아끼지 말아야 한다.

앞으로의 창업 환경변화는 매우 빠른 속도로 급변할 것이다. 그리고 경제구조의 변화, 기업 간 경쟁의 격화, 소비자 의식의 다양화, 공해 문제의 대두 등 기업발전을 위한 조건들이 점점 어렵게 될 것이다. 이러한 환경변화 속에서 창업자는 앞으로 더욱 경영의 중핵으로서 역량과 역할이 중요시될 수밖에 없다. 새로운 미래지향적 창업자의 역할로는 아래와 같이 설명할 수 있다.

첫째, **경영쇄신의 중심적인 역할**로서 경영전반의 혁신에 대한 변화에의 적응을 스스로 추진해가야 한다.

둘째, **지휘 능력을 가진 중심적인 역할**로서 조직구성원에게 창조 능력을 발휘시키고, 일을 통한 자기실현의 욕구를 충족시키는 중심적인 역할을 맡아야 한다.

셋째, **인간화의 중심적인 역할**로서 직장의 비인간화는 피할 수 없는 것이므로 인간관계의 중추적 역할을 맡아야 한다.

넷째, **세대 간의 의식의 갭(gap)을 메우는 역할**로서 젊은 층과 중고령층의 의식과 가치관의 갭을 메우는 것은 쉬운 일이지만, 그 갭을 메꾸는 역할을 맡아야 한다.

2 창업자의 자질 및 강약점 분석

1) 창업자의 자질 테스트

많은 사람들이 취업을 하는 것이 좋을까, 아니면 창업을 하는 것이 좋을까 그리고 만약 창업을 선택한다면 어떠한 업종을 선택하는 것이 좋을까에 대해 문의하곤 한다. 성공창업을 위해서는 자신의 적성과 능력을 고려해 신중하게 의사결정 해야 한다. 따라서 먼저 자신의 창업자 자질을 체크해 자신에게 적합한 아이템을 선택하고 성공창업을 이루도록 해야 한다. 아래에서 소개한 창업자의 자질 테스트는 본인이 창업자로서 자질을 가지고 있는지를 살펴보기 위한 것이다.

번호	질문 내용	응답(✔)	
		예	아니오
1	내 생활방식을 구체적으로 설명할 수 있다.		
2	일을 계획적으로 한다.		
3	일단 일을 맡으면 적극적으로 한다.		
4	실패를 하더라도 크게 실망하지 않는다.		
5	약속을 잘 지키는 편이다.		
6	창업 정보를 수집 중이다.		
7	친구가 많다.		
8	나와 다른 의견에도 귀를 기울인다.		
9	함께 고민해 줄 친지가 세 명 이상이다.		
10	도전정신이 왕성하다.		
11	의사가 분명한 편이다.		
12	건강에 자신이 있다.		
13	기초적인 재무지식이 있다.		
14	좋아하는 일이라면 먹고 자는 일도 잊어버린다.		
15	창업을 하기 위해 가족을 설득할 자신이 있다.		
16	일이 생각대로 잘 안 풀려도 곧 잊어버린다.		
17	즐겁지 않은 모임에 가서도 참고 즐길 수 있다.		
18	누군가에게 맞으면 반드시 반격을 한다.		
19	모르는 사람이 말을 걸어와도 일단 들어준다.		
20	친한 친구의 출세가 마음에 걸린다.		

※ 검사방법 : 20개 문항을 각각 '예/아니오'로 체크하고, '예'는 5점, '아니오'는 0점으로 계산

창업자 자질테스트 해석

※ 창업가적 자질 검사 및 해석 : 20개 문항을 각각 '예/아니오'로 체크하고, '예'는 5점, '아니오'는 0점으로 계산

- 60점 이상 : 창업환경이 성숙돼 있고 창업자로서의 자질이 충분하다. 업종선택과 필요한 정보 수집이 끝났다면 언제 창업해도 좋다.
- 35~60점 : 그런대로 창업할 환경이 조성돼 있으나 팀 빌딩 및 사업기회에 신중하고 좀 더 폭넓은 정보를 수집해야 한다.
- 35점 이하 : 창업 동기가 명확하지 않다.

3

2) 창업자의 강·약점 분석

성공적인 스타트업 창업을 위해서는 무엇보다 창업자의 자신감이 중요하다. 그러나 무턱대고 자신감을 갖는 것은 무의미하다. 환경이나 역량에 대한 분석적인 시각이 없는 돈키호테(Don Quixote)식 자신감은 사업을 망칠 수도 있다. 자신이 가지고 있는 강점을 최대한 활용하고 약점은 미리 보완, 피해감으로써 실패를 미연에 방지할 수 있기 때문이다.

창업자 자신의 강점을 발견하는 것은 쉽지 않다. 특히 어려운 상황일수록 자신의 잠재력을 찾는 것이 중요하다. 부정적인 여러 상황을 발전시키기 위해서라도 자신의 강점을 찾아낼 필요가 있는 것이다. 자신의 강점과 약점에 대한 판단은 주관적이기 쉽기 때문에 냉철하게 합리적으로 모색할 필요가 있다. 여기서 유의할 점은 자신의 강점과 약점을 가급적 제3자적 관점에서 접근하는 것이 무엇보다 중요하다.

표 3-4의 체크리스트를 통해 자신의 강·약점을 발굴해보자. 항목별로 자신이 어디에 해당하는지 체크해 보면서 강·약점을 파악할 수 있다. 평가방법은 먼저 각 항목에 자신의 해당정도를 체크해서 '보통' 이상으로 표시되는 항목을 강점으로 분류한다. 이렇게 분류된 강점 항목을 상위 5개만 골라 표 3-5에 옮겨 적으면 된다.

표 3-4 창업자 강·약점의 예시항목 체크리스트

구분	항목	매우 그렇다	비교적 그렇다	보통 이다	그렇지 않은 편이다	전혀 아니다
		5점	4점	3점	2점	1점
성품	긍정적 사고를 한다.					
	겸손하다.					
	기지나 재치가 있다.					
	인내와 끈기가 있다.					
대인 관계	활발한 성격이다.					
	화술과 표현력이 뛰어나다.					
	인상이나 외모가 호감을 준다.					
	대인관계의 폭이 넓고 깊다.					
업무 습관	추진력이 있다.					
	창의력이 있다.					
	업무에 완벽하다.					
	일에 대해 집중한다.					
	기획 및 분석력이 있다.					
미래 대비	독서를 많이 한다.					
	어학 능력이 있다.					
	건강하다.					
	정보 마인드가 있다.					
	컴퓨터 실력이 뛰어나다.					

스스로 생각해도 능력이나 자질이 부족한 부분은 누구나 있기 마련이다. 앞에 제시된 체크리스트에서 '보통' 이하에 해당하는 항목들이 자신의 약점이다. 평균(30)에 미치지 못하는 항목 중에서 하위 5개 항목을 표 3-5에 강점과 함께 정리하면 된다.

표 3-5 창업자 강·약점의 체계적 정리

번호	강점 BEST 5	약점 BEST 5
1		
2		
3		
4		
5		

3 창업팀과 팀 빌딩

스타트업 창업에서 창업팀 및 팀 빌딩(team building)의 중요성은 아무리 강조해도 지나치지 않다. 특히 스타트업 창업은 부족한 자원과 역량, 미흡한 시스템과 같은 불리한 환경에서 시작하기에 더욱더 팀원 간의 시너지가 요구된다. 성공 확률이 매우 낮은 창업에서 성공 가능성을 높이려면, 시너지 효과를 낼 수 있는 창업팀과 우수한 팀 빌딩 이 필수적이기 때문이다.

창업팀과 팀 빌딩은 팀원들의 작업 및 커뮤니케이션 능력, 문제해결 능력을 향상시켜 조직의 효율을 높이려는 조직개발 기법이 요구된다. 초기 창업팀 구성에서 가장 중요한 요소는 창업자의 아이디어를 실현하는데 있어 영입된 팀원이 시너지 효과를 낼 수 있는지 여부이다. 하지만 팀원에 대한 편향적인 사고와 미흡한 검증은 사업에 필요한 역량을 갖춘 파트너가 아닌 창업자 개인의 호감에 따라 사람을 선택하는 잘못된 결정을 유도하므로 철저히 경계해야 한다.

창업은 부족한 자원과 네트워크로 인해 팀 빌딩 과정에서 주변 가까운 곳에서 공동창업자를 찾거나 지인에게 소개를 받는 경우가 일반적이다. 이런 경우 두 가지 문제가 발생한다. 하나는 상대를 판단할 때 편향적인 사고를 하는 오류를 범할 수 있고, 또 다른 하나는 대상에 대한 철저한 검증이 이뤄지지 않는다는 것이다.

스타트업 창업의 팀 빌딩은 인재 채용의 첫 단추이다. 따라서 추후 합류하는 팀원의 수준은 초기 창업팀의 능력 여하에 따라 결정되는 경우가 일반적이므로, 공동창업자나 초기 창업 멤버 구성은 타협이 아닌 최적의 선택을 할 수 있도록 각별히 주의를 기울여야 할 것이다.

보통 창업자는 팀 빌딩 과정에서 무엇을 해야 하는지에만 집중해서 상대방을 평가한다. 다시 말해, 능력과 기술 위주의 평가에 집착한다는 것이다. 하지만, 장기적인 관계를 염두에 두고 상대를 선택할 경우에는 능력과 기술보다 **가치관이 더 중요**하다. 개인 비전과 기업 비전과의 연관성, 공동체 의식, 이타적 사명감 등과 같은 개인의 특질을 아는 것이 중요하다는 것이다. 능력과 기술은 훈련이 가능하지만 가치관은 훈련이 어렵기 때문이다.

스타트업 창업의 업무란 지속적으로 발생하는 문제를 해결해가는 과정이기도 하다. 하지만 기업 구성원들과 대책을 논의하다 보면 개인의 가치관을 앞세워 제 각각의 해결책을 내놓는 것을 종종 볼 수 있다. 이러한 현상은 지극히 당연하다. 기업은 공동의 목표를 추구하는 각기 다른 개인이 모인 집단이기 때문이다. 여기서 공동의 목표에 집중하지 않고 개인이 강조된다면 배는 산으로 가게 된다. 그러므로 팀 빌딩을 할 때 기업의 미션, 비전과 같은 공유 가치를 잘 이해하고 공동 목표를 위해 행동할 수 있는 사람인지 여부를 파악하는 것이 매우 중요하다.

창업자는 대부분은 팀 빌딩이 성공적인 사업의 시작과 성장에 중요한 요인이라는 것을 인지하고 있다. 하지만 이를 적극적으로 실천하는 창업자는 드물다. 주변에 자원과 네트워크가 부족하다 보니 정작 가장 중요한 팀 빌딩에 집중하지 못하고 있다. 그렇다고 언제까지나 상황이나 환경만을 탓할 수도 없는 노릇이다. 주어진 환경에서 최고의 사업 파트너를 선택하기 위해 무엇이 최선인지 생각해보는 것이 중요할 것이다. 창업자는 팀 빌딩의 중요성을 통감하고 최선의 창업 파트너 영입에 집중해 인재확보의 선순환 구조를 만드는 것이 사업성공의 열쇠임을 알아야 할 것이다.

3.1.3 스타트업 창업의 전략 수립

1 경영환경 및 창업자 분석을 통한 창업방향 도출

3

앞에서 도출한 창업 경영환경의 기회 및 위협요인, 창업자의 강점 및 약점의 내용을 각각의 자리에 위치시키면 다음 표 3-6과 같이 네 가지 유형의 전략방향에 관한 매트릭스를 만들 수 있다.

첫째, 기회와 강점을 결합한 전략방향이다. (SO 전략)

둘째, 위험에 대비하면서 강점을 활용하는 전략방향이다. (ST 전략)

셋째, 기회를 살리되 약점을 감안한 전략방향이다. (WO 전략)

넷째, 위험도 크고 약점도 많을 때의 전략방향이다. (WT 전략)

표 3-6 SWOT 분석에 따른 창업전략 매트릭스

구분	기회 요인(O)	위협 요인(T)
강점(S)	기회를 살리고 강점을 활용하는 전략(SO 전략) → 1순위 (성공전략화)	강점을 살리되 위험을 줄이는 전략 (ST 전략) → 2순위 (위험회피)
약점(W)	기회를 살리되 약점을 감안하는 전략 (WO 전략) → 3순위 (성공전략화)	위협과 약점을 동시에 고려하는 전략 (WT 전략) → 4순위 (위험회피)

2 SWOT분석 결과를 활용한 창업전략 탐색

이상과 같이 네 가지 전략을 종합하면, 자신의 창업전략 윤곽을 가늠해 볼 수 있다. 이러한 방법은 막연한 상태에서 적합한 방향을 모색해보는 초기적인 방법으로 어느 정도 효과가 있으므로 창업자들은 자신이 처한 상황과 강·약점을 이용해 활용해야 한다. 표 3-7은 지금까지의 내용을 종합한 창업을 위한 분석, 검사지 활용방법이다.

표 3-7 창업을 위한 분석 및 검사지 활용

1. SWOT 분석을 통한 창업방향 도출
2. 창업환경 기회·위협요인 발굴 및 나의 강점·약점 발굴
• 기회 요인 BEST 5 • 위협 요인 BEST 5 • 나의 강점 BEST 5 • 나의 약점 BEST 5
3. 창업방향 탐색을 위한 SWOT 분석
4. 창업능력 자가 체크리스트

3.1.4 사업기회 탐색과 사업아이디어의 발굴

1 사업기회 포착을 위한 창의적 사고

오늘날 4차 산업혁명 시대의 경영패러다임은 '**창의 경영**(creative management)'으로 발전하고 있다. 이에 따라 경영의 주도적 역할이 생산성 중심의 블루칼라(blue color)에서 품질 중심의 화이트칼라(white color)로, 그리고 새로이 창의 중심의 골드칼라(gold color)가 등장하고 있다. 경영패러다임이 이제는 골드칼라가 창의 중심의 차별화된 전문성을 가지며, 서로 협업하는 시대가 되고 있다. 이러한 주역들이 이끄는 기업들에게는 치열한 경쟁을 거치며 승자가 되기 위한 지적 능력을 창출하는 창의성(creativity)과 그러한 사고(thinking)가 새로운 경쟁력 우위의 요소가 되고 있다.

사업을 시작한다고 해서 무조건 **기업가적**(entrepreneurial) **창업**이라고 부르는 것은 아니다. 앞서 설명했듯이 기업가(起業家)란 무(無)에서 현재 경영하고 있는 유형(有形)의 기업을 창업한 사람이라고 말할 수 있다. 기업가적 창업이 되기 위해서는 기존의 것과는 무언가 다르면서 종래의 가치를 변화시키는 역할을 수행해야 한다. 한마디로 말해 창의성과 기업가정신이 서로 연관돼질 때 비로소 기업가적 창업이 될 수 있다.

1) 창의성·창조성의 정의

사전적 의미로 창의성(創意性)은 새로운 의견, 새로운 방안을 제시해 내는 특성이고 창조성(創造性)은 새로운 것을 만들어내는 특성을 말한다. **창의**는 무형의 생각이고 **창조**는 유형의 물체와 깊은 관계가 있다. 다시 말하면, 창의적인 생각을 해서 그 생각으로 유형의 무언가를 만들어낸다면 그것이 창조가 되는 것이다. 그러므로 창조성은 창의성을 전제로 한다. 일반적으로 창의성이 훨씬 더 범위가 큰 용어이며, 창의성이나 창의가 창조성이나 창조를 포함한다고 할 수 있다.

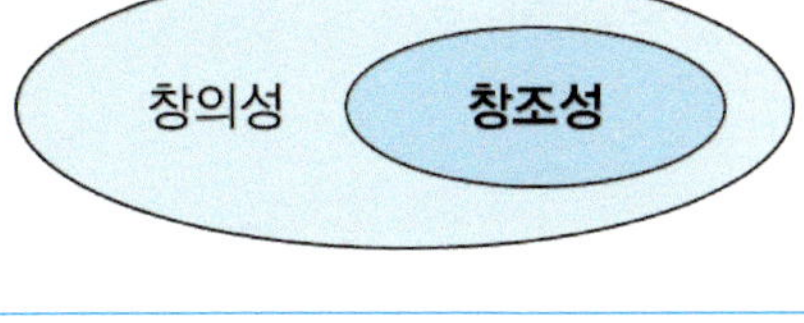

그림 3-2 창의성과 창조성의 관계

창의성이란 간략히 말해 이전에 없었던 새로운 것을 생각해내는 것이다. 또한 원하는 만큼 충족되지 못한 욕구가 무엇인지를 생각해내는 것이다. 이러한 창의성의 영역은 기업 간의 경쟁 상대와 경쟁 방법에 국한되지 않고 소비자의 취향, 제품 및 서비스의 범위, 진출시장의 지리적 위치, 유통 및 구매채널 등 광범위하다.

오늘날 창의성은 기업 경쟁력의 중요한 요소이며, 창의성을 키우기 위해서는 인적(人的) 자원 확보가 선행돼야 한다. 인재라는 개념도 기존의 양적인 노동자원을 뜻하는 객관적인 노동력이 아니라, 다양한 개성과 사고발상적 창조능력을 갖고 조직학습을 통해 향상시키는 질적 주체를 말한다. 소프트화, 서비스화, 지식집약화로 진행되는 오늘날의 경영활동에서는 인적 자원의 확보가 더욱 중요하다. 왜냐하면 이는 기업경쟁력 창출에 필요한 창의성을 가져다주기 때문이다. 이처럼 창의적인 아이디어는 유연성, 집중력, 순발력의 소산이라고 할 수 있다.

2) 창의적 사고와 창조적 혁신

오늘날 현대 사회는 창의적 사고(creative thinking)를 가진 사람이 우대받는 시대이다. 왜냐하면 일반적으로 아이디어는 창의적 사고로부터 나오기 때문이다. 창의적 사고란 종래의 일상적인 방법이나 과거의 경험에 의한 사고와는 달리 새로이 비약된 차원에서 행해지는 사고를 의미한다. 과거 창의적 사고는 소수 천재의 두뇌만으로 개발되는 것으로 인식하였다. 그러나 최근에는 창의적 사고가 모든 사람에 의해 행해질 수 있다고 보고 있다. 따라서 평범한 사람일지라도 일상적으로 창조적 사고가 행해질 수 있도록 육성하지 않으면 안 된다.

창업의 개념은 다양하다. 그것은 창업 자체가 창업자의 특수한 동기, 개성, 특성, 태도, 배경 등을 기반으로 해서 이뤄지는 창의적 활동이기 때문에 그 과정에 깔려있는 정신, 태도, 결단 등을 포괄하는 개념이 돼야 하기 때문이다. 그러나 기업가정신 연구에 가장 큰 영향을 미친 슘페터(Joseph A. Schumpeter)는 창업을 하나의 과정으로써 그리고 기업가는 창업의 과정을 이용해 자원의 新결합과 新산업의 방법으로 현상유지를 파괴하는 혁신가(innovator)로 기술하고 있다. 그에 의하면 창업은 새롭고 보다 나은 일처리 방법의 창출을 가지고 기존의 방법을 파괴하는 '**창조적 파괴**(creative destruction)'의 힘으로 간주하고 있다.

창업의 개념규정에 있어서 중요한 것은 **창조적 혁신**(革新, innovation)이다. 슘페터의 혁신의 견지에서 볼 때, 음식점 사업에서 맥도널드(Mcdonald) 햄버거는 스타트업 창업이다. 햄버거는 오래전부터 팔아 온 음식이지만, 맥도널드는 그 제품을 표준화하고 그 제조과정과 장비를 새롭게 설계를 하고 새로운 시장과 새로운 고객을 창출하는데 경영 기법을 적용했다는 점에서 단순한 다른 음식점과 다른 것이다.

따라서 슘페터는 통상적인 사업의 과정에서 이뤄지는 신규 사업 활동과 창업활동을 구분하고 있다. 이점에 있어서 피터 드러커(Peter F. Drucker)도 같은 입장을 취하고 있다. 이미 잘 형성돼있는 시장, 예컨대 음식점을 신규로 시작하는 것은 단순한 개업(開業)에 불과하고 진정한 창업이라고 볼 수 없다는 것이다. 창조적 혁신은 새로운 아이디어를 구상하는데 머무는 것이 아니라, 한정된 자원을 가지고 新제품, 서비스 또는 과정으로 전환시키는 행동을 의미한다. 이 점에서 무엇인가 새로운 것을 창조해 新지식을 창출하려는 발명과 구별된다. 물론 발명가도 新제품을 만들고 새로운 디자인을 개발할 수 있다.

그러나 그것을 사업화하는 창업활동의 위험부담과 마케팅의 경영능력을 발휘하지 않은 한 단순한 발명이나 新공정, 新디자인의 지식만으로 부(富)가 창출되는 것은 아니다. 따라서 창업이란 기업가가 자원을 새로운 방법으로 재결합 내지 재분배함으로서, 부의 창출과 증식의 기회를 만들어 주는 혁신의 수단을 가지고 새로운 모험적 사업을 시작하는 창조적 혁신 활동으로 정의할 수 있다.

3) 창의적 사고 과정

흔히 우리는 창의적 사고에 대해 특별한 사람만이 할 수 있는 대단한 능력이라고 생각한다. 하지만 우리도 일상생활 속에서 창의적인 사고를 끊임없이 할 수 있다. 예를 들어 일상생활에서 필요한 물건을 구입하고자 할 때, 좋은 물건을 싸게 사기 위해서 많은 생각을 해본 경험은 누구에게나 있을 것이다. 이것이 창의적 사고이다. 창의적 사고는 무에서 유를 만들어내는 것이 아니라, 끊임없이 참신한 아이디어를 산출하는 힘으로써, 필요한 물건을 싸게 사기 위해서 하는 많은 생각 역시 창의적 사고이다.

"걸레질하기 정말 싫었죠. 걸레질과 청소가 한 번에 되는 새로운 청소기는 없을까 생각했습니다." 평범한 주부에서 연매출 1,000억대(2009년 기준)의 중견기업 대표가 된 한경희대표의 스팀청소기 개발이다. 또한 우리가 커피숍에서 흔히 사용하는 주름빨대는 일본의 한 주부가 병원에 누워있는 아이에게 쉽게 물을 먹이기 위해 개발한 상품이다. 즉 창의적 사고는 노벨상을 수상할 만큼 위대한 창의적 사고에서부터 스팀청소기나 주름빨대처럼 일상생활의 사소한 부분의 창의적 사고까지 그 폭이 대단히 넓으며, 이런 면에서 우리는 매일매일 창의적 사고를 하고 있다고 볼 수 있다.

창의적인 아이디어를 발상하려면, 아이디어를 생성하고자 하는 자세와 태도가 중요하다. 누구나 창의적인 잠재력은 있는데, 그 재능(talent)을 찾아내고 끄집어 나오게끔 하는 데 초점을 맞춰야 한다. 그리고 기회가 왔을 때 이를 극대화하도록 노력하면 된다. 창의적 아이디어를 생성하려고 할 때, 고려해야 할 몇 가지 기본적인 자세를 제시하면 아래와 같다.

- 고정관념을 벗으려고 하는가?
- 자유로운 발상을 하는가?
- 의문과 질문을 많이 하는가?
- 차별성을 찾는가?
- 남의 이야기에 귀를 기울이는가?
- 도전적이며 실패를 두려워 않는가?
- 미래를 내다보고 있는가?

창의적 사고 방법으로는 시장과 특정 부문에서 얻은 지식과 경험은 다른 분야의 기술적 사업적 노하우와 연결 또는 결합됨으로써 훌륭한 사업아이디어를 잡을 수 있다. 그러한 지식과 경험으로 아이디어의 기회를 탐색하는 작업도 쉬워진다. 실제로 많은 경험을 했던 직장인이 사업가로 변신하는 예에서 볼 수 있다.

사업아이디어의 실제 예를 우리의 주위에서 많이 볼 수 있다. 그 예들은 새로운 사업과 상품이 공급자에서 고객 중심으로 패러다임이 바뀌면서 봇물같이 쏟아져 나오고 있다. 예를 들면, 아래와 같은 속성의 변경으로 창의력을 촉진시키기 위한 방법을 통해 창의적 사업아이디어를 얻을 수 있다.

- 변경하라 – 재료, 색깔, 모양, 소리, 향기, 동작, 의미
- 재배열하라 – 순서, 부품, 패턴, 일정
- 반대로 하라 – 후진, 상하, 좌우, 정반대
- 확대하라 – 단위, 동작, 가격, 높이, 길이, 두께, 폭
- 축소하라 – 소형화, 생략, 단축, 분할, 농축
- 대체하라 – 재료, 성분, 힘, 공정
- 적용하라 – 직접 적용, 유사한 용도 또는 새로운 용도 등에 적용
- 기본 욕구를 충족시켜라 – 개인적 욕구, 경쟁심리, 감각욕구, 성취욕구
- 결합(분해)하라 – 섞기, 개발단위의 결합, 짝 맞추기, 아이디어 결합·분해
- 눈에 띄게 하라 – 모방, 복사, 이전, 연산 작용의 촉진

표 3-8 사업아이디어 활용 사례

[실제 예]

- 변경하라 - 가발 + 색, 디자인 ⇒ 패션 가발
- 반대로 하라 - 타이어 + (−)튜브 ⇒ 노튜브 타이어
- 대체하라 - 전화 ⇒ 호출기 ⇒ 핸드폰, 현금 ⇒ 전자화폐, 고체비누 ⇒ 액체비누
- 축소하라 - 컴퓨터 ⇒ 노트북, 토마토 ⇒ 방울토마토
- 적용하라 - 섬유 + 온도조절 ⇒ 기능 섬유, 전화기 + 기억장치 기능 ⇒ 리다이얼
- 기본 욕구를 충족시켜라 - 계단 ⇒ 엘리베이터, 에스컬레이터
- 결합하라 - 신발 + 바퀴 ⇒ 롤러블레이드, 반지 + 시계 ⇒ 반지시계

2 사업정보 수집 및 분석

1) 사업아이디어 선정을 위한 정보 수집

❏ **신문·방송** : 신문과 방송은 사업아이디어를 제공하는 정보 제공처 가운데 대표적인 곳이다. 이곳에는 창업에 관한 모든 초기 정보가 모여 있다. 관심 있는 뉴스나 기사를 찾게 되면 기사에 소개된 장소나 사람 그리고 관련기관을 찾아 더 자세한 정보를 얻을 수 있기 때문이다.

❏ **검색엔진과 창업 관련 사이트** : 인터넷 검색도 창업과 관련된 정보를 수집하는 좋은 창구가 된다. 검색엔진은 창업과 관련된 사이드를 알려주는 등대의 역할을 하며, 인터넷을 통해 찾은 유용한 정보제공 사이트에서는 많은 창업정보를 제공해 준다.

❏ **창업 관련 정보** : 창업 관련 서적은 그 독자층에 따라 수록된 내용과 형식이 매우 다르다. 먼저 창업 전반의 절차나 핵심과정을 소개하는 창업 전반에 대한 종합안내 책들이 많다. 이는 벤처 창업이나 스타트업 창업을 돕기 위한 창업가이드북이다. 특히 국내 창업 관련 정보제공 공공기관으로는 창업진흥원(www.kised.or.kr), K-STARTUP(www.kstartup.go.kr), 중소기업정보기술진흥원(www.tipa.or.kr), 중소벤처기업진흥공단(www.kosmes.or.kr) 등이 있다.

3 사업아이디어의 원천

창업기회는 사업에 있어서 중요한 조건이다. 창업을 준비하는 사람들은 사업기회를 어떻게 포착하고 이용하느냐에 따라 사업의 성패를 좌우할 수도 있다. 미국독립사업전국협회(National Federation of Independent Business)의 회원을 대상으로 '지금하고 있는 사업의 아이디어를 어디에서 얻었는가?' 라는 설문조사 결과, '이전(以前) 일의 경험'이라는 비율이 45%이었으며, 16%가 취미 또는 관심사였으며, 다음으로는 '우연한 기회'로부터가 11%, '어떤 사람의 제안'에 의한 아이디어의 획득이 7%이었다.

조사결과, 나타난 대부분의 성공적 아이디어가 위와 같이 남들로부터 얻는 것이 아니라, 자신이 직접적인 경험을 통해서 얻은 전문지식에 기반하고 있다. 특정한 전문화된 작업을 수행하다보면, 해당 업무나 제품서비스의 기술적 현황과 미비점 및 발전 가능성에 대해 잘 파악할 수 있고, 브랜드나 명성이 중요하지 않을수록 이러한 직장 경험에 바탕을 둔 창업이 성공적일 수 있다. 하지만 직원으로서 퇴사 후 생계를 위해서 자신이 취득한 지식이나 기술을 활용할 수는 있지만, 그것이 과거의 직장에서 회사의 투자나 비용으로 얻어진 지식재산권일 때 회사는 그것을 보호할 권리를 가지는 것이며, 업무상의 기밀, 前 직장 고객의 호객행위 및 사내에서의 발명 등에 대해서는 법적으로 각별한 주의가 필요하다.

독립적 경제활동 및 프리랜스(freelance) 활동 등을 통해 고객의 욕구를 잘 알 수 있어 그것을 충족시키는 새로운 사업을 추진할 수도 있고, 어떤 경우는 특정한 업종에 종사하다가 우연치 않게 새로운 상품 아이디어를 개발하게 되기도 하는데, 이러한 종류의 사업기회 발견을 **샛길효과**(side street effect)라고 부른다. 폴라로이드(Polaroid)社의 개발자 애드윈 랜드(Edwin Land)은 처음부터 폴라로이드 카메라를 만들려고 한 것이 아니라, 맞은편 차량의 광선을 차단하기 위해 자동차의 폴라로이드된 앞 유리와 전조등을 개발하려고 하다가 결국 카메라 사업에서 크게 성공한 경우이다.

남보다 앞서 특정한 부문이나 시장에서 얻은 지식과 경험을 전혀 새로운 기술적·사업적 노하우로 연결시킴으로써 좋은 사업기회를 포착할 수 있다. 한 가지 예를 들면, 하워드 헤드(Howard Head)는 제2차 세계대전 중 항공 부문에서 새로운 경금속 합금을 개발하는 일을 맡고 있는 엔지니어였다. 그는 당시 목재로 된 스키를 배우다가 어려움을 느껴 자신의 합금지식을 활용해 금속스키를 개발해 헤드스키(Head Ski)社를 창업해 성공하였다. 그 후 테니스를 배우다가 어려움을 느껴 다시 자신의 알루미늄 지식을 활용해 목재 라켓보다 스위트스팟(sweet spot)이 넓은 오버사이즈 알루미늄 라켓을 개발해 프린스 라켓社(Prince Manufacturing Inc.)를 창업해 크게 성공하였다. 헤드는 스키 개발에서 경험했던 패턴을 다시 테니스에서 인식한 것이고, 특정 부문의 지식과 기술을 새로운 영역에 적용해 그 영역의 새로운 장을 열수 있음을 보여주었다.

또한 자신이 즐겨하는 취미생활로부터 사업아이디어를 구체화할 수 있다. 자신이 좋아하는 특정한 아이템을 다듬고 멋지게 만들어 즐겨쓰다가 주변 여러 동료들이 관심을 표명해 똑같은 것을 만들어 달라는 주문을 하게 되면 그러한 분류의 사람들이 일반 소비자화 될 수 있다는 판단을 할 수 있다. 따라서 예비창업자는 사업아이디어 발견을 위해서 단순히 사색을 즐기는 것보다는 주변을 잘 관찰하고 사람들을 만나는 등 적극적인 탐색활동을 추구할 필요가 있다는 것이다.

우리는 직장 및 사회생활로부터 여러 부류의 사람들과 접촉한다. 이렇게 형성된 인맥이 상호 교류의 과정을 통해서 좋은 사업아이디어를 일깨우는 계기를 마련해 준다. 업무상 전문가집단, 예컨대 법조인, 회계사, 금융가, 투자가 등과의 주기적인 접촉을 통해서 그들이 알고 있는 특허의 라이선싱(licensing) 기회나 매각업체 등에 대해 정보를 입수할 수 있다. 또한 업계나 관련 협회 등과의 공식, 비공식적 네트워킹을 통해서 최근의 업계 현황과 사업 가망성 등을 타진해 볼 수도 있다.

대부분의 사업기회가 체계적인 탐색보다는 자연 발생적으로 발견된다고 해서 예비 창업자들이 우연적인 발견을 마냥 기다릴 수는 없는 것이다. 우연적인 발견도 적극적으로 탐색하는 사에게 높은 확률이 있기 때문에, 무언가 아이디어 탐색의 방안을 모색해야 한다. 예비 창업자들이 적극적이고 체계적인 방법으로 사업아이디어를 얻을 수 있는 정보 원천이 사실상 다양한 경로에 존재한다. 사업아이디어의 원천을 종합 정리하면, 다음 표 3-9와 같은 세 가지 유형으로부터 크게 분류할 수 있다.

표 3-9 사업아이디어 원천의 유형

유형	원천
필요성, 욕구로부터의 원천	• 가격, 기능, 품질, 차별화, 동질화, 디자인, 서비스 등
사회·경제적 원천	• 前 직장의 경험 • 사회적 변화분석(레저, 정보화, 건강, 레트로 등) • 기존산업에서 필요로 하는 상품의 조사(더 좋은 품질과 가격) • 인구추이분석(실버산업, 양질의 교육) • 경제적 추이(중고, 폐자원, 삶의 질)
제품과 서비스로부터의 원천	• 주변사업의 관찰이나 성공담, 국내외 간행물 활용 • 新기술·新시장의 분석(산업 및 기술동향) • 전시회, 사업·투자설명의 참관, 해외동향조사 • 지식재산권(특허, 실용신안 등) 매입 • (브로커를 통한) 라이센싱 권리취득 • 지방 고유기능의 제품 활용(고추장, 막국수 등)

4 사업아이디어 탐색을 위한 창의적 사고 단계

사업기회 및 사업아이디어 발굴을 위한 과정에 항상 창의성의 사고는 필요한데, 아래와 같은 4단계의 방법으로 창의성 과정이 설명될 수 있다.

1단계 : 주제와 지식의 축적

- 주제의 개발
- 호기심 유발을 위한 자연스런 시간 투자
- 정보 자료의 수집 및 기록
- 전문지, 잡지, 신문 등 정밀조사
- 전문가 집단과의 접촉, 회의 및 세미나
- 주제에 대해 어느 누구와도 대화
- 아이디어를 항상 메모

2단계 : 부화(배양)의 과정

- 새로운 낯선 업무의 학습
- 규칙적인 연습
- 취미의 실행
- 문제에 대한 사고
- 명상 또는 자기최면의 실행
- 긴장 완화

3단계 : 아이디어 실험(idea experience)

- 사업에 대한 상상이나 구상
- 숙달된 업무와 환경 조성
- 작업하는 동안 틈틈이 휴식

4단계 : 평가와 실행

- 창의성의 발휘에 따라 성과의 차이가 크게 달라짐
- 성과를 항상 평가하고 그 결과에 따라 실제 실행

5 사업아이디어의 창출 기법

창의적이고 좋은 아이디어는 사업을 추진하는 창업자의 기본 요건이며, 그것을 통해 사업기회를 포착하는 발판을 마련하게 된다. 새로운 사업아이디어를 얻기 위해서는 남들보다 앞서 상황적 변화의 패턴을 인식하는 것이 중요하다. 이를 위해서는 직장이나 기타 일상생활의 경험을 새롭게 재구성하는 노력도 필요하고, 또한 창의적인 아이디어 창출기법을 적극 활용하는 자세도 필요하다.

창업자는 창의적이고 혁신적인 아이디어를 시험하고 창출하기 위해 창의적 사고가 필요하다. 창의적 사고는 문제에 대해 다양한 사실을 찾거나 다채로운 아이디어를 창출하는 발산적 사고(divergent thinking)가 요구된다. 이러한 발산적 사고를 개발하기 위한 방법으로는 다음 표 3-10과 같이 자유연상법, 강제연상법, 비교발상법 등이 있다.

표 3-10 창의적 사고 개발 방법

자유연상법	생각나는 대로 자유롭게 발상	➜	브레인스토밍
강제연상법	각종 힌트에 강제적으로 연결지어 발상	➜	체크리스트
비교발상법	주제의 본질과 닮은 것을 힌트로 발상	➜	시네틱스

1) 자유연상법 : 브레인스토밍

자유연상법(free association)은 창업자가 새로운 아이디어를 일반화시키기 위해 사용하는 방법으로, 하나의 아이디어에 대해서 전반적으로 새로운 견해나 관점을 개발하는데 유용한 방법이다. 이는 우선 특정 문제와 관련된 단어나 문구를 적고 그것과 관련된 새로운 것을 생각해내서 추가하고, 또 추가된 어구에 관련된 새로운 것을 생각해내는 과정을 반복하는 것이다. 이렇게 해서 일련의 아이디어 사슬(chain)이 형성되고 결국 창의적 해결책이 구성된다.

대표적인 자유연상법인 **브레인스토밍**(brain storming)은 창의적 문제를 도출하고 사업아이디어의 일반화를 발휘하기 위한 그룹을 형성함으로써, 향후 제품 개발의 기본 방향을 설정하기 위해서 아이디어를 구체화하기 위한 방법이다. 그룹으로부터 일반화된 아이디어의 대부분이 향후 개발을 위한 기본 틀은 가지고 있지 않지만 가끔은 유용한 아이디어가 출현하기도 한다. 브레인스토밍이 특정한 제품이나 시장을 대상으로 한정돼질 때 더 나은 결과를 초래하는 경우가 종종 있다. 브레인스토밍을 적용할 경우 세 가지 규칙을 정리하면 아래와 같다.

첫째, 그룹 내에서 어느 누구도 부정적인 비평은 허용되지 않는다.

둘째, 다듬어지지 않는 아이디어도 자유분방하게 제안할 수 있다.

셋째, 유용한 아이디어의 출현가능성을 높이기 위해서 많은 아이디어가 요구된다.

특히 브레인스토밍은 토론을 억제하거나 한 사람이 독점하지 않고 흥미로워야 한다. 회의 중에 모든 아이디어를 기록하고 비판을 최대한 억제하는 것이 필수적이다. 아래는 효과적인 브레인스토밍을 위한 기본 절차이다.

① 목적을 정한다.
② 참여자를 선정한다.
③ 진행자를 선정한다.
④ 즉흥적으로 브레인스토밍을 실시한다.
⑤ 비판이나 부정적 견해를 억제한다.
⑥ 아이디어 전반을 기록한다.
⑦ 백지 상태에서 아이디어를 낸다.
⑧ 특정 아이디어에 집착하지 않는다.
⑨ 가장 가망성 있는 아이디어를 파악한다.
⑩ 가다듬고 우선순위를 정한다.

앞에서 설명한 브레인스토밍의 절차 중 다섯 번째의 부정적 견해를 방지하는 점을 없애고 반대로 부정적 견해를 적극적으로 도입하는 방법도 있는데, 이것을 **역(逆)브레인스토밍**이라고 한다. 이는 각 아이디어에 대해 그것이 실패할 이유와 확률 등을 되묻는 것이다. 이 때 토의 집단의 사기가 손상되지 않도록 주의할 필요가 있다.

이처럼 역브레인스토밍(reverse brain storming)은 브레인스토밍과 비슷하나, 예외로 비평이 허용된다는 것이다. 이 기법은 '이 아이디어가 실패로 끝날 수 있는 문제점들이 얼마나 많은가?'라는 질문으로부터 모순점을 발견하는데 그 근거를 두고 있다. 관심대상인 제품, 서비스 또는 아이디어에 대해서 부정적인 측면이 있기 때문에 그룹의 사기를 유지시키기 위해 관심을 가져야 한다.

이 방법은 혁신적인 생각을 자극시키기 위해서 다른 기법을 적용하기 전에 효과적으로 사용될 수 있다. 이 기법을 진행하는 과정은 하나의 아이디어에 대한 모든 문제점을 찾아내는 것을 토의방식으로 수행한다. 역브레인스토밍은 새로운 아이디어를 도출하기보다는 하나의 아이디어에 대해서 개별적인 문제점을 비평함으로써 유의(留意)한 결과를 도출하는데 있다.

2) 강제연상법 : 체크리스트법

강제연상법이란 각종 힌트를 강제적으로 연결 지어서 발상하는 방법을 말한다. 예를 들어 '신차 출시'라는 주제에 대해서 판매방법, 판매대상 등의 힌트(hint)를 통해 사고 방향을 미리 정해서 발상을 하는 방법이다. 이 때 판매방법이라는 힌트에 대해서는 '신규해외 수출 지역을 물색한다.'라는 아이디어를 떠올릴 수 있을 것이다.

이러한 독창적인 아이디어를 얻기 위해서는 언제나 마음속에 새로운 패턴을 형성할 필요가 있다. 이렇게 하기 위한 방법 중 한 가지가 관계없는 것들끼리의 강제 연상하는 것이다. 대표적인 강제연상법인 **체크리스트법**은 아이디어를 내기 위한 실마리를 제공해주는 기법이다. 이 방법은 사고를 구석구석 미치게 하기 위한 도구이며, 미처 생각하지 못한 것을 생각하게 하는 방법이다.

스캠퍼(SCAMPER) 기법은 일종의 체크리스트법의 하나로, 기존의 제품을 바탕으로 해 신제품을 발명해내는데 유용하게 활용되는 질문기법이다. 스캠퍼는 사고의 영역을 7개의 키워드로 정해 놓고 이에 맞는 새로운 아이디어를 생성한 뒤, 실행 가능한 최적의 대안을 골라내기 때문에 브레인스토밍보다 구체적인 안을 도출하기 유용하다.

① **Substitute(대체하기)** : 기존의 것을 다른 것으로 대체함으로써 고정적인 시각을 새롭게 바라볼 수 있도록 하는 질문

- A 대신 B를 쓰면 어떨까? A의 성분을 B가 아닌 C로 하면 어떨까?
  - 젓가락의 재질을 나무로 바꿔보면 어떨까? → 나무젓가락
  - 컵의 재질을 종이로 바꿔보면 어떨까? → 종이컵

② **Combine(결합하기)** : 두 가지 이상의 것을 결합해 새로운 것을 도출할 수 있도록 하는 질문

- A와 B를 합치면 어떨까?
  - 스캐너와 복사기, 프린트기를 합치면 어떨까? → 복합기
  - 휴대용 전화기와 카메라를 합치면 어떨까? → 스마트폰

③ **Adapt(응용하기)** : 어떤 것을 다른 목적과 조건에 맞게 응용해볼 수 있도록 하는 질문

- A를 B 외에 C에도 사용하면 어떨까? A와 비슷한 것은 무엇일까?
  - 장갑을 부엌에서 사용한다면 어떨까? → 부엌장갑
  - 식물씨앗의 특징을 의류에 적용해 벨크로(velcro, 찍찍이) 개발 → 단추 대신에 쓰는 접착 테이프

④ **Modify(수정하기) / Magnify(확대하기) / Minify(축소하기)** : 어떤 것의 특성이나 모양을 변형하고 확대, 축소해 새로운 것을 생각해볼 수 있도록 하는 질문

❑ A의 특성을 변형한다면 어떨까? A를 확대하면 어떨까? A를 축소하면?

- 컴퓨터 축소한다면 어떨까? → 노트북
- 컴퓨터와 노트북을 더 축소한다면 어떨까? → 태블릿과 스마트폰

⑤ **Put to other use(다른 용도로 사용하기)** : 어떤 것을 전혀 다른 용도로 생각해볼 수 있도록 하는 질문

❑ A를 B 용도 외에 C 용도로 사용하면 어떨까?

- 캠핑카를 카페, 호텔로 사용한다면 어떨까? → 글램핑[2)]
- 베이킹파우터를 청소용 세제로 사용 → 환경친화적 세제

⑥ **Eliminate(제거하기)** : 어떤 것의 일부 또는 제거가 가능한 기능들을 찾아보는 질문

❑ A의 일부를 제거한다면 어떨까?

- 전화기의 선을 없앤다면 어떨까? → 무선전화기
- 장갑에서 손가락 구분을 없앤다면 어떨까? → 벙어리장갑

⑦ **Reverse(반전하기) / Rearrange(재정렬하기)** : 어떤 것의 순서, 위치, 기능, 모양 등을 바꾸거나 재정렬해 새로운 것을 생각해볼 수 있도록 하는 질문

❑ AB를 BA로 바꾸면 어떨까? A의 역할을 바꾸면 어떨까?

- 양말을 재구조화하면 어떨까? → 발가락 양말
- 김밥의 김과 밥의 위치를 바꾸면 어떨까? → 누드 김밥

2) 이는 '화려하다'는 뜻인 영단어 '글래머러스(glamorous)'와 '캠핑(camping)'을 혼합해 만든 신조어를 말하는데, 음식, 가구, 조리기구, 텐트 등을 따로 준비하지 않고 미리 준비된 상황에서 즐기는 캠핑을 의미한다.

3) 비교발상법 : 시네틱스

비교발상법은 주제와 본질적으로 닮은 것을 힌트로 해 새로운 아이디어를 얻는 방법이다. 이때 본질적으로 닮은 것은 단순히 겉만 닮은 것이 아니고 힌트와 주제가 본질적으로 닮았다는 의미이다. 예를 들어 '신차 출시'라는 같은 주제에 대해서 생각해보면 신차는 회사에서 새롭게 생산해 낸 제품을 의미한다. 따라서 생산해 낸 제품이 무엇인지에 대한 힌트를 먼저 찾고, 만약 지난달에 히트를 친 비누라는 新상품이 있었다고 한다면, '지난달 新상품인 비누의 판매 전략을 토대로 신차의 판매 전략을 어떻게 수립할 수 있을까?' 하는 아이디어를 도출할 수 있을 것이다.

이러한 비교발상법으로는 **시네틱스**(synectics)는 윌리엄 고든(William J. Gordon)이 체계화한 기법인데, 이는 크게 두 단계로 구성된다. 첫 번째 단계는 생소한 특정 문제에 대해서 그것과 유사한 친숙한 유형을 찾아내는 것으로, 이를 통해 문제의 생소함을 제거한다. 두 번째 단계에서는 친숙화된 문제를 하나의 유추방법, 예컨대 개인적·직접적·상징적 또는 환상적 유추 등의 방법을 적용해 추측과 짜 맞춤을 통해 해결책을 모색하는 것이다.

시네틱스는 그룹의 구성원들이 해결해야할 문제의 특성을 정확하게 파악하지 못한 경우에 사용된다. 일반적으로 창업자는 문제와 연관된 일반적 개념을 언급함으로써 아이디어를 찾기 시작한다. 이에 의해서 구성된 그룹은 구성원의 아이디어를 표현함으로써 반응하게 된다. 새로운 아이디어에 대한 개념은 창업자에 의해서 관련된 개념들이 수정되고 향상되어진다. 그때 실질적인 문제가 표출되게 되고, 그룹은 최종적인 아이디어의 개선이나 적용을 위한 제안을 할 수 있게 된다.

6 사업아이디어의 개발 방법

사업아이디어를 개발하는 방법에는 구체적으로 기존제품을 탐색하는 방법, 변경제품을 탐색하는 방법, 신(新)제품을 탐색하는 방법의 세 가지가 있다.

먼저, 기존제품을 탐색하는 방법은 이미 존재하는 제품을 가지고 기존시장에서 새로운 수요를 창출하거나 新시장에 접근하는 방법이며, 변경제품을 탐색하는 방법은 기존시장을 목표로 이미 존재하고 있던 제품을 변형해 만든 제품을 가지고 기존시장에서 새로운 수요를 창출하거나 新시장에 접근하는 방법이다. 마지막으로 新제품을 탐색하는 방법은 기존제품과 다른 新제품을 개발해 기존시장이나 新시장을 공략하는 방법이다. 표 3-11은 사업아이디어를 개발하는 매트릭스(matrix)이며, 이를 구체적으로 살펴보면 아래와 같다.

표 3-11 사업아이디어 탐색 매트릭스

제품	사업아이디어 선정 기준
기존제품	기존시장
	新시장
변경제품	기존시장
	新시장
新제품	기존시장
	新시장

1) 기존제품 - 변경제품을 탐색하는 방법

이 방법은 아이디어를 개발하는 방법 중 가장 흔하고 쉽게 접근할 수 있는 방법이다. 이것은 기존제품을 변경시켰느냐 아니냐의 여부, 그리고 기존시장에 도입할 것인가 아니면 新시장에 도입할 것인가의 여부에 따라 아래의 네 가지 방법으로 나눌 수 있다. 이들 방법들은 新제품을 개발하는 경우보다 덜 위험하다는 장점이 있기는 하지만, 반면에 경쟁이 치열하고 수익성이 낮을 수밖에 없는 약점을 가지고 있다.

① **기존제품 – 기존시장 결합** : 이 방법은 이미 존재하고 있는 제품을 기존시장을 목표로 해 생산하거나 판매하는 방법으로 사업아이디어 개발방법 중 가장 낮은 차원의 방법이라고 볼 수 있다. 그러나 누구나 쉽게 접근할 수 있기 때문에 한편으로는 (생계형) 창업에서 가장 많이 이용되는 방법이기도 하다.

② **기존제품 – 新시장 결합** : 이 방법은 新시장을 목표로 해 이미 존재하는 제품을 생산하거나 판매하는 사업아이디어 개발방법을 말한다. 이는 위에서 설명한 기존제품–기존시장 결합방법보다 약간 진보한 면이 있기는 하지만, 역시 누구나 쉽게 접근할 수 있다.

③ **변경제품 – 기존시장 결합** : 이 방법은 기존시장을 목표로 이미 존재하고 있던 제품을 변형해 만든 제품을 생산하거나 판매하는 사업아이디어를 찾는 방법을 말한다. 이는 창조성을 가미해 제품의 질이나, 용도 그리고 기능을 향상시킨 방법이므로, 앞의 두 방법보다 진일보한 방법이라 할 수 있다. 따라서 약간 차별화된 제품을 보유하고 있기 때문에 다른 사업자에 비해 유리한 경쟁력을 가질 수 있다는 장점을 갖고 있다.

④ **변경제품 – 新시장 결합** : 이는 新시장을 목표로 변경된 제품을 제조하거나 판매하는 것과 관련된 사업에서 아이디어를 찾으려는 방법을 말한다. 이는 기존제품에 창조성을 가미해 질이나 기능을 보강한 것이란 측면에서 바로 앞의 방법과 같으나, 기존시장이 아닌 新시장을 목표로 한다는 점에서 다르다. 따라서 新시장 개척 문제가 부과되기 때문에 변경제품-기존시장의 결합방법보다 더 위험이 크다는 약점이 있다. 반면에 만약 新시장이 순조롭게 개척된다면 크게 성공할 수 있으므로 그만큼 유리한 점도 있다.

3

2) 新제품을 개발하는 방법

① **新제품 – 기존시장 결합** : 이 방법은 기존에 형성돼 있는 시장을 목표로 이미 존재하고 있던 제품보다 기능이나 성능이 개선된 新제품 또는 순수한 新제품을 생산하거나 판매하는 데서 사업아이디어를 찾는 방법을 말한다. 이 방법은 기존에 이미 형성돼 있는 시장을 목표로 한다는 점에서 다음에 설명하는 新제품-新시장의 결합방법보다 덜 위험하다는 장점을 갖고 있다. 그러나 시장에 선보일 新제품이 소비자들의 요구를 얼마나 충족시킬 수 있을 것인지에 대해서는 여전히 불확실하기 때문에 위험부담이 더 크다 하겠다.

② **新제품 – 新시장 결합** : 이 방법은 新시장을 목표로 新제품을 생산하거나 판매하는 데서 사업아이디어를 찾고자 하는 방법을 말한다. 新제품의 성공 여부도 불확실한데다 이를 아식 있지도 않은 시장에 결합시키는 방법이기 때문에 가장 위험한 방법이다. 그러나 만약 성공하기만 한다면, 위험에 대한 대가 즉, 보상이 가장 크기 때문에 그만큼의 매력도 가지고 있다.

3.2 | 스타트업 창업의 계획

3.2.1 창업아이템 선정

창업을 위한 필수조건은 창업자가 대학·연구소·기업으로부터, 또는 개인 자신이 체득한 기술과 지식(사업아이디어)에 기초한 창업아이템의 선정이다. 그러나 창업자에 의한 사업아이디어가 시장에 전입할 수 있는 제품과 서비스의 형태로 구체화되기까지는 많은 실험과 다른 관련 부문과의 기술적 융합(convergence)이 요구된다.

따라서 사업아이디어는 사업화 기능성의 유무와 정도를 파악하기 위해서는 관련된 다양한 기술적 정보를 요구하고, 획득한 정보를 기초로 최적의 창업아이템으로 수정, 보완해야 사업가능성을 높일 수 있을 것이다.[3] 또한 창업자가 구체화하려는 제품과 서비스의 시장구조와 동향에 관해 많은 정보를 수집할수록, 창업아이템에 대한 사업성을 보다 정확하게 평가할 수 있고 또한 창업에 수반되는 위험을 줄일 수 있다.

1 창업아이템 선정의 중요성

창업아이템이란 스타트업에서 판매할 상품 또는 서비스의 총칭이다. 창업아이템 선정은 창업 성공의 열쇠라고 할 수 있으며, 이것의 결정으로 사업의 규모와 기업의 경쟁력 등의 핵심요소가 연관돼 창업계획이 이뤄지며, 어떠한 유형의 창업을 할 것인가 하는 고려사항도 이 계획단계에서 구체화된다. 그렇기 때문에 창업의 시작은 어떻게 하면 성공적인 창업아이템을 선정하느냐에 사업의 성패가 달렸다.

창업아이템은 사업아이디어로부터 시작되는데, 모든 아이디어가 다 사업으로 연결될 수는 없다. 창업아이템은 사업성 분석, 시제품 개발, 시험을 거쳐 상품화되기까지는 수많은 사업아이디어 중에서 각 단계를 거쳐 가면서 선택된다. 사업아이디어를 상품화해 시장에서 경쟁성을 갖기 위해서는 창업아이템에 대한 몇 가지 조건들을 검토해야 하는데, 그것이 새로운 욕구를 충족시키는 제품인지, 공급 부족을 만족시키는 제품인지 또는 유리한 조건 때문에 기존 제품과의 경쟁을 할 수 있는 제품인지 등을 검토해야 한다.

3) 기업에서의 모든 생산제품은 아이디어에서부터 출발하며 사업아이디어는 시장 또는 기존 기술로부터 생겨날 수 있다. 창업아이템이란 기업이 시장에 판매할 목적으로 생산하는 제품의 객관적인 기능을 나타낸 착상을 뜻한다.

2 창업아이템 선정의 기본 원칙

어떤 아이템을 선택하느냐의 문제는 앞에서도 지적했듯이, 창업에 있어서 가장 중요한 사항이다. 따라서 아래와 같은 사항을 고려해 창업아이템을 선택해야 할 것이다.

- ❑ **창업아이템의 성장 가능성** : 사람이 태어나서 성장하고 성숙하고 노쇠해 결국 죽음을 맞이하듯이, 제품이나 서비스에도 시장에 도입돼 그 가치를 유지하다가 시장으로부터 소멸할 때까지 도입기 → 성장기 → 성숙기 → 쇠퇴기의 네 단계 과정을 거치면서 일반적으로 존재한다. 그러므로 신규 창업자가 창업을 하기에 가장 적합한 시기는 성장기 초기의 아이템이며, 성숙기 후반 뒤늦게 참여할 경우 사업에 실패할 우려가 매우 높기 때문에 피해야 한다.

- ❑ **경험이나 특징을 활용할 수 있는 아이템** : 아무리 성장성이 높은 아이템이라도 다른 사람이 성공했다고 해서 자기도 막연히 성공하리라고 기대해서는 안 된다. 어떤 아이템이든 창업자의 역량·자질·지식 등과 결합될 때 성공의 확률이 높은 것이며, 실패율을 줄이는 중요한 요소가 되는 것이다.

- ❑ **실패 위험을 인지할 수 있는 아이템** : 우리가 흔히 말하는 'high risk, high return'이라는 것은 수익성이 큰 사업일수록 위험이 크다는 것이다. 하지만 실패 위험을 감지하고 이에 대한 대안을 마련하고 성공할 수 있는 가능성이 있다면, 그 사업을 도전하는 것이 무엇보다도 중요하다.

- ❑ **인가나 허가를 받아야 하는 아이템** : 아무리 좋은 아이템을 선정하고 사업 준비에 만전을 기했다고 하더라도 제도적인 부분을 소홀히 해서 최적의 창업 시기를 놓치는 경우를 종종 볼 수 있다. 법적으로 인가, 허가, 면허, 등록을 하지 않으면 창업을 할 수 없는 업종이 있으므로, 창업자는 해당 업종의 법적 요건을 사전에 확인할 필요가 있다. 단순히 등록만 하면 되는 경우도 있으나 어떤 업종의 경우에는 창업자 본인이 어떤 자격이나 기능을 가져야 되는 경우도 있고, 그런 자격이나 기능이 있는 팀원을 채용해야 되는 경우도 있기 때문이다.

성공적인 창업아이템을 발견하기 위해서는 될 수 있으면 많은 사업아이디어를 발굴할 필요가 있다. 창업 시 가능한 모든 분야에서부터 점차 좁은 범위로 옮겨가면서 체계적인 분석을 하다 보면, 예비 사업아이디어가 탐색되고 이어서 창업자에게 적합한 후보 창업아이템으로 1차적으로 선정된다. 그리고 이렇게 선정된 창업아이템에 대해 본격적인 사업타당성 분석을 하게 된다. 후보 창업아이템을 선정하는 과정 및 절차를 살펴보면 아래와 같다.

첫째, 창업아이템 선정의 기본 룰(rule)이라 할 수 있는 **창업상품과 시장과의 관계 및 사례별 성공가능성**을 살펴볼 필요가 있다. 창업아이템으로서 가장 적합한 경우는 기존 상품을 아이템으로 해 새로운 시장에 뛰어드는 경우와 새로운 상품을 개발해 기존 시장에 참여하는 경우이다.

둘째, **성공 가능성이 높은 상품 유형의 선별**이 필요하다.

셋째, 성공가능성이 높은 상품 유형과 기본 요건을 기준으로, 현재 존재하는 **기존상품을 조사**한다. 성공가능성이 높은 이들 기존 상품을 찾는 방법에는 ① 정책적으로 지원하는 중소기업 업종, 도시형 업종 및 기술집약형 중소기업 업종 ② 한국표준산업 분류표 및 표준산업 분류표 해설집 ③ 세계무역 박람회, 산업 박람회 및 발명품 전시회 등 참관 ④ 제품 아이디어 관련 간행물의 활용 등의 방법을 통해 기존 상품을 조사할 수 있다.

넷째, **기존 상품의 응용 및 개선 가능성을 정밀 검토**한다. 색깔이나 모양을 변경하거나 순서, 부품, 패턴 등을 재배치하거나 확대, 축소, 대체, 결합 등의 방법을 동원해 특징이 개선되고 성능이 우수해진다면 창업에 적합한 후보 아이템이 예비적으로 선별되는 것이다.

예비 사업성 분석은 후보 사업아이디어를 비교, 분석하는 것으로 최적의 아이템 선택을 위한 정밀 사업타당성 분석을 하기 이전단계의 과정을 말한다. 다수의 후보 사업아이디어가 선정되면 선별을 통과한 사업아이디어에 대해 상대 평가 등의 방법으로 비교·분석한다. 성공할 가능성이 희박한 사업아이디어는 예비선별을 통해 과감히 제거해야 하며, 남아있는 사업아이디어를 비교 평가함으로써 창업아이템의 우선순위를 결정한 후 본 사업성 분석 절차에 들어간다.

3 창업아이템의 선정 기준표

후보 아이템 상대평가 시 검토 항목을 기준으로 아이템을 평가하는 방법이 있기도 하지만, 후보 아이템을 선정한 후 실질적으로 시작한 창업아이템에 대해 선정 시 재차 검토할 내용에 대해서 알아보면 다음 표 3-12와 같은 기준에 의해 검토가 가능하다.

표 3-12 창업아이템 선정 기준

구분	선정 기준
적성·능력의 적합여부	• 적성 및 성격은 맞는가? • 해당업종의 경험 또는 사업수행 능력·지식 유무는? • 해당업종의 창업자금 조달능력은 양호한가?
시장성·입지성 전망	• 사업발전 단계상 도입기, 성장기 업종인가? • 해당업종의 시장규모가 커지고 있는가? • 시장의 경쟁현황과 전망은 양호한가?
수익성 양호 여부	• 투자비용에 비해 수익전망은 양호한가? • 손익분기점은 얼마이며, 언제인가? • 2~3년 이내 흑자실현이 가능한가?
상품성 우수 여부	• 고객에게 인기도와 경쟁력은 있는가? • 영업 및 AS의 가능 여부? • 제품 생산 및 공급의 용이성은?
위험 요소 여부	• 경쟁업체 및 거래업체와의 분쟁 소지여부? • 해당업종 인·허가 문제에서 미비한 점은 없는가?

4 창업아이템의 선별 방법

사업아이디어를 탐색하는 단계에서는 가급적 많은 수의 아이디어를 찾는 것이 좋다. 찾아낸 사업아이디어 중 대다수가 자신의 창업에 적절하지 못할 수도 있고 실현 가능성이 희박한 경우도 많다. 사업타당성 분석과 같은 심도 있는 분석을 실시하기 전에 후보 창업아이템을 예비적으로 선별하는 방법에는 크게 2분류법, 점수법의 두 가지 방법으로 나눠 생각할 수 있다.

1) 2분류법

2분류법은 평가의 대상이 되는 아이디어를 '예'와 '아니오'의 절대적 기준에 의해 평가하는 방법을 말한다. 이 방법은 사업수행에 필요한 가장 핵심적인 요소나 중요사항만을 체크함으로써 대상 아이디어의 수를 줄여나가는 예비선별방법이다.

문항을 체크한 후, '아니오'에 체크된 문항이 많을수록 매력적인 사업으로 평가되며 '예'에 체크된 문항이 많을수록 부적합한 사업으로 평가한다. 절대적 기준은 아니지만, 보통 '아니오'에 답한 문항수가 6~7개 이상일 때 일단은 한 번 해볼 만한 사업으로 간주할 수 있다. 하지만 이 방법은 문항의 내용이나 선택이 주관적이며 응답의 범위가 '예'와 '아니오'로 제약돼 구체적인 내용에 대한 상대적인 평가가 곤란하다는 문제점이 있다.

표 3-13 2분류법 체크리스트

번호	질문 내용	응답(✔)	
		예	아니오
1	법적으로 금지된 사업인가?		
2	환경에 해로운 영향을 미치는가?		
3	국가의 산업정책에 위배되는가?		
4	업종이 사회적으로 혐오의 대상인가?		
5	거대자본과 특수설비가 필요한가?		
6	특수한 기술과 원자재를 필요로 하는가?		
7	경쟁이 치열하고 진입장벽이 낮은가?		
8	시장이나 판매조직이 없는가?		
9	대체재나 보완재가 존재하는가?		
10	진입이 어려운 독점기업이 존재하는가?		

2) 점수법

점수법은 어떤 내용을 가지고 아이디어를 선별할 것인지를 미리 정해 이들 내용들을 설문문항으로 7점 또는 5점으로 점수화하고, 선택한 점수의 합계를 계산해 아이디어를 선별하는 방법을 말한다. 일반적으로 아이디어를 선별하는데 많이 이용되는 내용은 아래와 같다.

- ❑ **제품관련내용** : 용도, 품질, 가격, 대체재, 진입장벽 등
- ❑ **시장관련내용** : 잠재수요, 경쟁자의 수, 유통경로의 이용가능성 등
- ❑ **자원관련내용** : 자본조달능력, 인적자원의 활용가능성 등
- ❑ **생산(원가)관련내용** : 기술수준, 설비수준, 특허유무, 원자재가격 등
- ❑ **위험관련내용** : 경기나 계절에 따른 매출액 변동성, 법률의 개폐에 따른 위험, 기술설비의 진부화 위험, 新제품 출현가능성 등

표 3-14는 5점 점수법의 예이다. 여기서 평가하고자 하는 사업이 묻는 내용과 매우 가까운 경우는 5점, 비교적 가까운 경우는 4점, 보통인 경우는 3점, 그렇지 않을 경우는 2점, 전혀 그렇지 않은 경우는 1점에 체크한다. 20개 전체문항에 대한 응답을 체크한 후 합계를 계산하고 각각의 점수에 따라 사업아이디어의 적합성을 아래와 같이 평가할 수 있다.

표 3-14 점수법 체크리스트

번호	질문 내용	응답(✔)				
		1점	2점	3점	4점	5점
1	제품의 용도는 다양하며 광범위한가?					
2	제품의 품질은 우수한가?					
3	제품의 가격 수준은 품질에 비해 낮은 편인가?					
4	제품의 대체(보완)재의 개발가능성은 낮은가?					
5	진입장벽이 높은가?					
6	제품에 대한 잠재수요가 큰가?					
7	경쟁자의 수가 적은가?					
8	기존의 유통경로를 쉽게 이용할 수 있는가?					
9	판매촉진활동의 필요성이 낮은 사업인가?					
10	자본을 조달하는데 큰 문제가 없는가?					
11	필요한 인적자원을 활용하는데 문제가 없는가?					
12	생산기술 상 큰 문제가 없는가?					
13	생산 공정과 설비를 갖추는데 어려움이 없는가?					
14	특허권의 보호나 이용에 큰 문제가 없는가?					
15	원자재 가격은 비교적 안정적인가?					
16	인건비는 비교적 안정적인가?					
17	경기나 계절변화 시 매출액 변동이 크지 않은가?					
18	법률의 변화에 따른 위험이 크지 않은가?					
19	기술과 설비의 진부화에 따른 위험이 낮은가?					
20	新제품의 출현가능성이 낮은가?					
합계		점				

※ 80점 이상 : 매우 매력적인 사업, 70점 이상~79점 이하 : 약간 매력적인 사업, 50점 이상~69점 이하 : 확신할 수 없는 사업, 50점 미만 : 위험한 사업

5 창업아이템의 분석 방법

창업아이템이란 스타트업에서 사업 시작 시 판매할 제품 또는 서비스의 총칭이다. 창업자는 창업아이템 선정을 시작으로 비로소 직접 기업을 경영하는 사업가의 길을 걷게 된다. 창업아이템 선정에 있어 현재의 유행과 추세도 중요하지만, 자기의 역량을 발휘할 수 있고 적성에 맞는 분야를 선택해야 한다.

창업 성공의 지름길은 자기 자신이 객관적으로 판단했을 때 경쟁력이 있는 창업아이템을 선택하는 일이다. 창업아이템의 선정 시에는 업종 선정 원칙을 고려해 아래와 같은 기본적인 사항들을 검토해야 한다.

- ❑ 성장가능성이 있는가?
- ❑ 일시적인 유행에 그치는 분야인가?
- ❑ 자신의 경험이나 전공을 활용할 수 있는가?
- ❑ 공장을 설립해야 하는지 아니면 아웃소싱이 가능한가?
- ❑ 대기업이 참여하기 곤란한가?
- ❑ 자기자본 규모에 적당한가?
- ❑ 수요와 시장성이 충분한지 또는 1~2년 내에 수요가 형성될 수 있는가?
- ❑ 투입비용에 대비해 수익성은 높은가?

이러한 기본적인 사항들을 창업기업가 스스로 판단하기 보다는 주변에 관련 업종에 종사하는 사람이 있으면 필히 면담을 하거나 인터넷, 전문잡지, 신문, 정부의 관련자료 등을 통해 정보 수집을 하고 제3자의 입장에서 객관적인 사업타당성 분석을 실시해 최적의 창업아이템을 선정해야 한다.

창업아이템 선정단계는 창업의 핵심요소를 결정하는 계획단계이다. 창업의 핵심요소는 말 그대로 사업의 핵심요소로서, 다음 표 3-15와 같이 분석하면 될 것이다. 이 중에서 가장 중요한 무엇(what)을 할 것인가는 사업을 하고자 하는 창업자에게는 향후 인생의 방향을 결정하는 것으로서 매우 중요한 사항이기 때문에 창업아이템의 무게를 가늠할 수 있을 것이다.

표 3-15 창업아이템의 분석 방법

1. Who	2. What
정보수집, 사업적성 및 경영능력 (동업관계, 조직 및 인력구성)	내게 맞는 아이템 선정 (평생을 투자해도 아깝지 않을 아이템 찾기. 5~6년에 트렌드 변화)
3. When	**4. Where**
창업 시기 결정 (비전을 담은 사업계획서 작성)	좋은 사업장 입지 결정 (위치, 크기, 설비 등을 사전에 파악)
5. How	**6. Why**
자금조달 및 최적사업 규모 결정, 사업형태 결정, 경영전략 결정	사업목적, 경영철학의 결정 회사 설립(개인·법인)

정보수집 과정 및 사업아이디어 발굴 과정을 통해 창업아이템으로 몇 가지를 선정한 다음에는 후보 창업아이템에 대한 정밀분석과 검토가 필요하다.

① **해당업종의 체험 또는 업종의 경영자와의 면담** : 먼저 해당업종이 실제로 수집정보처럼 성공가능성이 있는지 체험하는 기회를 갖거나 또는 같은 업종의 경영자와의 면담을 통해 성공가능성과 경영상의 어려움 등을 듣고 사업전망을 타진해 보는 것이 중요하다.

② **후보 창업아이템에 대한 예비 사업타당성 분석** : 최종적으로 2개에서 3개 정도의 후보 아이템을 선별하고 아이템에 대한 순위를 정한다. 다음은 가족, 친지, 전문가 등의 의견을 종합적으로 수용해 아이템에 대한 예비적인 사업타당성 분석을 실시한다. 예비 사업타당성 분석에는 후보 아이템에 대한 소비자 및 소비지역 인식 정도, 사업장 확보가능성 검토, 관련 업계에 대한 정보 등이 평가대상에 포함된다.

3.2.2 사업타당성 분석

1 사업타당성 분석의 정의와 필요성

사업타당성 분석(feasibility analysis)이란 창업자가 수행 및 추진하고자 하는 사업 활동의 타당성 여부를 사전에 조사·분석·검토해 경영추진 의사결정에 필요한 자료를 제시하는 활동을 말한다. 이는 창업을 시행하기 이전에 특정 사업의 성공가능성을 파악하기 위해 여러 가지 정보를 분석하고 평가하는 총체적인 과정이다.

예비 창업자가 사업타당성 분석을 직접 작성하는 것은 쉽지 않다. 그러나 이러한 분석을 철저하게 하지 못하고 창업하는 경우에는 결코 사업성공의 확률을 높일 수 없다. 창업하고자 하는 사업 아이디어의 객관적인 조사를 실시하고 판단해야 하며, 그리고 다시 한 번 재검토의 과정을 필히 걸쳐야 성공가능성을 높일 수 있는 것이다. 이러한 사업타당성 분석은 사업실패를 회피하기 위한 사전점검 장치이다.

체계적인 사업타당성 분석은 창업의 설계 역할을 하며, 기업경영능력 향상에 도움을 줘 사전에 창업경영의 핵심요소에 대한 체계적인 점검(기술성, 시장성, 경제성)을 통해 간과하기 쉬운 위험을 사전에 대비토록 하는 등 신규 사업의 성공에 있어 필수적인 역할을 한다. 또한 이는 창업을 고려하고 있는 아이템으로 창업을 시작했을 때, 제품화의 과정을 거쳐 시장수요를 창출해 어느 정도 성공할 가능성이 있는지를 체계적인 방법으로 분석하는 것을 의미한다.

창업자 자신의 주관적인 사업구상이 아닌, 객관적이고 체계적인 사업타당성 검토는 계획사업 자체의 사업타당성 분석을 통해 창업의 성공률을 높일 수 있다. 창업자가 사업타당성 검토를 통해 구상하고 있는 기업의 여러 가지 형성 요소를 정확하게 파악해 창업기간을 단축할 수 있고 효율적인 창업업무를 수행할 수도 있다. 사업타당성 분석은 창업 성공의 첫 번째 단계라 볼 수 있으며, 그 필요성은 아래 네 가지로 요약할 수 있다.

첫째, 창업자 자신의 주관적인 사업구상이 아닌, **객관적이고 체계적인 사업타당성 검토**는 계획사업 자체의 타당성 분석을 통해 창업의 성공률을 높일 수 있다.

둘째, 창업자들이 사업타당성 검토를 통해 구상하고 있는 **창업의 구성요소를 정확하게 파악**해 창업기간을 단축할 수 있고 효율적인 창업을 수행할 수 있다.

셋째, 창업자가 독자적으로 점검해볼 수 없는 **시장성, 기술성, 경제성(수익성)을 분석, 제시**함으로써 해당업종에 대해 미처 깨닫지 못한 세부사항을 사전에 인지해 효율적 창업경영을 도모할 수 있다.

3

넷째, 창업의 구성요소를 정확하게 파악함으로써 창업자의 경영능력 향상에 도움을 줄뿐만 아니라, **계획사업의 균형 있는 지식습득과 보완해야 할 사항을 미리 확인**해 조치를 취할 수 있게 된다.

2 사업타당성 분석의 기본 과정과 체계

일반적으로 사업타당성 분석의 기본 과정은 크게 1단계 예비 사업성 분석과 2단계 본 사업성 분석으로 나눌 수 있다.

① **예비 사업성 분석** : 이는 소수의 특정 프로젝트의 선정 이전에 다수의 예비 프로젝트를 선별해 가는 과정으로, 후보 사업아이디어 발견을 위해 사업기회 아이디어를 나열하고, 예비 사업아이디어를 발견한 후, 예비 사업성 분석 및 후보 사업아이디어를 1차적으로 선정한다.(후보 창업아이템 확정)

② **본 사업타당성 분석** : 본 사업타당성 분석은 예비 사업성 분석에서 1차적으로 선정된 후보 사업아이디어(창업아이템)의 상세한 분석, 즉 창업아이템 적응성 분석, 시장성 및 판매전망 분석, 제품 및 기술성 분석, 수익성 및 경제성 분석, 자금수지 및 성장성 분석 등을 통해 사업 성공가능성을 확인하는 과정이다.

그림 3-3과 같이, 사업타당성 분석의 기본 체계는 일반적으로 당해 사업체 기본문제를 검토한 후 경영자·경영기본 목표·방침을 검토하고, 환경 분석, 시장성·기술성·경제성, 판매계획과 자본계획, 인사·조직과 자금계획, 시설투자계획을 통해서 추정재무제표를 작성한다. 추정재무제표는 추정제조원가명세서, 추가손익계산서, 추정대차대조표의 순서로 작성해야 하며, 추정재무제표에서 자금의 흐름을 알 수 있다.

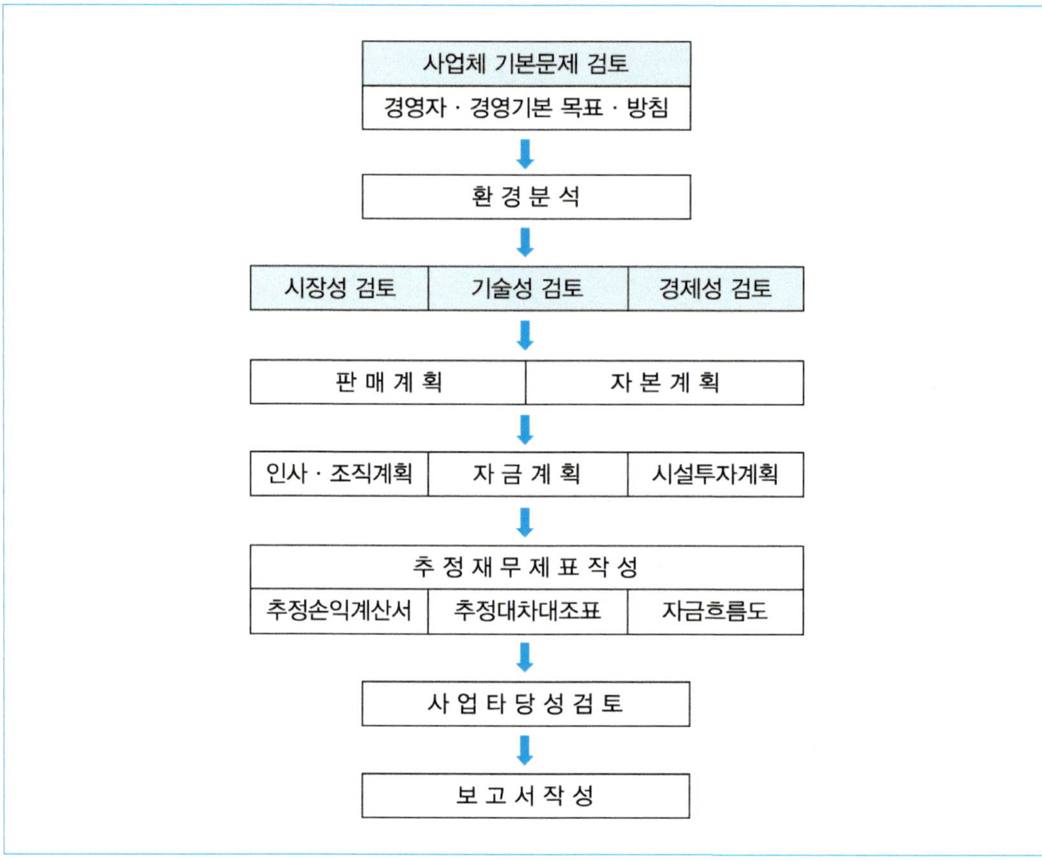

그림 3-3 사업타당성 분석의 기본 체계

3 사업타당성 분석의 주요 평가 항목

사업타당성 분석의 평가 항목이란 사업타당성 검토를 위해 분석해보아야 할 필요 항목을 말하며, 이는 사업타당성 검토 목적에 따라 해당 항목에 약간의 차이가 있을 수 있다. 즉, 어떤 목적으로 사업타당성 분석을 하는가에 따라 사업타당성 평가 항목의 가중치가 달라질 수 있다. 계획사업의 성공가능성을 체계적이고 합리적으로 분석, 평가하기 위한 사업타당성 평가항목은 다음 표 3-16과 같이 시장성 분석, 기술성 분석, 경제성 분석 등 크게 3개 평가 항목으로 대별해 볼 수 있다.

표 3-16 사업타당성 분석의 주요 평가요소

평가요소	세부평가 항목
시장성 분석	• 창업아이템의 국내·외 동향, 잠재수요 • 동종업계 현황 및 실적분석(유사상품 포함) • 시장규모 추정 및 특성분석 • 유통구조 및 특성분석 • 동종업계 판매조직 및 판매전략 • 예상 소비자 특성분석(소득수준, 구매형태, 변화추세, 고객의 해당상품 수용가능성 등) • 시장분석(수요예측, 소비형태, 유통조건, 잠재고객, 불시계획 등) • 입지여건(건물상태, 주변 환경, 지형지세, 동선 적합 여부 등) • 판매전망
기술성 분석	• 기존 제품에 대한 비교우위성 • 시설계획 및 생산시설 규모 • 생산능력 및 조업도 • 원재료 조달 및 원단위 사정 • 기술 및 기능인력 확보 • 예상 불량률 및 개선 가능성
경제성 분석	• 투자비용 분석 • 자금조달 능력 검토 • 수익전망 • 손익분기점 분석 • 단기, 장기 채산성 분석

1) 시장성 분석

① 시장성 분석의 중요성

창업의 성공과 실패의 분수령은 제품의 판매에 있다. 아무리 품질이 우수하고 新제품이라 하더라도 판매가 되지 않으면 결코 창업이 성공할 수 없기 때문이다. 시장성 분석(market analysis)은 계획사업에 대한 판매예측, 즉 앞으로 생산할 제품이 시장에서 얼마나 판매할 수 있는가를 분석한다.

우리는 흔히 좋은 제품을 만들고서도 매출이 제대로 되지 않거나, 매출액 증가율이 높지 않아 손익분기점 매출액에 이르는 기간이 너무 길어 창업이 본 궤도에 올라보지도 못하고 도산해 버리는 경우를 흔히 볼 수 있다.

사업의 1차적 관문은 계획제품 또는 서비스를 원만히 생산, 조달해 소비자에게 많이 판매할 수 있어야 한다. 그러나 창업을 성공적으로 이끌어가기 위해서는 단순히 판매에 그쳐서는 안 되며, 시장에 뛰어들어 경쟁상품과 겨뤄 소비자로부터 인정을 받아 점차적으로 매출이 늘어나야 하고, 시장 범위도 확대해 나갈 수 있어야 한다.

따라서 창업 성공의 갈림길이 바로 시장성과 판로확보인 것이다. 결국 창업에 대한 시장성 분석 및 정확한 판매예측 없이는 창업을 성공적으로 이끌 수 없는 것이다. 그렇기 때문에 시장성 및 판매전망 요소의 정확한 분석은 사업타당성 검토의 핵심요소가 되는 것이다.

시장성 분석의 최종 목표는 계획제품에 대한 판매예측, 즉 앞으로 생산할 제품이 시장에서 얼마나 팔릴 것이냐, 향후 수요 증가추세는 어떻게 변할 것이냐를 분석하는 것으로 집약할 수 있다. 그 외에도 사업의 시작 및 운영과 관련된 시장에 관한 정보를 수집하고 분석해야 한다. 시장성 분석에 포함돼야 할 사항은 다음 표 3-17과 같다.

표 3-17 시장성 분석의 포함 내용

항목	포함 내용
시장 특성	시장의 위치, 수송방법, 유통조직, 거래조건 등
수요 분석	국내외 수급동향 및 중장기 수급전망, 주요고객, 예상소비량소비총액 등
공급 분석	기존 기업의 공급능력, 기존제품의 가격, 품질, 판매전략, 동업자 또는 유사 제품과의 경쟁상태 및 향후 경쟁제품의 출현 가능성 등
거래수요 분석	생산품에 대한 미래수요를 추정, 판매처, 판매조직 및 유통경로, 목표시장 선정 및 판매전략, 수출인 경우 해외시장 분석에 의한 수출 가능량 산정
시장점유율 추정	수요·공급·경쟁자의 위치와 구상하고 있는 사업의 판매계획 등을 고려해 계획한 상품의 시장점유율 추정

② 소비자 분석

종전에는 고객에 대한 인식이 '소비자 즉, 고객은 왕이다.'라는 시각에서 인식돼 왔지만, 최근에는 고객을 신(神)에 비유해 '고객은 신이다.'라고 표현하기까지 이르렀다. 고객이 자기회사 제품을 사줄 때만이 제품의 효력이 발휘되는 것이며, 기업성장의 발판이 마련되기 때문이다.

따라서 시장성 분석, 특히 전반적인 시장동향 분석 시에는 반드시 소비자 분석이 뒤따라야 하며, 소비자의 구성분포 및 변화 추세를 분석함은 물론 제품의 소비 형태와 소비단위 및 구매

동기와 소비자 수요 형태 등에 대해서도 분석해봐야 한다. 소비자의 구성분포는 지역별, 연령별로 현재의 성향과 변화추세 등을 분석해야 하며, 제품의 소비형태, 즉 정기적 구매인지, 일시적 구매인지, 또한 재구매의 순환주기는 얼마나 되는지, 1회의 소비단위는 어느 정도 되는지도 분석해봐야 한다. 그리고 구매가 발생하는 동기, 소비자의 수요 자극 요소 및 경향 등에 대해서도 분석해봐야 하는 것이다.

- **제품의 라이프사이클 분석** : 제품의 라이프사이클(life cycle)을 무시하고, 그 시장에 뛰어든 경우에는 사업 실패와도 연결할 수 있는 측면이 많기 때문이다. 라이프사이클은 비단 제조업에만 국한된 것은 아니며, 도·소매업 및 서비스업에도 적용된다. 모든 사업에 있어서 라이프사이클은 존재하는 것이며, 이 라이프사이클에 대한 철저한 분석 없이는 사업성공 자체가 어렵게 되는 것이다. 따라서 계획 제품의 라이프사이클이 도입기, 성장기, 성숙기, 쇠퇴기 중 어디에 해당되는지에 대해서도 실제 충분한 분석이 요구된다.

- **제품가격 분석** : 제품 경쟁력의 제 1차적 요소는 제품 가격이다. 가격정책을 어떻게 수립하느냐가 마케팅 성공의 지름길이며, 마케팅 성공이 기업성공의 열쇠가 될 수 있기 때문에 결국 시장성 분석에 있어서 제품가격 분석을 필수적 항목이라 볼 수 있다. 제품가격 분석은 크게 나눠 제품의 가격정책, 가격 경쟁력 및 가격 추세 분석으로 분류할 수 있다. 新제품을 시장에 출현시킬 때는 우선 가격정책을 수립하는 일부터 염두에 둬야 한다.

- **수요예측** : 일정 기간에 소비자 또는 고객에게 판매되는 상품의 수량 또는 금액을 측정하는 것이다. 즉 시장성 검토에서 가장 중요한 항목은 수요 예측이며, 이 수요예측은 예상 매출액으로서 수치화된다. 수요예측이 사업성 분석과정에서 중시되는 이유는 판매계획, 생산계획, 자금조달 및 운용계획 등이 바로 수요예측 즉, 예상 매출액의 수정으로부터 출발하기 때문이다.

③ 시장성 분석의 평가 항목

시장성 분석은 그 구체적 목표에 따라서 新제품 개발에 필요한 정보 수집을 위한 시장분석, 판매 계획, 즉 미래 수요예측을 위한 시장분석, 유통경로 개선 내지는 유통경로 발굴을 위한 시장분석, 광고전략 수립을 위한 시장분석 등으로 구분할 수 있다.

시장분석의 최종 목표는 계획제품에 대한 판매예측, 즉 앞으로 생산할 제품이 시장에서 얼마나 팔릴 것인가, 향후 수요 증가추세는 어떻게 변할 것인가를 분석하는 것으로 집약할 수 있다. 따라서 시장성 분석자(창업자)는 그 목표와 수준에 맞게 조사항목을 선정해 활용한다면, 보다 효율적인 시장분석을 할 수 있을 것이다.

표 3-18 시장성 분석의 평가 항목

평가요소		세부 평가 항목
계획상품의 상품성	라이프사이클 및 보급률	제품의 라이프사이클 분석, 경쟁품의 보급률 정도와 전망 등
경쟁적 지위분석	재무상태 비교분석	자사와 경쟁사의 재무상태 비교 : 자본금, 자산, 부채, 매출액, 순이익 규모 등
	생산능력비교	자사 및 경쟁사의 생산능력 비교 : 상시 조직구성원 수, 사업장의 규모
	주요경쟁요소 비교	주력 제품, 주력상권, 가격정책, 판매방법 등
제품 채산성 분석	원가분석	제품원가와 마케팅비용 분석 등
	마진율분석	공장도가격, 도매가격, 소매가격 등
	가격분석	가격정책, 향후 가격추세
전반적인 시장동향	시장규모분석	판매영역별, 고객별 잠재수요분석 등
	시장특성 및 구조	시장의 일반적 성격 : 주요 수요처, 유통경로, 고객특성, 판매조직, 판매촉진전략 등
	소비자분석	소비형태, 소비단위, 구매동기와 욕구, 소비자 구성분포
상품성분석	상품의 강약점	잠재수요자의 제품이미지, 제품의 특성(기능) 및 품질비교
수요예측	시장점유율 분석	경쟁업체의 시장점유율 변동 추이, 시장점유율 확보 가능성
	판매량 증감요인분석	소비자 성향변화추이 분석 : 소비형태, 구매동기, 소비자 연령분포, 기호변화 등
	판매전망	월별, 연도별 판매전망
	불황적응도, 계절성	불황기의 수요변동 조사, 계절성 제품의 수급대책
시장 및 제품 환경	자원환경 요인	인적자원 확보 용이성, 원재료 및 에너지 수급 용이성
	기술적 환경요인	신기술, 신제품의 개발 전망
판매전략	광고전략	경쟁사의 판촉 및 광고전략, 광고의 판매량 증대효과 분석
	영업전략	판매 및 영업조직의 효율성 제고

④ 시장성 분석의 평가 순서

시장성 분석은 그 목적 또는 분석 수준에 따라서 절차가 복잡하기도 하고 몇 개의 항목만을 선별적으로 분석해볼 수도 있다. 시장성 분석에 앞서 보다 철저한 계획을 세우고 정해진 순서에 따라서 진행하면, 시간절약과 더불어 효율적인 시장성 분석을 할 수 있다. 일반적인 시장성 분석 순서는 그림 3-4와 같다.

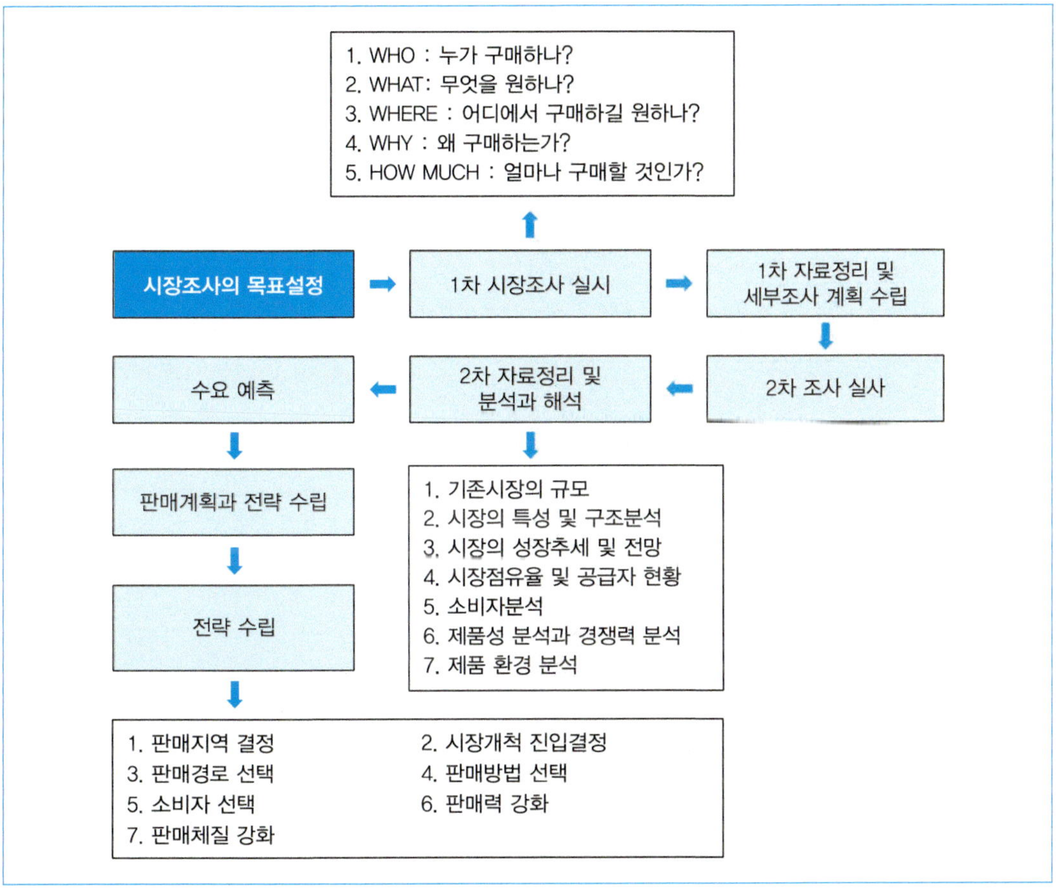

그림 3-4 시장성 분석의 순서

2) 기술성 분석

① 기술성 분석의 필요성

기술성 분석(technical analysis)은 사업타당성 분석 중 가장 어렵고, 데이터나 정보가 부족한 상태에서 실시해야 하는 경우가 많아 정확성이 떨어지는 수가 종종 있다. 물론 기술전문가이거나 엔지니어인 경우에는 기술면에서 자신감을 가지고 추진하겠지만, 그렇지 않은 경우 엔지니어의 계획이나 활동에 의해 사업의 운명이 좌우될 수도 있기 때문에 세심한 조사, 분석 및 판단이 필요한 항목이다.

기술성 분석은 모든 기술적 사항이 건전한 것인가를 검토하는 것으로 생산계획, 시설계획, 기술능력, 입지조건 등을 비롯해 소요인력계획, 원가계획 등 광범위한 조사가 포함되며, 그 사업이 아이템의 기술적 조건이 충족될 가능성, 즉 기술적 실현가능성 여부에 중점을 두고 검토해야 한다.

또 계획제품을 생산하기 위해서는 먼저 기술성 분석이 선행돼야 한다. 기술성이란 계획제품의 생산과 관련되는 여러 요소, 즉 계획제품이 원만하게 생산될 수 있는지를 분석하는 요소이다. 계획제품에 대한 특성, 화학적 반응, 기계적 기능, 생산시스템, 공정 등 생산제품에 대한 철저한 조사·분석과 더불어 공장입지, 시설계획 및 생산시설 규모, 생산능력 및 조업도, 원재료 조달 및 제품 단위에 대한 원재료 소요량 사정, 기술 및 기능 인력 확보, 예상불량률 및 개선 가능성 등을 종합적으로 분석해야 한다.

흔히 특허나 실용신안 등 지식재산권에 의한 창업의 경우에는 이론과 실제와의 격차가 어느 정도인지, 또 예상되는 불량률은 어느 정도이며, 하자(瑕疵) 발생의 가능성은 없는지를 세밀하게 검토하지 않으면 안 된다. 특히, 실험실 내에서의 검증만으로는 불충분하며 실제 산업현장에 적용해 보지 않으면 예상외로 사업실패 확률이 높은 분야가 특허나 실용신안 등 지식재산권에 의한 창업이다.

왜냐하면 지식재산권은 기술 자체의 평가이지 사업 성공가능성의 확인이 아니기 때문이다. 아무리 훌륭한 제품이라도 소비자를 위해 상품화되지 않으면 아무 소용이 없으며, 그 사업은 성공할 수 없는 것이다. 이와 같이 제품의 가능성을 분석하는 것이 기술성 분석이며, 사업 성패의 시발점이 되는 것이다.

기술적 타당성 분석은 사업계획의 기술적 타당성과 원가 추정을 위한 기초자료를 제공하고, 사업에 영향을 미치는 여러 가지 요인을 고려해 기술적 대안을 비교하고 검토하는 단계이다. 여기에서는 시장분석의 결과에 의거해 설정한 매출수량을 만족시키기 위한 생산 활동의 기술적 실현가능성과 제품원가의 추정치를 얻을 수 있다. 이러한 정보를 얻기 위해 조사해야 하는 내용은 다음 표 3-19와 같다.

표 3-19 기술성 분석의 조사 내용

항목	포함 내용
제품의 특성	제품의 용도, 물리적·화학적 특성 등
제조공정	채택하고자 하는 공정, 채택 이유, 세부적인 공정 흐름 분석 등
기계와 장비	구입하고자 하는 규격, 성능, 신뢰성, 제조자, 가격, 대금 지불 방식, AS, 예비 부품조달, 인도방식과 일정 등
원자재	종류, 가격, 수량, 공급자, 공급방법, 물리화학적 특성 등
건물	필요한 건물의 크기 및 특성, 건축비 등
대지 및 위치	필요한 대지의 크기, 가격, 위치 등
동력과 용수	전기 가스, 공업용수 수요량과 조달 방법, 비용 등
폐기물	폐기물의 종류, 수량, 처리방식, 관련비용, 규제 등
일정	공장 건설에 필요한 기간
인력	직접·간접 노동력, 기술수준, 임금 등
원가 및 설비투자 비용 추정	제품의 제조원가 추정 및 설비 투자액 추정

② 기술성 분석 평가 항목

기술성 분석 평가 항목은 크게 나눠 계획제품의 용도 및 품질, 입지조건분석, 계획시설의 적정성, 생산 및 재고분석 등으로 나눌 수 있다. 이와 같은 기술성 평가 항목은 아래와 같은 두 가지 관점에서 객관적이고 심층적으로 분석되지 않으면 안 된다.

첫째, **기술적 근본 문제**로서 기술사항 결정요소라고 할 수 있는 치명적 요소가 존재하는지를 검토하는 일이다. 즉, 특정 문제로 인해 제품생산 자체가 불가능한지의 여부, 시험생산 결과 불량률이 사업 한계선을 상회하는지의 여부, 제품에 대한 기술력이 평균 수준을 하회해 제품의 경쟁성이 현저히 낮은 경우 등이 존재하는지를 검토한다.

둘째, **생산 환경의 문제**로서 계획시설 수준이 동종업계 평균수준에 못 미치는지의 여부, 주요 계획시설 내용, 시설배치, 계획시설의 장래성 등을 보아 시설계획의 적정성에 하자가 있는지의 여부, 생산방식, 생산 공정, 가동률, 생산조직, 주요 원재료 수급, 안전재고량 등 생산 및 재고관리의 합리성이 결여돼 있는지의 여부 등을 평가하는 것이다.

표 3-20 기술성 분석의 평가 항목

평가 요소		세부 평가 항목
계획제품의 용도 및 품질	용도 및 주요 소비처	제품의 용도, 주요 소비처 등
	품질기술 수준	품질수준과 수요량의 상관관계
	제품 및 기술수준	비교 우위성, 규격·품질 차이의 경쟁성
입지조건 분석	일반적 입지요소	자연적, 경제적, 사회적 입지요소
	제조업 입지요소	공장부지, 원재료·노동력 확보, 환경오염 문제 등
계획시설의 적정성	시설 적정여부	시설규모 및 능력분석, 사업규모 및 능력분석
	계획시설의 장래성	설비 진부화 시 교체 용이성, 설비의 교체시기 및 재원, 설비의 수선유지 가능성 등
생산 및 재고분석	생산방식과 생산공정의 효율성	기술과 제조방법의 적정성, 공정자동화의 효율성
	생산능력 및 가동률	생산능력 및 목표가동률 산정, 생산능력 및 생산계획의 부합성, 생산 전문 인력의 현황
	재고분석	수요변동과 안전재고의 산정, 재고유지 시설과 재고 유지비

③ 기술성 분석의 평가 순서

기술성 분석은 기술이 개발되었다 하더라도 시장에서 상품으로 출시 가능성이 있는지를 먼저 검토해야 한다. 그리고 유사제품과의 차별성, 소비자가 부담할 수 있는 가격인지, 핵심기술은 지속적으로 개발이 가능한지 등을 검토해야 한다. 일반적인 기술성 분석의 순서는 다음 그림 3-5와 같다.

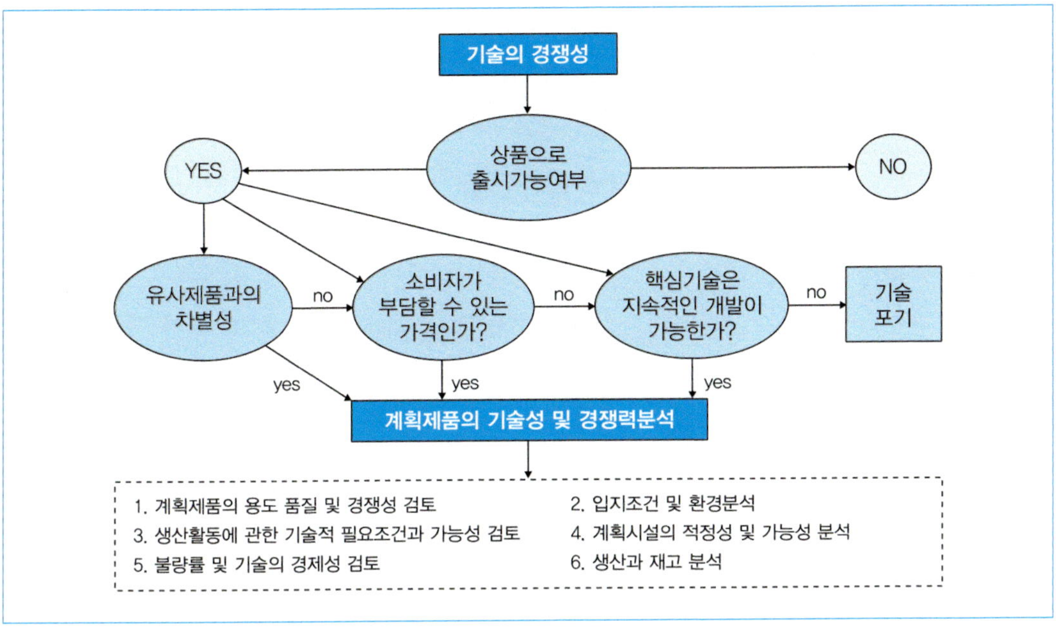

그림 3-5 기술성 분석의 순서

3) 경제성 분석

① 경제성 분석의 필요성

경제성 분석은 시장성 분석과 기술적 분석을 통해 수집하고 분석한 자료를 바탕으로, 경제성이나 수익성을 측정하는 여러 가지 자료를 이용해 사업타당성을 검토하는 것이다. 이러한 경제성 분석은 사업타당성 분석의 최종단계일 수도 있으며, 나아가서 창업 후 경영전략을 수립하기 위한 사전준비 과정일 수도 있다. 왜냐하면 계획제품이 그 특성상 수익성이 낮다면 영업 외적 요소, 즉 인건비나 경비를 줄일 수밖에 없는 경영전략 수립이 요구되며, 경제성이 없다면 새로운 사업 분야의 탐색 등이 필요하기 때문이다.

이와 같은 경제성 분석이 명확하지 못하면, 벤처캐피털이나 엔젤로부터 자금투자 받기가 매우 어려워지고, 이는 창업성공의 장애요인이 될 것이다. 따라서 세밀한 경제성 분석을 통해 자신의 목표를 명확히 설정해야 한다. 아무리 제품의 품질이 좋고, 시장성이 뛰어나서 성공적으로 생산·판매되더라도 수익이 제대로 창출되지 못한다든가 투자의 경제성이 없다면 그 사업은 근본적으로 실익이 없는 것으로 판단할 수 있다.

② 경제성 분석의 평가 항목

경제성 분석을 위해서는 우선 기존의 재무구조, 수익성·자금수지 상황분석과 사업계획을 토대로 향후 소요되는 시설자금과 운전자금 규모들을 파악하고, 이러한 소요자금을 조달하는 방법으로써 영업활동을 통해 들어오는 현금과 내부유보자금 및 증자 등을 통한 자금조성의 가능성을 검토한다. 그 다음에는 각 기간별로 예상되는 자금 과부족에 대해 그 규모와 신규 차입 가능성 및 상환능력을 평가한다. 추정재무제표는 미래의 사업에 영향을 주는 여러 가지 불확실성을 단순화해 작성되기 때문에, 민감도분석[4)]이나 손익분기점분석[5)]을 실시해 효율적인 투자 결정을 유도해야 한다.

경제성 분석의 평가항목은 크게 나눠 수익성 전망, 손익분기점 분석, 그리고 투자수익 및 계획사업의 경제성 분석 등으로 분류할 수 있다. 경제성 분석은 추정 재무제표의 작성을 그 전제로 하고 있다. 수익 전망은 향후 3년 내지 5년간의 추정제조원가 명세서와 추정손익계산서를 작성해야만 그 예측이 가능하며, 예측된 매출액과 당기순이익 규모에 의해 손익분기점 분석이 가능한 것이다. 또한 추정대차대조표와 자금조달운용계획표가 작성돼야만 이를 근거로 투자수익 및 계획사업에 대한 경제성 평가가 가능하고, 자금흐름 예측에 근거해 자금수지 및 자금조달 능력을 분석할 수 있기 때문에 경제성 분석은 추정재무제표 작성을 전제로 하고 있는 것이다.

표 3-21 경제성 분석의 평가 항목

평가 요소	세부 평가 항목
수익전망	향후 3~5년 추정 손익계산서에 의한 연도별 당기 순이익은?
	2~3년 내 흑자 실현이 가능한가?
손익분기점 분석 (break even point)	손익분기점 매출액은 얼마이며, 언제 실현 가능한가?
	손익분기점 산출 후 판매수량, 금액, 고정비, 변동비 등의 타당성은?
투자수익 및 계획사업의 경제성 분석	NPV법(순현가법) 및 IRR법(내부수익율법)에 의한 투자수익률은 얼마이며, 최소한 시중은행 1년 만기 정기예금 이율 이상의 수익실현이 가능한가?
	계획사업의 경제성은 있는가?

4) 민감도분석이란 계획의 전제가 된 가정치를 변경해 같은 추정과 검토를 통한 결과를 만들어내는 것이다. 각 비용과 수익성 요인이 변화할 때, 그것이 현재 가치 현금흐름과 투자수익률에 양적 영향이 얼마나 미치는지를 시뮬레이션을 통해 분석하는 기법을 말한다.

5) 손익분기점분석은 모든 비용을 고정비와 변동비로 나눠 비용, 가격, 판매수량에 따라 매출과 이익이 어떻게 변하는가를 분석하는 방법이다. 즉, 총수입과 총매출량이 일치하는 매출량을 산출해 목표이익에 대한 매출액 또는 조업도, 생산량을 산출하는 기법을 말한다.

③ 경제성 분석의 평가 순서

경제성 분석은 수익성 및 투자의 효율성에 대한 사업타당성 분석이다. 아무리 계획제품의 품질이 좋고 시장성이 뛰어나서 성공적으로 생산 판매되더라도 수익이 제대로 창출되지 못하면 그 계획사업은 실익이 없다. 일반적으로 경제성 분석 순서는 다음 그림 3-6과 같다.

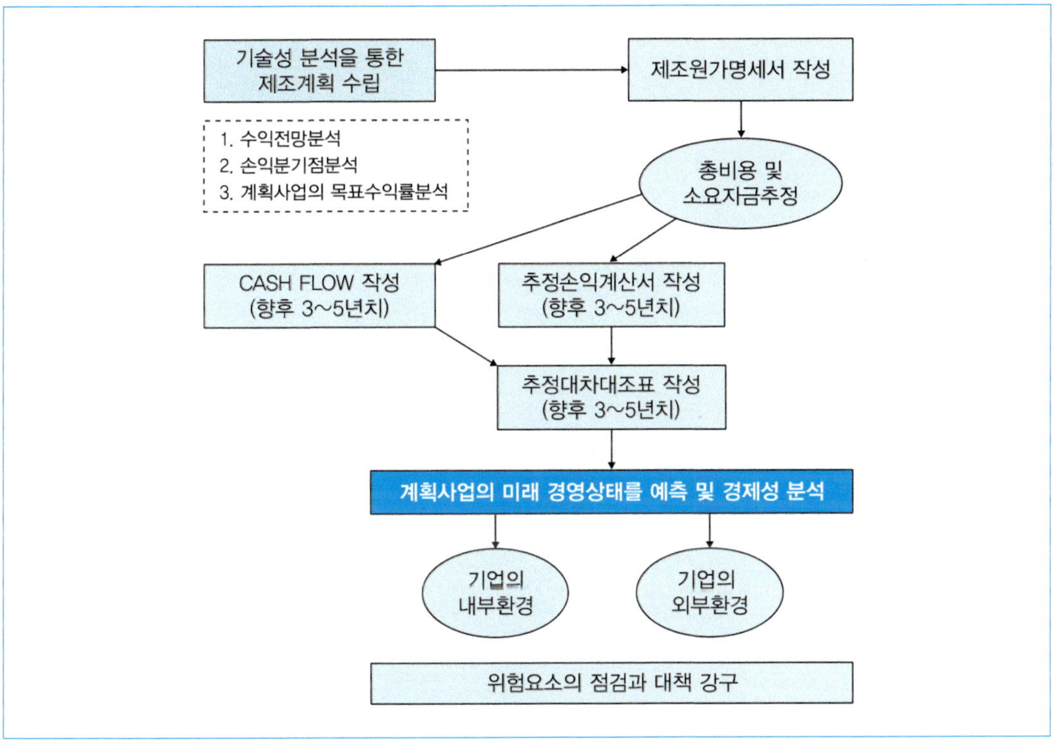

그림 3-6 경제성 분석의 순서

4 사업타당성 분석과 사업계획 수립과의 관계

사업타당성 분석은 선정된 창업아이템을 선택할 것인지, 기각할 것인지를 최종적으로 결정하기 위해 사업추진능력, 시장성 분석, 기술성 분석, 경제성 분석 등으로 구성된다. 창업자가 사업타당성 분석을 하는 것이 쉽지 않는 것은 사실이다. 그러나 이 분석을 철저하게 하지 못하면 창업자는 사업에서 성공의 확률을 높일 수 없다. 이는 객관적인 조사를 실시하고 판단해야 하며, 그리고 다시 한번 재검토의 과정을 필히 거쳐야 실패위험을 줄일 수 있다.

사업계획과 사업타당성 분석의 연관성에 대해서 살펴보면, 사업타당성 분석은 고려중인 창업의 성공 가능성을 조사하는 일이다. 한편, 사업계획은 고려하고 있는 창업을 하기 위해 앞으로 실행할 일련의 활동계획·실행계획이다. 그러므로 먼저 사업타당성 분석을 실시해 그 결과가 긍정적이면 실행계획 즉, 사업계획을 수립하는 것이 순서이다. 따라서 사업타당성 분석과 사업계획은 서로 다른 것이기는 하지만 사업계획을 수립하자면 사업타당성 분석에서 수집했던 자료와 획득했던 정보를 많이 사용하게 된다.

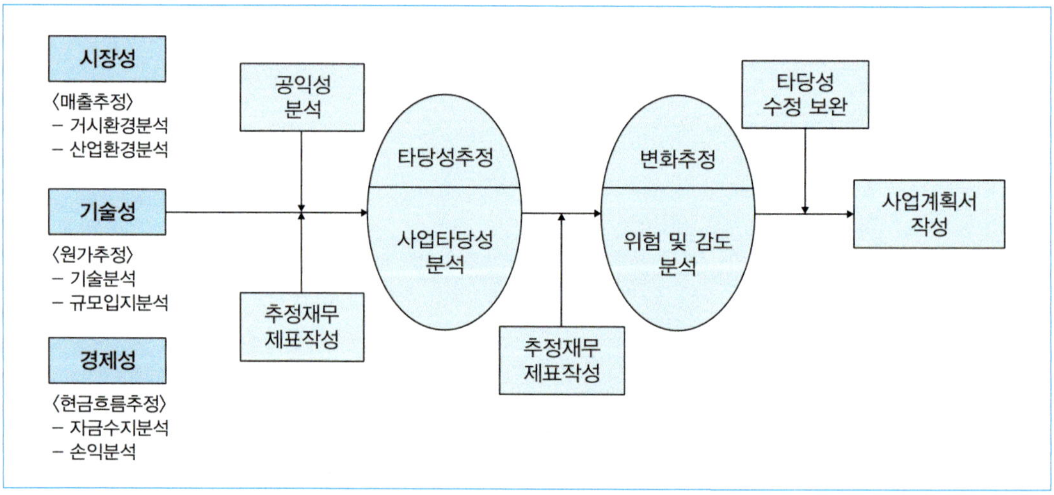

그림 3-7 사업타당성 분석과 사업계획 수립과의 관계

3.2.3 사업계획서 작성

1 사업계획서의 정의

3

사업계획이란 고려하고 있는 사업을 하기 위해 앞으로 실행할 일련의 활동계획을 말하며, 사업계획을 기록해 놓은 서류를 **사업계획서**(business plan)라고 한다. 사업타당성 분석을 바탕으로 작성하는 사업계획서는 사업전략과 사업수익 목표를 구체적으로 제시하는 창업자 자신의 사업에 대한 청사진으로서, 창업 과정을 계획성 있고 차질 없이 추진할 수 있게 하며, 창업기간을 단축시키고 경비를 줄여줄 뿐만 아니라 창업 성공률을 높여줄 수 있는 가장 중요한 창업과정 중의 하나이다.

다시 말하면, 사업계획서란 창업자가 기업을 설립하고 자신의 사업을 지속적으로 성장, 발전시키는 창업자의 구체화된 의지를 체계적으로 기술한 계획서이다. 또한 사업계획서는 창업자 자신을 위한 것이다. 사업계획을 타인에게 보이기 위한 것으로, 실제 내용보다는 형식을 위한 것으로 생각하는 소극적인 태도는 버려야 한다. 사업계획은 자금 동원이나 동업자를 구할 목적으로 작성해 관계기관에 제출하거나 관계자에게 보이는 경우도 많은데, 그런 경우에도 그것은 남을 위한 것이 아니고 자신을 위한 행위라는 점을 인식해야 한다.

창업을 준비하고 있는 사람뿐만 아니라 사업을 하고 있는 경영자 중 많은 사람들이 사업계획서를 요식 행위에 불과한 것으로 가볍게 생각한다. 은행대출이나 벤처개피탈의 투자가 필요할 때 어쩔 수 없이 제출해야 하는 서류라고 생각하고 대충 요구하는 내용을 채우는데 급급해하고 있다. 사업계획서란 제품이나 서비스의 사업기회와 시장성을 은행, 투자자 등 잠재 투자자에게 확신시켜 이들로부터 자금지원을 받기 위해 만드는 서류이다. 단적으로 표현하면, 사업계획서는 사업을 판매하는 판매서류이다. 이때 사업계획서는 회사의 강점을 강조함은 물론이지만, 회사의 문제 및 장애요인에 대해서도 솔직하게 접근하고, 이러한 것을 어떻게 극복할 것인가에 대해서도 기술해야 한다.

아무리 간단해 보이는 창업이라 하더라도 계획을 세우지 아니하고 즉흥적으로 실행하면 성공하기는 어렵다. 그러므로 창업자 단독으로 사업을 추진하는 경우라 하더라도 사업계획서는 작성하는 것이 좋다. 머릿속에 작성한 사업계획만으로도 훌륭히 창업을 성공시킬 수 있는 능력을 갖춘 사람도 있다. 하지만 대부분의 사람들은 그러하지 못하며, 사업은 그 규모가 커지면 창업자 자신뿐만 아니라 타인을 움직여야 하므로 기록으로 표현된 행동지침인 문서화된 사업계획이 필요하다. 이러한 사업계획서는 창업자의 창업계획을 체계적으로 정리한 것으로서, 소규모의 사업이라도 창업자 및 업종의 특성에 맞는 창업 사업계획서를 작성해 실행해나가야 한다.

2 사업계획서의 목적 및 역할

창업자가 사업을 시작하기 전에 가장 먼저 해야 할 일은 사업계획서를 만드는 일이며, 창업과정에 있어서 사업계획서의 작성은 계획하고 있는 사업에 관한 제반사항을 객관적이고 체계적으로 작성하는 것이 중요하다. 사업계획서는 기업의 얼굴이며 사업목적달성을 위한 지속적인 활동에 필요한 방법과 절차, 활동범위 등을 문서로 표현한 것이며, 사업의 성공가능성을 다시 점검할 수 있게 해준다. 또한 이는 사업계획의 기회와 위협을 재인식할 수 있는 기회를 제공하고 본격적인 사업추진 시 유용한 지침으로 사용된다.

창업과정에 있어 예비창업자에게 사업계획서 작성행위는 계획사업에 관련된 제반사항 즉, 계획사업의 내용, 계획제품시장의 구조적 특성, 소비자의 특성과 구매고객의 성격, 시장 확보의 가능성과 마케팅 전략, 계획제품에 대한 기술적 특성, 생산시설, 입지조건, 생산계획과 더불어 계획 아이템에 대한 향후 수익전망, 투자의 경제성, 계획사업에 대한 소요자금 규모 및 조달계획, 차입금의 상환계획, 조직 및 인력계획 등 일련의 사항을 객관적 관점에서 체계적으로 묘사하는 매우 중요한 자료이다. 창업에 있어서 사업계획서의 목적 및 역할을 아래와 같이 설명할 수 있다.

1) 사업계획 도구

사업계획서는 사업을 계획하는 미래의 청사진과 경영의 가이드라인(guide line)이다. 이것을 작성하는 과정에서 창업자는 사업과 경쟁 환경, 잠재시장 분석과 성공가능성, 위험부담 등을 객관적으로 살펴볼 수 있는 기회가 된다. 또한 사업계획서는 창업기업의 비전과 목표를 담고 있으므로 경영자를 비롯해 전체 조직구성원들로 하여금 이러한 목표를 향해 나아갈 수 있도록 도와주는 안내자 역할을 한다.

2) 자금조달 수단

사업계획서는 창업에 도움을 줄 제3자, 즉 동업자, 출자자, 금융기관, 매입처, 매출처, 더 나아가 일반 고객에 이르기까지 투자에 대한 관심 유도와 설득자료로 많이 활용하게 된다. 투자자들은 투자의사결정 과정에서 사업계획서를 매우 중시한다. 사업계획서는 투자자들이 제안된 사업이 갖는 위험과 가능성을 확인하기 위한 검토를 시작하는 출발점이 되기 때문이다.

특히 은행, 벤처자본가, 창업자금 지원기관들로부터 자금지원을 얻기 위해서는 투자심사를 위한 판단자료로 사업아이디어, 업계동향, 수요추세, 경쟁상태, 소요자금, 경영진의 경영능력 등에 관한 정보를 포함한 사업계획서를 제공해 줌으로써 투자의사결정에 활용할 수 있도록 해야 한다.

3) 체계적인 사업 준비

대부분의 창업자는 객관적이기보다는 주관적인 판단으로 흐를 가능성이 높은 상황 하에서 체계화된 사업계획 형식에 맞춰 구체적으로 각 부문별, 요소별 계획과 검토를 진행하다 보면 예상치 못한 사업구상의 허점을 발견하게 되는 것을 종종 볼 수 있다. 사업은 예기치 못한 작은 원인에 의해 성패가 좌우될 수도 있다는 것을 명심해야 할 것이다. 따라서 사업계획서는 사업성분석 내용의 실행계획을 구체화하기 위해 작성되는 것이다. 이러한 사업계획서는 향후 일정 기간이 지난 후 사업계획에 비춰 실제성과가 어떠했는지 평가할 수 있다.

4) 사업의 성공가능성 제고

사업계획서는 창업자 자신을 위해서는 계획사업의 타당성 검토를 통해 사업성공의 가능성을 높여주는 동시에 계획적인 창업을 가능케 해 창업기간을 단축시켜 주며, 계획사업의 성취에도 많은 영향을 미친다. 사업계획서를 작성하는 과정에서 창업기업이 직면하는 주요한 문제들을 체계적으로 이해할 수 있는 기회와 이를 해결할 수 있는 전략을 수립할 수 있는 아이디어를 얻을 수가 있다.

경영자의 가치관과 기업목적의 검토 및 조정, 정보수집과 분석결과의 공유, 조직 내에서의 의사결정방법의 개발 등과 같은 것들이 계획과정에서 검토되고 수립됨으로써 창업조직을 효과적으로 만드는 데 기여하게 돼, 결과적으로 창업기업의 성공 가능성을 증대시킬 수 있다.

5) 창업자의 비전과 능력 제시

사업계획은 자신과 다른 사람을 합리적으로 설득하기 위한 준비 작업으로 표현하기도 한다. 그러므로 사업계획서가 얼마만큼 잘 작성되었는가에 따라 창업자의 비전과 능력 그리고 사업목표와 경영방침 등을 효과적으로 알릴 수 있으며, 창업자 자신의 경영철학과 경영방침을 제시할 수 있는 수단이다.

3 사업계획서 작성의 필요성

사업계획은 구체적이고 객관적이어야 하며, 상대방으로 하여금 신뢰성을 주는 사업계획서가 작성돼야 한다. 어떤 형태이건 창업기업은 5년 이내 80% 이상이 도산한다는 통계를 감안해 보더라도 사업계획의 수립은 철저히 조사되고, 가능성만이 아닌 실질적인 실천적 계획서로 작성돼야 한다.

사업계획의 수립은 고려중인 사업을 성공으로 이끄는데 많은 도움이 되는 것으로, 사업계획의 용도는 아래와 같이 두 가지 관점(창업자, 투자자)에서 필요성을 정리할 수 있다. 사업계획서는 창업자 본인의 사업 성공가능성 판단자료로 활용되기도 하고, 외부 투자가를 유치하기 위한 자료로도 사용돼진다.

1) 창업자 입장에서의 필요성

❑ **사업의 성공 가능성 타진** : 사업계획서를 작성한다는 것은 사업의 성공 가능성을 점검할 수 있는 좋은 기회가 된다. 이는 주관적인 사업구상이 아니라, 객관적이고 체계적으로 사업을 검토할 수 있다. 창업에 필요한 제반 요소를 점검하고, 부족한 부분을 파악함으로써 효율적으로 창업과정을 수행하고 창업 성공률을 높인다.

❑ **의사소통의 수단** : 사업계획은 고려하는 사업에 참여할 투자자, 동업자, 간부급 인사들과 의사를 교환할 때 중요한 보조 자료가 된다. 짜임새 있게 작성된 사업계획은 주변의 사람들을 움직이는 중요한 수단이 된다.

❑ **초기의 행동지침** : 사업계획은 창업 초기의 업무 추진계획이다. 사업이 일단 시작되면 사업계획은 유용한 행동지침이다. 창업과정에서 어떠한 전략을 취할 것인가를 세밀하게 분석해 결정할 수 있다.

2) 투자자 입장에서의 필요성

❑ **투자결정의 타당성을 판단하는 자료** : 사업계획은 투자자(엔젤, 벤처캐피탈 등)가 투자에 관한 의사결정을 하는데 사용하는 가장 기본적인 자료이다. 사업계획은 사업제안자와 투자자가 간접적이나마 최초로 접촉하게 하는 매개물인 경우가 많다. 사업계획이 어느 정도 가능성을 시사해야 사업제안자와 투자자가 직접 만나서 사업을 논의할 수 있게 될 것이다. 사업계획은 사업평가의 가장 기본적인 자료이기 때문이다.

❑ **창업자와 경영진의 능력평가 자료** : 투자자가 사업계획서를 통해 가장 관심을 가지는 사항은 '창업자와 경영진이 계획사업을 성공시킬 능력을 가졌는가?'이다. 또, 투자자들은 사업계획서에 나타난 여러 가지 내용들, 예를 들면 업계 동향, 시장 추이, 경쟁상태, 사업의 독창성, 소요자금, 대상기업의 현재 재무상태 등에 대해 사실 확인을 하고 사업의 타당성을 평가한다.

4 사업계획서 작성의 원칙

3

창업자가 사업계획서를 작성함에 있어서 고려해야 할 사항들은 아래와 같다.

첫째, **계획서는 살아있어야 한다.** 사업계획서는 한번 만들면 그만인 것이 아니라 경영 내적 혹은 외적 환경변화에 따라서 새로운 요소가 발견되면 항상 수정해야 한다. 그리고 계획 사업에 잠재돼있는 문제점에 대해 항상 점검하고 필요하면 다시 작성해야 한다.

둘째, **사업계획서는 자신감을 바탕으로 작성돼야 한다.** 사업 차별화가 부각될 수 있는 사업계획의 종합 결론으로서 설득력 있는 내용으로 간단명료하게 작성하고 향후 기술개발 가능성과 사업의 발전 잠재력을 강조해야 한다. 창업자 자신이 가지고 있는 창업의 목표를 제3자에게 설득력 있게 납득시키는 것이 사업계획서의 제1의 목표이다.

셋째, **객관성이 결여돼서는 안 된다.** 자신감이 너무 지나쳐 자만심이 되거나 자신의 의견에 몰입해 작성된다면, 사업계획서의 신뢰성에 큰 타격을 미칠 수 있다. 사업계획서는 정확한 자료에 의거한 객관적인 것이어야 한다. 근거가 불충분한 자료 또는 비논리적인 추정은 피하는 것이 좋으며, 계획사업의 잠재된 문제점과 발생할 수 있는 위험요소를 기술하고, 그에 대한 대안을 제시함으로써 변화에 대한 대처능력을 표현하는 것이 바람직하다.

넷째, **핵심내용을 강조, 부각시켜야 하며 전문용어의 사용을 피하고 보편적으로 설득력 있게 작성돼야 한다.** 다른 기업과는 차별되는 자신의 아이템의 핵심을 중점 부각시키고, 그것이 기술적 내용일 경우라도 투자자 및 관련 당사자가 알기 쉽게 간단명료하게 작성돼야 한다. 사실, 사업계획서에 너무 전문적인 용어를 많이 사용하면, 제3자가 제대로 이해를 하지 못한 상태에서 때로는 불이익을 당할 수 있다는 것이다.

다섯째, **자금조달 운용계획은 정확하고 실현가능성이 있어야 한다.** 사업계획서를 작성할 때에 가정을 최대한 배제해야 한다. '이렇게 되면 자금조달은 순조로울 것이다. 무엇이 어떻게 된다면 판매에는 아무 문제가 없을 것이다.'라는 식의 가정을 바탕으로 작성해서는 안 된다. 특히 자금조달 및 운용 부분에 있어서는 더욱 그 원칙이 중요하다. 또한 자금조달에 대한 부분은 최악의 경우를 고려해 작성해야 하는데, 이는 자금의 흐름이 당사자뿐만 아니라 거래 상대방의 문제로 인해서 계획대로 되지 않는 경우가 많기 때문이다.

5 사업계획서 작성의 형식과 종류

사업계획서는 형식별로 '고정형식 사업계획서'와 '자유형식 사업계획서'로 크게 구분할 수 있다.

1) 고정형식 사업계획

고정형식 사업계획이란 사업계획의 형식이 미리 정해져 있는 사업계획서를 말한다. 이는 창업투자회사, 금융기관, 정부기관 등에서는 사업계획 형식을 미리 작성해 놓고 신청자들이 주어진 형식에 따라 사업계획을 작성하도록 하는 경우를 말한다.

2) 자유형식 사업계획

자유형식 사업계획은 사업계획 작성자가 임의로 결정한 형식에 따라 작성한 사업계획을 말한다. 자유형식 사업계획을 작성하는 경우에도 사업계획서에 포함돼야 할 내용은 고정형식 사업계획서의 경우와 유사하며, 자유형식 사업계획서를 작성하는 경우에 포함돼야 할 내용과 형식은 그 구성형식에 따라 '요약 사업계획서'와 '서술 사업계획서' 그리고 '프레젠테이션용 사업계획서'로 구분할 수 있다.

① **요약 사업계획서** : 요약은 사업계획서의 가장 중요한 부분이다. 벤처 자본가나 자문에 응하는 사람은 대부분 주어진 모든 서류를 읽을 시간이나 의지가 충분하지 않다. 요약에서는 사업의 간략한 스케치가 있어야 하고 계획서의 핵심이 강조돼야 한다. 사업계획서를 읽는 사람이 요약에 흥미를 느낀다면 구체적으로 설명된 뒷부분을 읽을 것이기 때문이다. 대부분의 투자 예상자들은 창업팀에 관한 부분을 먼저 본다. 창업하는 사람들이 어떤 사람이고 사업하려는 아이템과 관련된 어떤 일을 해 왔으며 어떤 자격을 갖추었는지 보고 싶어 하기 때문이다. 요약 사업계획서는 A4 용지를 기준으로 1～2장 분량으로 작성되며, 사업의 핵심내용을 설명한 것이라고 할 수 있다.

- ❑ **개조식 요약 사업계획서** : 가장 일반적인 유형으로 회사의 현황과 강점을 중심으로 설명한 사업계획서
- ❑ **도식형 요약 사업계획서** : 비즈니스 모델(business model)을 중심으로 하는 사업에 적합한 사업계획서
- ❑ **도표비교형 요약 사업계획서** : 경쟁제품이나 경쟁회사가 분명한 경우에 각자의 장점과 단점을 하나의 표로 비교 설명한 사업계획서

② **서술형 사업계획서** : 투자가나 관련 고객 등을 직접 만나지 않고 사업계획서만을 보낼 때에 사용한다. 서술형 사업계획서는 사업의 세부 내용에 대해 구체적으로 그리고 이해하기 쉽도록 쉬운 용어를 사용하는 것이 중요하다.

③ **프레젠테이션용 사업계획서** : 발표를 위한 목적으로 사용되며, 보통 파워포인트를 사용해 작성된다. 프레젠테이션용 사업계획서는 핵심 내용을 중심으로 작성하되, 20~30분 정도에서 발표를 할 수 있도록 만들어야 한다.

6 표준 사업계획서의 주요 내용

현재 사용되고 있는 각종 사업계획서의 내용은 그 해당 용도에 따라 여러 가지의 계획내용을 포함하고 있으나 그 형식은 거의 유사하며, 이들 각 사업계획서의 전체 내용을 종합해 표준 사업계획서의 내용은 아래와 같이 요약할 수 있다.(부록 참조)

■ 회사 개요

1. 기업체 현황
   - (1) 회사 개요
   - (2) 업체 연혁
2. 조직도 및 인력 계획
   - (1) 조직도
   - (2) 대표자 및 경영진 현황
   - (3) 주주 현황
   - (4) 관계회사 내용
   - (5) 조직구성원 현황 및 충원 계획

■ 기술개발 및 생산계획

1. 기술현황 및 기술개발 계획
   - (1) 제품/상품의 내용
   - (2) 사업전망
   - (3) 기술현황
   - (4) 기술개발투자 현황 및 계획
2. 생산 및 시설투자계획
   - (1) 생산 및 시설투자계획
   - (2) 생산실적 및 가동 현황
   - (3) 원부자재 사용 및 조달계획
   - (4) 시설투자 계획
   - (5) 생산성 향상계획

■ 판매계획

1. 시장현황 및 판매계획
   - (1) 동종 및 경쟁사 현황
   - (2) 시장규모 및 수요전망
2. 판매실적
   - (1) 생산 및 판매실적
   - (2) 생산 및 판매계획
3. 마케팅 전략

■ 재무 및 수익계획

1. 재무현황
2. 추정재무제표
   - (1) 추정대차대조표
   - (2) 추정손익계산서
   - (3) 추정제조원가 명세서
   - (4) 추정인건비 명세서
   - (5) 감가상각비 명세서

■ 자금조달 및 운용계획

1. 단기총괄 자금계획
2. 시설자금 조달계획
3. 자금조달 상 문제점 및 해결방안

■ 첨부서류

- 정관
- 등기부등본
- 사업자등록증 사본
- 최근 2년간 결산서류
- 경영진·기술진 이력서
- 산업재산권(특허·실용신안·디자인) 및 新기술 보유관계 증빙서류
- 기타 필요서류

3.3 | 스타트업 창업의 시작

3.3.1 회사의 설립과 사업자 등록

창업을 위한 업종선정과 사업타당성이 입증된 창업아이템이 사업 활동으로 이어지기 위해서는 해당 관청에서 법적인 인·허가를 취득해야 하는데, 개인기업이나 법인기업 형태로 사업주체를 결정해 사업자등록이나 법인설립 등기를 해야 한다. 개인기업의 경우에는 사업장을 관할하는 세무서에 사업자등록을 위한 신청서를 제출한 후 사업자등록증을 교부받아서 설립할 수 있으며, 법인의 경우는 관할지방법원이나 등기소에 설립등기를 한 후 관할세무서에 법인설립등기를 해야 한다.

1 창업 기업형태의 결정

1) 기업형태 결정의 중요성과 기준

창업 형태의 결정은 창업에 있어 매우 중요하다. 우선 개인기업은 사의 모든 경영책임을 시장한 사람이 감당하면서 영업, 자금조달, 조직 관리 등 기업 전반에 걸쳐 만능 경영을 해야 하는 형태이고, 또 법인기업은 전문 분야를 조직구성원에게 업무를 전담시켜 전체를 통괄하는 형태이다. 가장 흔한 두 가지 기업형태 중 어떤 형태로 창업할 것인가의 결정은 창업기업의 기조 확립이 매우 중요한 요소이다.

예비창업자는 자기가 경영하려는 하는 사업의 특성과 사업의 규모, 운영시스템, 세율, 얼마 후에 창업비 등 누적결손을 보전하고 이익실현이 가능할지 등을 종합적으로 판단해 이를 기업형태 결정의 기준으로 삼아야 한다. 일단 형태를 결정하고 나면 바꾸기가 쉽지 않으므로 사업을 하기 전에 이런 점을 종합적으로 검토해 기업형태를 결정하는 것이 현명하다. 창업전략이 확정되면, 기업형태별 장·단점을 조사하고 계획 중인 사업의 규모를 참작해 어떤 기업형태로 회사를 설립하는 것이 가장 유리할 것인지를 판단해 기업형태를 결정해야 한다.

물론 반드시 규모가 크고 조직구성원이 많으면 법인 형태로 설립하고, 규모가 작으면 개인기업 형태로 출발해야 한다는 의미는 아니다. 우리나라에서는 많은 기업이 법률상으로는 주식회사이면서 운영은 가족회사와 마찬가지의 형태로 경영되고 있는 경우가 많다. 이와 같은 현상은 비록 자본과 경영이 분리되지 않은 경우라 하더라도 「상법」상으로 주식회사의 설립요건을 갖추고 있으면, 정부는 이를 권장해 기업이 필요한 자본을 널리 일반으로부터 모집해 현대적 개념의 기업으로 성장할 수 있도록 「상법」, 「증권거래법」, 「세법」 상 각종 혜택을 줘 이를 장려하기 때문이다.

뿐만 아니라 과거에는 오늘날과 같이 직원의 문제로 인한 경영환경은 전혀 생소한 경우였다. 그러나 최근의 기업환경, 특히 창업환경은 과거와는 무척 다르다. 따라서 조직구성원의 직업관이 점차 변화돼 가고 있다. 경영자의 지시만 있으면 밤낮없이 열심히 하던 직원의 근무태도에도 많은 변화가 일어났으며, 보다 좋은 환경, 보다 좋은 복리후생제도, 여가시간이 많은 그런 직장을 선호하는 경향으로 점차 바뀌가고 있다.

모든 상황이 경영자의 능력, 조직의 필요에 의해서 회사형태는 달라질 수 있는 것이다. 기업형태에 관한 법률상의 규정은 기업의 자본조달과 기술·경영능력의 보완, 그리고 거래의 활성화에 도움이 되는 체계를 만드는데 목적이 있기 때문에 창업에 있어서는 하나의 형식 요건이 되는 것이다. 따라서 창업자는 여러 가지 기업환경과 경영능력, 그리고 개인기업과 법인기업의 장·단점을 비교 평가해 자기 실정에 맞는 기업형태를 선택할 필요가 있다.

2) 기업의 형태별 분류 및 구분방법

기업형태는 기업주체의 단수, 복수 여부 및 책임의 종류에 따라서 결정된다. 기업형태는 일반적으로 사(私)기업(개인기업, 집단기업 - 합명회사, 합자회사, 유한회사, 주식회사, 협동조합), 공(公)기업(국영기업, 공영기업), 공사(公私)합동기업 등으로 분류할 수 있다.

세부적으로 기업형태는 기업 활동에 필요한 자금제공자(출자자, 소유자)의 구성을 중심으로 기업의 관리, 지배 등을 포함하는 측면에서의 검토대상을 말한다. 이 같은 기업형태를 구분하는 방법은 아래와 같다.

- ❑ **법률형태론** : 이는 법률이 규정하는 기업의 여러 형태를 분류하고 법적 성격을 밝혀놓으려고 하는 것을 말한다. 국내 법률에서 규정한 주요한 법률형태는 개인상인, 합명회사, 합자회사, 유한회사, 주식회사, 익명조합, 민법상의 조합 등이다. 법률형태론에서는 출자와 경영의 권리, 의무관계가 중심이 된다.
- ❑ **경제형태론** : 이는 기업이 존립하는 경제적 조건을 해명하려고 하는 것을 말한다. 이러한 경제형태론 중 가장 대표적인 분류는 다음 표 3-22와 같다.

표 3-22 기업의 경제형태론적 분류

분류 기준	기업의 종류
기업가의 공사에 따라	사기업, 공기업, 공사합동기업
기업가의 수효의 따라	단독기업, 집단기업
사업목적에 따라	민사기업, 상사기업
기업이용자의 자타에 따라	자기이용기업(협동조합), 타인이용기업(협동조합 이외의 모든 기업)
위 분류의 종합에 따라	단독기업, 소수집단기업(조합, 합자, 합병, 유한), 다수집단기업(주식회사), 준(準)기업(협동조합), 공기업 및 공사합동기업(국영기업, 특수회사), 복합기업(카르텔, 트러스트)

2 개인기업과 법인기업의 설립 및 비교

앞서 설명한 바와 같이, 기업의 법률형태는 크게 개인기업 형태와 법인기업 형태로 구분할 수 있다. 창업자는 창업자의 특수한 사정이나 선호하는 경향과 성격에 따라 두 가지 형태 중 한 가지 형태로 회사를 설립할 수 있다. 특수한 사정이 없는 경우에는 양 제도를 비교 평가해 이득이 큰 쪽을 선택하는 것이 바람직할 것이다. 즉 창업자의 입장에서 어느 쪽이 절세 효과가 더 큰지를 비교 평가함으로서, 개인기업과 법인기업 선택의 기준을 삼는 것이 타당할 것이다.

과세표준이 소규모일 경우에는 개인기업이든 법인기업이든 크게 상관없으나, 소득규모가 기준 이상을 초과할 때는 개인기업보다는, 법인형태인 주식회사로 사업의 소득규모가 어느 정도 될지를 판단해 기업형태 결정의 기준으로 삼아야 할 것이며, 회사설립 시부터 이런 점을 종합적으로 검토해 기업형태를 결정하는 것이 현명할 것이다.

일반적으로 소규모로 사업을 시작하는 사람은 우선 개인기업으로 출발해 경험을 축적하고 영업의 신장, 사업의 성격, 기업의 장래성 등을 감안해 적당한 시기에 법인으로 전환하는 것이 바람직하다. 하지만 개인기업으로 설립하였다 하더라도 규모가 조금 커지면 법인전환의 절차를 밟아야 하기 때문에 처음부터 복잡한 절차 과정 및 추가 비용을 감수하면서 법인으로 출발하는 추세이다.

표 3-23 개인기업과 법인기업의 특성 비교

구 분	개인기업	법인기업
운 영	출자자 = 경영자	출자자 ≠ 경영자
위험부담	단독 무한책임	형태 및 출자에 따른 유한책임
장 점	• 소자본으로 설립가능 • 간단한 창업과 폐업의 절차 • 경영자의 최선 • 개인에 의한 신속한 의사결정	• 자본조달 용이, 대자본 형성가능 • 대규모 사업에 적절 • 전문경영인을 통한 소유와 경영 분리가능 • 개인사정과 기업운명의 분리 • 인재확보와 성장에 유리
단 점	• 대규모사업에 부적절 • 개인사정이 기업운명 좌우 • 투자·차입 등 자본조달 능력한계 • 인재확보 어려움	• 초기 창업비용이 비교적 소요 • 조직화와 관리비용의 발생 • 복잡한 설립절차와 폐업절차 • 의사결정 지연(이사회 등 공동결정체계)
조 세	• 소득세 과세(6~35%) • 외형이 소규모인 경우에 절세 • 장부기장 등 상대적으로 덜 엄격	• 법인세와 소득세(10~20%) • 외형이 대규모인 경우에 유리 • 회계의 투명성, 엄격성 요구

1) 개인기업의 설립 방법

개인 기업을 설립하는 데는 별도의 상법적 절차가 필요치 않아 그 설립절차가 간편하고 휴·폐업이 비교적 간단하다. 개인기업을 창업하려면, 먼저 업종을 선정한 후 이에 대한 사업계획을 수립해 관할 세무서에 사업자등록을 신청해 사업자등록증을 교부받음으로써 사업을 개시할 수 있다. 다만, 그 업종이 정부의 인·허가사항이라면 먼저 해당 관청으로부터 인·허가를 얻어야 한다.

개인이 사업을 개시하고자 하면, 먼저 시작하고자 하는 해당 업종을 관할하는 주무부처의 법령에 의해 필요시 인·허가를 받은 다음에 사업개시일로부터 20일 이내에 관할세무서 민원봉사실에 사업자 등록신청서를 제출해 사업자등록증을 교부받아야 한다. 그리고 관할 세무서에서는 사업자등록 신청일로부터 14일 이내에 사업자등록번호가 기재된 사업자등록증을 교부한다.

2) 법인기업의 설립 방법

법인 경우는 설립절차가 상당히 까다로워 보통 법무사 같은 전문가에게 법인등록 서류를 대행시키는 것이 일반적이다. 그러나 아무리 등록서류를 대행시킨다 해도 반드시 창업자가 알고 있어야 하고 직접 해야 할 일이 몇 가지 있다.

법인설립 절차에 대해서는 좀 더 자세히 설명하면, 우선 법인에는 주식회사, 유한회사, 합명회사, 합자회사라는 네 가지 형태가 있지만, 현실적으로 등록되고 있는 법인형태의 대부분은 주식회사 형태이므로, 여기서는 주식회사의 설립절차에 대해서만 설명하도록 한다.

주식회사는 법인기업 중 가장 대표적인 형태이다. 주식회사를 설립하는 데는 발기설립과 모집설립이라는 두 가지 방법이 있다. 먼저 발기설립은 법원이 선임한 검사인이 법인설립 사항을 조사하고 법원에 그 결과를 보고해 법원이 필요한 조치를 취할 수 있도록 「상법」에 규정하고 있으므로, 설립절차가 다소 복잡하고 비용과 시간이 많이 드는 단점이 있기 때문에 대부분의 경우 모집설립 방법을 선호하고 있다.

주식회사란 자기가 인수한 주식의 금액을 한도로 회사에 대해 출자의무를 질 뿐 회사채권자에 대해는 전혀 책임을 지지 않는 사원(간접 유한책임 사원), 즉 주주로만 구성되는 회사를 말한다. 주식회사는 1인 이상의 발기인이 발기인 조합[6]을 구성해 「상법」이 정하는 바에 따라 정관작성, 주식인수 및 주금납입 등 일정한 절차를 거쳐 법원에 설립등기를 함으로써 설립된다.

주식회사는 전형적인 자본단체로서, 회사의 소유와 경영이 분리되는 현상이 가장 뚜렷하다. 즉, 주식회사는 주주의 변동이 회사의 존재 및 경영에 미치는 영향이 가장 적은 기업형태로서 항구적인 사업을 경영하기 위해 흔히 이용된다. 주식회사는 주주의 지분이 주식으로 세분화돼 그 양도가 자유로워 주주는 언제든지 주식의 양도로써 투자한 자본을 용이하게 회수할 수 있다. 주주는 유한책임을 지기 때문에 회사가 해산하는 경우, 종국에 가서 주식을 포기함으로써 더 이상의 책임을 지지 않으므로 오늘날 주식회사는 합리적인 투자 대상이 되고 있다.

따라서 기업을 설립하고자 하는 경우에 약간은 복잡한 절차가 수행되지만, 주식회사를 설립하는 것이 여러모로 유리하다. 주식회사는 주식과 사채를 발행해 불특정 다수인으로부터 큰 자본을 조달할 수 있어 회사설립 후 지속적인 성장을 위해서는 주식회사로 설립하는 것이 유리하다. 우리나라에서는 보통 법인을 주식회사로 이해하는 경우가 많다. 그 이유는 법인을 설립한다고 하면 대부분 주식회사를 설립하기 때문이며, 통상적으로 법인이 개인기업보다 유리한 점이 많기 때문에 최근에는 주식회사를 설립하는 경향이 높다.

6) 발기인은 설립을 기획하고 절차를 진행하는 주관자이다. 발기인의 수는 종래 3인 이상이었는데 2001년 「상법」의 개정으로 1인 이상으로 변경되었다. 한편, 발기인의 자격에는 특별한 제한이 없다. 법인도 발기인이 될 수 있으며, 미성년자도 발기인이 될 수 있다. 여기서 법인(주식회사)이 발기인이 되는 경우란 모(母)회사가 자(子)회사를 설립하는 경우에 활용된다. 즉, 모회사 자신이 발기인이 되고 자본금도 출자해 별도 법인을 설립하는 형태이다. 한편, 미성년자도 발기인이 될 수 있는 바, 이 경우에는 그 부모가 미성년자를 대리해 회사설립에 필요한 절차를 밟는다.

3.3.2 사업장(공장)의 선정 및 공장설립 승인

제조업 창업 시 공장이 필요할 경우 공장을 설립할 수 있는 지역은 국가공단, 지방산업단지, 농공단지와 같이 공장을 건설하기 위해 국가, 지방자체단체 등에서 조성해 놓은 **계획입지** 같은 지역이나, 「국토이용관리법」 및 「도시계획법」상으로 세분된 개별적인 용도지역·용도지구 중 공장설치가 허용되는 **개별입지**와 같은 지역이다.

계획입지는 산업입지 및 개발에 관한 법률에서 정한 목적(국가공단은 국가기간산업 육성분야, 지방산업단지는 지역개발 분야, 농공단지는 농어촌 지역개발분야 등)에 부합할 경우 신청해 입주할 수 있다. **개별입지**일 경우 공장설립이 허용되는 지역인가의 여부를 확인하기 위해서는 해당 군청의 국토이용계획 확인원, 지적 공부 또는 해당 시청의 도시계획 확인원의 열람을 신청해 알 수 있다.

표 3-24 계획입지와 개별입지의 장·단점

구분	계획입지	개별입지
장점	• 대규모 단지조성에 따른 산업기반시설, 생활편의시설, 동력, 용수, 수송 등의 지원이 양호 • 공해배출업소의 입주가 용이하고 공장설립허가 절차가 간소함	• 원하는 시기와 장소에 원하는 규모로 공장 건축 가능 • 공장용지의 처분과 사업 확장 시 공장 증축이 용이 • 업종의 제약이 심하지 않고 상대적으로 저렴한 금액으로 부지확보 가능
단점	• 선분양 후 입주 방식으로 적기에 공장 확보가 어려움 • 분양공단이 지역별로 불균형하게 분포돼 있어 적소에 공장을 건축하기가 어려움 • 구획된 단지이므로 입주하면 사업 확장에 따른 공장 증축이 불가능 • 공장부지의 매각 등 처분에 제한을 받으며 입주업종에 대한 제약	• 공장설립허가 절차가 까다롭고 동력, 용수, 수송 등의 입지여건이 취약하며 산업기반시설, 생활편의 시설이 미약 • 계획입지에 비해 조세 및 금융 지원 등의 인센티브가 부족

그러나 정부에서는 중소기업 창업의 활성화를 도모하기 위해 공장설치가 허용되지 않는 지역에서도 중소기업 창업자로서 일정요건을 갖춘 경우에는 시·군·구청장으로부터 창업 사업계획을 승인받아 공장을 설립할 수 있도록 하고 있으며, 공장설립 절차도 간소화해주는 제도를 시행하고 있다.

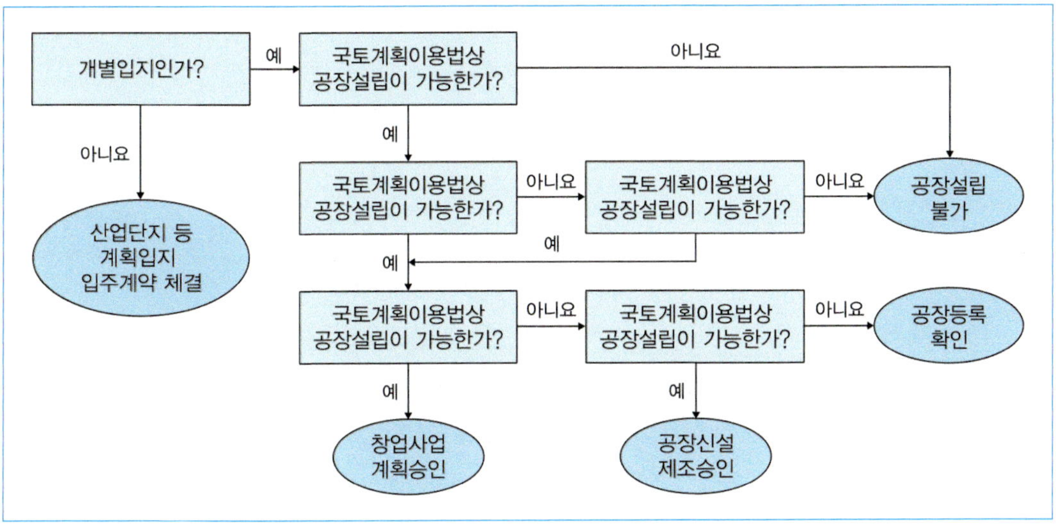

그림 3-8 (제조업 창업 시) 공장설립 가능여부 검토 프로세스

3.3.3 사업개시 및 경영관리 시작

1 사업개시 전 검토사항

앞에서 설명한 단계가 완료되면, 마지막으로 창업에 관련된 행정절차를 마무리해야 한다. 필요한 행정절차로는 부동산등기, 취업규칙신고, 사업장설치계획신고, 산업재해보험관계성립 및 의료보험조합 관련신고 등이 있다.

사업개시절차 및 개업 준비는 창업의 마무리 단계이다. 회사설립, 공장건축 및 생산설비 설치가 완료됨으로써 회사의 골격이 갖춰지게 된다. 창업하게 될 기업을 어떻게 운영할 것인가가 바로 개업 준비 절차에서 이행돼야 할 창업 절차이다. 개업 준비 절차에서는 본격적인 영업에 돌입하기 위해 필요한 관리·영업·생산직 직원을 충원하고 훈련 교육하는 일에서부터 체계적인 조직의 구성으로 이어진다. 이러한 것을 자세히 살펴보면 아래와 같다.

- ❑ **생산 분야** : 회사실정에 맞는 조직이 구성되면 각 분야별로 생산파트에서는 원·부자재 조달, 생산설비 시운전 및 시제품 생산과정을 거친 후, 본격적인 생산에 돌입해야 한다. 그리고 공장등록, 공장설립완료 보고, 부동산 등기 등의 절차도 이행해야 한다.

- ❑ **관리 분야** : 관리 분야의 업무는 급여규정, 회계규정 등 각종 회사내규의 제정, 업무에 필요한 각종 장표와 서식 제정과 더불어 직원연수도 집중적으로 실시해야 한다. 대외기관에 신고해야 할 각종사규, 즉 취업규칙신고, 사업장 설치 계획신고, 산업재해보험관계 성립신고, 그리고 기타 대외기관 신고 등을 이행해야 한다.

- ❑ **영업 분야** : 영업 분야의 업무내용은 영업체계의 확립, 시장개척 활동 및 시장조사 등을 병행해 실시함으로써 본격 영업에 대비해 자사제품을 홍보하고 소비자 반응을 체크해 제품의 성공가능성을 타진해보는 등 보다 더 좋은 제품으로 발전해갈 수 있도록 다양한 측면에서 소비자 반응을 살피는 일이 중요하다. 그리고 영업사원에 대한 정신교육과 더불어 영업직에 대한 자긍심 제고 노력 및 영업직 직원에 대한 연수도 병행해 실시하는 것이 필요하다.

2 사업개시일

제조업의 경우 사업장별로 재화의 제조를 개시한 날이며, 광업의 경우에는 광물의 채취. 채광을 개시한 날이고, 기타 사업의 경우에는 재화와 용역의 공급을 개시한 날이다. 사업자등록은 사업장 소재지 관할세무서 민원봉사실에 신청을 하면 세무서에서는 신청서를 선별해 외판업, 중기, 화물, 용달, 택시사업자와 대리, 중개주선업 등의 사업자에 대해서는 즉시 발급한다.

기타 사업자에 대해는 해당 과에서 신청사항을 확인한 후 발급해 민원봉사실에서 우송 또는 직접 교부하게 된다. 사업자 등록을 하면 사업자등록번호가 나오게 되는데 이 사업자등록번호는 모든 상거래에 있어 그 사업체를 거래 시마다 표시해 사용되는 고유번호이다.

3 사업시작 전 등록가능

모든 사업자는 사업 개시일로부터 20일 이내에 사업자등록을 해야 하며 등록 시 부여받은 사업자등록번호를 사용해 세금계산서를 주고받아 납부 또는 환급세액의 계산도 하게 된다. 그러나 사업자가 사업을 개시하기 전에 상품을 구입하거나 시설투자를 하고자 하는 경우 상품매입 시 부담한 부가가치세를 환급받으려면 사업을 개시하기 전에 사업자등록을 해 매입계산서를 교부받는 것이 유리하다. 이때에는 사업을 개시할 것이 객관적으로 확인돼야 사업자등록증이 교부된다.

사업자등록은 사업장마다 해야 하며 사업장이라 함은 사업자 또는 그 사용인이 상시 주재해 거래의 전부 또는 일부를 행하는 장소를 말한다. 법인의 경우 법인의 본점, 지점 모두 사업자등록을 해야 하고 개인도 사업장이 2개 이상 있을 때에는 사업장마다 사업자등록을 해야 하며 직매장도 사업자등록을 해야 한다.

여기서 사업자등록 신청서 작성 시에 해당되는 사업자의 유형 중 부가가치세가 과세되는 사업자의 유형은 매출액의 규모에 따라 일반과세자, 간이과세자, 과세특례자로 구분된다.

제2부

스타트업 창업 실전

제 4 장

스타트업 비즈니스 모델 설계

The Fourth Industrial Revolution & Startup

사업아이디어 내지는 창업아이템을 어렵게 발굴했지만, 아이디어·아이템만으로는 돈을 벌 수 없다. 수익을 창출하기 위해서는 창업아이템을 가지고 사업화할 수 있는지를 검토해 방법을 찾아내야 한다. 즉, 비즈니스 모델(BM: Business Model)을 설계해야 한다. 본 장에서는 BM의 의미와 중요성, 구성요소 등을 살펴보고 비즈니스 모델 캔버스(BMC: Business Model Canvas)를 직접 작성하면서 BM을 활용하는 방법을 배운다.

4.1 비즈니스 모델의 정의 및 중요성

비즈니스 모델(BM)이란 용어는 1990년 후반 인터넷닷컴 기업[1)]들이 인터넷 상에서 독특한 사업아이디어를 내, 이를 웹상에서 운영하는 것을 특허 출원하기 시작하면서 널리 쓰이게 됐다. 미국 프라이스라인(Priceline)과 아마존(Amazon)이 각각 특허를 출원한 '역경매'와 '원클릭 서비스'가 대표적인 예라 할 수 있다. 사업아이디어가 중시되는 인터넷닷컴 기업의 특성상 많은 기업이 다른 업체의 모방을 사전에 차단하기 위해 앞다퉈 BM 특허 출원을 내고 있으나, 그 대상을 어디까지로 규정할 것인가 등에 대해서는 여전히 논란의 여지가 많다.

이같이 BM은 인터넷과 정보통신기술(ICT)의 발전을 배경으로 인터넷닷컴 기업이 출현하기 시작하면서 비즈니스 실무에서 확산된 개념이다. 인터넷닷컴 기업은 전통적인 오프라인 기업과 비교해 가치와 수익을 창출하는 방식이 근본적으로 달라 이러한 차이를 BM이라는 용어로 설명하였다. 이후 BM은 新제품이나 新기술 없이도 기존 자원을 새롭게 재구성해 **차별화된 사업모델**을 의미하는 개념으로 사용되고 있다. 하지만 BM의 의미가 다양하게 해석되고 있어 개념에 대한 보다 정확한 이해가 필요하다.

전통적인 시장에서 인터넷과 ICT를 적극 활용한 다양한 기능을 통해 새로운 소비자를 끌어들인 아마존의 사례에서처럼 BM은 중요한 역할을 한다. BM을 통해 기존 기업은 경쟁우위에 설 수 있는 기회를 가지고, 창업을 계획하고 있는 스타트업은 치열한 경쟁 환경에서 생존할 수 있는 기회를 찾을 수 있다.

1) 이는 인터넷 사업을 주로 하는 기업을 말하는데, 인터넷 주소의 끝에 .com이 붙는다해 생긴 이름이다.

4.1.1 비즈니스 모델의 정의

많은 학자들이 BM에 대해 연구하고 논쟁한 결과를 종합하면 BM은 사업아이디어를 가지고, 어느 시장에서, 누구에게, 어떤 가치를 어떤 방법으로 전달하고 어떻게 수익을 창출할 것인지에 대한 전반적인 방향과 방법이라 할 수 있다. 즉 이는 가치를 창조하고 전파해 어떻게 수익으로 변환하는지를 체계적으로 묘사하는 것이라 말할 수 있다. 좀 더 쉽게 설명하면 돈을 버는 메커니즘(mechanism)의 핵심을 기술하는 것인데, 바로 이 부분에서 수많은 모호성이 존재한다. 수익을 창출하는 메커니즘에 대한 범위와 정도가 제각각 다르기 때문이다.

BM은 상업의 역사와 함께 시작됐다. 미국 경영학자인 피터 드러커(Peter Drucker)는 BM은 한마디로 기업이 갖고 있는 수익 창출을 위한 가설로 정의했다. 보다 과학적 BM의 개념은 1998년 폴 티머스(Paul Timmers)가 정립했다. 그에 따르면 BM이란 상품, 서비스, 정보의 흐름 등을 엮어내는 사고의 틀이다. 이러한 사고의 틀에는 사업을 영위하는 광범위한 이해당사자들의 역할과 잠재적 이익 가능성, 매출의 원천 등이 담겨 있다. BM의 핵심 기능은 아래와 같이 크게 두 가지이다.

첫째, **가치 창출**(value creation)이다. 가치 창출이란 순(純)가치를 창출하는 새로운 상품이나 서비스를 만드는 일련의 기업 활동을 뜻한다.

둘째, **가치 획득**(value capture)이다. BM을 실현하는 기업 활동을 통해 가치를 획득하는 것이다.

BM의 요소로는 다양한 의견이 있다. 개방혁신이론으로 유명한 UC버클리대학교 헨리 체스브로(Henry Chesbrough) 교수는 BM의 요소로 여섯 가지를 제시하고 있다.

- ❑ **가치명제** : 상품과 서비스를 통해 고객에게 창출하는 가치
- ❑ **세분시장** : 상품과 서비스를 제공하는 대상
- ❑ **가치사슬**(value chain) : 제품과 서비스를 생산하고 제공하는데 필요한 과정과 기업의 포지션(position)을 보완하는 자산
- ❑ **비용구조와 수익 잠재력** : 기업의 수익 창출 메커니즘을 명시하고 생산 비용과 판매 수익 추정

- ❑ **가치 네트워크** : 공급자, 고객, 파트너, 경쟁자 등으로 구성된 생태계(해당 기업 포지션 포함)
- ❑ **경쟁 전략** : 경쟁 우위를 유지하는 전략

또한, 파괴적 혁신이론으로 유명한 하버드대학 클레이튼 크리스텐슨(Clayton Christensen) 교수를 비롯한 그의 동료들은 혁신적 BM의 구성요소를 아래와 같이 네 가지로 제안하고 있다.

- ❑ **고객 가치제안**(customer value proposition) : 고객이 누구인지, 어떤 문제를 해결하려 하는지, 구체적으로 무엇을 고객에 제공해 편익을 증가시킬지 고려
- ❑ **수익 공식**(profit formula) : 어떻게 매출을 발생시키는지, 원가의 구조와 마진(margin) 폭은 어떠한지, 원하는 매출 규모를 달성하기 위해 재고, 납기, 자산 회전 등 기업 활동은 어떻게 해야 하는지 고려
- ❑ **핵심자원**(key resources) : 수익성을 위해 필요한 인력, 기술, 특허, 채널, 파트너십, 제휴, 브랜드 등 기업 내·외부의 유무형 자원
- ❑ **핵심 프로세스**(key process) : BM을 실행할 때 발생하는 문제와 해결책, 그리고 BM이 반복, 지속가능, 수익성, 규모를 갖추기 위해 필요한 행동양식, 규범, 마케팅 방법, 채널 관리, 생산 공정, 평가요소, 사내관행, 문화 등 프로세스

BM 내비게이터를 제안한 올리버 가스만(Oliver Gassmann)과 그의 동료들은 이러한 구성요소를 아래와 같은 질문으로 구체화하고 있다.

- ❑ 누구에게 파는가? **고객** : 목표 고객은 누구인가, 핵심대상
- ❑ 무엇을 파는가? **가치제안** : 고객에 제공하는 것은 무엇인가, 상품과 서비스
- ❑ 어떻게 파는가? **가치사슬** : 가치가 생성되는 과정을 어떻게 만들 것인가, 프로세스와 활동

결론적으로 종합하면, 비즈니스 모델(BM)이란 고객, 상품과 서비스, 가치, 비용과 수익을 관리하는 수익 공식, 생산·유통·판매에 필요한 가치사슬, 가치사슬에서 해당 기업의 포지션, 가치사슬을 작동시키고 포지션을 유지하기 위한 지원과 프로세스, 경쟁을 유지하기 위한 전략 등을 포함하는 사고 틀을 의미한다.

4.1.2 스타트업 창업에 있어서 비즈니스 모델의 의미

앞서 우리는 3장에서 사업아이디어·창업아이템을 도출하는 방법을 학습하였다. 새로운 사업아이디어·창업아이템만으로는 수익을 창출할 수 없다. 따라서 사업아이디어·창업아이템을 기반으로 수익을 창출할 수 있는 구체적인 방법을 설계해야 한다. 수익창출 방법은 설계의 필요성을 집을 짓는 것에 비유해 설명하면 이해가 쉬울 것이다.

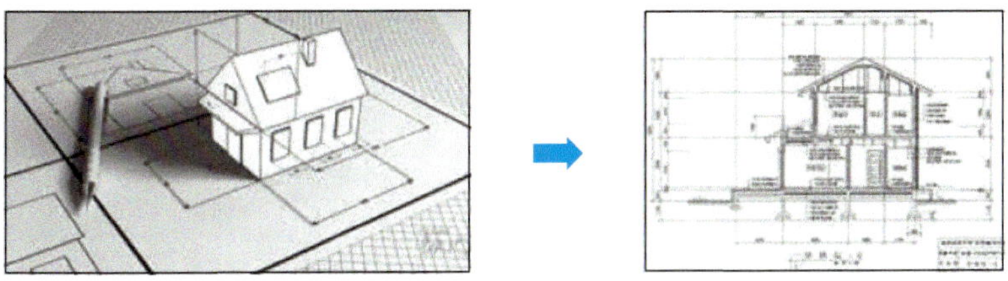

〈기본 설계〉 〈상세 설계〉

그림 4-1 건축 시 기본 설계와 상세 설계의 차이

새로운 집을 짓고자 할 때, 건축가는 고객이 원하는 요구사항을 들은 뒤 기본 설계를 한다. 기본 설계를 고객에게 보여준 뒤 고객의 요구사항이 충분히 반영되었는지, 추가로 필요한 사항은 없는지, 수정·보완해야 할 사항은 없는지 검토한 후 최종안을 확정한다. 이후에는 최종안을 토대로 자세히 설계해 실제 집을 건축하는 단계로 발전한다. 만약 설계도 없이 집을 짓는다면 어떻게 될까? 그렇게 완성된 집은 고객이 원하는 바를 누락했거나, 얼마 지나지 않아 문제가 발생하기도 하고, 심각한 경우에는 붕괴될 수도 있다.

그림 4-2 설계가 잘못된 경우의 실패

즉, 비즈니스 모델(BM)은 집에 대한 기본 설계와 같은 역할을 한다. 사업아이디어를 토대로 어떻게 수익을 창출할 수 있는지에 대한 기본 설계를 통해 수익모델에 대한 구체성을 향상시키고, 부족하거나 미처 파악하지 못한 부분을 보완해 수익 창출을 위한 구체적인 모습을 그릴 수 있다. 기본 설계 없이 집을 지을 때 자칫 붕괴될 수 있듯이, BM 없이 사업을 시작하면 실패할 가능성은 그만큼 높아진다.

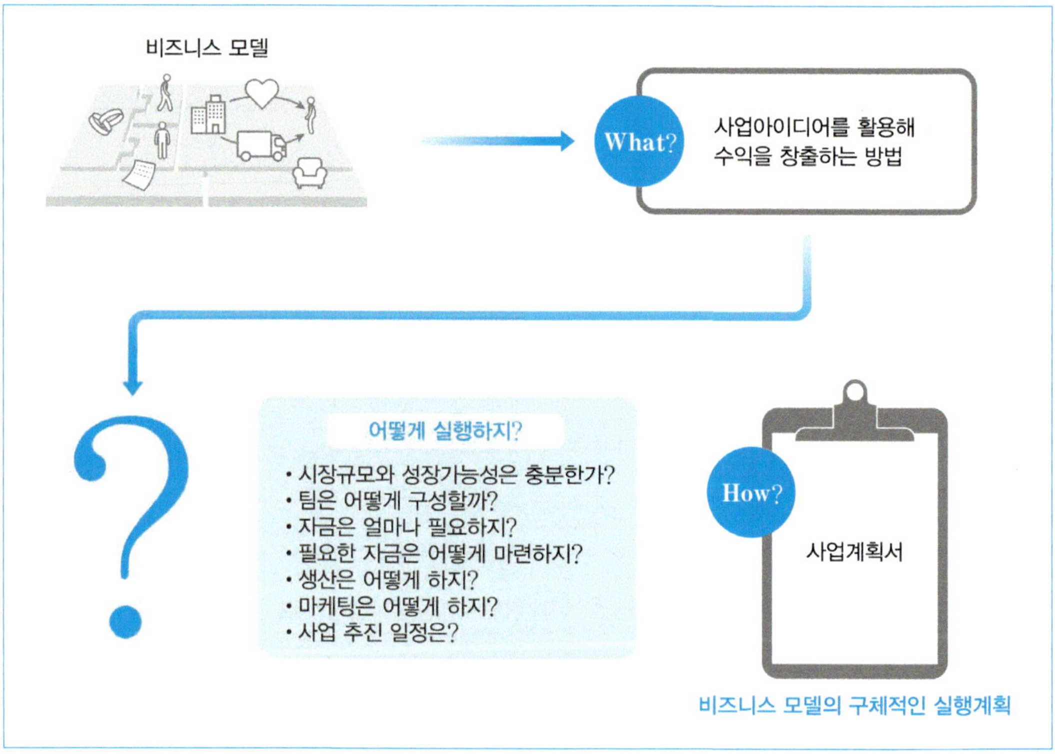

그림 4-3 비즈니스 모델과 사업계획서의 차이

이와 같이 BM은 사업아이디어를 활용해 수익을 창출하는 방법을 설계해 'What is the profit model?'에 대한 답을 제시하는 것인 반면, 사업계획서는 'How to execute the business model?'과 같이 BM의 구체적인 실행계획을 수립하는 것이다.

4.1.3 비즈니스 모델의 중요성

많은 사람들이 흔히 비즈니스 모델(BM)과 사업계획서를 혼동하고 있다. 사실 BM은 사업계획서와 구별돼야 한다. 사업계획서는 대개 50~100여 페이지 분량의 상세한 문서로서, 재무적 예측자료 등이 포함돼있다. 새롭게 창업을 구상하고 있다면 전체 사업의 개요 및 사업계획을 되도록 구체적으로 기술해야 한다.

예를 들면, 은행에서 대출을 신청하면, 금융기관에서는 사업계획서를 요구하게 된다. 금융기관 측에서는 대출 신청자가 추후 대출금을 상환할 수 있는 능력이 있는지를 평가하기 위해서 상세한 자료를 요청한다. 이에 비해, BM은 훨씬 압축적이고 상세한 내용을 담기보다는 핵심적인 내용을 간략하게 표현한다. 하지만 BM은 기업이 수익을 창출하기 위한 구체적 방법을 서술해야 한다.

사업계획서가 서류 형태로 작성이 된다면, BM은 누구든지 쉽게 기억할 수 있을 정도로 충분히 작은 개념으로 표현해야 한다. BM이 만일 서류로 작성이 된다면, 한 페이지면 족하며, 여러 마디의 말보다는 하나의 그림으로 표현되는 것이 적합하다.

또한, 기업이 초기에 수립한 BM로는 지속적으로 수익을 창출할 수 없다. 수익의 원천은 고객인데 고객의 가치는 끊임없이 변화한다. 기존의 수익모델은 고객의 가치변화, 경쟁기업의 출현과 함께 새로운 수익모델을 찾지 않으면 도태될 수밖에 없다. 따라서 기업은 고객의 가치를 창조할 수 있는 새로운 수익모델의 지속적인 개발이 이뤄질 때만이 지속적인 성장이 가능하다.

4.1.4 비즈니스 모델의 기대효과

비즈니스 모델(BM)은 아이디어·아이템을 활용해 어떻게 수익을 창출할 것인지에 대한 사업 모델을 설계함으로써 수익 창출을 위한 기존 구조와 기능을 이해하는데 도움을 준다. 보다 구체적으로 BM의 기대효과를 아래와 같이 살펴볼 수 있다.

1 기업에 새로운 경쟁력 제공

IBM이 2006년 全세계의 글로벌 CEO를 대상으로 경영성과에 가장 큰 영향을 미치는 경영혁신이 무엇인지 설문조사를 실시한 결과, BM 혁신이 가장 중요한 것으로 나타냈다. 즉, 기업의 경쟁력과 성과는 BM 자체를 혁신적으로 변화시킬 때 극대화될 수 있음을 확인할 수 있다.

인터넷과 ICT의 발달에 따라, 기존 전통적인 업종에서 새로운 BM을 적용한 기업이 강자로 부상하는 경우를 자주 볼 수 있다. 아마존은 서점에서 책을 사던 방식을 온라인으로 구매하는 BM으로 전환함으로써 세계적인 기업으로 성장하였고, 넷플릭스(Netflix)는 영화를 비디오대여점에서 빌려보던 방식에서 온라인 주문방식으로 전환한 BM을 제시한 결과, 미국 최고의 비디오 대여점인 블록버스터(Blockbuster) 비디오를 제치고 새로운 강자로 부상하였다. 아마존과 넷플릭스가 고객으로부터 호응을 얻고 성공할 수 있었던 비결은 고객들이 원하는 서비스와 가치제안을 제공했기 때문이다.

즉 고객들은 번거롭게 서점이나 비디오대여점에 가는 것보다 집에서 편리하게 주문하고 저렴한 가격에 상품을 받아보기를 원하였다. 아마존과 넷플릭스는 고객이 원하는 가치를 정확히 파악하고 그에 상응하는 상품과 서비스를 제공하는 BM을 개발한 결과 성공할 수 있었다. 국내도 오프라인에 온라인을 접목한 BM이 다양하게 나타나고 있다.

2 고객지향적인 제품과 서비스 개발 가능

BM의 본질 중 하나는 바로 제품이나 서비스가 아니라, 고객과 시장이라는 점이다. 창업자가 제품이나 서비스에 집착하는 이유는 초기 창업아이템에 집착하기 때문이다. 고객과 시장이 원하는 제품이나 서비스를 고민하기 보다는 본인이 발굴한 창업아이템을 얼마나 빨리 상용화하는지에 관심이 많기 때문이다.

즉, 창업자의 경우 자신이 보유한 특허와 기술에 몰입한 나머지, 고객이 원하고 시장이 요구하는 고객 및 시장지향적인 상품과 서비스를 개발하기보다는, 자신이 보유한 기술을 구현하거나 문제해결 중심으로 개발하기 쉽다. 결국 고객과 시장에서 외면당하고 실패하게 된다. BM은 이와 같은 문제를 해결하고 창업자가 고객지향적인 제품과 서비스를 개발하는데 도움이 된다.

4

3 창업환경의 불확실성 완화

창업 초기에는 많은 불확실성이 존재한다. 나름대로 꼼꼼하게 준비했다 하더라도 막상 창업에 도전하면, 생각하지도 못했던 상황이 벌어지고 예측은 번번이 벗어나기 마련이다. 따라서 BM을 수립해 창업 초기의 불확실성을 최소화할 필요가 있다.

하버드 비즈니스 리뷰(Harvard Business Review)의 「불확실성 경영」이란 주제로 발간된 경영학술지에서 불확실성 단계를 4단계로 구분하였다. 미래에 대한 전망이 확실한 1단계부터, 소수의 대안이 예측 가능한 2단계, 다수의 대안이 예측 가능한 3단계, 미래 전망이 불확실한 4단계로 구분된다. 대부분의 창업환경이 3단계 또는 4단계의 불확실성을 갖고 있기 때문에, BM 수립을 통해 확실성을 줄이고 예측 가능성을 높일 필요가 있다.

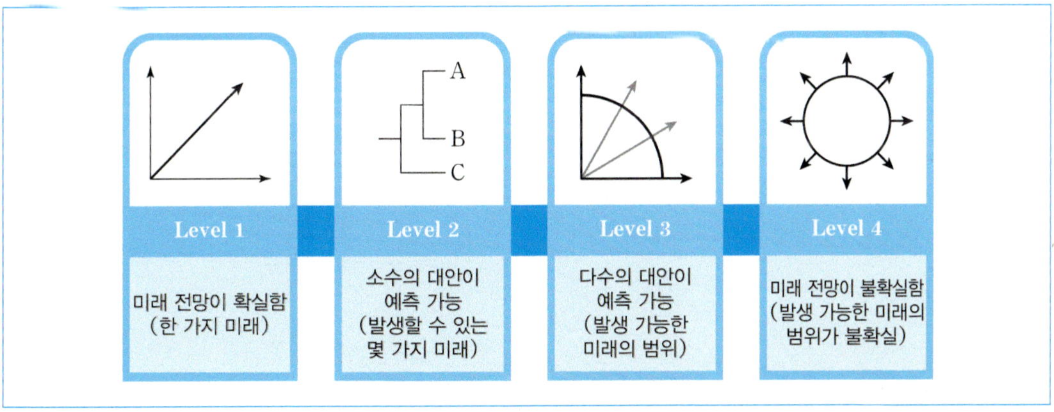

그림 4-4 불확실성의 4단계

아마존 창업자 제프 베조스(Jeff Bezos)에 따르면, 초기에 수립한 BM이 그대로 진행되는 경우는 거의 없다고 한다. 이 말은 아무리 초창기 아이디어가 좋고 분명히 성공할 것처럼 보이지만, 제품 출시 후 실제 성공 확률은 높지 않다는 것이다. 애플이 처음부터 아이폰(iPhone)을 만든 것이 아니라, 처음에는 모토로라(motorola)와 공동으로 '락커(Rokr)'라는 휴대폰을 만들었다. 하지만 참패했고 이를 교훈삼아 아이폰이라는 빅 히트(big hit)를 낼 수 있었다.

페이팔(Paypal)의 경우도 마찬가지다. 페이팔의 창업자 맥스 레브친(Max Levchin)과 피터 시엘(Peter Thiel)이 창업 후에 처음부터 결제시스템을 만든 것은 아니었다. 그들은 창업 초기에 PDA(<u>P</u>ersonal <u>D</u>igital <u>A</u>ssistants, 개인용 정보단말기) 등에 정보를 안전하게 저장할 수 있는 보안 소프트웨어를 만들었고 보기 좋게 실패했다. 하지만 그 과정에서 온라인상으로 돈을 안전하게 저장하고 전송하는 새로운 아이디어의 가능성을 발견하게 돼 성공했다. 트위터(Twitter)도 원래는 팟캐스탱(podcasting) 서비스에 실패한 이후 새로운 기능을 발견하는 과정에서 우연히 생겨났다.

기업의 세계는 불확실성이 지배한다. 아무리 자신의 아이디어에 대한 확신이 있어도 외생 변수가 너무나 많기 때문에 실패할 확률이 높다. 불확실성을 이기는 것은 현명한 시행착오다. 새로운 아이디어가 나오고 이에 대한 시장성의 가설이 세워진다면 MVP(<u>M</u>inimum <u>V</u>iable <u>P</u>roduct, 최소실행가능제품)[2]을 빠르게 출시해 고객들의 반응을 본 후 지속적인 피드백(feedback)을 통해 시장에 최적의 상품을 만드는 경영전략이 꼭 필요하다.

2) '제5장 린 스타트업 실전' 참조.

4.2 비즈니스 모델의 구성요소

성공적인 비즈니스 모델(BM)을 수립하기 위해서는 많은 고객을 유인할 수 있어야 되며, 이를 수익과 연결시킬 수 있을 때 경쟁력 있는 BM이 수립된다. 또한, 가치창출을 위한 활동들이 선순환적인 구조를 형성해 경쟁자들이 쉽게 모방할 수 없게 설계가 돼야지 지속성을 확보할 수 있다. BM은 경쟁력이 있어야 한다. 과연 경쟁력 있는 BM은 어떤 요소로 구성돼 있을까? 학자마다 그 구성요소를 조금씩 달리 제시하고 있는데, 가장 일반적으로 설명하면 **경쟁력 요소**와 **지속성 요소**로 구분할 수 있다.

먼저, 치열한 경쟁 환경에서 생존하기 위해서는 경쟁력 있는 요소가 필수적이다. 경쟁력 요소는 크게 고객에게 차별화된 명확한 가치를 제안할 수 있는지, 수익을 창출할 수 있는 메커니즘이 있는 지로 구분된다. 하지만 경쟁력 있는 요소라도 어느 정도 기간이 지나면 경쟁회사가 모방 또는 추월함에 따라 경쟁우위는 사라지고 경쟁에서 도태될 수 있다. 따라서 경쟁력 요소를 얼마나 지속가능하게 유지할 수 있는가 하는 점이 중요하다.

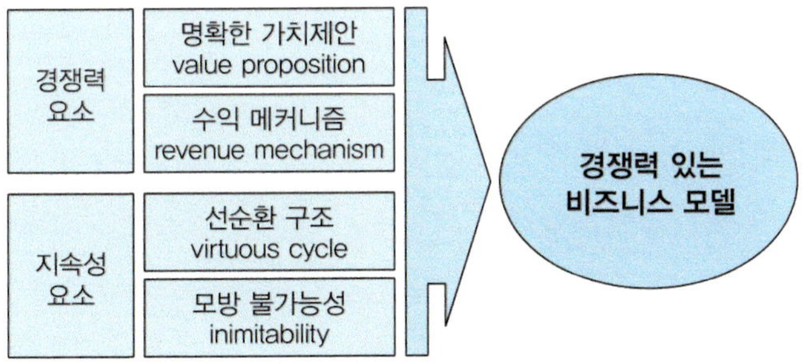

그림 4-5 비즈니스 모델의 구성요소

4.2.1 명확한 가치제안

명확한 가치제안(value proposition)이란 제품이나 서비스 자체를 말하는 것이 아니라, 고객의 관점에서 문제를 해결하고 니즈(needs)를 충족시킬 수 있는 해결방안을 제공한다는 의미다.

고객이 원하는 가치는 여러 사회현상에 따라 변화되기 때문에 고객에게 점차 차별화될 수 있는 요소들을 강화시켜야 한다. 또한, 기존 시장 내에서 니즈가 충족되지 못하고 있는 고객 군(群)을 발굴해 가치제안 기회를 포착하는 것이 필요하다. 이와 더불어 가격과 제품의 품질 등의 이유로, 현재 제품 및 서비스를 사용하지 않고 있는 잠재고객을 발굴하는 것도 중요하다.

최근 몇 년간 ICT로 인해 용이해진 편의성과 낮은 가격 등이 핵심 고객가치로 더욱 각광받고 있다. 또한, 인터넷 新기술 활용의 확대로 인해서 그 동안 오프라인에서 해결하지 못한 개인들의 니즈에 맞춰 서비스를 제공하는 기업들이 점차 부상하고 있다. 일반적으로 명확한 가치제안을 위해서는 아래와 같은 세 가지의 요소가 선택돼야 한다.

- 목표 고객계층의 선택
- 주요 고객가치의 선택
- 독특한 차별적 능력의 선택

1 목표 고객계층의 선택

가치 군(群)을 개발하는데 있어 우선 결정해야 하는 요소는 목표 고객계층이다. 시장 기회를 신중하게 분석함으로써 기업이 경쟁력을 지닌 시장 계층을 발견할 수가 있다. 고객계층을 결정하는데 있어 고려해야 하는 주된 두 가지 사항은 **시장의 매력도**와 **기업의 시장 내 경쟁능력**이다.

우선 시장의 매력도는 여러 변수들이 복합적으로 작용하지만, 기본적으로 세 가지 요소들에 의해 좌우된다. 첫째 시장규모 및 성장률, 둘째 충족되지 않은 고객 니즈, 셋째 경쟁사의 부재 혹은 약세이다. 반면, 특정 고객계층 내에서 기업이 경쟁할 수 있는 능력은 얼마나 고객가치를 뒷받침할 만한 기업의 비즈니스 핵심능력이 경쟁사에 비해 얼마나 우수한지를 고려함으로써 평가할 수가 있다.

2 주요 고객가치의 선택

가치제안이나 가치 군을 선정하는데 있어 두 번째 단계는 타깃(target) 고객계층에서 제공되는 주요 가치나 혜택을 결정하는 것이다. 일반적으로 오프라인 마케팅에서는 기업이 한 두 개의 핵심 고객가치를 제공하는데 주력해야 하는 것으로 인식되고 있다. 가령, 볼보(Volvo) 자동차는 안전이란 가치를, 사우스웨스트(Southwest) 항공사는 편의성과 저가의 가치를 슬로건으로 내걸고 있는 것이 좋은 예라고 할 것이다.

이는 복수 가치를 추구할 경우 소비자들에게 혼돈을 줄 우려가 있고, 또 때에 따라서는 두 개의 가치가 상충하는 경우가 발생할 수 있기 때문이다. 예를 들어, 신속배달과 낮은 가격을 주된 가치로 추구한다고 할 때, 두 가지 모두 충족시키기가 어려워 결국 두 부문에서 중간에 머무르고 마는 사례를 종종 찾아볼 수가 있다.

3 독특한 차별적 능력의 선택

가치제안의 세 번째 요소는 특정 기업이 단수 혹은 복수의 고객가치를 경쟁사보다 훨씬 더 탁월하게 제공할 수 있는지에 대한 강력한 논리적 대응이다. 따라서 앞의 두 가지 요소들에 비해, 이 차별적 능력의 선택은 기업 외부보다는 타깃 고객가치의 탁월한 제공을 가능케 하는 기업내부 및 협력사 관련 요인들과 관련이 깊다

흔히 이들 요소를 일컬어 **핵심능력**이라고 한다. 여기서 주요 이슈는 이들 핵심능력이 가치제안을 구성하는 주요 고객가치와 직접적으로 연관돼 있는지의 여부이다. 핵심능력은 크게 유형자산(장소), 무형자산(브랜드네임) 및 조직 업무수행능력(공급망관리) 등을 포함한다.

4.2.2 수익 메커니즘

수익 메커니즘(revenue mechanism)이란 기업이 비즈니스를 통해 수입을 발생시키고, 이윤을 내며, 또 투자 자본에 대해 높은 수익을 낼 수 있는 방법을 뜻한다. 기업은 이윤 하나로만 성공적인 기업이 될 수 없으며, 이윤을 발생시키고 투자 자본에 대해 투자대안들보다는 더 높은 수익을 내야만 성공적인 기업이 될 수 있고 또 생존할 수가 있다.

가령, 소매점에서 소비자에게 TV 제품을 판매한다고 할 때, 원가보다 더 높은 가격에 판매함으로써 이윤을 발생시키게 된다. 그런데 소매점이 처음 사업을 시작할 때에 초기자본이 있어야 공급사로부터 제품도 구매하고 매장시설도 설치하고 또 직원도 고용할 수가 있는데, 이 초기자본은 흔히 은행에서 차용하거나 다른 방법을 통해 동원되는 자금이다. 사업을 운영하며 발생되는 이윤은 이러한 투자 자본에 대한 수익으로 간주되며, 이러한 수익은 부동산투자, 주식투자 등 다른 투자대안의 수익보다는 더 높아야 한다.

고객가치가 창출되었더라도 이를 효과적으로 수익과 연결시키지 못한다면 BM은 성공할 수 없기 때문에 단순한 제품 판매를 통해 대금을 회수하는 도식적 구도에서 벗어나서 다양한 방식의 수익 획득을 위한 메커니즘이 필요하다.

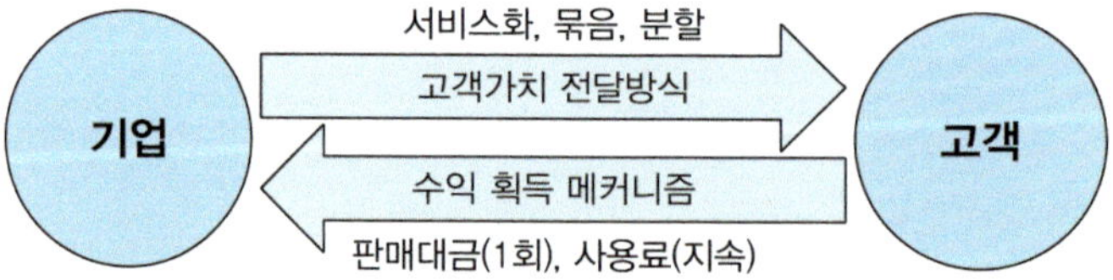

그림 4-6 고객가치 전달방식과 수익 획득 메커니즘 관계

위 그림 4-6와 같이 기업과 고객 간의 관계에서 기업이 고객에게 전달하는 가치 전달방식과 고객을 통해 수익을 획득할 수 있는 메커니즘의 다변화가 필요하다. 상품 판매에서 서비스로의 전환은 대표적으로 건설용 공구업체 힐티(Hilti)를 예를 들 수 있다. 힐티는 이러한 공구 사용자들의 니즈를 반영해 사물인터넷(IoT), 블루투스(bluetooth) 등을 결합해 공구의 분실은 물론 현재 공구의 상태까지 모니터링해주는 앱 서비스를 제공하고 있다.

또 다른 사례로 묶음제품의 가격을 차별화한 경우인데, 면도기-면도날을 분리해 면도기는 높은 가격에 책정하고 면도날은 낮은 가격을 책정해 수익 획득과 매출 확대의 역할을 분리함으로써 새로운 수익 메커니즘을 만들었다. 기능과 서비스의 분할로 수익 메커니즘을 새롭게 만든 호주 저가항공 제트(Jet)는 기존에 묶음으로 제공하던 음식, 엔터테인먼트 등의 기내 서비스를 별도로 판매하는 차별화 전략으로 성공하였다. 그 외의 사례를 다음 표 4-1에서 확인할 수 있다.

4

표 4-1 가치 전달방식과 수익 메커니즘의 주요 유형

유형	내용	사례
상품의 서비스화	상품의 주요 핵심기능을 서비스 형태로 제공해 사용량을 기반으로 과금(pay-per-use)해 지속적인 수익 획득 흐름을 창출	힐티(건설용 공구), GE 에어크래프트엔진(비행기 엔진)
면도기-면도날	하나의 제품을 완성하기 위해 두 가지 형태의 결합되었을 때 완성품이 되는 제품을 만들어 주력 제품의 가격은 낮게 책정해 매출 규모를 늘리고, 부속 소모품의 가격은 높게 책정해 수익을 획득	질레트(면도기), HP(프린트-잉크카트리지)
역 면도기-면도날	마진율이 높은 제품의 가격을 높게 책정해 수익률을 높이고, 사용가치를 높이는 부가제품·서비스의 가격은 낮게 유지	애플(아이팟-아이튠스)
프리미엄 (premium)	기존의 서비스는 무상으로 제공해 다수의 고객을 확보하고 업그레이드에 대한 비용을 추가 부과해 수익을 창출	스카이프(VolP), 어도비(S/W)
분할 (fractionalization)	묶음으로 제공하던 기능과 서비스를 나눠 제공하면서 별도 과금하거나, 한 제품에 대한 이용시간을 분할해 다수의 사람의 이용률을 높여 사용료를 분담	젯스타(서비스 분할), 넷젯츠(비행기 분할 소유)
양면시장	서비스를 이용하는 고객에게 직접적으로 이용료를 요구하지 않고, 광고주 등 제3자로부터 수익을 창출	구글 등

4.2.3 선순환 구조

선순환 구조(virtuous cycle)는 급변하는 시장과 고객 가치에 기업이 적시에 대응할 수 있도록 기업 내·외부 조직과 시스템을 효과적으로 설계하는 것을 말한다. 고객에게 신속하게 제품을 공급하고, 낮은 가격에 구매할 수 있도록 기업 공급망을 분리 또는 통합하는 것을 예로 들 수 있다.

고객들의 니즈는 시장의 급격한 변화에 따라 고객의 가치도 빠르게 변화되고 있어, 기업은 이에 발 빠르게 대응하기 위해서는 기업의 내부 가치사슬 활동과 외부기업을 포함하는 가치 네트워크의 효과적인 설계를 구축하는 것이 중요하다. 델(Dell)의 경우에는 낮은 원가, 신속성 확보를 위해 중간 유통과정을 생략했으며, 자사의 기획브랜드 상품을 직접 제조, 유통하는 전문 소매점인 갭(Gap)社의 경우에는 수시로 변하는 고객의 취향을 반영한 제품을 신속하게 출시하기 위해서 공급망을 통합하였다.

또한 외부기업을 효과적으로 활용하는 가치 네트워크도 경쟁우위를 제공할 수 있다. 세계적인 소비재(주로 의류) 물류·유통업체 리앤펑(Li & Fung)의 선진적인 SCM(Supply Chain Management)은 최근 공급망 트렌드를 반영하고 있다. 의류를 主아이템으로 성공적인 공급망 통제로 이윤을 창출하고 있다. 이 기업의 특징은 단 하나의 공장 없이 공급업체 관리를 통해서만 의류를 조달, 생산, 유통시킨다는 것이다.

일반적으로 제품의 수명주기가 짧아 변동이 심한 패션업계 같은 시장에서는 보다 적은 자산을 보유하는 게 더 좋다는 판단 때문이다. 현재 리앤펑은 全세계 1만 5,000개 공급기업과 고객社를 묶는 네트워크를 만들어 연 160억 달러의 매출을 기록하고 있다. 기존의 활동에 고객가치 실현을 위해 전략적으로 선택한 활동을 추가시켜 BM의 경쟁력을 강화하도록 설계하는 경우도 있다.

라이언에어(Ryanair)의 선순환 구조가 대표적이다. 이 저가 항공사는 대도시 주변 2급지 공항을 이용해 공항에 사용료를 내는 대신에 오히려 일정 금액을 받아 저가 모델을 강화해 성공한 경우이다. 라이언에어는 다른 항공사가 생각하지 못하는 파격적인 서비스와 제도를 통해 항공권 요금을 낮춰 환상적인 가격으로 승객들에게 장점을 부각시켜 홍보를 하고 있다. 하지만 그만큼 감춰진 수수료(가방에 별도의 사용료, 통로 쪽 좌석의 추가 요금 부과, 화장실 사용료)로 수익을 창출하고 있어 선순환 구조를 가지고 있다.

4.2.4 모방 불가능성

모방 불가능성(inimitability)이란 기업이 지속적으로 경쟁우위를 갖는 비즈니스 모델(BM)을 구축하는 것을 의미한다. 다른 기업이 BM을 모방할 수 없도록 구체적인 방어 전략을 구축하는 것이 필요하다. 예를 들면 BM 특허를 등록해 법적보호를 받는 것을 들 수 있다.

이처럼 기업이 지속적으로 경쟁우위를 갖는 BM을 구축하기 위해서는 타 기업의 BM 모방을 전략적으로 차단할 수 있는 방어전략 구축이 필요하다. 현재 자사의 장점을 극대화할 수 있는 BM을 설계한 후, BM 특허를 등록해 방어벽을 설치하는 것도 중요하다.

아마존(Amazon)이 대표적이 예이다. 아마존은 기존의 폭넓은 출판사 네트워크를 가지고 있었고 향후 고객의 만족도를 높이기 위해서는 책과 ICT의 융합이 필요하다고 판단해 ICT와 인프라를 가지고 있는 기업을 인수·합병해 전자책 '킨들(Kindle)'을 만들었다. 이처럼 아마존은 기존 출판사나 전자기기 제조기술을 보유한 전자업체가 모방하기 어렵게 만들었다.

하지만, 초기 창업기업의 경우 새롭게 설계한 BM을 특허를 등록해 방어벽을 구축하는 것은 어려울 수 있다. 이러한 경우에는 핵심 구성요소의 지속적인 진화를 통해서 기존 기업의 모방에 대응할 수 있다. 또한 이전 단계 모델에서 축적된 다양한 역량을 활용해 다음 단계로 진화를 거듭해 경쟁기업의 모방 의지를 꺾는 방식도 유효하다. 예를 들면, 애플이 '앱스토어(App Store)'를 통해 전성기를 누리는 것이 대표적인 예이다.

4.3 | 비즈니스 모델 적용

4.3.1 비즈니스 모델 캔버스의 의의

일반적으로 창업 초기에는 다양한 배경을 가지고 있는 사람들이 참여하게 된다. 각자의 전공이 다르고 경험도 다르다. 당연히 수익을 창출하는 방법에 대해서도 의견이 다를 수 있고 소통의 어려움에 직면할 수 있다. 따라서 각 구성원들이 비즈니스 모델(BM) 구성요소와 각 구성요소가 어떻게 유기적으로 연계돼, 차별화된 가치를 고객에게 제공할 수 있고 수익을 창출할 수 있는지를 쉽게 모델링(modeling)할 수 있는 도구가 필요하다.

사업구상에 있어서 가장 중요한 부분인 BM은 개념(concept)을 매우 쉽게 모든 사람이 이해할 수 있도록 만들어야 한다. 또한, 모두가 이해할 수 있는 합당한 흐름을 가지고 있어야 하는데, 실제로 쉬우면서도 누구나 이해할 수 있는 BM을 디자인하기는 어렵다.

이러한 이유로 단순하고 쉽게 4 영역 및 9 빌딩 블록(building blocks)을 바탕으로 실천적인 방법인 **비즈니스 모델 캔버스**(BMC: Business Model Canvas)가 만들어졌다. 이는 BM을 구성하는 핵심요인을 9개로 표현하기 때문에 나인캔버스(9 canvas)으로도 불린다. 나인캔버스는 알렉산더 오스터왈더(Alex Osterwalder)의 박사학위논문에서 탄생한 개념으로, 8년에 걸쳐 다양한 전문가로부터 피드백을 받아 완성돼, 오늘날 BM의 모델이 되었다.

즉, BM은 기업이 어떻게 돈을 버는지 보여주는 것이다. BMC는 비즈니스에 포함돼야 하는 9개의 주요 사업요소를 한눈에 볼 수 있도록 만든 그래픽 템플릿(graphic template)이다. 이처럼 이는 9개의 가장 중요한 비즈니스 영역으로 구성돼 있으며, 각 블록들의 유기적인 연결을 통해 어떻게 기업이 수익을 창출하는지 이해할 수 있도록 도와준다.

종합해 정리하면, BMC는 가치제안(기업이 제품 및 서비스를 통해 전달하고자 하는 것)을 중심으로 앞부분과 뒷부분으로 두 파트로 구성된다. 전반부는 기업의 가치가 어떻게 고객에게 전달되고, 어떻게 수익이 창출되는지를 보여준다. BM의 전반부는 주로 시장에서 고객에게 보이는 부분으로, 기업이 어떤 가치를 고객에게 전달하는지 그리고 그 가치를 어떻게 전달하고, 고객과 어떻게 관계를 맺어 가는지 등에 관해 생각할 수 있는 틀을 제공한다.

4.3.2 비즈니스 모델 캔버스의 구성

비즈니스 모델 캔버스(BMC)는 네 가지 영역과 아홉 가지의 빌딩 블록(building block)으로 구성돼 있다. 네 가지 영역은 제품에 대한 개념을 설명하는 '무엇을(what?)', 타깃 고객을 선정하기 위한 '누구에게(who?)', 제품의 필요자원, 전략 등을 포함하는 '어떻게(how?)', 그리고 예상 비용을 산정하고 수익을 측정하는 '얼마나(₩?, $?)'로 구성돼 있다.

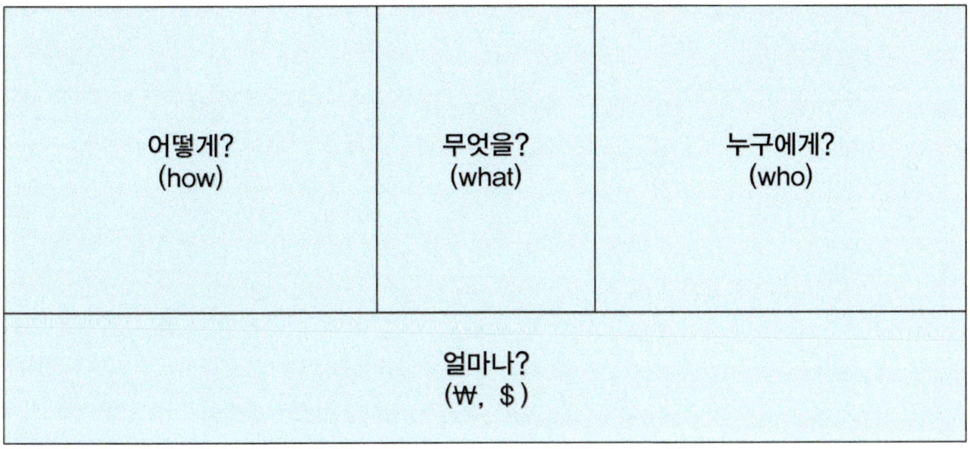

그림 4-7 비즈니스 모델 캔버스의 4 영역

그리고 BMC는 그림 4-8처럼 9 빌딩 블록(고객세분화, 가치제안, 채널, 고객관계, 수익원, 핵심자원, 핵심활동, 핵심파트너, 비용구조)을 하나의 캔버스에 그려 넣은 것이다. 이는 먼저 고객 가치제안을 중심으로 고객, 채널, 고객관계관리, 이를 통한 수익원 등의 요소와 앞선 요소를 실행해 나가는데 필요한 주요 핵심활동, 핵심자원, 핵심파트너 그리고 이에 소요되는 비용 등으로 구성돼있다. 이는 결국 비즈니스의 핵심 영역인 고객, 유통, 관계관리, 수익원, 인프라, 비용 등을 포괄하면서 해당 BM을 체계적으로 실현할 수 있는 필수적인 요소를 제시하고 있다고 할 수 있다.

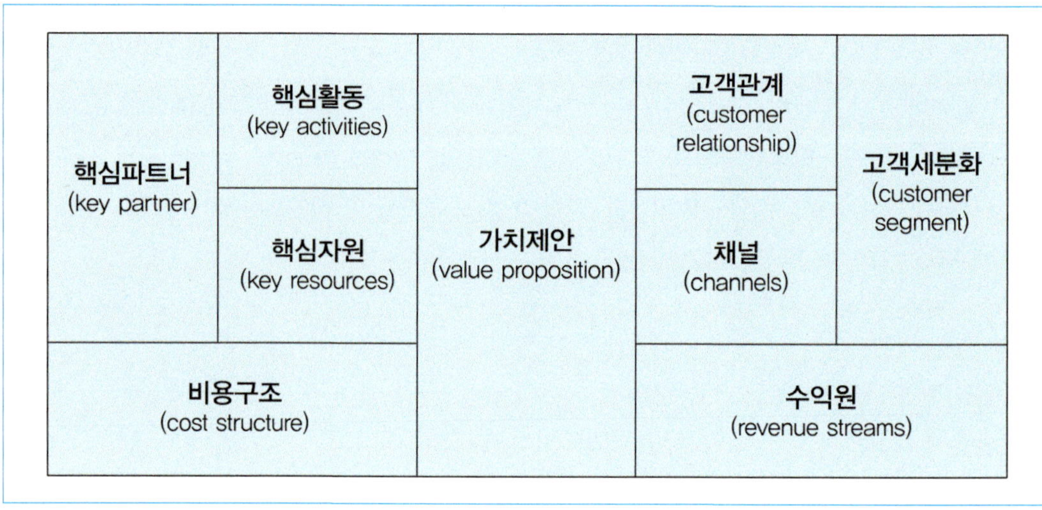

그림 4-8 비즈니스 모델 캔버스의 9 빌딩 블록

1 고객세분화

모든 비즈니스는 궁극적으로 고객을 대상으로 하며, 고객이 원하는 가치를 제공할 수 있을 때 성공적으로 진행될 수 있다. 예전의 근대화와 산업발전의 시기, 즉 수요보다 공급이 우세한 상황에서 모든 기업가는 제품이나 기술을 중심으로 비즈니스를 계획하고 실행할 수 있었지만, 지금의 현대 사회에서는 대동소이(大同小異)한 제품과 기술 수준으로 차별화된 성과를 창출할 수도 없을 뿐더러, 결국은 어떻게 다양한 고객의 요구를 충족시켜줄 수 있는 기술과 제품을 개발하느냐가 성공의 관건이라고 할 수 있다.

BM을 만들 때 가장 중요한 요소 중의 하나가 '어떻게 고객을 세분화할 것인가?' 하는 문제이다. 고객은 BM의 가장 중요한 역할을 담당하기 때문에, 적절한 고객세분화(customer segment)를 나누지 못한다면, 그 BM은 제대로 작동하지 않을 가능성이 높다. 모든 고객들이 같은 만족도를 갖지는 않는다. 같은 서비스나 제품도 다르게 반응할 수 있으며, 이를 제대로 분석해서 분류를 하는 것은 좋은 BM을 디자인하는데 필수적이다.

특히 창업초기기업은 점점 다양해져가는 고객을 대상으로 치열한 경쟁에서 살아남기 위해서는 세분화된 목표 고객을 설정하는 것이 무엇보다 중요하다. 결국은 회사의 제품과 기술을 구매하고 사용할 수 있는 명확한 고객층을 고민해야 하는 것이다. 이러한 고객세분화에는 여러 가지 유형이 있겠지만, 일반적으로 모든 대중을 대상으로 하는 매스마켓(mass market)이 있다. 하지만, 이러한 매스마켓은 부족한 자원을 가진 초기 창업기업이 목표로 하기에는 다소 위험하므로, 본인의 기술과 제품에 가장 적합한 틈새시장을 찾아내는 지혜가 필요하다.

하지만 대부분의 시장에서 명확하게 고객세분화가 이뤄지기는 어려운 측면이 있다. 따라서 다양한 고객층이 복합적으로 혼재돼있는 것이 일반적이며, 여러 가지의 목표 고객을 동시에 공략하게 되는 멀티사이드(multicide) 시장 등이 있다. 고객의 그룹을 분류하는 방법에는 여러 가지 기준이 있을 수 있겠지만, 아래와 같은 것을 고려하는 것이 일반적이다.

- 특정한 제품이나 서비스를 선호하는 그룹
- 서로 다른 유통채널을 통해 도달한 그룹
- 제품·서비스 제공자와 고객과의 관계 또는 고객 사이의 관계가 다른 그룹
- 수익성의 관점에서 완전히 다른 양상을 가지는 그룹
- 제품이나 서비스에 지불할 의사가 있지만, 서로 다른 면을 바라보고 지불하려는 그룹

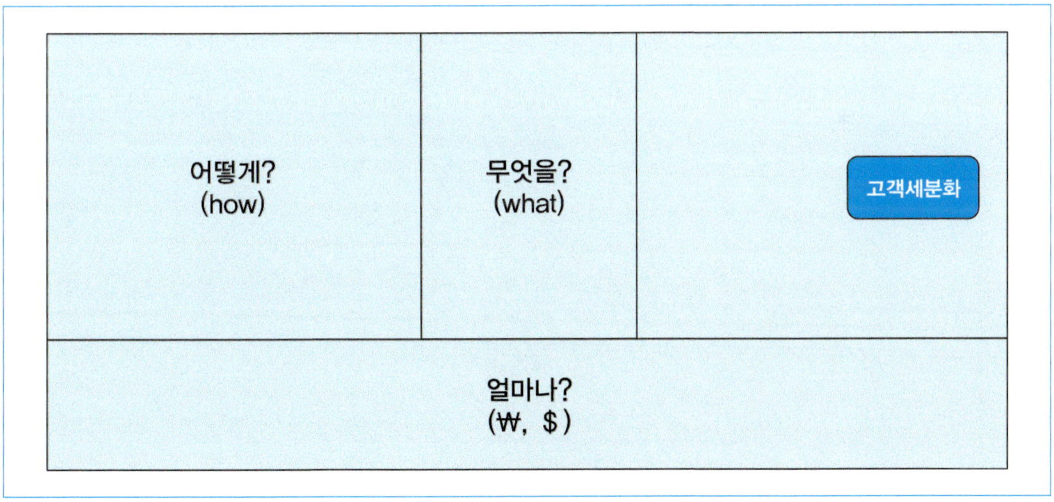

그림 4-9 비즈니스 모델 캔버스의 '고객세분화' 블록

2 가치제안

일단 고객세분화가 결정되면, 해당 세분화에 가치를 만들어내는 제품이나 서비스를 가치제안(value proposition)이라고 한다. 이러한 가치제안에 따라 고객들이 해당 기업의 제품 또는 서비스를 선택하게 되며, 고객이 필요로 하는 것을 만족시키는 역할을 한다.

BMC에서 가장 중점적으로 강조하고 있는 요소는 고객이며, 결국은 고객들이 필요로 하는 문제점, 즉 니즈(needs)에 주목하게 된다. 여기에서 말하는 '가치'는 바로 고객이 불편을 겪거나 해결했으면 하는 바로 그 욕구를 말한다. 실제로 고객들은 본인의 문제나 욕구를 해결해줄 수 있는 기술과 제품에 대해 정당한 대가를 지불하고 사용하기를 원하는 것이다.

각각의 가치제안은 제품·서비스의 번들(bundle)로 구성되는데, 회사가 고객에게 줄 수 있는 제품과 서비스가 뭉쳐서 하나의 가치로 포장이 된다. 이런 가치에는 양적인 것(가격, 서비스의 속도 등)과 질적인 것(디자인, 기능·성능 향상, 고객경험 등)이 있을 수 있으며 참신성, 맞춤가능성, 브랜드, 편리성·유용성, 접근성, 비용·리스크 절감 등이 흔히 고려가 되는 요소들이다.

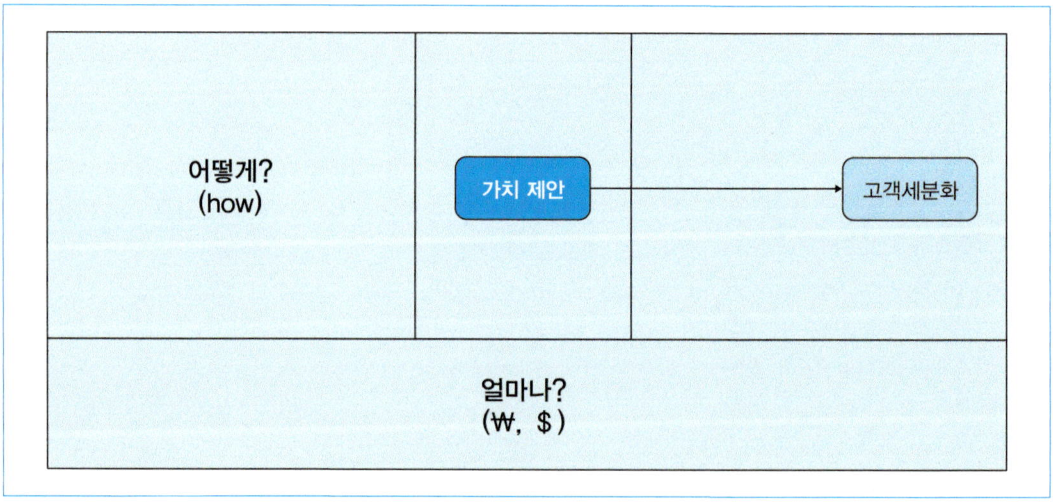

그림 4-10 비즈니스 모델 캔버스의 '가치제안' 블록

3 채널

기업이 고객세분화와 소통을 하면서, 동시에 가치제안을 전달하는 역할을 수행하는 것이 채널(channels)이다. 채널을 통해 소통과 유통, 영업 등이 이뤄지게 되며, 고객과 회사가 만나는 인터페이스(interface)가 되며, 고객의 입장에서는 회사와의 컨택(contact)이 이뤄지는 곳이기 때문에, 서비스 디자인에서 얘기하는 터치포인트(touch point)가 되며, 고객 경험에 있어 매우 중요한 역할을 수행하게 된다.

전통적인 마케팅 4P[3] 전략에서도 (유통)채널의 중요성을 강조하고 있듯이, 결국은 목표 고객을 선정하고, 고객이 원하는 니즈를 파악한다 할지라도 가장 효과적이고 신속하게 고객에게 전달될 때 사업으로서의 의미를 가지게 되는 것이다. 이러한 채널을 구축하는 방법으로는 회사가 직접적으로 관리·운영하는 직영 채널이 있을 수 있으며, 적절한 파트너 채널을 활용할 수도 있다. 이외에도 도매나 소매 등의 적절한 방법을 통해 고객에게 다가갈 수 있는 것이다.

채널의 기능으로는 아래와 같다.

- ❑ 기업의 제품이나 서비스에 대한 이해도와 인지도 향상
- ❑ 고객들이 기업의 가치제안을 평가할 수 있도록 도움
- ❑ 고객들이 특정 제품이나 서비스를 구매 가능
- ❑ 고객들에게 가치제안을 직접 전달
- ❑ 구매이후의 고객에 대한 지원 담당

3) 4P는 제품(Product), 가격(Price), 유통경로(Place), 판매촉진(Promotion)의 앞 글자를 따서 붙여진 이름이다. 이 네 가지의 전략 구성요소를 목표시장과 시장 세분화(segment)에 따라 적절하게 배치하는 것이 마케팅 4P 전략이다.

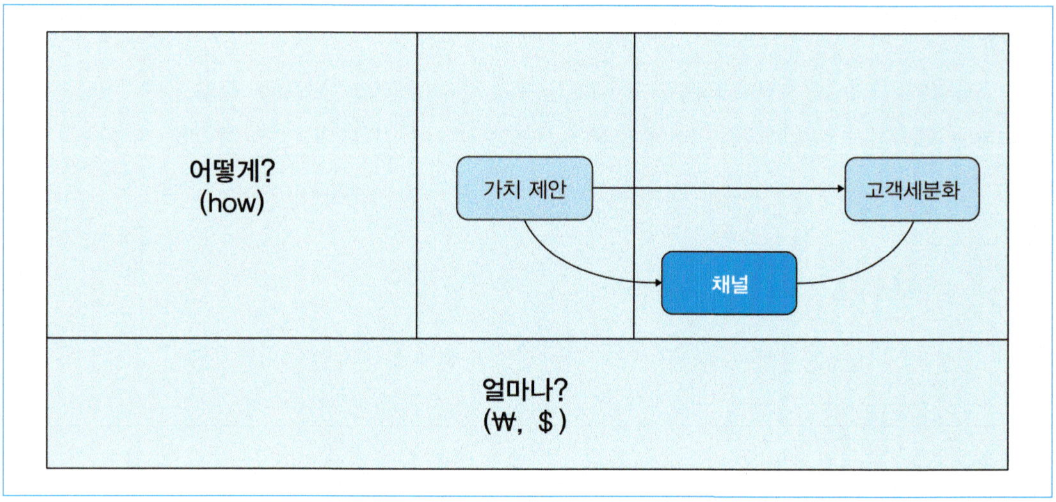

그림 4-11 비즈니스 모델 캔버스의 '채널' 블록

4 고객관계

지금까지 고객을 세분화하고, 고객이 원하는 가치를 파악하며 이를 효과적으로 전달할 수 있는 채널을 살펴보았다. 이러한 과정을 통해서 기업과 고객은 인연을 맺게 되는데, 고객관계(customer relationship)는 최초 맺어진 고객을 지속적으로 관리할 수 있는 방법 또는 형태 등을 뜻한다.

즉 고객관계는 특정 고객 세분화와 기업이 맺는 관계의 유형을 의미한다. 각각의 고객 세분화마다 어떤 유형의 관계를 맺는지 명확히 해야 하는데, 보다 개인적인 관계부터 약간은 자동화된 단계에 이르기까지 다양한 관계전략을 세울 수 있다. 기본적으로 고객관계는 아래와 같은 동기를 가지고 운영할 수 있다.

- ❑ 신규고객 확보(customer acquisition)
- ❑ 기존고객 유지(customer retention)
- ❑ 판매 확대(boosting sales)

이동통신 사업자를 예를 들어 설명하면, 초창기 이동통신 사업자의 고객관계 전략은 주로 공격적인 신규 고객 확보에 초점을 맞춘다. 이를 위해서 공짜 휴대폰 등을 나눠주는 것이 좋은 미끼가 된다. 일단 시장이 포화가 되면, 기존 고객 유지전략이 중요해지면서 동시에 고객 한 명당 매출을 어떻게 올릴 수 있을지가 중요해진다. 이러한 고객관계를 설정해두는 것이 고객의 경험에 커다란 영향을 미친다.

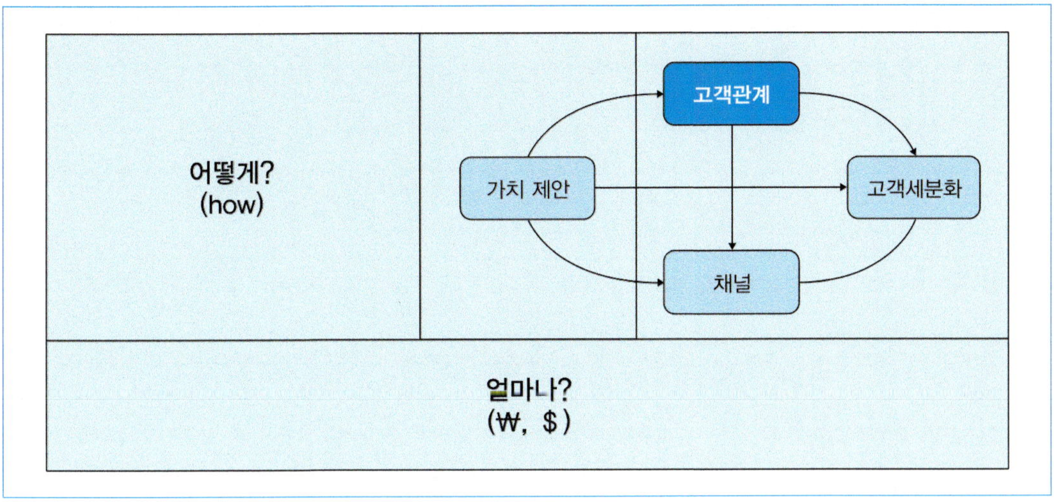

그림 4-12 비즈니스 모델 캔버스의 '고객관계' 블록

5 수익원

모든 기업은 최종적으로 수익창출을 목적으로 한다. 따라서 BM을 만들어가는 과정에서도 기업이 향후 어떤 방법으로 수익을 창출할 수 있을 것인지에 대한 고민이 선행되고 명확하게 제시될 필요가 있다. 이 단계는 지금까지 설정된 고객을 통해 창출되는 수익원(revenue streams)에 대해서 검토하는 과정으로, 아무리 좋은 BM이라고 할지라도 명확한 수익 모델이 없다면 BM으로서의 가치가 없다고 할 수 있을 것이다.

고객의 입장에서 생각해보면 왜 우리의 제품이나 기술에 기꺼이 돈을 지불할 것인지를 고민하고 유인책을 고민해나가는 과정이 필요한 것이다. 일반적으로 기업의 수익원을 창출하는 방법으로는 기본적인 물품판매, 이용료·구독료, 가입비, 대여료·임대료, 라이선싱, 중개수수료, 광고 등이 있다. 제시된 각각의 수익원은 서로 다른 가격 구조를 가지며, 수익원을 극대화할 수 있는 가장 효과적인 방법을 BM에서 찾아내는 것이 가장 중요하다.

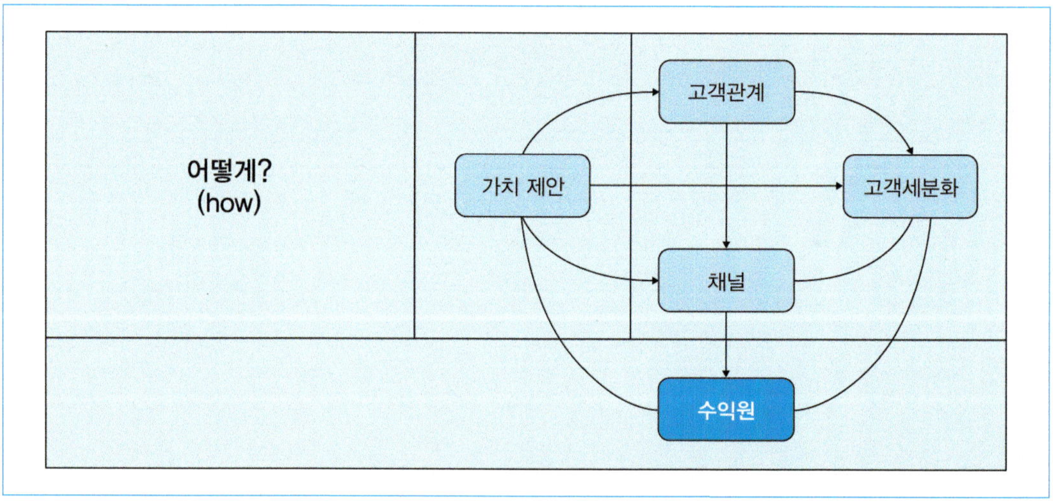

그림 4-13 비즈니스 모델 캔버스의 '수익원' 블록

6 핵심자원

핵심자원(key resources)의 빌딩 블록은 BM이 동작하는데 필요한 가장 중요한 자산이다. 이를 통해서 고객에게 전달할 수 있는 가치제안이 만들어질 수 있으며, 시장에 접근해서 고객세분화와 관계를 유지할 수 있는 원동력이 되며, 동시에 이들이 수익구조를 만들어 낸다.

BM을 사업화하는 과정에서 재무 및 인적자원, 지식재산권 등의 다양한 자원이 필요하다. 원활한 비즈니스를 진행하는데 가장 핵심적으로 요구되는 자원으로, 핵심자원은 물리적인 것일 수도 있고, 재무적인 것일 수도 있으며, 지적인 영역이나 인적자원의 영역에 속할 수도 있다.

BM에 따라 서로 다른 형태의 핵심자원을 필요로 한다. 예를 들어, 반도체 칩 생산회사는 자본집중적인 생산시설이 필요하지만, 반도체 설계가 핵심자원인 회사는 유능한 인력이 더욱 중요하다. 핵심자원은 물리적, 자본, 지식재산, 그리고 사람 등이 될 수 있으며, 이를 소유하거나 다른 곳에서 빌려 쓰는 경우, 또는 핵심파트너들에게 도움을 받아서 획득하고 이용할 수 있다.

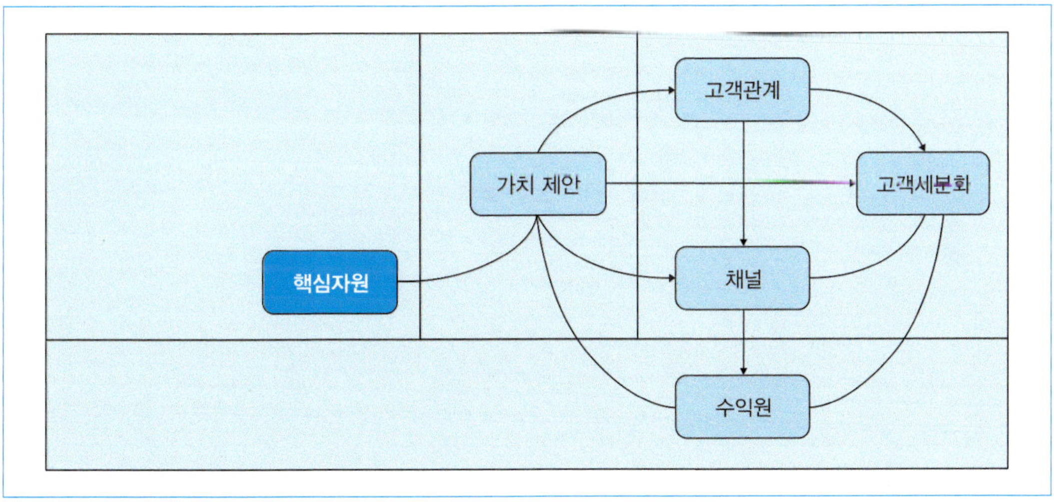

그림 4-14 비즈니스 모델 캔버스의 '핵심자원' 블록

7 핵심활동

핵심활동(key activities)은 기업이 비즈니스를 제대로 수행해 나가기 위해서 요구되는 필수적인 중요한 실행과정을 말한다. 고객을 선정하고, 채널을 구축하며, 고객들과의 효과적인 관계 관리를 통해 수익원을 창출하는 모든 과정에서 필요한 활동을 고려해야 한다. 핵심자원과 마찬가지로 핵심활동은 가치상품을 만들고, 마켓에 접근해서 고객관계를 유지하고, 매출구조를 유지하는데 중요한 역할을 한다.

이러한 핵심활동은 역시 BM의 유형에 따라 달라질 수도 있으며, 예를 들어 MS社와 같은 소프트웨어(SW) 회사는 SW 개발이 핵심활동이며, PC 제조업체인 Dell의 경우 SCM(Supply Chain Management, 공급망관리)가 중요할 것이며, 매킨지(Mckinsey)와 같은 컨설팅 회사는 주어진 문제를 푸는 것이 중요한 핵심활동이 될 것이다. 즉 우리 기업에게 가장 중요한 핵심활동이 무엇인지를 정확하게 파악하고 수행해나갈 때 성공적인 비즈니스가 가능해질 수 있는 것이다.

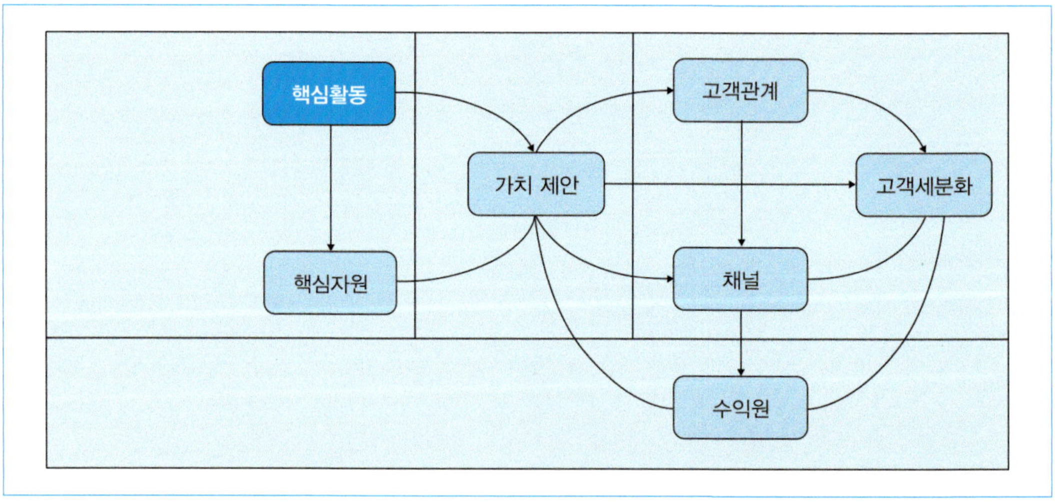

그림 4-15 비즈니스 모델 캔버스의 '핵심활동' 블록

8 핵심파트너

핵심파트너(key partners)는 BM을 동작시키는데 필요한 협력대상을 말하는 것으로, 최근의 BM에 있어 가장 중요한 빌딩 블록으로 부상하고 있다. 특히 초기 창업기업의 경우 위에서 살펴본 자원, 채널 또는 고객 등의 요소에서 부족한 경우가 대부분이기 때문이다.

따라서 효과적으로 시장에 진입하고 사업을 수행해나가기 위해 상호 도움이 될 수 있는 적절한 파트너를 확보하는 것이 중요하다. 핵심파트너는 BM을 최적화하고, 위험을 감소시키며, 없었던 자원을 획득하는데 매우 중요한 역할을 한다. 파트너십은 유형에 따라 몇 가지로 분류할 수 있는데, 아래와 같은 것들이 있다.

- 비경쟁자들과 전략적 제휴(strategic alliance)
- 경쟁자들과 전략적 파트너십(competition)
- 새로운 비즈니스 창출을 위한 조인트 벤처(joint venture)
- 신뢰성 있는 공급을 위한 구매-공급관계(buyer-supplier relationship)

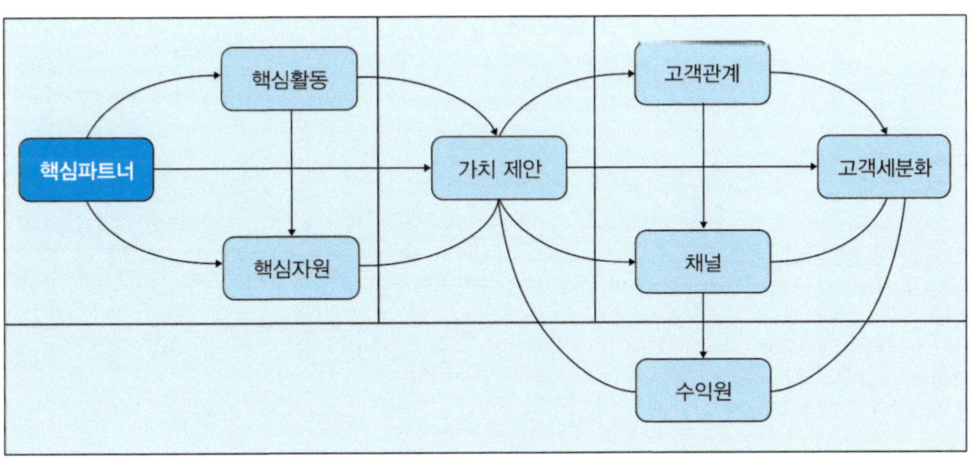

그림 4-16 비즈니스 모델 캔버스의 '핵심파트너' 블록

9 비용구조

비용구조(cost structure)는 BM을 운영하면서 발생하는 모든 비용이 어떻게 발생하는지에 대한 빌딩 블록이다. 가치를 창조하고 전달하고, 고객관계를 유지하고, 매출을 발생시키는 데에는 비용이 발생한다. 이런 비용들은 핵심자원, 핵심활동, 핵심파트너가 명확해지면 쉽게 계산이 가능하다.

비용구조는 기본적으로는 줄이는 것이 좋지만, BM 유형에 따라 그 정도에는 차이가 있을 수 있다. 예를 들어, 가격경쟁이 중요한 상품가치가 되는 BM에서는 비용구조가 매우 중요한 역할을 하는데, 이런 비용구조를 **비용주도**(cost-driven)형이라고 한다. 그에 비해, 프리미엄(premium) 상품의 경우 비용보다는 상품가치가 더욱 중요한데, 이런 경우를 **가치주도**(value-driven)형이라고 한다.

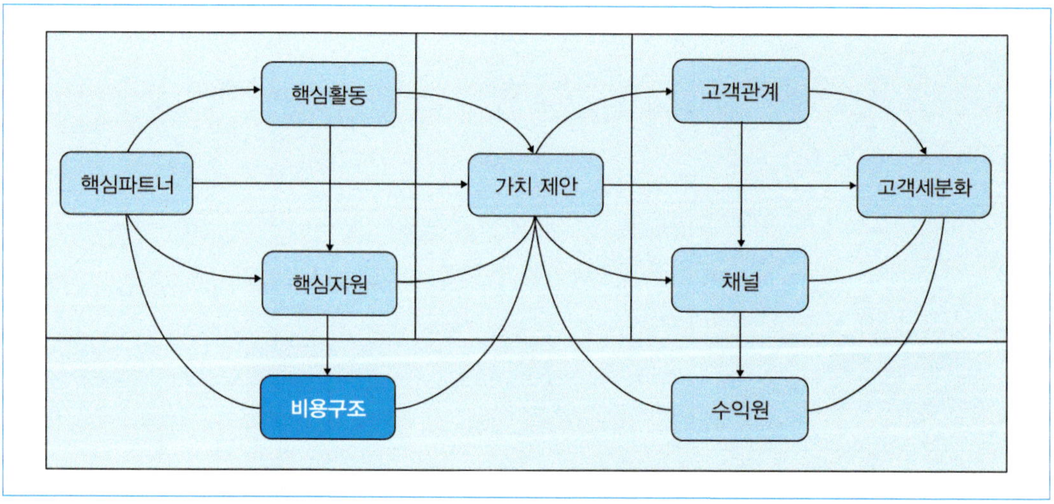

그림 4-17 비즈니스 모델 캔버스의 '비용구조' 블록

이와 같이 9개의 블록을 체계적으로 구성하면, 아래와 같은 최종 비즈니스 모델 캔버스(BMC)가 완성된다.

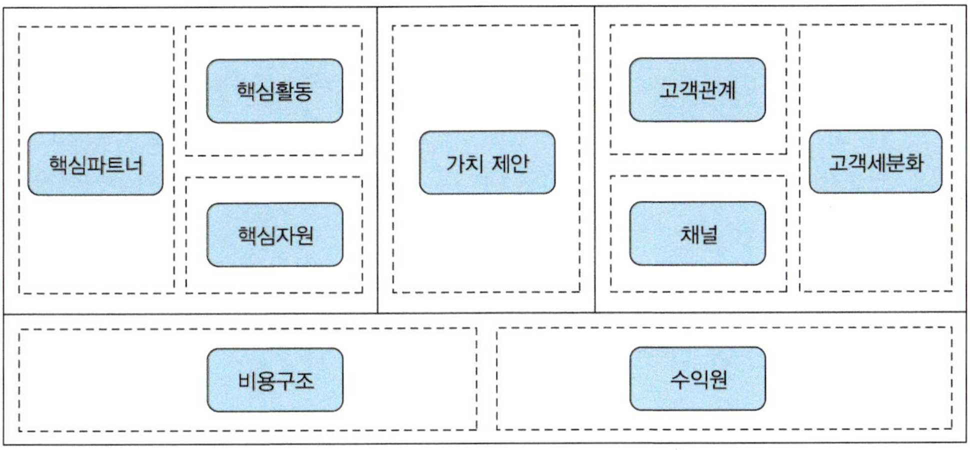

그림 4 18 비즈니스 모델 캔버스의 완성

4.4 비즈니스 모델 적용사례

4.4.1 비즈니스 모델 적용사례 : (주)이음소시어스

(주)이음소시어스는 소셜 데이팅 서비스이다. 20~30대의 싱글 남녀를 대상으로 하루에 한명씩만 이성을 소개시켜주는 온라인 데이팅 서비스이다. 기존의 결혼정보시장에서 다양한 연령대에서 여러 명의 대상을 고객이 만족할 수 있을 때까지 서비스를 제공하는데 비해, (주)이음소시어스는 하루에 한번 '이음신'이 1대 1로 짝을 점지해 주는 구조이다.

4.4.2 비즈니스 모델 캔버스에 적용

초기 창업시기의 관점에서 (주)이음소시어스에서 만든 소셜 데이팅 서비스를 토대로 비즈니스 모델 캔버스(BMC)에 적용을 시켜보면 아래와 같다.

<table>
<tr><td rowspan="2">핵심파트너
•소셜 네트워크 서비스 업체
•모바일 광고업체
•커플 SNS 등
•실시간 모바일 설문업체</td><td>핵심활동
•소프트웨어 지원서비스
•지속적 서비스 업그레이드</td><td rowspan="2" colspan="2">가치제안
•청춘들의 건전한 만남을 위한 장치제공
•외면보다는 내면을 중시 기반 서비스</td><td>고객관계
•사용자 직접 접속
•원어웨어 서비스
•싱글들의 놀이터</td><td rowspan="2">고객세분화
•20대 남녀
•30대 남녀</td></tr>
<tr><td>핵심자원
•프로그램 개발자
•마케팅 전문가</td><td>채널
•스마트폰 활용
•앱 서비스</td></tr>
<tr><td colspan="3">비용구조
•웹호스팅비, 웹개발비
•홍보비, 관리비
•인건비</td><td colspan="3">수익원
•이용권 판매
•어플 이용
•홍보</td></tr>
</table>

그림 4-19 비즈니스 모델 캔버스의 적용사례

1 고객세분화

소셜 데이팅 서비스는 미국에서 온라인 게임과 디지털 음원 시장에 이어 3위의 시장규모를 차지할 정도로 규모가 크다. 국내에서는 140여개의 온라인 데이팅 서비스가 운영되고 있고, 오프라인 결혼정보시장도 지속적인 성장세를 보이고 있어 매치메이킹(matchmaking, 중매) 시장의 규모는 점차 확대될 것으로 기대한다. 하지만, 오프라인 결혼정보시장은 과다한 경쟁으로 인해 소비자들의 불신감도 높아지고 있고, 온라인 데이팅 서비스도 대개 음성적이거나 불신의 대상으로 전락하였다. 따라서 (주)이음소시어스의 대표인 OOO씨는 이러한 문제점을 보완할 수 있는 건강한 싱글들의 놀이터를 만들기로 결정하였다.

4

OOO씨는 어림짐작으로 대한민국에서 연애와 결혼에 가장 관심이 높은 연령층인 20~30대를 목표고객으로 설정하고 국내 20대와 30대 미혼남녀가 약 1천만명 있다는 가정 하에 이 중 100만명을 본 서비스를 이용하는 고객으로 설정하였다.

2 가치제안

20~30대 미혼남녀를 고객대상으로 선정한 후에 고객들에게 새로운 가치를 부여하기 위해서 기존 소셜 데이팅 서비스와는 다른 안전한 만남을 연결할 수 있는 장치를 제공한다.

우선 현재 고가시장으로 형성돼 있는 결혼정보시장을 저렴한 가격과 흥미로운 서비스를 제공해 재편하고자 하는 목표를 설정하였다. 결혼이라는 무거운 관계에서 벗어나 이성 간의 호감을 맘껏 발산하고, 그로 인해 서로를 잘 알 수 있는 기회가 주어진다면, 결혼이라는 관문을 통과하는데 들어가는 과다한 비용과 시간을 아낄 수 있기 때문이다.

또한, 회원가입에 승인절차과정을 설정하였다. 회원가입에는 가입비, 뛰어난 스펙을 요구하는 것이 아니다. 신청서에 얼마만큼 자신을 성실하게 표현을 했는지가 중요한 승인 요건으로 작용한다. 이러한 이유로, 본 서비스를 이용하는 회원들은 안심하고 서로 교감을 할 수 있게 되었다. 뿐만 아니라 남녀의 회원비율을 1:1로 맞춰 회원들이 원활한 만남을 가질 수 있도록 노력을 기울였다.

3 채널

본 서비스가 가지고 있는 가치제안을 원활하게 전달하기 위해서 소비자들만의 공간을 제공하였다. 본 프로그램의 취지는 아름다운 만남을 가질 수 있도록 서비스를 제공하는 것이기 때문에, 자신들이 원하는 대상을 서로 간의 원활한 소통을 유지하는 것이 중요하다. 때문에 특정 키워드가 일치하는 것을 우선 반영시켰다. 그리고 비슷한 지역으로 두고 나이는 대체로 남성이 더 많도록 알고리즘을 만들었다. 이러한 시스템을 통해서 고객들이 본 서비스가 추구하는 가치제안을 평가할 수 있도록 하였다.

4 고객관계

본 서비스는 기존의 고객들에게 지속적인 신뢰를 확보하기 위해서 프로필(profile)에 키워드, 사진까지 올린 회원의 수를 관리한다. 또한 소비자가 보는 자료의 양질을 유지하기 위해서 프로필에 정보를 많이 담으려고 노력하고 있다.

이와 같은 철저한 관리뿐만 아니라 남녀의 인연을 이어준다는 '이음신'을 중심으로 스토리텔링(storytelling)적인 요소를 담아 서비스를 이용하는 고객에게 지속적인 관심을 유도하고 있다. '이음신'은 오후 12:30분 회원들에게 오늘의 운명의 상대를 알려준다. 물론 운명의 상대를 소개할 때는 회원들이 생각하는 이상형에 가장 근접한 상대를 분석해 소개한다. '이음신'이 제공한 이성의 정보를 받은 회원은 24시간 내에 이성과의 만남을 원하는지 여부를 결정한다. 상대방을 만나고자 하는 경우에는 OK권을 구입하면 이음에서 상대방의 연락처를 제공받는다.

제공된 상대방이 마음에 들지 않을 경우에는 만남을 포기하면 된다. 이음은 이음서비스 가입을 '이음신국 입국', 이음회원을 '이음신족', 이음의 블로그를 '이음신 캐비닛'이라 부르고 있으며, 이음신국에 입국한 회원들끼리는 말끝을 '음'으로 끝내는 단어를 씀으로써 용어 설정에서부터 용어 사용에 이르기까지 일관되게 이음만의 문화를 느끼며 결속감을 더욱 다지고 있다.

5 수익원

본 서비스의 수익원은 어플 다운로드를 통한 수익, 간접 광고 홍보비 등이 있지만, 가장 큰 수익은 OK권을 판매해 얻는 판매수익이다. 하루에 한 명씩 2주(14일)동안 이용하는 OK권이 9,900원, 30일 동안 이용하는 OK권을 1만4,900원에 판매하고 있다.

OK권의 비용은 크지 않지만, 회원수가 10만명에 육박하기 때문에 많은 수익을 창출하고 있다.

6 핵심자원

본 서비스의 경우에는 핵심자원은 인적자원이다. 소비자가 원하는 다양한 서비스를 제공하기 위해서는 흥미를 유발할 수 있는 콘텐츠 제작을 위한 스토리텔러(story teller), 새로운 고객을 창출하기 위한 여러 가지 전략을 구상하는 마케팅 전략 전문가, 웹의 기능을 원활하게 유지시켜줄 수 있는 웹 에디터, 효과적인 메시지를 전달할 수 있도록 그래픽을 구성하는 그래픽 디자이너, 각종 이벤트와 제휴 혜택, 할인 행사 등을 기획하는 블로그 홍보 마케터, 프로그램의 안정성을 확보하는 방법을 구상하는 프로그래머 등이 필요하다.

7 핵심활동

본 서비스의 핵심활동은 지속적인 고객관리시스템 개발과 새로운 콘텐츠 개발이다. 또한 신규 고객을 개발하는 다양한 홍보방안도 핵심활동에 포함된다. 또한 다양한 매출구조를 형성하기 위해서 수익원 개선을 위한 노력도 필요하다.

향후 해외진출도 고려하고 있기 때문에 해외의 20~30대의 미혼남녀의 국가별 특성과 문화적 차이 등을 분석하고 새로운 전략을 구상하는 것도 중요한 활동 중 하나이다.

8 핵심파트너

핵심파트너는 현재 소셜 네트워크 서비스(SNS)를 제공하고 있는 SNS 업체, 모바일을 통해서 광고를 대행하고 있는 모바일 광고업체, 또 유사관련 남녀 매칭 서비스를 제공하고 있는 커플 SNS 업체, 고객의 지속적인 관리 및 요구사항을 실시간으로 모바일 설문을 실시할 수 있도록 도움을 제공하고 있는 실시간 모바일 설문 기업 등이 핵심파트너들이다.

9 비용구조

비용구조는 00명의 직원에게 지불돼야 되는 인건비, 임대료, 시설관리비 등이 있다. 또한 추가적인 웹 개발에 필요한 웹 개발 및 프로그램 개발 비용 등이 있다.

4.5 | 비즈니스 모델의 혁신 프로세스

4.5.1 비즈니스 모델의 혁신 프로세스 이해

창의적인 아이디어를 도출하는 것은 사실은 쉬운 일이다. 문제는 이러한 창의적인 아이디어를 시장에서 성공적인 혁신으로 이끌어내야 하는 것이다. 시장이 성숙기에 접어들고 경쟁이 포화 상태에 이르게 되면, 이익률과 수요가 함께 감소하면서 시장 리더(leader)의 경쟁적 우위를 차지하는 상황도 이미 한계에 다다르게 된다.

성숙기에 접어든 시장에서는 구매 프로세스를 주도하고 있는 영리한 고객은 그만큼 다양하고 복잡하며 모순적인 니즈를 해결해줄 것을 끊임없이 요구하고 있다. 초기 진입시장에서 요구하는 고객의 기본적인 가치제안에서, 이 시장에서는 '더 좋게, 더 빠르게, 더 싸게'를 동시에 충족시키는 가치제안을 요구하고 있다. 제품·서비스를 더 좋게 만들기 위해서는 좀 더 많은 비용과 시간이 필요하고 반대로 저렴한 가격으로 빠른 시간 내에 고객에게 가치를 전달하기 위해서 최고의 품질은 포기할지도 모른다. 즉, 오늘의 고객의 요구조건을 맞출 수 없으면 기업은 경쟁에서 도태된다는 의미이다.

이러한 상반된 요소의 결합 구조를 달성하기 위해서는 첫째, 제품과 서비스, 둘째, 판매 및 공급망, 셋째, 비용 및 운영 효율화의 경쟁력을 동시에 확보돼야 한다. 그러기 위해서는 현재 가지고 있는 BM의 혁신만이 시장경쟁에서 살아남을 수 있다. 따라서 기업은 최초의 BM을 시장 환경의 변화에 따라 혁신적으로 변화시킬 수 있는 준비를 해야 한다.

4.5.2 비즈니스 모델의 혁신 프로세스 단계

BM의 혁신 프로세스는 다음 그림 4-20과 같은 5단계로 구성돼 있다.

1단계, 기초 확립하기(setting the stage)
2단계, 발견하기(discovery)
3단계, 개발과 디자인하기(development and design)
4단계, 개조하기(conversion)
5단계, 상용화하기(commercialization)

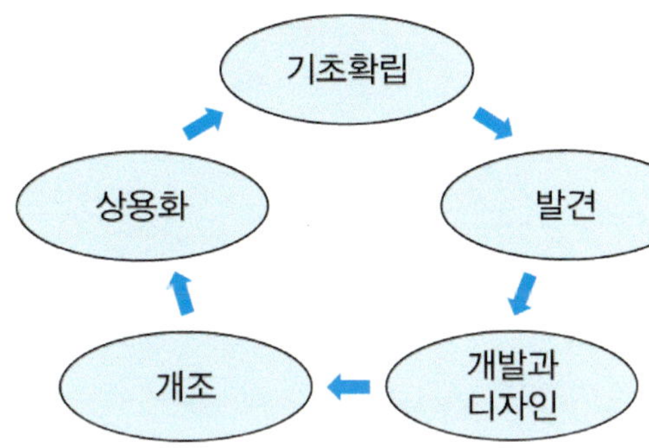

그림 4-20 비즈니스 모델의 혁신 프로세스

1 1단계 : 기초 확립하기

① **목표설정, 범위와 초점 확립** : BM의 혁신 프로세스에 첫 번째 단계는 목표가 무엇인지 왜 혁신을 원하는지, 현재의 BM을 바꾸기를 원하는지, 이런 변화를 점진적으로 추진할 것인지 또는 급진적으로 추진할 것인지, 완전히 새로운 사업을 계획하는 중인지를 결정한다.

② **팀 정의와 팀 구축** : BM의 혁신 프로세스를 실행에 옮기기 위해서 팀을 구축한다. 새로운 BM의 방향과 관련해 관련 분야에 경험이 있는 팀원을 위주로 팀을 구축한다. 예를 들면 영업, 제조, 재무 등에 관련된 팀 구성원을 조직한다.

③ **프로세스와 프로젝트 계획 수립** : BM의 혁신은 주위 환경의 불확실성과 위험을 안고 BM을 업데이트(update)하거나 의사결정을 해야 하기 때문에 철저한 계획을 수립한 후에 실시해야 한다.

④ **최종 목표 설정** : 수익과 높은 마진율 등 BM의 혁신을 통해서 얻고자하는 최종 목표가 무엇인지를 설정해야 한다.

2 2단계 : 발견하기

① **현재 비즈니스 모델(BM) 분석** : 고객은 누구이고, 그들에게 무엇을 제공하고, 어떻게 실행하는지를 분석한다. 실제 BM을 분석하고 정리할 때, 앞서 설명한 비즈니스 모델 캔버스(BMC) 등과 같은 BM 툴(tools)을 사용할 수 있다. 이 툴을 이용해 본인의 기업이 가지고 있는 장점이 무엇이고, 자산과 자원의 정도를 파악하고, 핵심역량이 무엇인지를 분석한다.

② **산업분석** : 포터의 5 세력 모델(Porter's five forces)과 같은 툴을 이용해 변화무쌍한 산업 환경을 분석한다. 포터의 5 세력 모델은 새로운 산업이나 시장을 파악하고, 프로젝트 초기에 가설을 설정하고, 영위하는 산업에 대한 지식을 정리하는데 도움을 준다. 포터의 5 세력 모델은 총 다섯 가지 요소를 분석한다.

첫째, 잠재적 진출기업의 위협이다. 즉 진입장벽을 말한다. 진입장벽을 분석할 때는 규모의 경제, 제품 차별화, 소요자본, 교체비용, 유통경로에의 접근, 원가우위, 정부정책 등을 고려한다.

둘째, 기존 기업 간의 경쟁이다. 규모가 비슷한 과점기업, 산업성장률, 고정비, 전략적 이해관계 등을 고려한다.

셋째, 대체품의 위협이다. 대체품의 가격 및 효능, 구매자의 성향, 교체비용 등을 고려한다.

넷째, 공급자의 교섭력이다. 공급량의 비중, 원료·부품의 차별화 정도, 대체품의 존재여부, 공급제품의 중요성 정도를 고려한다.

다섯째, 구매자의 교섭력이다. 구매비중, 구매량, 구매자의 정보력, 가격민감도, 구매자의 후방통합 능력 등을 고려한다.

③ **시장분석** : 현재 시장의 고객뿐만 아니라 잠재고객도 분석을 한다. 전체 시장은 어떠한가? 등을 공감지도(empathy map)와 같은 툴을 이용해 고객을 분석한다. 이 툴은 사람의 이미지를 그려 넣어 얼굴의 각 영역에 '생각하기', '보기', '듣기', '느끼기' 등 영역을 대표하는 이름을 붙인 후에 이 고객의 관점이 돼 그의 경험에 대해 설명한다. 이 툴을 이용하면 특정한 고객의 원하는 바가 무엇인지, 어떤 요소가 동기를 부여하는지, 우리가 해줄 수 있는 것이 무엇인지에 대해서 파악할 수 있다.

④ **트렌드 분석** : 현재 나타나고 있는 여러 트렌드를 분석한다. 종사하고 있는 산업에 혹은 해당 고객에게 직접적인 영향을 주는 트렌드는 무엇인지를 분석하기 위해서 페스텔(PESTEL) 분석을 실시한다. 페스텔 분석은 정치적 요소(Political factors), 경제적 요소(Economic factors), 사회적 요소(Social factors), 기술적 요소(Technological factors), 환경적 요소(Environmental factors), 법적 요소(Legal factors)를 분석해 해당 산업에 영향을 미치는 트렌드에 대해서 파악한다.

4

3 3단계 : 개발과 디자인하기

이 단계에서는 현재의 BM을 혁신시킬 수 있는 부분을 포함해 아이디어 포트폴리오(idea portfolio)를 발전시키는 단계이다. 아이디어는 기업의 내·외부에 많은 다른 곳에서 창출될 수 있다. 내부의 아이디어는 브레인스토밍, 창의력 워크숍 혹은 아이디어 관리 소프트웨어를 이용해 구체화할 수 있다. 또한, 현재 고객, 잠재 고객, 관련 산업 전문가 등을 참여시켜 아이디어를 창출할 수 있다. 외부의 아이디어는 정부출연기관의 전문가, 네트워크 파트너 등을 통해서 아이디어를 도출할 수 있다.

도출된 BM 아이디어는 평가 툴에 의해서 평가를 해 볼 수 있다. 이 평가 툴은 분야(areas), 핵심질문(key questions), 비율(rating)의 구조를 가지고 있으며, 각 분야에 따라서 핵심질문을 묻고 질문에 대해서 평가 비율을 측정해보는 구조이다.

4 4단계 : 개조하기

이 단계에서는 도출된 아이디어를 실제 시장에 테스트(test)해보는 것이다. 목적은 BM의 혁신을 확립시키는 것이 아니라 테스트해보는 단계이다. 아이디어가 시장에서 고객에게 어떤 반응을 일으키는지를 분석해 부족한 부분은 보완하는 단계이다.

5 5단계 : 상용화하기

최종단계 BM의 혁신 프로세스에 의해서 도출된 새로운 아이디어들은 조직의 변화를 주도할 수 있고, 새로운 사업을 창출할 수도 있다. 아이디어를 제품에 반영시켜 상용화하기 위해서 자원과 조직의 변화가 불가피할 수도 있다. 필요한 자원과 조직 구성원을 추가적으로 확보해 빠르게 대응하는 것이 중요하다.

표 4-2 비즈니스 모델의 혁신 프로세스 적용의 예

영역(Areas)	핵심 질문(Key Questions)	비율(Rating)
전략 (Strategy)	얼마나 아이디어가 현재 전략에 적합한가?	0 5 10 전혀 100%
	아이디어의 전략적 목적은 무엇인가?	□ 현재 비즈니스의 확장 혹은 방어
		□ 새로운 아이디어 구상
		□ 잠재적인 새로운 사업에 대한 기초 확립
조직 (Organization)	자원 & 능력	
	필요한 것이 어떤 것인가?	
	이미 가지고 있는 것은 무엇인가?	
	어떤 필요를 만들어야 하는가?	
	변화가 필요한가?	
	변화를 준비하는가?	
재무(Finance)	잠재수익	
재무적 결과 (Financial Implications)	(수량 × 가격)	
	비용(고정비 + 변동비)	
	마진율	
	현금흐름	보상
	자금회수	□ 1년 미만
		□ 3년 미만
		□ 3년 이상
	순현재가치	

표 4-1 계속

영역(Areas)	핵심 질문(Key Questions)	비율(Rating)
혁신의 잠재적 정도 (Innovation Potential for disruption)	새로운 모델은 어떻게 혁신적인가?	누가
		□ 기업과 산업분야에 알려짐
		□ 산업에 알려지고, 기업에게 새로움
		□ 기업과 산업에 새로움
		무엇을
		□ 기업과 산업분야에 알려짐
		□ 산업에 알려지고, 기업에게 새로움
		□ 기업과 산업에 새로움
		어떻게
		□ 기업과 산업분야에 알려짐
		□ 산업에 알려지고, 기업에게 새로움
		□ 기업과 산업에 새로움
핵심 위험 요소 (Key risk factors)	경쟁정도	Low mid high
	약점	
	위협	
핵심 성공 요소 (Key success factors)	강점	
	기회	

린 스타트업 실전

The Fourth Industrial Revolution & Startup

5.1 | 린 스타트업의 이해

스타트업(startup)은 극심한 불확실성의 상황 하에서 새로운 제품이나 서비스를 만들어내기 위해 디자인된 창업기업이다. 앞서 설명했듯이, 스타트업은 확장가능하고 반복가능한 (임시) 조직이다. 스타트업에서는 회사가 아닌 하나의 조직으로, 고객의 문제를 빠르게 해결해 고객을 확보하며 자신의 가설을 증명해 나아가는 과정으로 본다.

린(lean) 스타트업은 린 사고방식을 창업 과정(process)에 적용한 것으로 설명되기도 한다. 린 사고방식의 핵심은 낭비를 줄이는 것이다. 린 스타트업의 프로세스는 고객개발(customer development)을 사용해, 실제 고객과 접촉하는 빈도를 높여서 낭비를 줄인다.

위의 정의에서 강조하는 바와 같이, 린 스타트업은 극심한 불확실성 속에서 제품이나 서비스를 효과적으로 개발하기 위한 개념과 도구들을 제안한다. 이를 통해 시장에 대한 잘못된 가정을 최대한 빨리 검증하고 회피한다. 이는 시장에 대한 가정들을 검증하기 위한 작업들을 줄이고, 시장 경쟁력 및 선도력을 가지는 비즈니스를 찾는데 걸리는 시간을 줄인다.

린 스타트업(lean startup)이란 쉽게 말해 누가 나의 고객이 될지, 내가 시도하는 이 방법이 시장에서 먹힐지 불확실한 상황에서, 성공하기 위한 새로운 과학적 접근방법론이다. 이는 낭비를 최소화하고 효율성을 극대화한 도요타(Toyota)의 린 제조방식 아이디어를 스타트업의 경영에 접목한 것이다.

도요타의 생산시스템을 미국식 환경에 맞춰 재정립한 新경영기법인 **린 경영**(lean management)은 제조업체가 자재구매에서 생산, 재고관리, 판매에 이르기까지의 모든 과정에서 발생하는 낭비를 최소화시킨다는 개념으로 발전하였다. 린 경영은 1993년 MIT대학과 정부의 항공 관련 부서와 산·학·정 컨소시엄에 참여한 보잉(Boeing), 록히드 마틴(Lockheed Martin) 등 항공우주산업의 모든 부문에 포괄적으로 적용돼 큰 성공을 거둬 본격적으로 알려지기 시작하였다. 최근 린 경영의 주요 원칙을 창업기업의 경영전략으로 적용한 린 스타트업은 최근 실리콘밸리 등에서는 필수적인 전략으로 인식되고 있다.

전통적 경영에서는 엄밀한 시장조사를 거쳐 완성도 높은 제품을 개발해 내놓지만, 스타트업과 같은 소규모 조직에서는 자원이 제한적이어서 불가능하다. 린 스타트업은 기존 방식과 달리 신속한 피드백(feedback)을 통한 제품 개발, 빠른 실험, 그 결과에 따른 실천을 빠르게 반복하는 것이 핵심이다. 무의미한 지표에 의지하지 않고 실제 성과를 측정해 고객이 원하는 바에 집중하자는 것이다.

5

5.1.1 린 스타트업의 출현 배경

창업할 때는 누구나 성공을 꿈꾸지만 치열한 경쟁시장에서 성공하기란 쉽지 않다. 현실은 성공한 기업들보다 실패한 기업들이 많다는 것이다. 그럼 과연 실패한 기업들의 가장 큰 원인은 무엇일까?

미국의 컨설팅기업인 츄비브레인닷컴(chubbybrain.com)은 2014년 실패한 32개 창업기업을 대상으로 실패 원인을 조사한 것을 살펴보았다. 조사 결과 ① 고객의 요구와 피드백 무시, ② 시장수요보다는 문제해결을 위한 해결책 모색, ③ 적합한 팀 구성 실패, ④ 마케팅 실패, ⑤ 자금부족 순으로 나타났다.

즉, 제품과 서비스 개발 시 고객들의 요구와 피드백을 제대로 반영하지 못한 것이 가장 큰 실패 원인으로 나타난 것이다. 창업자는 자신이 생각하고 있는 사업아이디어와 제품에 몰입해 시장수요보다는 개발자 중심으로 제품을 개발하는 경향이 있다. 그 결과 제품의 성능이나 기능은 우수하지만, 정작 고객이 필요로 하는 것과는 거리가 먼 상품을 출시하게 돼 사업에 실패하는 경우가 많다.

린 스타트업의 개념은 이러한 창업 실패 기업의 사례에서 출발하였다. 린 스타트업 개념을 개발한 에릭 리스(Eric Ries)는 2004년 3D 아바타를 이용한 메신저 채팅 서비스로 창업하였으나 쓰디쓴 실패를 맛보았다. 그는 첫 창업에 실패한 후, 자신의 멘토였던 스탠포드대학의 스티브 블랭크(Steve Blank) 교수를 만나 고객개발(customer development) 개념을 이해하게 되면서, 자신의 실패 경험과 고객개발론을 접목시켜 린 스타트업의 개념을 확립하게 되었다.

5.1.2 고객개발론과 린 스타트업

에릭 리스는 과연 린 스타트업을 개발하고자 하는 동기를 어디서 찾았을까? 에릭 리스는 린 스타트업의 개념을 구체화하는 과정에서 그의 멘토인 블랭크 교수의 고객개발론에서 많은 영향을 받았다. 블랭크 교수는 경영학의 기존 전략들은 빠르게 성장하는 창업기업에 적용하기 어렵다고 판단하였다. 그는 새로운 접근을 위해 고객 발견(customer discovery), 고객 검증(customer validation), 고객 창출(customer creation), 기업 설립(company building)의 총 네 단계로 이뤄진 고객개발론을 제시하였다.

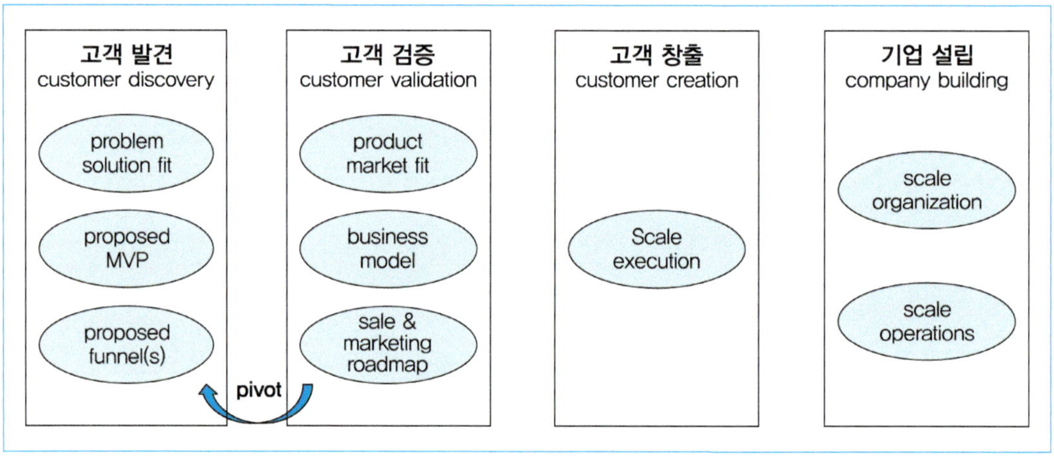

그림 5-1 스티브 블랭크의 고객개발론

블랭크 교수는 그림 5-1과 같은 고객개발론을 주장하며, 스타트업은 완성된 기업이라기보다는 제품과 서비스가 수요를 만족시킬 만큼 완성도가 있는지를 탐색하기 위한 (임시) 조직이라고 정의했다. 여기서 '탐색'이란 비즈니스 모델(BM)을 검증하는 과정을 말한다. 즉, 창업기업은 무엇보다 고객의 요구가 무엇인지 정확하게 파악하고, 고객과의 접촉을 가급적 빠른 시기에 많이 함으로써 BM의 타당성을 조기에 검증할 필요가 있다고 주장하였다. 그 검증 결과를 새로운 상품과 제품 개발에 적극 반영하는 것이 성공의 비결이라 하였다. 이처럼 린 스타트업의 개념은 고객지향적 개발과 불필요한 절차와 비용을 최소화(lean)하자는 취지에서 정립되었다.

린 스타트업에서 새롭게 제시된 고객개발 방법론과 전통적 제품개발 방법론의 가장 큰 차이점은 개발 초기에 고객개발 프로세스는 제품 개발 초기부터 프로토타입(prototype)을 개발해 고객이 사용하게 하고, 지속적인 피드백을 통해 고객이 만족할 때까지 과정을 반복하는 것이다. 반면에 전통적 제품개발 프로세스는 회사 자체적으로 기획해 설계하고 테스트를 거쳐 최종 제품을 완성한 후에 고객이 제품을 사용할 수 있게 된다. 결국 사용자의 요구가 제대로 반영돼 있지 않으면 그 제품은 실패할 수밖에 없다. 5

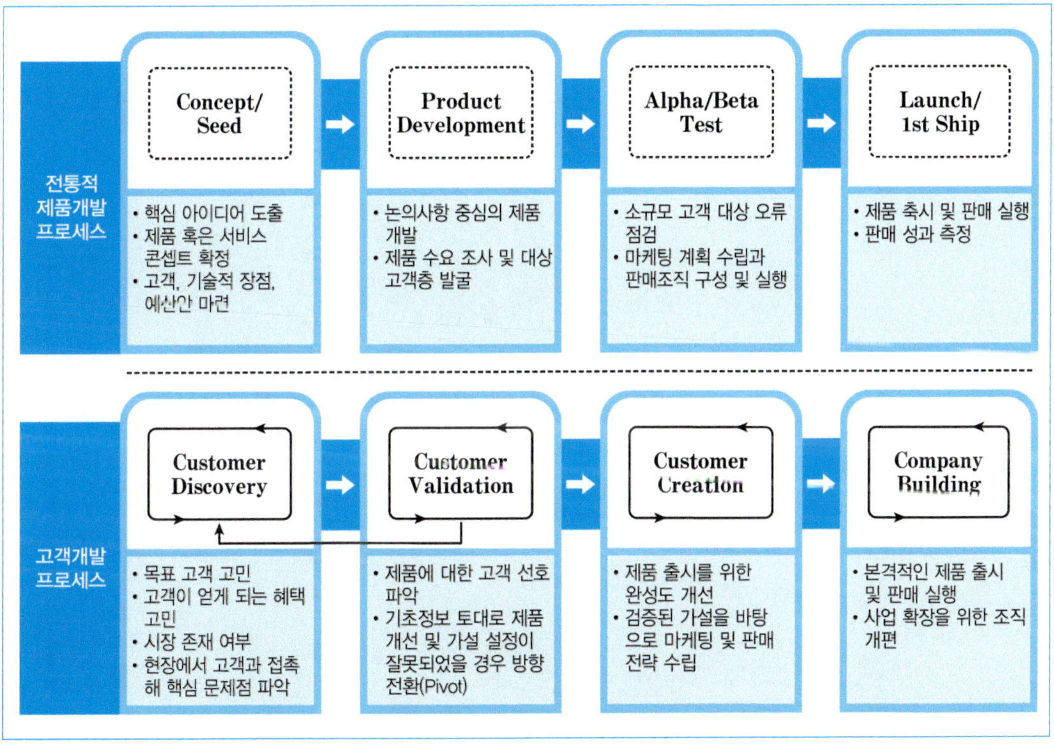

그림 5-2 전통적인 제품개발 프로세스 vs 고객개발 프로세스

결국, 린 스타트업은 고객개발론을 사용해 고객과 접촉하는 빈도를 높이고, 불필요한 요소를 최소화해, 시장에 대한 잘못된 가정을 최대한 빨리 검증해 회피하는 방식이라 할 수 있다. 이 과정에서 수요를 충족시키며 경쟁력 있는 MVP(Minimum Viable Product, 최소실행가능제품)의 개발에 중점을 둔다.

5.1.3 린 스타트업의 의의

린 스타트업의 핵심은 낭비를 줄이는 것이다. 린 경영에서 기본적인 개념을 착안한 린 스타트업의 프로세스는 고객개발 방법론과 유사하다. 창업기업의 경우 인적·물적 자원이 부족하기 때문에 시장에 대한 가정을 테스트(test)하기 위해서 빠르게 프로토타입을 만들도록 권하면서 고객개발을 사용해 고객 접촉 빈도를 높임으로써 낭비를 줄이고 시장에 대한 잘못된 가정을 최대한 빨리 검증하고 보완할 필요가 있다.

즉, 린 스타트업의 프로세스는 고객개발 방법론과 유사하게 아이템 발굴을 통해 MVP을 빠르게 만들어(build) 그 제품 혹은 서비스를 통해 시장에서의 반응을 측정(measure)하고, 결국 고객들의 측정 평가 결과를 통해 부족한 점을 배워서(learn) 반복적으로 보완하거나 사업의 방향을 조기에 전환(pivot)함으로써 실패의 부담을 낮출 수 있는 장점이 있다.

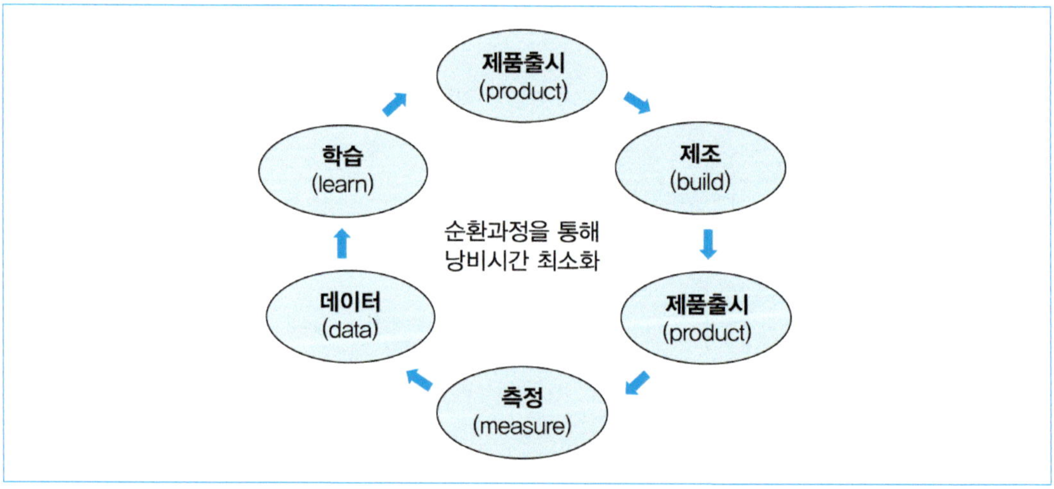

그림 5-3 린 스타트업의 프로세스

이처럼 린 스타트업은 한정된 자원을 가지고 그 자원이 소진되기 전, 생존에 필요한 성장엔진을 만들어내기 위해 신생기업이 사용하는 방법론이다. 이 방법론의 핵심은 효율적으로 시행착오를 하는 것이다. 혁신으로 무장한 스타트업은 시간을 매우 압축해서 사용한다. 시장에서 생존할 수 있는 차별화된 제품을 생산하기 위해 신생기업은 시간을 압축해 사용하며 자신들의 가설, 즉 자신들의 상품을 시장이 원한다는 것을 검증해야 한다.

이 과정은 '아이디어 발굴, 제품을 통한 시장 반응 측정, 데이터분석을 통한시장 수요 분석' 순서로 진행하기 때문에 BML(Build-Measure-Learn) 순환과정(cycle)이라고 부른다. 한정된 지원으로 인해 반복할 수 있는 사이클 수 또한 한정돼 있으며 그 횟수 내에서 성장엔진을 만들어내야만 비로소 생존이 가능해지는 것이다.

5.2 | 린 스타트업을 위한 린 캔버스 활용

5.2.1 린 캔버스의 개념

린 캔버스(lean canvas)는 알렉산더 오스터왈더((Alexander Osterwalder)가 창안한 비즈니스 모델 캔버스(BMC: Business Model Canvas)를 스파크 59의 창업자이자 성공적인 벤처기업 와이어드리치(WiredReach) 등 다수의 창업에 성공한 애시 모리아(Ash Maurya)가 고객지향적인 제품과 서비스 개발에 적합하도록 개편한 비즈니스 모델링 도구다. 그는 에릭 리스의 린 스타트업 개념을 활용해 구체적인 실행 방법을 「린 경영(Running Lean)」이라는 책을 통해 기존의 BMC를 변형해 린 캔버스를 개발하였다. 즉 린 캔버스는 창업기업이 BM의 타당성을 조기에 검증할 수 있도록 변형된 비즈니스 모델링 도구이다. 수십 쪽에 달하는 사업계획서와 달리, 린 캔버스는 아래와 같은 장점을 들 수 있다.

- ❑ **빠르다** : 반나절 안에 여러 개의 사업모델을 정리 가능
- ❑ **간결하다** : 엘리베이터 피칭(elevator pitching) 가능
- ❑ **간편하다** : 다른 사람과 공유 및 수정 용이

린 스타트업을 위해 린 캔버스를 사용하는 이유는 창의적으로 사고하기 위함이다. 다시 말하면, 좀 더 창의적 디자인 사고 프로세스를 만들기 위해서다.

5.2.2 비즈니스 모델 캔버스와 린 캔버스의 차이

린 캔버스는 기본적으로 BMC를 변형한 형태를 띠고 있다. 물론 오스터왈더의 BMC와는 차이점이 있다. 이를 살펴보면 아래와 같다.

첫째, **적용 대상에 차이**가 있다. BMC는 창업 초기의 기업과 어느 정도 규모가 있는 중소기업 이상의 기업에서 BM을 개발할 때 사용될 수 있다. 반면에 린 캔버스는 오직 창업초기업만을 위한 모델링 도구라는 점이다.

둘째, **구성요소에서 차이**가 있다. 린 캔버스에는 문제(problem), 해결책(solution), 핵심지표(key metrics), 일방적 경쟁우위(unfair advantage)의 네 가지 새로운 요소가 제시되고 있다.

셋째, **접근방식에서 차이**가 있다. BMC는 고객 세분화, 가치제안, 채널, 고객관계를 중시하면서 목표 고객에게 제공할 차별화된 가치제안을 파악하는데 중점을 둔다. 그런 다음 가치제안을 어떻게 실현해 수익을 창출할지를 검토한다. 반면에 린 캔버스는 문제점 파악과 해결방안을 통한 新제품과 새로운 서비스 개발에 중점을 둔다. 해결방안을 통해 新제품과 새로운 서비스의 방안이 도출되면 그 다음에 어떤 고객에게 新제품과 새로운 서비스를 제공할 것인지를 파악해 나간다.

5

넷째, **경쟁우위의 관점에서 차이**가 있다. BMC는 가격, 비용 등의 가치제안에 집중한 반면, 린 캔버스는 일방적 경쟁우위를 선점하기 위해 필요한 구조 형성(차별화된 팀, 커뮤니티 등)에 중점을 둔다.

다섯째, **핵심지표에 차이**가 있다. BMC는 가치제안을 제공하기 위해 필요한 핵심자원과 핵심활동을 파악하는 등 주로 기능과 자원에 중점을 두는 반면, 린 캔버스는 新제품과 새로운 서비스의 성과를 정량적으로 파악할 수 있는 성과지표(확보고객 수, 유료전환 가입자 수, 추천 수 등)에 보다 중점을 두는 목표 지향적인 관점에서 차이가 있다.

표 5-1 비즈니스 모델 캔버스와 린 캔버스의 차이

구분	비즈니스 모델 캔버스(BMC)	린 캔버스
대상(target)	창업기업과 기존 기업	오직 창업기업
중점(focus)	고객, 투자가, 창업자, 컨설턴트, 조언자	오직 창업자
고객 (customers)	고객 세분화, 채널, 고객관계 중시	창업기업은 고객이 누구고 무엇을 팔지를 테스트하지 않아 고객세분화가 중요하지 않음
접근방식 (approach)	사업의 예상수익원과 재무적 원천을 기본 전제 하에 시작	문제점에서 시작, 문제 해결방안 제안, 문제를 해결하기 위한 채널, 비용구조와 예상수익 순으로 시작
경쟁관계 (competition)	목표시장에서 영리하게 살아남기 위해서 양질·질적(가격, 비용 등) 조건적 가치제안	사업이 여분의 시장에서 일방적 우위를 가지고 더 기반을 다지기 위한 방법으로 활용
적용 (application)	자연스러운 이해, 창의성, 논의, 구조적 분석으로 분위기 조성	창업자가 순차적으로 발전할 수 있도록 문제해결 중심적 접근

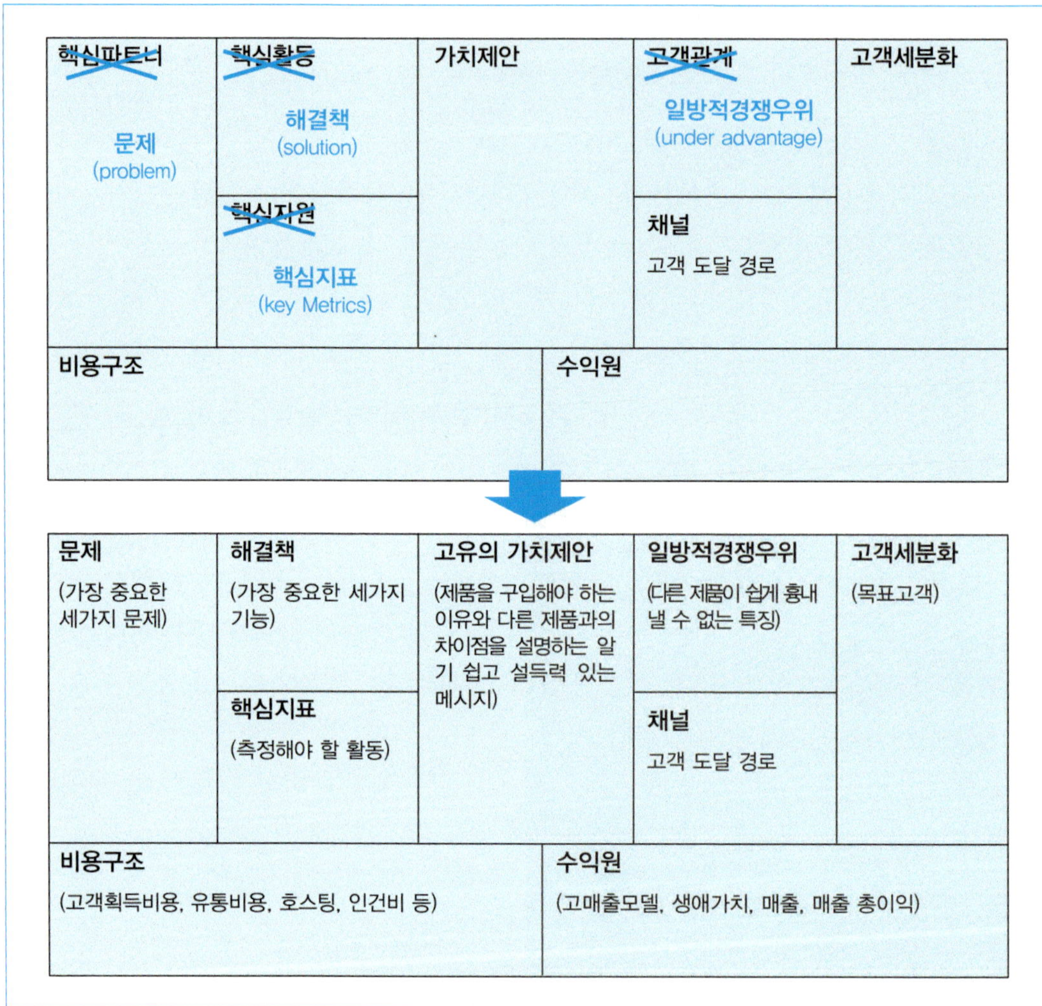

그림 5-4 비즈니스 모델 캔버스에서 린 캔버스로의 변화

그림 5-4에서 BM의 핵심활동과 핵심자원을 해결책으로 표현하고, 고객관계를 일방적 경쟁우위로 바꿔서 표현하고 있다. 그리고 결정적인 차이점이 있다면 BMC의 경우 창업기업도, 이미 사업을 진행하고 있는 기업도 적용할 수 있다면 린 캔버스의 경우에는 창업기업에만 적용되도록 맞춰져 있다.

왜냐하면 BMC는 고객세분화, 채널, 고객관계를 먼저 중요하게 생각해서 이것을 기반으로 사업의 수익원과 비용구조를 파악하는데 비해, 린 캔버스는 문제점과 해결방안을 집중적으로 이야기하기 때문이다. 경쟁관계에서도 BMC는 가격, 비용 같은 가치제안에 집중하는데, 린 캔버스는 일방적인 경쟁우위를 선점하는 방식에 집중한다. 린 캔버스를 좀 더 자세히 살펴보면 아래와 같이 8 가지로 나눠져 있다.

- ❑ 가장 중요한 세 가지 **문제**
- ❑ 가장 중요한 세 가지 기능인 **해결책**
- ❑ 목표 고객인 고객 군(**고객세분화**)
- ❑ 제품을 구입해야 하는 이유와 다른 제품과의 차이점을 설명하는 **고유 가치제안**
- ❑ 고객에게 가치를 제안하는 경로인 **채널**
- ❑ 매출 모델이나 생애가치, 매출, 총이익 등의 **수익원**
- ❑ 고객 획득 비용과 유통 비용, 호스팅, 인건비 등의 기업에서 지출하는 **비용구조**
- ❑ 다른 제품이 쉽게 흉내낼 수 없는 특징인 **일방적 경쟁우위**

5.2.3 린 캔버스의 적용

앞 절에서 비즈니스 모델 캔버스(BMC)와 린 캔버스의 차이점을 설명했다. 이렇게 원론적인 이야기만으로는 이해하기가 어려울 것 같아 공유경제[1] 서비스에 기반을 두고 있는 '우버'(Uber) 사례를 통해 린 캔버스를 적용해가면서 설명하고자 한다.

최근 스마트폰 앱을 이용해 콜택시처럼 이용할 수 있는 사업을 하는 '우버'라는 신생기업(startup)이 화제가 되고 있다. 이의 기업가치는 135조(1,200억 달러) 이상으로 평가되고 있다.(2018년 기준) '우버'는 2009년에 설립, 10년여밖에 되지 않았지만, 80년 이상의 역사를 가진 일본의 도요타 자동차보다 커 큰 기업 가치를 인정받고 있다.

'우버'(Uber)는 일반적으로는 스마트폰 애플리케이션(앱)으로 승객과 차량을 이어주는 서비스를 말한다. 이는 승객을 일반 택시와 연결해주는 '우버 택시', 일반인이 자신의 차량으로 운송 서비스를 할 수 있도록 도와주는 '우버 엑스' 등이 있다.
원래, '우버'는 미국의 기업인 우버 테크놀로지스(Uber Technologies)가 운영하는 자동차 배차 웹사이트 및 배차 응용 프로그램이다. '우버' 서비스에 등록되거나 '우버'에 고용된 차량의 운전기사와 승객을 모바일 앱을 통해 중계하는 서비스를 제공한다. '우버' 서비스는 스마트폰 GPS 정보를 이용해 호출을 시작하고, 호출 즉시 호출자와 가장 가까운 차량부터 매칭을 시작한다. 매칭 시 호출자와 매칭된 차량 사이의 거리와 교통 정보를 기반으로 예상 가격을 제시한다. 호출자는 매칭된 기사의 평가를 참고해 운송 여부를 결정할 수 있으며, 운전기사에게 문자메시지나 전화로 요청 사항을 전송할 수 있다.
국내에서도 2014년 10월 '우버 택시' 서비스를 시작하였다. 초기에 '우버'는 차량 기사들과 승객들에게 '우버' 사용을 권장하는 지원책을 제공하였으며, 서울 지역에서는 '우버 블랙' 서비스와 '우버 엑스' 서비스를 연달아 시작하였다. 하지만 국토교통부는 '우버' 서비스가 자가용이나 렌터카를 이용해 유상운송을 한다는 점에서 「여객자동차운수사업법」을 위반하고 있다고 규정하고, 2015년부터는 '우버' 서비스를 단속하고 있으며 신고하는 경우 포상금을 제공하고 있다. 그러자 우버 테크놀로지스는 2015년 2월 '우버 엑스'를 전면 무료화 하였으며, 논란이 계속되고 있다. 세계 여러 나라에서도 택시 관련 법규와의 충돌로 인해 계속적으로 불법 논란이 이어지고 있다. 모바일 차량예약 서비스 '우버'를 두고 뜨거운 논란이 벌어지고 있다. 비단 서울시뿐 아니라 全세계 주요 도시가 '우버'로 인해 몸살을 앓고 있다. 택시기사들의 반발과 저항은 더욱 거세지고 있다.

1) 이는 한 번 생산된 제품을 여럿이 공유해 쓰는 협업 소비를 기본으로 한 경제를 의미한다. 쉽게 말해 '나눠쓰기'란 뜻으로 자동차, 공간, 책 등 활용도가 떨어지는 물건이나 부동산을 다른 사람들과 함께 공유함으로써 자원 활용을 극대화하는 경제 활동이다.

1 문제

문제(problem)는 새로운 비즈니스를 설계할 때 굉장히 중요하다. 왜냐하면 고객의 불편함을 파악하는 부분이 이 문제 부분이기 때문이다. 기존의 생활에서 어떤 것들이 불편했는지 확인하고, 그 문제를 해결하기 위한 솔루션으로 사업의 기회를 보는 것이다. 린 스타트업의 가장 중요한 핵심은 고객에게 필요한, 고객의 니즈에 맞는, 요구사항에 맞는 제품이나 서비스를 개발하는 것에 중점을 두고 있기 때문에 이 문제에 대한 파악이 굉장히 중요하다.

그 다음에는 그 문제를 해결해줄 제품이나 서비스를 찾는 것이다. 만약 있다면 그들이 해결해주는 것과 그렇지 못한 부분은 무엇인지 확인하고, 그걸 고객이 원하는 것인지, 아니면 대안이 없어서 그냥 사용하는 것 아닌지 확인하고, 그 부족한 부분을 채울 수 있는 것이 있다면, 플러스 알파(plus alpha)가 되는 것이다.

'우버'의 경우 이미 형성돼 있는 가격과 탑승 대기 문제, 지역별·나라별 각각 다른 법적 규제 등을 문제로 보고 있다.

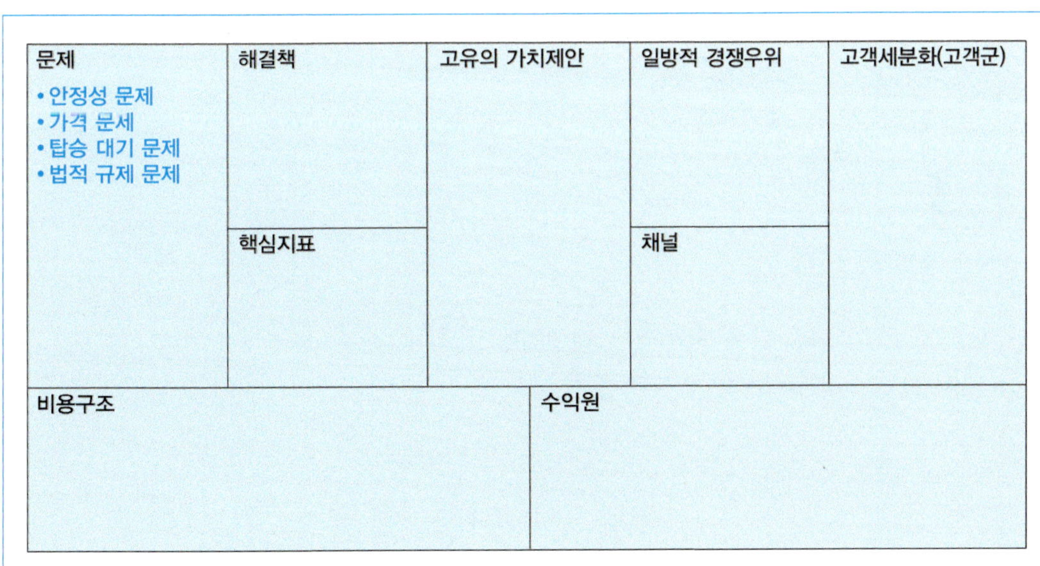

그림 5-5 문제를 적용한 린 캔버스 사례

2 고객세분화

고객을 세분화(customer segmentation)해서 목표 고객을 찾는 부분이다. 문제점을 기반으로 내 제품 내지는 서비스를 구매할 고객을 세분화, 구체화시키는 것이다. 창업기업은 초기 인지도가 없기 때문에 사용자 확보에 대한 어려움이 있고 이미 고객들이 기존의 대안에 안주하고 있는 경향이 있기 때문에 안주하고 있는 고객들이 나를 돌아보게 할 수 있는 제품이 필요하다.

국내의 경우 기존 대안이 있다면, 카카오 택시를 예로 들 수 있다. '우버'를 타는 사람으로는 우선 상류층, 사업가, 전문직 종사자, 중산층 등 택시 이용객들이 고객군이 된다.

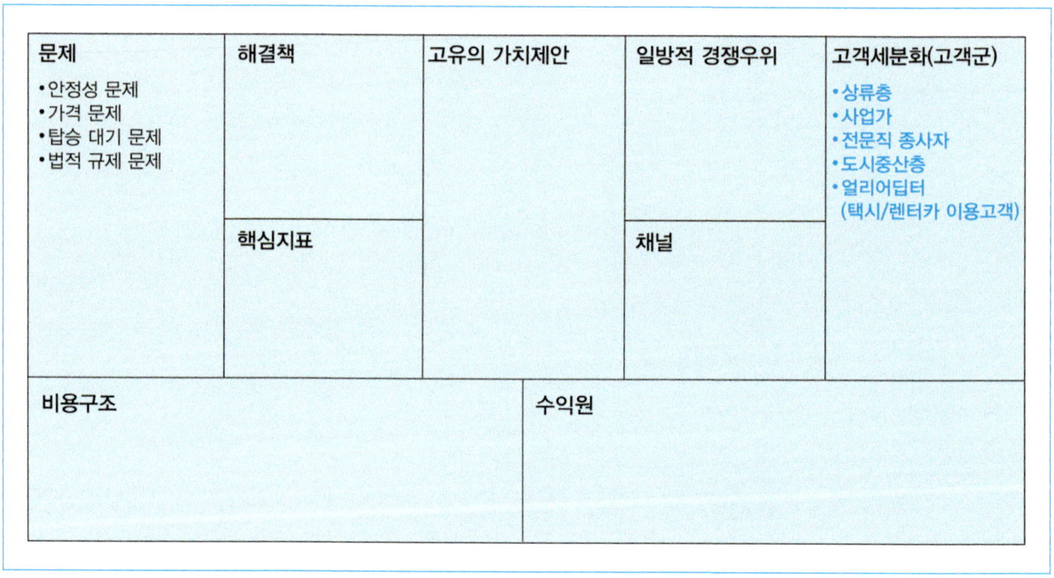

그림 5-6 고객세분화를 적용한 린 캔버스 사례

3 고유의 가치제안

린 캔버스에서 가장 중요한 부분인 고유의 가치제안(UVP: Unique Value Proposition)은 고객들에게 어떤 가치를 제안할 것인가, 제품이나 서비스가 가진 차별점을 보여주는 부분, 그리고 관심을 끌 가치가 있는 이유에 대한 부분이다. 기존 서비스와 무엇이 다른지에 대한 것이 핵심이라 보면 된다.

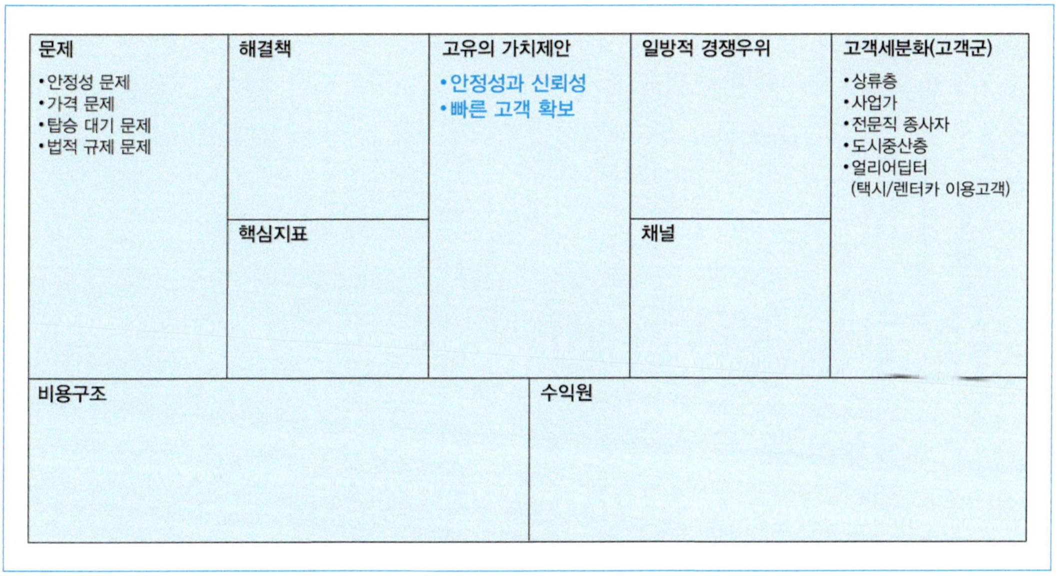

그림 5-7 고유의 가치제안을 적용한 린 캔버스 사례

4 해결책

해결책(solution)은 린 스타트업에서 MVP(**M**inimum **V**iable **P**roduct, 최소실행가능제품)에 포함될 핵심 기능이라고 보면 된다. 이 솔루션 부분이 BMC와 다른 부분이다.

문제해결 방안 단계에서는 아직 검증되지 않은 것들이 많기 때문에 각 문제점들을 해결하기 위한 단순한 해법을 고민해 본다. 그리고 문제점을 최대한 검증한 다음 해결 방안을 확정한다. 문제 목록을 바탕으로 MVP에 포함할 소수의 핵심기능을 통해 해결책을 제시해야 한다.

'우버'의 경우 승객과 운전자에게 가치를 제안하는 것으로 결제가 쉽고 빠르고, 고객만족 서비스가 있고, 운전자를 평가할 수 있고, 가격 알람 서비스, 각 나라 법규에 맞는 사전 승인, 기다리지 않고 탑승할 수 있는 점, 운전자 입장에서 높은 효율성 등을 솔루션으로 볼 수 있다.

<table>
<tr>
<td colspan="2" rowspan="2">문제
•안정성 문제
•가격 문제
•탑승 대기 문제
•법적 규제 문제</td>
<td colspan="2">해결책
•신속한 결제가능
•고객 만족 서비스 가능
•운전자 평가 기능
•가격알림서비스–푸시 알림
•각 나라 법규 사전 승인</td>
<td colspan="2" rowspan="2">고유의 가치제안
•안정성과 신뢰성
•빠른 고객 확보</td>
<td colspan="2">일방적 경쟁우위</td>
<td colspan="2" rowspan="2">고객세분화(고객군)
•상류층
•사업가
•전문직 종사자
•도시중산층
•얼리어답터
(택시/렌터카 이용고객)</td>
</tr>
<tr>
<td colspan="2">핵심지표</td>
<td colspan="2">채널</td>
</tr>
<tr>
<td colspan="5">비용구조</td>
<td colspan="5">수익원</td>
</tr>
</table>

그림 5-8 해결책을 적용한 린 캔버스 사례

5 채널

많은 창업기업들이 고객과 접촉할 수 있는 채널(channels)을 만들지 못해 실패한다. 창업기업의 처음 목표는 사업 확대보다 배움이 더 크므로, 잠재 고객과 만날 수 있는 채널이면 일단 접촉하는 것이 좋다. 만약에 BM이 많은 고객을 필요로 한다면 사업 확대에 대한 부분도 생각해 봐야 한다. 채널 부분은 BMC와 동일하다. '우버'는 초기 모바일 앱 채널 활용, 그다음 확장 채널로 바로 푸시(push) 알림시스템을 활용한다.

<table>
<tr>
<td colspan="2" rowspan="2">문제
•안정성 문제
•가격 문제
•탑승 대기 문제
•법적 규제 문제</td>
<td colspan="2">해결책
•신속한 결제가능
•고객 만족 서비스 가능
•운전자 평가 기능
•가격알림서비스–푸시 알림
•각 나라 법규 사전 승인</td>
<td colspan="2" rowspan="2">고유의 가치제안
•안정성과 신뢰성
•빠른 고객 확보</td>
<td colspan="2">일방적 경쟁우위</td>
<td colspan="2" rowspan="2">고객세분화(고객군)
•상류층
•사업가
•전문직 종사자
•도시중산층
•얼리어딥터 (택시/렌터카 이용고객)</td>
</tr>
<tr>
<td colspan="2">핵심지표</td>
<td colspan="2">채널
•초기: 모바일 앱 채널 활용
•확장: 바로 푸시 알림 시스템</td>
</tr>
<tr>
<td colspan="5">비용구조</td>
<td colspan="5">수익원</td>
</tr>
</table>

그림 5-9 채널을 적용한 린 캔버스 사례

6 수익원

수익원 부분은 린 캔버스에서는 수익원 자체를 측정하는 것이 약간 어렵다. 하지만 고객이 그만한 가치를 느끼고, 그에 대한 가격을 어느 정도 지불할지 미리 책정할 필요가 있다. 가격은 제품의 가치를 측정하는 방법이기도 하고, 제품과 서비스의 일부이기 때문에 꼭 측정해두는 것이 좋다.

고객이 어떤 가치를 가지는지에 따라 가격을 정한다. 가격이 고객을 정의한다. 페트병에 든 물을 500원에 팔 때, 만날 수 있는 고객과 5,000원에 팔 때 만날 수 있는 고객이 다르다는 뜻이다. 고객의 지불을 통해 가장 빠른 형태로 검증해 볼 수 있다. 만약 누군가 돈을 지불한다면, 제품에 대한 가장 확실하고 빠른 검증이 될 것이다.

'우버'의 수익원은 운행 수수료, 장비 및 자동차 대출 수수료, 시장 확대로 인한 수익 증가 등이 있다.

<table>
<tr><td rowspan="2">문제
•안정성 문제
•가격 문제
•탑승 대기 문제
•법적 규제 문제</td><td>해결책
•신속한 결제가능
•고객 만족 서비스 가능
•운전자 평가 기능
•가격알림서비스-푸시 알림
•각 나라 법규 사전 승인</td><td rowspan="2">고유의 가치제안
•안정성과 신뢰성
•빠른 고객 확보</td><td>일방적 경쟁우위</td><td rowspan="2">고객세분화(고객군)
•상류층
•사업가
•전문직 종사자
•도시중산층
•얼리어딥터
(택시/렌터카 이용고객)</td></tr>
<tr><td>핵심지표</td><td>채널
•초기: 모바일 앱 채널 활용
•확장: 바로 푸시 알림 시스템</td></tr>
<tr><td colspan="2">비용구조</td><td colspan="3">수익원
•운행수수료, 장비 및 자동차 대출 수수료
•시장 확대로 인한 수익 증가
•고객택시를 통한 수익(우버블랙)
•개인 자동차로 영업(수익 구조 다양화, 우버엑스)</td></tr>
</table>

그림 5-10 수익원을 적용한 린 캔버스 사례

7 비용구조

비용구조(cost structure)는 사업을 할 때 발생할 비용에 대해 예측해 보는 것이다. 투자를 어디에 해야 하는지, 어느 부분에 집중적으로 투자를 할 것인지, 그리고 MVP로 만들고 테스트하는데 어느 정도 비용이 들어가는지에 대한 부분이다.

측정은 고정비와 변동비로 나눠서 측정한다. 수익원과 비용구조적인 부분을 고려해 순익분기점이 어느 정도인지 확인하는 것이 필요하다. 그리고 수익분기점에 도달하려면 얼마나 많은 시간이 필요한지도 역시 측정해볼 필요가 있다.

'우버'의 경우 자동차에 직접 투자하지 않아도 된다는 장점이 있다. 그래서 수리 비용이나 보험 비용 등이 들어가지 않는다. 그리고 정부의 규제 관계 비용을 절약할 수 있고, 서비스 제공자를 고용하지 않아도 된다는 것 역시 장점이다.

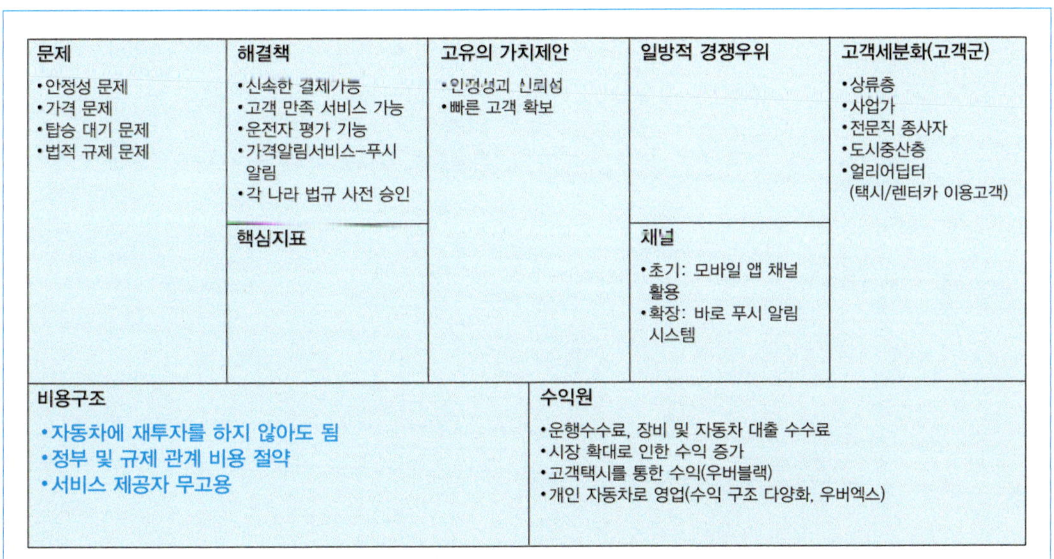

그림 5-11 비용구조를 적용한 린 캔버스 사례

8 일방적 경쟁우위

일방적 경쟁우위(unfair advantage)는 경쟁사가 쉽게 따라하거나 돈으로 해결할 수 없는 요소를 의미한다. 예를 들면 타사에 비해 전문화된 팀, 충성도 높은 고객 커뮤니티, 전문가 진정성이 있는가 등 기능적이고 서비스적인 측면 외에 압도적인 경쟁우위를 가질 수 있는 요소를 파악하는 것이다. 일방적 경쟁우위를 파악하면 자칫 차별화된 서비스와 제품에만 몰입돼 있는 경우, 경쟁사가 유사하거나 더 나은 제품과 서비스를 출시할 경우 단번에 시장을 빼앗길 수 있는 위험을 방지할 수 있다.

사업을 하는데 있어, 경쟁자가 만약 생긴다 하더라도 쉽게 따라할 수 없거나 비용으로 해결할 수 없는 것이 있으면 굉장히 좋다. 창업자들이 갖는 경쟁우위 중 대표적인 것이 바로 **선발우위**이다. 추격자들에게 추월당하는 경우가 생길 수 있어 이 부분을 꼭 고려해야 한다.

어떤 경쟁우위가 있느냐는 첫 번째 선발우위가 있을 것이고, 두 번째 운전자와 고객에게 권한을 부여하는 것이고, 그리고 높은 품질의 고객응대나 브랜드 인식 제고, 수많은 유명 인사 추천 등을 '우버'는 경쟁우위로 보고 있다. 이외에도 경쟁우위에 들어갈 수 있는 부분을 찾아보면 내부자 정보, 커뮤니티, 개인적인 권위, 대규모 네트워크 효과, 환상적인 팀, 검색엔진, 최적화 순위, 적절한 전문가의지지, 기존 고객 확보 등이 있다.

<table>
<tr>
<td colspan="2" rowspan="2">문제
•안정성 문제
•가격 문제
•탑승 대기 문제
•법적 규제 문제</td>
<td colspan="2">해결책
•신속한 결제가능
•고객 만족 서비스 가능
•운전자 평가 기능
•가격알림서비스–푸시 알림
•각 나라 법규 사전 승인</td>
<td colspan="2" rowspan="2">고유의 가치제안
•안정성과 신뢰성
•빠른 고객 확보</td>
<td colspan="2">일방적 경쟁우위
•선발자 우위
•운전자와 고객에게만 권한부여
•높은 품질의 고객 응대
•브랜드 인식 제고
•수많은 유명 인사 추천</td>
<td colspan="2" rowspan="2">고객세분화(고객군)
•상류층
•사업가
•전문직 종사자
•도시중산층
•얼리어딥터
(택시/렌터카 이용고객)</td>
</tr>
<tr>
<td colspan="2">핵심지표</td>
<td colspan="2">채널
•초기: 모바일 앱 채널 활용
•확장: 바로 푸시 알림 시스템</td>
</tr>
<tr>
<td colspan="5">비용구조
•자동차에 재투자를 하지 않아도 됨
•정부 및 규제 관계 비용 절약
•서비스 제공자 무고용</td>
<td colspan="5">수익원
•운행수수료, 장비 및 자동차 대출 수수료
•시장 확대로 인한 수익 증가
•고객택시를 통한 수익(우버블랙)
•개인 자동차로 영업(수익 구조 다양화, 우버엑스)</td>
</tr>
</table>

그림 5-12 일방적 경쟁우위를 적용한 린 캔버스 사례

9 핵심지표

핵심지표(key metrics)는 새로운 제품과 서비스의 성공을 과연 어떻게 정량적으로 측정할 수 있는지에 대한 정보를 제공한다. 창업자는 핵심지표를 파악함으로써 新사업의 제품과 서비스의 경영목표를 명확히 하고 핵심성공요인에 집중할 수 있다. 즉 핵심지표는 사업의 진행 상황을 측정할 지표이다. 차별화된 서비스의 성공 핵심지표는 크게 아래와 같은 다섯 가지 관점에서 접근할 수 있다.

- ❑ 습득(acquisition) : 서비스를 이용한 사용자에게 가치를 불러일으키는 것
- ❑ 활성화(activation) : 흥미가 생긴 사용자에게 만족스런 경험을 제공하는 것
- ❑ 유지(retention) : 서비스를 다시 이용하거나 서비스를 이용할 의지가 있는 것
- ❑ 수익(revenue) : 돈을 지불하는 것
- ❑ 추천(referral) : 서비스에 만족한 고객이 소개해 새로운 습득이 일어나는 것

'우버'의 경우 고객과 운전자가 함께하는 더 큰 공유 커뮤니티 구축, 고객과 운전자를 위한 마켓 플레이스, 플랫폼 구축을 핵심지표로 보고 있다. 이 핵심지표를 통해 우리 기업만의 데이터를 만들고, 이 데이터의 피드백을 통해 제품을 업그레이드하는 것이다.

문제
- 안정성 문제
- 가격 문제
- 탑승 대기 문제
- 법적 규제 문제

해결책
- 신속한 결제가능
- 고객 만족 서비스 가능
- 운전자 평가 기능
- 가격알림서비스–푸시 알림
- 각 나라 법규 사전 승인

핵심지표
- 고객과 운전자가 함께 하는 더 큰 공유 커뮤니티 구축
- 고객과 운전자를 위한 마켓 플레이스 플랫폼 구축

고유의 가치제안
- 안정성과 신뢰성
- 빠른 고객 확보

일방적 경쟁우위
- 선발자 우위
- 운전자와 고객에게만 권한부여
- 높은 품질의 고객 응대
- 브랜드 인식 제고
- 수많은 유명 인사 추천

채널
- 초기: 모바일 앱 채널 활용
- 확장: 바로 푸시 알림 시스템

고객세분화(고객군)
- 상류층
- 사업가
- 전문직 종사자
- 도시중산층
- 얼리어딥터 (택시/렌터카 이용고객)

비용구조
- 자동차에 재투자를 하지 않아도 됨
- 정부 및 규제 관계 비용 절약
- 서비스 제공자 무고용

수익원
- 운행수수료, 장비 및 자동차 대출 수수료
- 시장 확대로 인한 수익 증가
- 고객택시를 통한 수익(우버블랙)
- 개인 자동차로 영업(수익 구조 다양화, 우버엑스)

그림 5-13 핵심지표를 적용한 린 캔버스 사례

제 6 장

신사업발굴

6.1 | 신사업아이템 발굴의 의미

6.1.1 신사업의 의의

신사업을 위한 신제품 개발은 기업 성장 발전의 불가결한 요소로서, 특히 오늘날 급속한 기술 혁신과 소비자 욕구의 변화 그리고 비가격경쟁이 격화되는 실정을 고려하면 지속적인 신제품 개발이 필요하다. 따라서, 성장기업의 대부분은 신제품 지향적이며, 그러한 기업일수록 급성장하는 경우가 많다. 신제품 개발에는 많은 비용과 시간이 투여되는 것 만큼 실패의 위험성은 늘 상존하기 마련이다. 그럼에도 불구하고 경영자는 혁신적인 사고로 신제품 개발에 집중해야 한다. 왜냐하면 기업은 영속성을 갖고 지속성장이 가능해야 하기 때문이다. 이러한 신제품 개발에는 다양한 기술 경영기법을 활용하여 시간과 비용을 감소시킴으로써 더욱 경쟁력 있는 제품을 만드는 것이 무엇보다도 중요하다.

신제품 개발은 항상 경쟁사와의 보이지 않는 치열한 경쟁인 만큼 경쟁사에 대한 시장점유, 제품, 기술, 특허 등 제반 정보에 대한 다양한 모니터링이 중요하다. 특히 경쟁사의 기술을 예측하고 향후 기술트렌드를 미리 예견하여 경쟁사를 추월하려는 경향은 어느 기업이든 마찬가지의 일로 시장에서의 경쟁력 확보가 곧 시장점유율을 높일 수 있는 기회가 되기 때문에 매우 중요하다 할 것이다. 그래서 기업들은 예를 들어, 특허정보 등을 통해 상대 경쟁사의 기술 경향을 파악하고 이와 관련된 제품을 탐색하곤 한다.

신제품 개발은 이로부터 벤치마킹도 가능하고 시장진입에 앞서 관련 특허권의 침해여부도 판단해야 하는 다각적인 대응이 필요하다. 이러한 과정을 거치게 되는 신제품 개발은 궁극적으로는 기업의 경영 성과, 즉 매출액의 극대화에 기여하는 것이다. 따라서, 기술경영은 신사업 발굴에 있어서 매우 중요한 역할을 하고 있으며 앞으로 기술경영의 진화에 따라 기업 경영에서 그 중요성은 갈수록 더할 것이다.

6.1.2 사업확대를 위한 전략

사업확대 전략은 기업이 어떠한 제품을 이용하여 어떠한 시장에서 사업을 전개하는지 라는 두 가지 관점에서 결정된다. 대체로 네가지 전략으로 설명할 수 있다.

사업확대 포트폴리오

	기존제품	신제품
기존 시장	① 시장침투 전략	② 제품개발 전략
신규 시장	③ 시장개발 전략	④ 다각화 전략

① **시장침투 전략** : 기존의 시장에 대해 현재 어떤 제품을 보다 많이 판매하려고 하는 전략

② **제품개발 전략** : 기존의 시장에 대해 신제품을 투입하여 사업의 성장을 꾀하는 전략

③ **시장개발 전략** : 기존의 시장이 아닌 전혀 새로운 시장에 기존 제품을 투입하여 시장을 개척하는 전략

④ **다각화 전략** : 기존의 경영 자원을 활용하여 신제품을 개발하고 새로운 시장을 개척하는 전략

기업의 사업 확대의 경우 보통 시장 성숙에 따라 기존 시장으로의 침투가 어려워지게 되고 그에 따라 기존 시장으로 새로운 제품을 투입하는 것과, 같은 제품을 새로운 시장에 투입하는 것 등 시장 확대경향이 있다. 그럼에도 불구하고 신제품을 새로운 시장에 투입하는 경우에서도 판로나 기술에 있어서 기존과의 공통성이 있는 경우가 많아 어려움이 있다.

6.2 발굴분석기법의 연구

6.2.1 산업 환경 분석

서로 충분히 대체가 가능한 제품을 취급하는 기업군을 산업이라 하며, 이는 사업전략 수립을 위한 기본적인 분석 대상이 된다. 산업분석이란 한 산업과 관련된 제품 시장에 관한 분석을 의미하며, 주요한 목적으로는 특정 산업에 대해 현재와 잠재적 진입자에게 그 산업의 매력도를 결정하게 하는 것과, 특정 산업에서 성공할 수 있는 핵심요인이 무엇인가를 파악하려는 것이다. 산업구조분석은 사업부 수준의 전략과 기업 수준의 전략을 수립하는데 아주 중요한 역할을 한다. 기업전략은 그 기업이 어느 신규사업분야로 진출하고, 어느 사업분야에서 탈퇴할 것인가에 관한 결정을 한다. 그러한 결정을 내리기 위해서는 기업의 개별 사업분야가 속해 있는 각각의 산업이 유망한가 또는 사양화단계에 있는가를 판단할 필요가 있다. 이러한 산업구조의 분석을 통해 궁극적으로 그 사업부에서 어떠한 전략을 수립하여야 기업의 수익률을 높일 수 있는가에 대한 해답을 구할 수 있다. 또한 기업이 그 산업에서 성공하는 데 필요한 산업 특유의 성공요인(key success factor)을 알 수 있다.

산업구조를 분석하는 기법을 처음으로 경영전략에 도입한 사람은 미국 Harvard 경영대학원의 Michael Porter 이다. Porter는 1980년 Competitive Strategy라는 저서에서 경제학의 산업 조직론에서 발전된 산업구조분석을 기업에 적용하기 쉽도록 변형시킨 분석틀을 제시하였다. 그의 분석틀에 의하면 다섯 가지 경쟁적인 세력에 의해 산업의 수익률이 결정된다.

1 기존 기업과의 경쟁

대부분의 산업에서 경쟁의 양상과 산업 전체의 수익률을 결정하는 가장 중요한 요인은 이미 그 산업 내에서 경쟁하고 있는 기업들간의 경쟁관계이다. 산업 내의 기존 기업들간의 경쟁양상과 강도를 결정하는 요소는 다음과 같다.

1) 산업의 집중도

집중도(concentration)란 동일산업에 속하는 기업의 수와 그 개별 기업의 규모를 말한다. 우리나라에서는 공정거래위원회에서 상위 3개 기업들의 시장 점유율을 더하여 3사 집중도(3 firm concentration)라는 지표를 발표한다. 산업이 집중되어 있을수록, 즉 그 산업에 참여하고 있는 기업의 수가 적을수록 산업의 전반적인 수익률은 상대적으로 높아지게 되며, 그 산업이 경쟁적일수록, 즉 많은 기업들이 경쟁에 참여할수록 산업의 수익률은 낮아지게 된다.

2) 경쟁기업의 동질성과 이질성

동일산업 내에서 기업들간의 경쟁을 피하기 위해 담합을 할 수 있는 가능성은 단순히 기업의 수에만 의존하지 않고 그 기업들의 전략, 목적에 따라 상당히 다양하다. 일반적으로 기업들의 전략, 목적 등이 유사할 경우에 훨씬 더 명시적이거나 암묵적인 담합을 하기가 쉬워진다. 그러나 일본기업이 미국시장에 진출하여 장기적인 이윤 극대화 목표하에 적극적으로 가격을 내리고 시장점유율을 넓히는 전략을 취함에 따라 미국철강산업 내에서의 공존은 깨지고 산업 전반적으로 가격경쟁이 불붙기 시작했다. 이러한 사실은 국제경쟁이 심화될수록 이질적인 목표나 전략을 가진 국제기업들과 경쟁을 하게 되기 때문에 기업들간에 상호 암묵적인 담합을 하기가 점차 어려워진다는 것을 의미한다.

3) 제품차별화

산업 내에서 경쟁하는 기업들의 제품 디자인이나 품질면에서 동일할수록 소비자들은 특정회사 제품을 선호할 이유가 없어질 것이다. 따라서 기업입장에서는 동질화된 제품들에 대해서 가격 외에는 경쟁할 만한 수단이 없어지게 된다. 이러한 제품을 우리는 일상재(commodity)라고 부른다. 제품차별화가 많이된 기업일수록, 예를 들어 의약품 혹은 빵, 과자와 같이 소비자들의 제품브랜드에 대한 선호도가 높은 산업일수록 가격으로 경쟁하는 것을 피하고, 광고나 신제품 발매 등의 차별화기법으로 경쟁하게 된다. 이렇게 차별화된 산업일수록 수익률이 높고 차별화가 적은 산업, 즉 일상재에 가까운 산업일수록 수익률이 낮아지게 된다.

4) 초과설비

산업의 수익률은 초과설비와 경기순환에 따라 민감하게 변하기도 한다. PIMS(Profit Impact of Market Share)의 실증연구에 따르면 생산설비와 수요가 일치할수록 기업의 수익률이 높아진다고 한다. 불황기의 많은 기업들은 유휴설비를 갖는다. 특히 자본집약도가 높은 산업일수록, 즉 거대한 생산설비가 필요할수록, 불황기의 기업들은 고정비용을 줄이기 위해 가격을 인하해야 할 필요성을 느낀다. 이러한 불황기의 유휴설비로 인한 가격 인하는 산업의 수익률을 급격하게 악화시킨다. 그러나 주기적으로 불황과 호황을 반복하는 경기순환이 아니라 장기적으로 그 산업의 유휴설비가 있는 경우, 산업의 수익률은 퇴거장벽의 높이에 따라 결정된다. 퇴거장벽(exit barrier)이란 진입장벽(entry barrier)과 마찬가지로 산업에서 철수하는 데 어려움이 있는 경우를 말한다. 만일 기업들이 쉽게 다른 산업으로 옮길 수 있다면 구조적인 불황에 있는 산업 내의 기업수는 자유롭게 조정이 되어서 산업내의 유휴설비는 금방 없어지게 된다.

5) 비용구조

각각의 산업에서 기업들이 어느 정도 가격경쟁을 하는가는 산업의 비용구조에 따라 다르다. 비용구조는 고정비용과 가변비용의 비중을 뜻한다. 반도체산업의 비용구조를 살펴보면 자본설비에 대한 투자와 연구개발에 대한 투자가 대부분을 차지하고 원재료비는 꾸준히 감소하는 추세이다. 임금이 차지하는 비중은 극히 미미하고 유통비, 운송비 등이 차지하는 비중은 전체에서 1~2% 정도로 아주 낮은 수준이기 때문에 대부분이 고정비용으로 구성되어 있어, 기업들은 생산설비의 활용도를 높이기 위해 가격경쟁을 시도할 유인이 존재한다.

2 잠재적 진입자와의 경쟁

만일 어느 산업의 수익률이 상당히 높거나, 그 산업이 정말 유망한 산업이라고 할 때, 모든 기업들은 그 산업에 진입하고 싶어할 것이다. 그러나 막대한 이익을 얻는다고 해서 모든 기업들이 반도체 시장에 진입할 수 있는 것은 아니다. 모든 산업들이 자유롭게 진입할 수 있다면 산업의 높은 수익률은 진입자들과의 경쟁에 의해 점차 낮아지게 될 것이다. 또한 실제적으로 진입이 일어나지 않는다고 하더라도 만일 다른 기업들이 언제든지 그 산업에 뛰어들 준비가 되어 있다면, 그 산업에 있는 기존 기업들은 잠재적 경쟁자가 진입할 수 있다는 위협 때문에 가격을 높게 받지 못하고 경쟁적인 수준으로 낮추어 이러한 진입을 막을 필요가 없다.

이와 같이 기존 기업들이 신규 진입 기업에 비해 가지는 우위를 진입장벽(entry barrier)이라고 한다. 즉 진입장벽이란 신규 진입 기업들이 기존 기업들에 대해 부담하는 상대적인 불리함이다. 이와 같은 진입장벽들은 그 산업에서의 경쟁기업의 진입을 약화시키고 그 산업에서의 높은 수익률을 유지할 수 있게 한다. George Yip의 실증연구에 따르면 진입장벽이 효과적으로 신규진입을 억제한다고 한다. 이러한 진입장벽에 대하여 신규진입자들은 여러 가지 방법으로 이를 피해 가려고 한다. 신규진입자들은 종종 새로운 방식으로 진입을 시도한다. 즉 새로운 기술, 새로운 경영능력, 새로운 브랜드를 가지고서 효과적으로 진입에 성공하기도 한다.

1) 자본소요량

신규기업이 산업에 진입하는 데 필요한 투자액이 굉장히 많은 경우에는 소수의 기업을 제외하고는 이런 산업에 진입하기가 힘들다. 예를 들어 항공기 제작산업에는 Boeing, Airbus, McDonnell Douglas 등과 같은 세 회사만이 존재한다. 이렇게 자본소요금이 많은 산업에서는 신규기업의 진입이 원천적으로 저지되어 있다.

2) 규모의 경제

자본집약적이거나 연구개발투자가 많이 소요되는 산업에서 효율적으로 조업하기 위해서는 대규모 투자가 필요하다. 예를 들어 자동차산업에서는 규모의 경제가 상당히 크기 때문에 연간 수십만대의 자동차를 생산해서 판매까지 할 능력이 없는 기업들은 시장진입을 할 수 없다.

3) 절대적인 비용우위

기존 기업들은 신규 진입 기업들에 비해 때로는 절대적인 비용우위에 있기도 하다. 이러한 비용우위를 초기 진입자의 이익(first mover's advantage)이라고 하는데, 산업에 일찍 참여함으로써 기존 기업들은 신규 진입 기업들에 비해 원료를 싸게 구입할 수 있는 방법을 알고 있고, 경험효과(experience effect)의 이득을 더 많이 볼 수 있다. 경험효과는 생산에 대한 경험이 늘어남에 따라 수율이 높아지고, 공정이 개선됨으로써 발생한다.

4) 제품차별화

제품차별화가 가능한 산업에서 기존 기업들은 신규 진입 기업들에 비해 브랜드인지도 및 소비자들의 상표충성도 측면에서 상당한 이득을 보고 있다. 실증연구에 따르면 미국소비자들은 비슷한 품질이라도 소비자에게 잘 알려지지 않은 기업들의 제품보다는 더 잘 알려진 기업들의 제품을 더 높은 가격을 주고서라도 구입한다.

이에 비해 신규기업들은 차별화된 시장에서 자사의 브랜드를 정착시키기 위하여 많은 광고를 하여야 한다. 따라서 제품차별화가 된 시장에 있어서는 자신의 브랜드에 대한 투자에 많은 비용이 소요되므로 자본력이 없는 기업에게는 이것이 진입을 저지하는 하나의 진입장벽으로 작용하게 된다.

5) 유통채널

기존 기업들이 이미 강력한 유통채널을 확보한 경우, 소매상들은 신규 진입 기업의 제품을 진열할 수 있는 공간은 한정되어 있으므로 잘 알려지지도 않은 신규기업들의 제품보다는 널리 알려진 제품을 진열하기를 원하기 때문이다.

6) 정부규제와 제도적 진입장벽

사실상 정부규제는 신규기업의 진입을 막는 가장 효과적인 진입장벽이다. 예를 들어, 정부는 개인택시 사업자의 수를 제한한다든가 버스회사 사업자들의 면허를 조정함으로써 경쟁을 제한한다. 최근 한국에서는 각종 불합리한 정부규제를 철폐함으로써 경쟁을 촉진하려는 여러 움직임이 일고 있다. 예를 들어, 미국의 통상압력에 굴복하여 농수산물시장을 개방하였고 이로 인하여 농수산물시장에서 경쟁이 촉진되고 가격도 하락하고 있다.

7) 기존사업자의 보복

위에서 열거한 진입장벽은 신규진입자에 대한 기존사업자의 보복가능성이 높으면 높을 수록 훨씬 더 효과적이게 된다. 기존 기업들이 신규진입자에게 가할 수 있는 보복은 여러 가지가 있지만, 진입을 막기 위한 가격 인하, 광고 및 마케팅 활동의 증대, 신규진입자에 대한 법적 제소 등의 방법으로 신규진입자들을 괴롭힐 수 있다.

3 대체재와의 경쟁

만일 산업의 수익률이 소비자가 그 제품이나 서비스에 대해 기꺼이 지불하려는 가격에 따라 결정된다면 산업의 수익률은 대체재(substitute)의 유무에 따라 굉장히 달라지게 된다. 이와 같이 대체재가 많으면 많을수록 기업들이 자신의 제품이나 서비스에 높은 가격을 받을 수 있는 가능성은 줄어든다. 이와 같이 대체재의 존재가 그 산업의 가격결정에 영향을 미치는 정도는 크게 두 가지 요소에 좌우된다.

첫째, 소비자들이 쉽게 대체재로 옮겨갈 수 있는가 하는 문제이다.

둘째, 대체재가 가진 유용성이다.

4 구매자 교섭력

어떤 산업에 있는 기업이든 궁극적으로는 소비자들에게 제품이나 서비스를 공급한다. 구매자의 교섭력을 결정하는 데에는 다음 두 가지 요소가 중요하다.

① 먼저 제품차별화가 심할수록 구매자는 가격에 대해 민감하지 않게 된다.
예를 들어, 과자, 의류 등과 같은 제품은 종종 원가보다 훨씬 높은 가격을 받고 있으며, 구매자들은 높은 가격을 지불하더라도 자신이 선호하는 제품을 사기 마련이다.

6

② 구매자의 교섭능력에 더 영향을 미치는 것은 판매하는 기업과 구매하는 기업간의 교섭력의 차이이다.

첫째, 구매자의 공급자에 대한 상대적 크기가 중요한 요소이다.

둘째, 구매자들이 공급자의 제품, 가격, 비용구조에 대해 보다 자세한 정보를 가질수록 구매자의 교섭력은 강해진다.

셋째, 구매자들이 공급선을 바꾸는 데 많은 전환비용(switching cost)이 든다면 구매자의 교섭력은 떨어진다.

넷째, 수직적 통합을 할 수 있는 경우 구매자의 교섭력은 훨씬 강화된다.

이와 같이 구매자의 교섭능력이 공급자들의 가격과 이윤을 낮춘다는 것은 이미 여러 실증연구에서 확인된 바 있다. PIMS데이터를 이용한 연구에 따르면 구매자가 더 큰 기업일 수록, 구매자가 금액이 크기가 공급자의 매출에서 차지하는 비중이 크면 클수록, 구매자가 훨씬 가격에 민감할수록, 공급하는 기업의 수익률은 낮아지게 된다.

5 공급자의 교섭력

강력한 구매자가 교섭력을 행사하여 가격을 낮춤으로써 공급자로부터 이익을 빼앗을 수 있는 것처럼, 공급자들도 자신의 교섭능력이 강할 때 가격을 높임으로써 이윤의 폭을 넓힐 수 있다.많은 산업에 있어서 일상재를 공급하는 기업들은 종종 자신의 교섭능력을 높이기 위해 카르텔을 형성하기도 한다. OPEC는 산유국의 교섭력을 높이려는 카르텔이고, 노동조합도 사실은 노동서비스를 공급하는 노동자들이 단체교섭력을 높여 구매자인 기업으로부터 더 많은 이익을 얻기 위한 조직이라고 이해할 수 있다.

❏ 포터모형의 유용성과 문제점

포터의 모형에 대한 가장 큰 비판은 산업구조분석기법이 기본적으로 정태적인 모형이며 이 모형에서는 경쟁과 산업구조가 동태적으로 변한다는 사실을 충분히 구체적으로 고려하고 있지 못하다는 점이다. 포토의 분석에 따르면 산업의 구조가 그 산업 안에 있는 기업들의 경쟁방식을 결정하고, 이러한 기업들의 행동이 산업 또는 기업의 수익률을 결정하는 요인이 된다는 것이다. 그러나 산업구조은 고정되어 있는 것이 아니라 항상 변화하고 있다.

포터의 모델이 이런 점에서 한계를 지니고 있음에 반해, 경제학에서의 Joseph Schumpeter는 일찍이 경쟁과 산업구조의 동태적인 상호작용을 인식하고 이에 주목하였다. Schumpeter의 지지자들은 현재 독점체제를 유지하고 있는 기업들도 새로운 기술, 새로운 유통망, 새로운 제품을 갖고 진입해 오는 새로운 경쟁자에 의해서 독점적 지위를 빼 앗기고 시장은 점차 경쟁적인 체제로 바뀐다고 보고 있다. 따라서 어느 산업에서 구조적인 기업혁신으로 산업구조가 빠른 속도로 바뀌고 있다면, 고정된 시점에서 산업을 분석하 는 포터의 방법은 기업들에게 별로 도움을 주지 못할 것이다. 그러나 Schumpeter가 말하 는 기업혁신에 따르는 창조적 파괴의 과정은 상당히 느리게 진행된다.

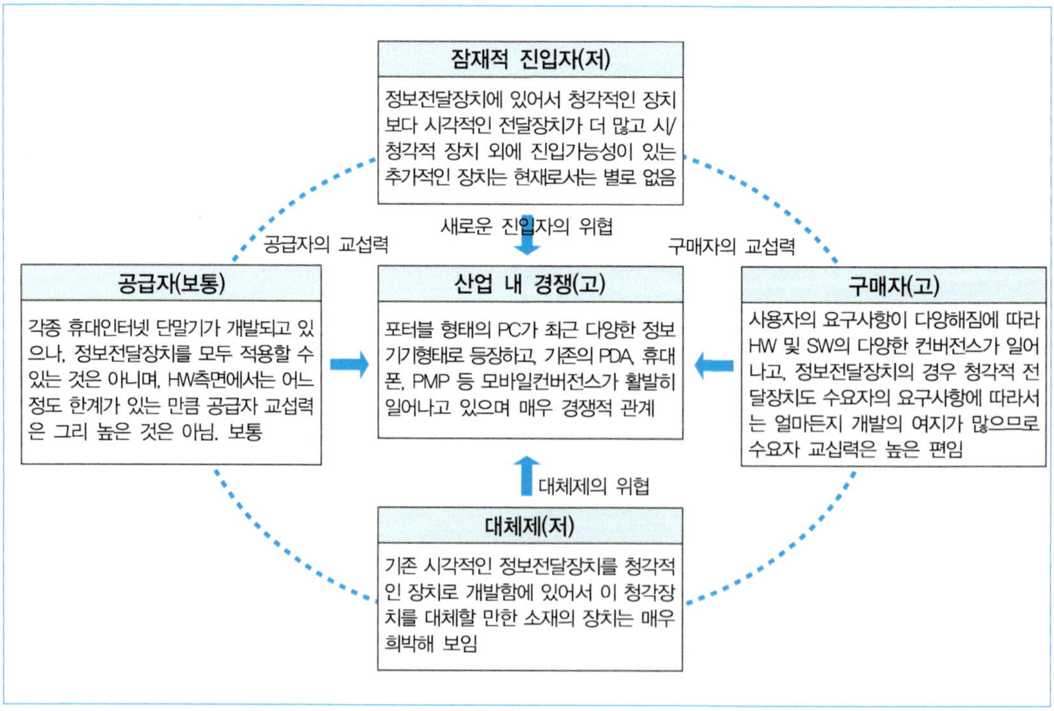

그림 6-1 포터블 PC에 대한 5 Force의 예시

산업의 흥망과 산업내 기업들의 흥망성쇠 역시 대부분의 산업에서는 천천히 일어난다. 포터의 분석체계의 또 하나의 문제점은 기업들간의 구체적인 경쟁전략을 묘사하지 못한 다는 점이다. 어느 산업에서 한 기업이 가격을 인하하여 자사의 시장점유율을 높이려 할 때, 경쟁기업이 이에 대응하여 가격을 경쟁적으로 내린다면, 결국 두 기업 간에는 가격차 이가 없어지고 원래 계획한대로 시장점유율을 탈취하기가 어렵게 된다.

6.2.2 경쟁 기업 탐색

1 특허포트폴리오 분석

특허포트폴리오를 이해하기 위해서는 다음의 특허지표에 관한 예비 지식이 필요하므로 이에 대한 설명을 하기로 한다.

1) 특허포트폴리오 정의

특허포트폴리오는 공격적인 특허포트폴리오와 방어적인 특허포드폴리오로 구분된다. 공격적인 특허포트폴리오라 함은 하나의 특허권으로만 만족하지 않고 가급적이면 개량 발명, 관련 발명들을 동시 다발적으로, 또는 연속적으로 출원하여 자신의 기본 특허의 외곽에 새로운 권리영역을 설정하는 것을 의미한다.

이에 반해, 방어적 특허포트폴리오라 함은 자신의 특허 기술에 대하여 강력하게 권리 행사를 할 목적이 아니라 타인의 특허로 인하여 자신의 기술을 사용할 수 없는 경우를 회피하기 위해 자신의 기본 특허의 외곽에 권리 영역을 설정하는 것을 의미한다.

2) 일반 특허지표(Patent Indicator, PI)

❑ **특허활동량(Patent Activity)**

이것은 기본적으로 이용되는 것으로 특허건수와 관련된 것이다.

- 특허수: 특허의 건수 추적을 통해 특허의 성장 및 기술영역의 분배를 파악하여 기업의 R&D 활동을 모니터링하는 것이 가능하다.

❑ 특허성장율(Patent Growth Percent in Area)

① 일정기간의 특허건수 변화를 퍼센트로 나타낸다(1년간 특허건수 변화의 감을 퍼센트로 나타냄).

② 그 회사의 기술의 중요한 부분과 기술 진보를 파악할 수 있다.

❑ 출원 기업의 기술점유율(Percent of Company Patents in Area)

① 해당 회사의 기술 분야에 대한 특허건수를 전체건수에서 나누어 퍼센트로 표현한다.

② 기술 분야에 대한 특허건수를 전체건수로 나누어 퍼센트로 표현한다.

3) 경쟁모니터링을 위한 특허지표(Patent Indicator, PI)

❑ R&D집중도(R&D emphasis)

이는 기업의 연구개발의 관심도를 나타내는 것으로 해당 기업의 해당 기술분야에 대해 기술개발경향을 알 수 있다. 기업의 해당 기술분야 출원수를 해당 기업의 총출원수로 나눈값으로 나타낸다.

❑ 타사협력강도(Co-operation intensity)

이 지표는 유사 기술 분야에서의 파트너로서 공동 출원된 출원수를 의미한다. 해당 기술분야의 공동출원수를 해당 기술분야의 특허수로 나눈값으로 구할 수 있다.

❑ 특허등록율(Share of granted patents): Q1

해당기술분야에서 기업의 특허 등록수를 해당 동일기술분야의 출원수로 나눈값으로 나타낸다.

❑ 기술범위(Technological scope): Q2

특허의 질적 수준과 관련있는 지표로 출원특허에서 IPC(국제특허분류) 하위분류의 분포도 및 수

❑ 국제 출원의 범위(International scope): Q3

이 지표 역시 특허의 질적 수준과 관련 있는 것으로 해당 기술분야의 국제 출원(미국출원, 일본출원, 유럽출원)의 점유율 및 특허패밀리(동일기술군의 특허)의 크기(수)를 나타낸다. 이는 출원인의 경제적 수준을 나타내기도 한다.

❑ 인용빈도수(Citation frequency): Q4

해당 기술의 특허출원에서 다른 특허에 의한 해당 기술의 평균적인 인용빈도수를 나타낸다.

❑ 평균특허수준(Average patent quality, PQiF)

전술한 Q1에서 Q4까지의 총합을 이름. 평균적인 특허의 질적 수준을 말한다.

6

❑ 특허강도(Patent strength, PSiF)

이는 해당 기술분야의 특허출원에서 기술의 밀집도를 나타내는 것이다.

특허활동량(PAiF)과 평균특허수준(PQiF)과의 곱을 통해 산출한다.

❑ 특허강도에 따른 기술점유율

이것은 해당 기술분야에서 특허강도를 해당 기술분야에서 모든 경쟁파트너의 특허강도(PS)로 나눈값을 의미한다.

❑ 상대적 특허위치(상대적 기술 점유율)

해당 기술분야에서 특허강도를 최대 특허강도로 나눈 값을 의미한다.

① 특허포트폴리오

위의 특허지표 산출식에 따라 목적에 맞는 여러 형태의 특허포트폴리오를 작성할 수 있다.

표 6-1 포트폴리오 구성을 위한 경쟁사의 특허 지표 산출값(예)

	업체명	특허 출원수	등록 특허수	평균 특허질	특허 강도	특허강도에 따른 기술점유율	타사협력 정도	상대적 특허수준 (상대적 기술점유율)	R&D 집중도
1	A 사	16	9	0.31	4.92	0.131	0	0.0058	0.563
2	B 사	7	7	0.50	49.00	1.309	0	0.0576	1.000
3	C 사	9	0	0.08	0.75	0.020	0	0.0009	1.000
4	D 사	25	21	0.36	525.00	14.023	0	0.6169	0.560
5	E 사	37	23	0.39	851.00	22.730	0.33	1.0000	0.405
6	F 사	11	7	0.31	3.43	0.092	0	0.0040	0.364
7	G 사	10	3	0.33	3.25	0.087	0.14	0.0038	0.700

여기서는 특허성장율과 기술점유율(기술의 수준)간의 포트폴리오를 예시적으로 작성해 보자.

표 6-2 특허포트폴리오 예시

	특허성장율 (기술매력도)	기술점유율 (특허기술수준)	해당기업 총출원수
A사	0.56	0.13	16
B사	1	1.31	7
C사	1	0.02	9
D사	0.56	14.02	25
E사	0.41	22.73	37
F사	0.36	0.09	11
G사	0.7	0.09	10

이를 차트로 나타내면 다음과 같다.

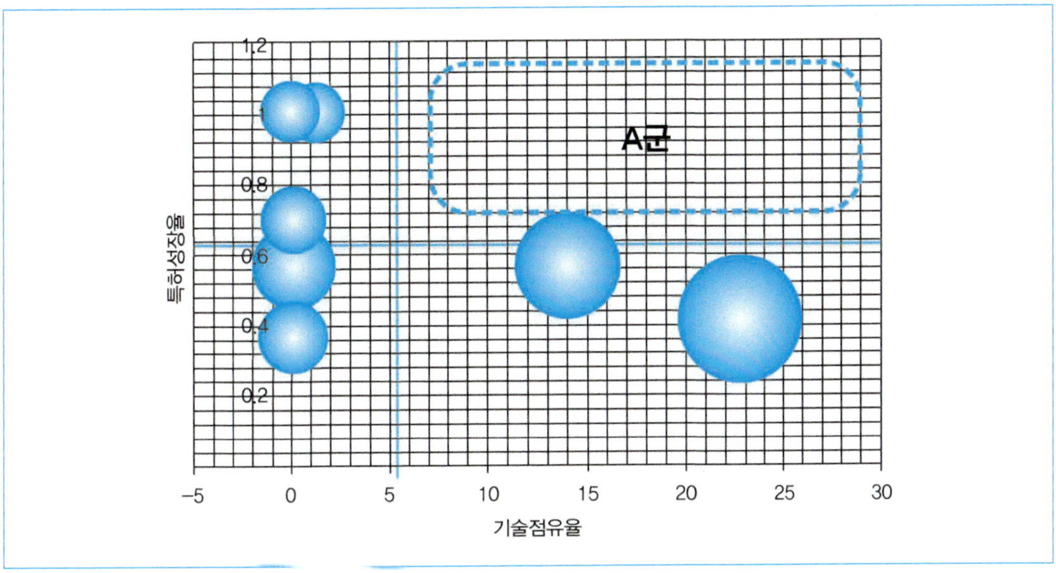

그림 6-2 기술사업화 성공 가능성(예시)

우측 상단 "A"군의 경우 특허성장율이 높고 기술점유율(특허수준)이 상대적으로 높은 것으로 보이나, 위 그림에서는 해당되는 기업이 없다. 따라서, 기술사업화의 성공 가능성을 높이려면 "A"에 속하도록 노력해야 할 것이다.

② 경쟁사 모니터링 기법

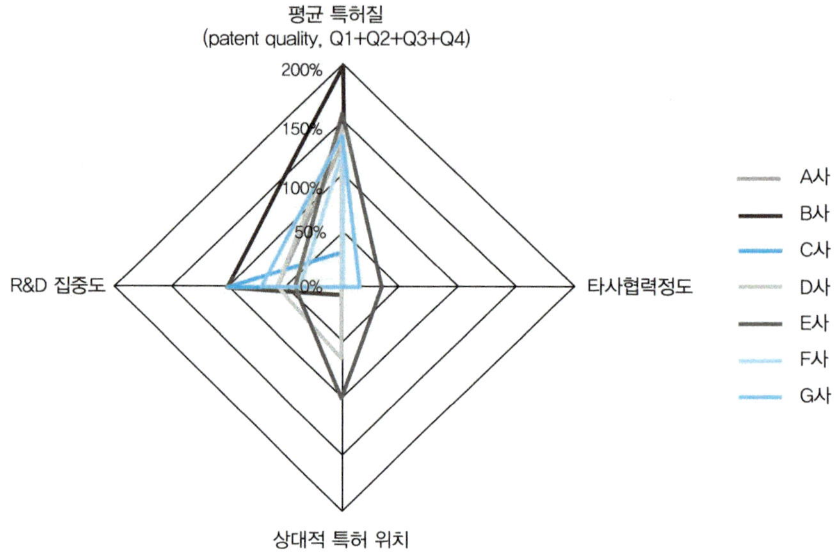

그림 6-3 경쟁사별 특허의 가치 구성 요소의 크기 비교

각각의 업체에 대한 비교 항목들은 위의 경쟁사의 특허 지표 산출값으로부터 얻은 도표를 통해 쉽게 비교하고 이해할 수 있다.

2 경쟁사 분석을 위한 특허 포트폴리오

이에 해당하는 특허 포트폴리오는 수직축에 특허출원에 의한 특허활동량을 나타낸다. 이는 R&D 활동과 비례하기도 한다. 이 때 R&D 활동에 대해서 연구원의 수는 별로 의미가 없다.

특허의 질은 이미 설명한 특허질에 대한 지표인 특허등록율, 유효특허율, 인용비율 및 미국출원비율 등을 복합적으로 구성한다.

아래 그림 6-4에서 우측 상단 부분에 속하는 기업은 기술선도기업으로 특허 출원의 수가 많고, 질적으로도 양호한 특허를 보유하고 있다. 분야마다 기술 발전을 결정하고 대부분 가장 성공적인 경우이다.

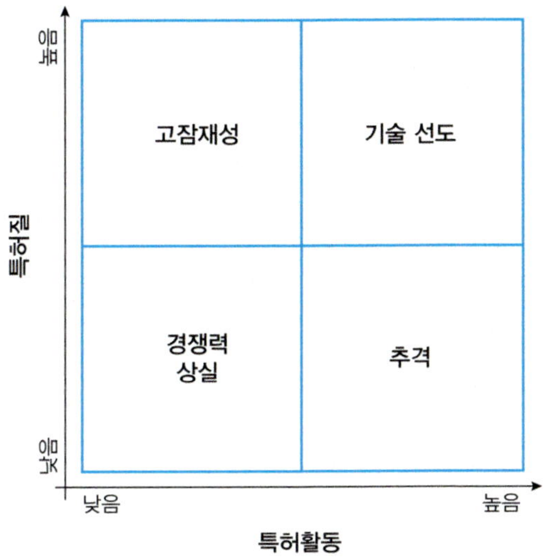

그림 6-4 에른스트의 포트폴리오

자료 : Vivian, Patentmanagement, 2007

좌측 상단 부분은 일반적으로 잠재성이 높은 발명특허를 보유한 기업의 경우로 특허를 위한 관련 출원이 상대적으로 적은 경우가 있지만 반대로 특허의 질은 높은 편이다. 여기서는 기업의 선택적인 출원전략이 중요하고 필요시 관련 사업의 규모를 줄여야 한다.

우측 하단 부분에 속하는 기업은 기존 보유 기술에 대한 지속적인 개선 및 개량을 통해 선도기업을 추격해야 하는 기업으로, 추가 개발에 집중해야 한다. 대부분 특허의 질은 다소 떨어지지만 특허 출원은 많은 편이다. 이들 특허는 새로운 기술은 아니지만 작은 이익이라도 가져다 주는 개선된 내용을 갖고 있다.

좌측 하단 부분은 기업이 보유하고 있는 자원의 할당을 재검토해야 하는 기업으로 기술 경쟁력이 떨어지는 특허를 보유한 기업이다.

6.2.3 기술 탐색

1 핵심 기술의 도출

1) 핵심기술의 의의

마이클 포터는 핵심기술에 대해 설명하면서 경쟁전략의 목적이 경쟁력 확보에 있으며, 경쟁사와의 차별화가 매우 중요하다고 하였으며 이를 위해 사내 축적된 기술과 노하우 강화가 무엇보다 필요하고 이에 대한 원천은 핵심기술이라 하였다.

2) 핵심기술의 도출 방법

핵심기술을 찾아내는 방법으로는 여러 가지 기법을 활용할 수 있겠으나, 여기서는 일반적으로 사용하는 포트폴리오 분석법을 간략히 설명한다.

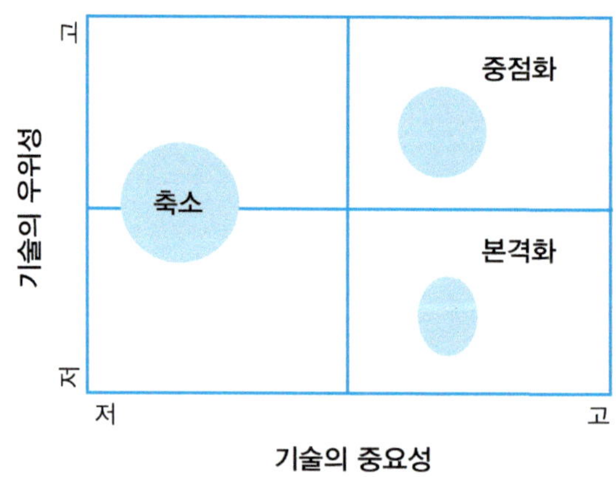

그림 6-5 핵심기술의 포트폴리오 분석법

<그림 6-5>에서와 같이 수직축에는 '기술의 우위성' 그리고 수평축에는 '기술의 중요성' 2가지 측면을 놓고 분석을 할 수 있다. 이 때 기술의 우위성에 해당하는 요소로는 기술경쟁력이나 기술의 신규성 또는 독자성 등을 기준으로 복합적으로 고려할 수도 있다.

또한, 기술의 중요성에 해당하는 요소로는 특허수준이나 특허강도 등을 예로 들 수 있으며, 이러한 2가지 측면에서 고려되는 모든 요소들에 대해 정량적인 평가가 선행되어야 한다. 이렇게 해

서 얻게 되는 기술의 우위성과 기술의 중요성은 위의 포트폴리오에서 보는 것과 같이 4개의 영역 중 어디엔가 위치하게 되는 데, 기술의 우위성이 높고 기술의 중요성도 높은 우측 상단부에 위치하게 되는 기술이 핵심 기술로서 전략적으로 다루어져야 한다.

2 특허정보지도

1) 특허정보지도의 의의

특허정보지도(patent map; PM)는 특허정보, 즉 출원인, 발명자, 특허출원일자 등과 같은 서지적 사항과, 기술분류, 기술평가결과 등과 같은 기술적 사항, 그리고 특허권의 범위 및 기간, 권리이전, 각국에서의 진행 상황 등과 같은 권리적 사항들을 활용 목적에 맞게 조합하여 그 관계를 도표화 한 것으로 특허 분석을 비교적 쉽게 할 수 있는 이점이 있다.

표 6-3 특허맵의 활용목적과 용도

구분	용도
연구개발 전략수립 (Techno Map)	R&D 동향 파악, 공백 기술 분야 파악, 선행 프로젝트의 현존기술 파악, 중요 특허 파악, 타켓제품의 시장조사
	기술 분야의 체계 파악, 자사의 위치 설정
경영 전략수립 (Manage Map)	경쟁사의 동향 파악, 시장동향 및 상품의 변혁과 흐름파악
	신규 사업 방향 및 가능성 파악
	자가 기술 매각, 해외진출, 기술도입
	사업화시 주의를 요하는 권리 파악
특허 전략수립 (Claim Map)	정보 제공, 이의신청 및 무효 심판 등의 자료
	특허 관리망 형성
	강력한 특허권 취득을 위한 명세서 작성

2) 특허정보지도 작성 절차

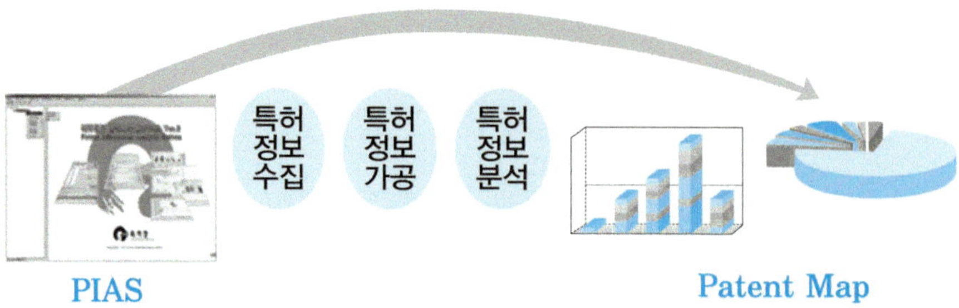

특허정보 수집

특허정보의 검색 & 다운로드

- 인터넷을 통해 무료로 제공되는 특허DB사이트(예: 미국 특허청 사이트, 일본특허청 사이트 등)에 연결하여 과거출원된 특허 정보 검색
- 검색된 특허정보의 일괄 다운로드

특허정보 가공

수집된 특허정보의 가공

- 다운로드된 특정정보에 대해 주제관리, 자료분류, 출원인 대표명화를 행하여 DataBase화
- DB화된 자료는 자료 검색, 자료압축, 도면관리가 가능함

특허 분석

가공된 특허정보로 특허분석

- 가공된 DB에 다양한 분석기법을 적용하여 활용목적에 따른 특허지도가 자동 생성됨
  - 기본분석
  - 연도별 동향분석
  - 출원인별 동향분석
    기술별 동향분석
    발명자별 동향분석
    특허상관관계 분석
    기술발전도 분석
    특허인용관계 분석

3) 특허정보의 이용

위에 언급한 특허정보를 3가지 정보의 성격, 즉 기술 정보, 권리 정보, 경영 정보로 나누어 볼 때 그 활용 분야를 정리하면 다음과 같다.

표 6-4 특허정보의 구성 요소별 활용 분야

	기술정보로서의 활용	권리정보로서의 활용	경영정보로서의 활용
파악정보 종류	• 기술개발동향 • 핵심기술, 기본특허 • 융합기술[기술상관관계] • 기술분포 현황	• 특허권리 범위 • 특허취득, 침해가능성 • 권리상태, 권리기한 및 권리권자 확인	• 기업기술 및 상품 개발 동향 • 기업 연구관리 동향 • 시장참여 현황 • 국가별 시장규모 예측
활용방안	• 연구테마 선정 • 기술개발방향설정, 변경 • 향후 출연상품 예측 • 사전매입특허 확인	• 특허출원 여부 • 클레임 처리 • 자사특허 권리범위 확정 • 협력기업 확인 • 로열티 산정	• 연구개발 전략 수립 • 특허관리 방향 설정 • 기업협력, 매수전략 수립 • 특허출원국가 선정 • 우수 연구원 영입

자료 : Patent Map 길라잡이, 특허청

4) 특허정보지도 작성의 중요성

특허정보지도는 위에서 언급한 3가지 측면의 정보를 얻어 내기 위해서 특허 데이터를 특별히 가공하여 얻어낸 결과물로, 가공 정도에 따라 신뢰할 만한 우수한 정보로 여겨진다. 크게는 국가 산업 기술로드맵의 구축을 가능하게 하고 연구 개발자에게는 연구 개발 과제의 결정과 목표 설정에 도움을 받고, 사업자에게는 시장 규모의 추정이나 경쟁업체의 현황 모니터링 등과 같이 경영 활동에 직접적으로 사용할 수 있는 중요한 정보를 제공하고 있다.

3 기술로드맵

1) 기술로드맵의 중요성

'기술로드맵'이란 특정 제품 개발에 필요한 핵심 기술과 지원기술을 순차적으로 서술하는 기술기획 방법의 하나이다. 기술로드맵은 대상 제품의 기능과 성능의 발전에 따라 필요한 기술을 시간의 순서에 따라 기록하는 것이 특징이다. 기술로드맵은 제품의 설계와 공정에 필요한 주요 기술적 요소를 산출하고 기술 전략 수립시에 일반적으로 사용한다. 기술로드맵은 2~10년을 전망하여 여러 기술 또는 제품의 세대를 추적한다. 그리고 의사결정자들에게 유용한 미래기술의 전망에 대한 합의된 견해 또는 비전을 제시할 수 있게 한다. 따라서 기술로드맵은 특정 제품의 개발을 목표로 한 미래지향이라고 할 수 있다. 기술로드맵을 작성하는 주요 목적은 다음과 같다.

① 다양한 제품군들의 기술적 원천과의 상관관계를 제시함으로써 기업이 기술개발에 필요한 자원배분의 방향과 우선순위를 결정하기 위함이다.

② 현재와 미래의 기술적 위치와 방향을 파악하여 경쟁자와 객관적으로 비교함으로써 기업의 전략적 대안을 마련하기 위함이다.

③ 기업 외부의 핵심적인 기술 변화 과정을 잘 추적하고 기업의 미래지향적 기술경쟁력을 확보하기 위함이다.

2) 기술로드맵의 작성방법

기술로드맵은 시간의 흐름에 대하여 제품과 기술의 두 축으로 작성된다. 이를 통하여 미래의 핵심기술들과 이를 바탕으로 하는 미래의 핵심제품들의 발전과정을 지도로 나타낼 수 있다. 기술로드맵의 구성단계를 살펴보면, 첫 번째 단계는 신기술들에 대한 로드맵을 작성하고, 두 번째 단계는 이들 기술들을 활용할 수 있는 예상 제품군들에 대한 로드맵을 작성한다. 이로써 기술 및 제품 개발의 과거, 현재, 미래 측면의 기술로드맵을 통해 기업의 기술전략을 수립할 수 있다.

<표 6-5>는 기술로드맵의 작성방법을 나타내 준다. 우선 시간의 흐름은 과거로부터 현재를 거쳐 미래로 진행되는 것으로 파악한다. 이와 같은 시간의 흐름에 따라 주력 제품은 제품에서 제품으로 발전에 나가는 것으로 파악할 수 있다. 한편 기업이 필요로 하는 기술은 기술$_1$에서 기술$_x$에 이르기까지 매우 다양한데 이들도 각각 시간에 따라 발전해 나가는 것으로 파악할 수 있다. 이와 같은 제품의 발전과 신흥기술의 발전 추이를 결합하면 어느 시점에서 주력 제품이 신흥기술들을 필요로 하는지 파악할 수 있다. 다음의 <표 7-4>에서 음영이 처진셀은 어느 시점에 있어서 주력 제품의 개념들이 필요로 하는 기술들을 나타내 준다.

표 6-5 기술로드맵 작성표

시간		T_{-2}	T_{-1}	T_0	T_{+1}	T_{+2}	T_{+3}	…	T_{+X}
신흥 기술	기술$_1$								
	기술$_2$						기술$_{2+3}$		
	기술$_3$								
	기술$_4$								
	기술$_5$						기술$_{5+3}$		
	⋮								
	기술$_x$								
신흥 제품	제품$_1$	제품$_{1-2}$	제품$_{1-1}$	제품$_{1-0}$	제품$_{1+1}$	제품$_{1+2}$	제품$_{1+3}$	…	제품$_{1+m}$
	제품$_2$								
	제품$_3$								
	⋮	⋮	⋮	⋮	⋮	⋮	⋮	⋮	⋮
	제품$_m$								

자료 : 정선양, 전략적 기술경영

예를 들어, T_{+3}의 시점에서의 주력 제품의 개념은 제품$_{1+3}$이고 이 제품이 필요로 하는 기술들은 기술$_{2+3}$과 기술$_{5+3}$이 된다. 이와 같은 기술로드맵은 기업의 주력 기술별로 작성을 하여야 할 것이다.

즉, <표 6-5>는 기업의 주력 제품1에 대한 기술로드맵을 나타내며, 기업은 주력 제품$_2$, 주력 제품$_3$ …… 등등에 대하여 이와 유사한 기술로드맵을 만들 수 있다. 이와 같은 기술로드맵은 기존의 주력 제품뿐만 아니라 향후 주력 제품이 될 수 있는 신흥제품에 대해서도 기술로드맵을 작성할 수 있다. 이와 같은 신흥제품은 현재시점(T_0) 이후부터 로드맵이 형성되게 될 것이다. 이와 같은 각각의 주력 제품과 신흥제품에 대하여 기업은 목표로 하는 미래의 어느 시점에 있어서 제품의 개념을 파악하고 이 제품의 개념이 필요로 하는 미래 기술들을 도출하여 이에 대한 연구개발 프로젝트를 추진하여야 할 것이다. 이를 바탕으로 기업은 기술을 바탕으로 새로운 제품을 개발하여 미래의 성장동력으로 삼을 수 있을 것이다.

3) 기술로드맵의 효과

기술로드맵은 어떠한 기준으로 어떠한 시간대에 어떠한 기술을 개발할 것인지를 선택할 수 있는 기술기획의 효과적인 도구이다. 또한 기술로드맵은 다수의 연구과제 형태를 통해 여러 가지의 기술들을 개발할 때 이들 간의 조정과 관리를 위해 유용하게 활용될 수 있다. 그리고 특정 분야의 연구에 지나치게 과도한 투자나 다른 중요한 기술에 대한 경시의 가능성을 피할 수 있으며,핵심기술들을 공동으로 개발할 수 있는 기초 자료를 제공한다. 더불어 조직 구성원 혹은 관련 집단 전문가들이 기술혁신의 목표, 전략, 수요, 기술발전 방향 등에 대한 자료를 공유함으로써 관련 업무의 효율성 제고에 기여할 수 있다.

좀 더 세부적으로 기술로드맵은 다음의 세 가지 용도로 활용될 수 있다. 첫째, 미래의 특정 기술영역에 대한 수요의 합리적인 파악과 이를 충족시킬 기술들에 관한 기업 내 합의를 이끌어 내는 수단으로 활용할 수 있다. 둘째, 기업 내 전문가들이 특정분야의 기술 발전을 예측하고 이에 대한 효과적인 대응을 하기 위해 사용할 수 있다. 셋째, 기술혁신활동을 기획·조정하기 위해 기업이나 산업에서 사용하는 작업의 틀로서 이용할 수 있다.

4 기술발전도

다음은 한국특허정보연구원에서 간행된 '기술로드맵 작성을 위한 특허분석방법론'에 게재된 기술발전도를 소개한다. 이와 같은 기술발전도를 통해서도 기술로드맵에서와 같이 향후 발전 가능한 기술을 예상해 볼 수 있다.

1) 개요

기술 발전도는 연도별로 핵심 기술의 특허를 선정한 후 출원번호나 등록번호, 우선권번호, 출원인 등을 이용하여 서지사항의 일부와 기술적인 내용 요약을 기재함으로써 대상 핵심 기술의 분류와 변화의 흐름을 단편적으로 알려주는 것이다.

2) 분석방법의 활용방안

본 분석방법은 기술의 발전현황을 시계열적으로 한눈에 파악할 수 있도록 기술적 내용의 서술이나 도면을 이용하여 나타낸 것으로 사용자가 알아보기 쉽게 특허의 권리를 분석할 수 있으므로 핵심 기술의 흐름을 분석하는데 유용하게 사용될 수 있다.

3) 적용방법 및 사례

본 사례는 기술발전도를 표현하는 방식을 나타낸 것으로, 일반적으로 가장 많이 사용하는 서술형식과 대표도면을 이용하여 구성의 변화를 시계열적인 기준 하에서 도식적으로 표현한다. 또한, 핵심 특허들을 중심으로 기술 분류상에 어떠한 변화가 있는지를 표현하는 형식도 사용하고 있으며, 기술 분류를 시계열적인 기준 하에 기본 특허 리스트를 표시하여 어떠한 특허군이 구성되었는지도 표현이 가능하다.

6

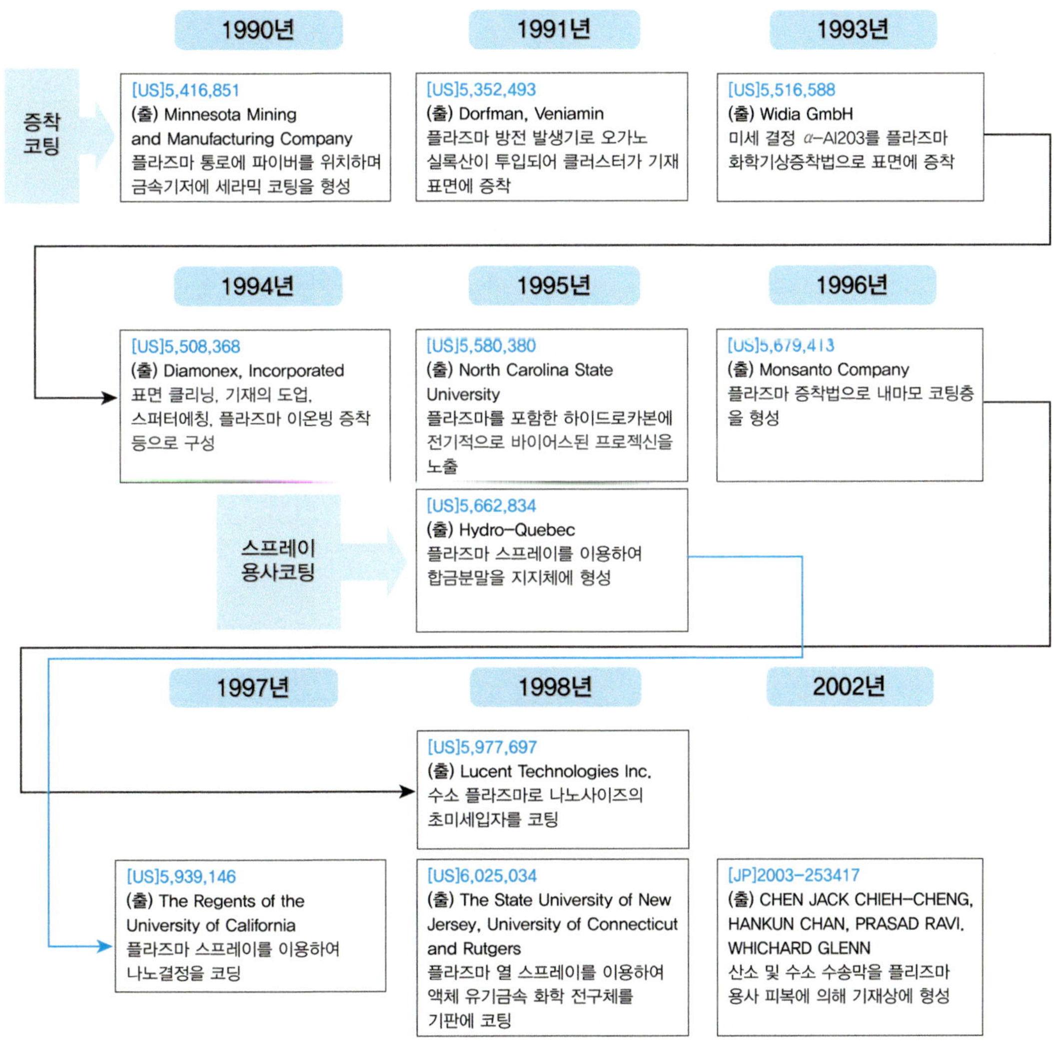

그림 6-6 기술흐름도

자료 : 특허청, 한국특허정보원(2004), 나노 플라즈마 공정 기술(Patent Map)

4) 공백 기술의 활용

신규 사업을 위한 유망 아이템 발굴에 있어서 다양한 방법을 활용하고 있으나, 공백 기술의 활용도 충분히 고려해 볼 만한 일이다. 아직 아무도 시작하지 않는 분야를 발견하고 사업의 타당성을 따져 보는 것은 매우 의미있는 일이다. 그러나 현실적으로 어떻게 이런 것을 발견할 수 있을까 하는 실질적인 문제에 봉착하게 된다. 이때 특허맵을 활용하여 이러한 공백 기술을 예상할 수 있다. 특허맵에서는 다양한 매트릭스 도표를 이용하여 추정한다. 예를 들면, 기술과 기술의 매트릭스, 기술과 효과의 매트릭스, 기능과 구조의 매트릭스, 기술과 출원인 매트릭스 등과 같은 매트릭스 맵을 작성함으로써 기술의 공백 부분을 발견할 수 있다.

다음의 예시를 통해 공백 기술의 활용에 대해 살펴 본다. 아래 매트릭스 맵은 미국 출원 특허를 기준으로 작성된 매트릭스이다.

여기 미국특허에서는 IDEMITSU KOSAN사가 OLED 조명구조 기술에 대한 등록이 10건으로 가장 높은 등록비중을 보였으며, 고효율 OLED 면광원 분야에도 비중이 높은 것으로 나타났다. CANON사는 고효율 OLED 면광원에 대한 등록이 6건으로 이 분야에 있어서 가장 높은 등록건을 보유한 출원인으로 파악되었으며 OLED 조명구조 및 대면적 방열봉지에 대해서도 일부 등록건수를 보유하고 있음을 알 수 있다.

SEIKO EPSON사의 경우, 주로 고효율 OLED 면광원과 조명용 OLED 소자구조에 대한 등록건수를 보유하고 있는 것으로 나타났으며, 전체적으로 보면 미국특허에서는 대면적 방열봉지와 플렉시블 OLED 면광원 기술에 대한 등록건수가 가장 저조하여, 이 기술분야가 미국에서의 공백 기술 분야인 것으로 나타난다.

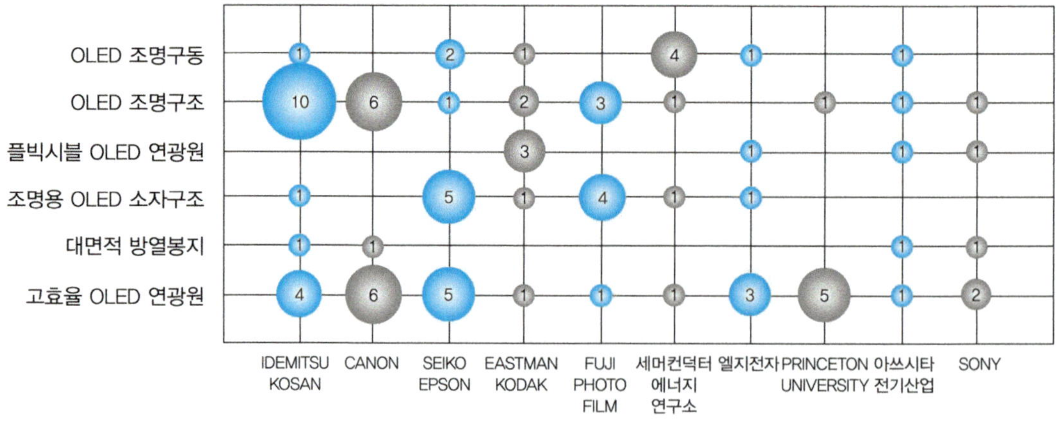

그림 6-7 공백기술 발굴(I)

마찬가지로, 일본특허에서는 FUJI PHOTO FILM사가 고효율 OLED 면광원에 대한 출원이 53건으로 가장 높은 출원비중을 보였으며, 조명용 OLED 소자구조, OLED 조명구조, 플렉시블 OLEd 면광원 등 전체적인 기술분야에 대한 특허활동을 활발히 수행하고 있음을 알 수 있다. SEIKO EPSON 및 CANON사의 경우 FUJI PHOTO FILM사와 같이 전체적인 기술분야에 대한 특허활동을 수행하고 있으나, 주로 조명용 OLED 소자구조, OLED 조명구조 및 고효율 OLED 면광원 기술분야에 출원이 집중되어 있다. 기타 주요 기업들 또한 모두 조명용 OLED 소자구조, OLED 조명구조 및 고효율 OLED 면광원 기술 분야에 출원이 집중되어 있어 상대적으로 플렉시블 OLED 면광원과 OLED 조명구동 기술이 공백기술 분야인 것으로 나타나고 있다.

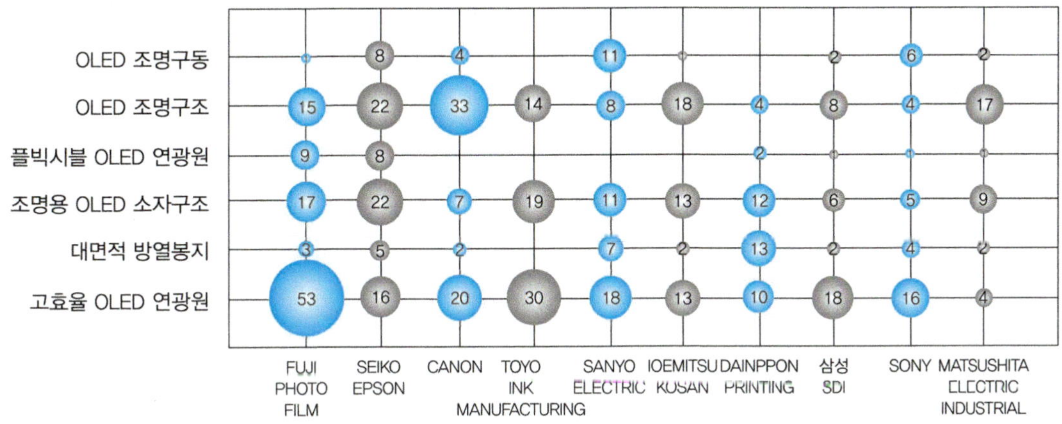

그림 6-8 공백기술 발굴(II)

유럽특허에서는 IDEMITSU KOSAN사가 교효율 OLED 면광원에 대한 출원이 14건으로 가장 높은 출원 비중을 보였으며, OLED 조명구조 분야에서도 높은 비중을 차지하고 있는 것으로 나타났다. 유럽에서도 미국, 일본과 같이 고효율 OLED 면광원과 OLED 조명구조 기술분에서 출원활동이 가장 활발히 일어나고 있음을 알 수 있다.

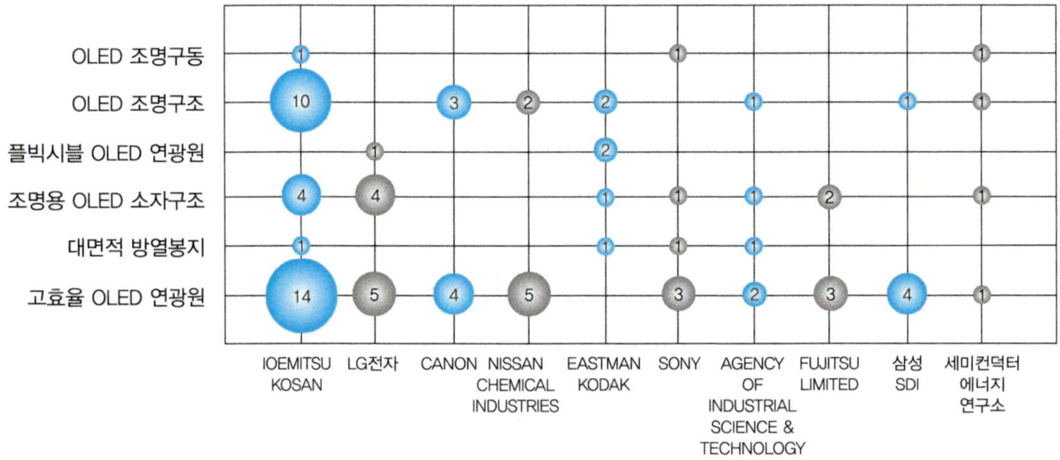

그림 6-9 공백기술 발굴(III)

이 때 위 <그림 6-7>, <그림 6-8>, <그림 6-9> 세가지 예시에서 만약 공통으로 출원 활동이 저조한 분야가 있다면 그것은 더 유력한 공백 기술에 해당한다고 볼 수 있다. 그러나, 주의할 것은 이러한 공백 기술이 개발의 가치가 떨어져 출원 활동이 저조할 수도 있다는 점을 간과해서는 안된다. 따라서, 최종적으로는 공백 기술로 파악되는 분야에 대해서 좀 더 광범위하게 주변 상황을 파악해야 한다.

6.2.4 제품 탐색

1 제품포트폴리오 분석

오늘날과 같이 정보의 노출이 쉽고 또 용이하게 습득하는 산업 환경속에서 어떠한 경우에도 유사 경쟁업체에 의한 유사 제품을 배제하기는 어렵다. 오히려 유사 제품을 연구하여 차별화할 수 있는 대상 제품을 찾아내는 것이 더욱 중요하다. 제품의 포트폴리오 분석은 이와 같은 것을 가능하게 해 준다. 경쟁사의 유사 제품 조사에서 예를 들어 A사 제품에서 E사 제품까지 매출액을 계산하고 전년도 대비 매출 성장률을 계산하여 각각의 해당사 제품의 위치를 x, y축 도표에 분포시키는 포트폴리오를 작성한다.

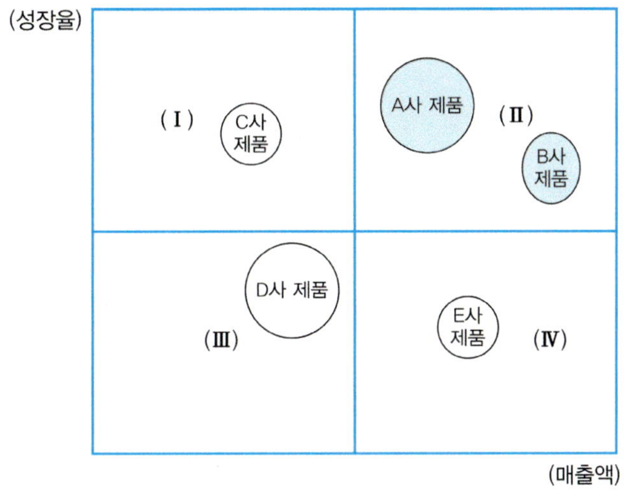

그림 6-10 제품포트폴리오(예시)

6

여기서 (I)군에 속하는 기업의 제품일 경우 매출액은 낮지만 성장률은 비교적 높은 편이어서 시장의 잠재력은 어느 정도 있다고 추정할 수 있다. (II)군에 속하는 제품의 경우는 시장의 규모나 잠재력 모두 다 있다고 볼 수 있다. 또한, (III)군에 속하는 제품의 경우는 매출액과 성장률 모두 낮아 사업을 접어야 마땅할런지 모른다. (IV)의 경우는 매출액은 높은 편이나 성장률이 높지 않아 시장 확대에 어느 정도 제한적이지만 마케팅을 통해 적극적인 시장 확대를 꾀하든가, 또는 과감하게 사업을 축소해야 하는 결정이 필요할 수도 있다. 이렇게 유사 제품간 비교를 통해 (II)군에 속하는 해당사 제품을 대상 제품으로 정해 볼 수 있는 것이다. 또한, 절대비교보다 경쟁사간의 평균 매출액 및 평균 성장률 등을 적용하여 비교하면 동종 업계에서의 자사 수준을 예상해 볼 수 있는 방법도 될 것이다.

2 경쟁사 제품 분석

제품 탐색의 가장 좋은 방법은 경쟁사의 제품을 분석하는 것이다. 경쟁사 제품 분석 방법 중 대표적인 방법이 벤치마킹이다. 벤치마킹의 목적은 개발 중인 제품과 혹은 개발팀이 중점을 두는 하위문제와 유사한 기능성을 갖는 기존 제품에 대해 조사하는 것이다. 벤치마킹을 통해서 경쟁사 제품의 강점과 약점 정보뿐만 아니라 특정한 문제를 해결하기 위해 적용된 기존의 해결 방안을 알 수 있다. 벤치마킹 프로세스 모델은 데밍에 의해 주창된 프로세스 관리를 위한 4단계 발전 절차를 활용하여 구성할 수 있다

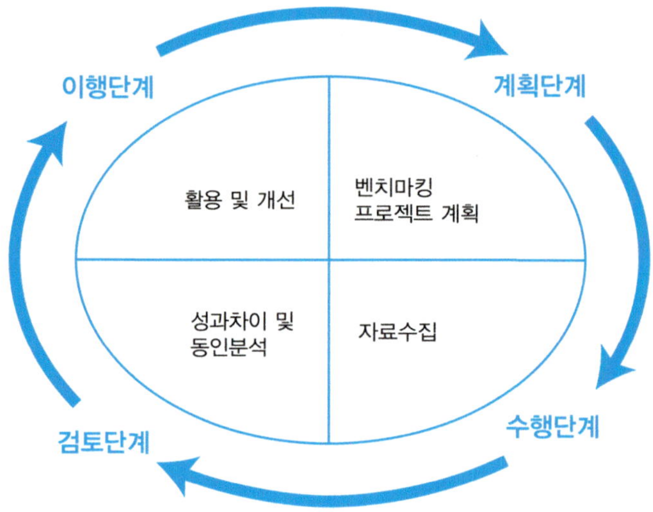

그림 6-11 벤치마킹 4단계 절차

<그림 6-11>은 데밍의 4단계 모델 안으로 벤치마킹 프로세스가 어떻게 통합되는지를 보여주는 그림이다. 벤치마킹 4단계 절차는 다음과 같이 요약할 수 있다

- 1단계: 벤치마킹 프로젝트 계획 단계
- 2단계: 필요정보 및 데이터 수집 단계
- 3단계: 성과차이(Performance gap) 및 동인(enabler)분석 단계
- 4단계: 프로세스 동인 채택으로 인한 개선 단계

1) 1단계 : 계획단계

벤치마킹 프로세스 모델의 계획 단계에서는 다음의 3가지 사항을 고려하여야 한다. 첫째, 기업은 반드시 자사의 핵심 성공요인, 핵심 프로세스, 핵심 역량 등을 파악해야 한다. 둘째, 벤치마킹 되어야 할 중요한 프로세스는 반드시 문서화 되어야 하고 그 프로세스의 특성이 정확히 기술되어져야 한다. 마지막으로, 벤치마킹 파트너 선정을 위해 필요한 요구조건도 반드시 작성되어야 한다.

2) 2단계 : 자료 수집 단계

벤치마킹 프로세스의 자료수집 단계에서는 내부 데이터 수집, 자료 및 문헌조사, 외부 데이터 수집이 포함된다. 내부 데이터 수집단계에서는 자사 프로세스의 절차 및 성과 등을 프로세스 맵 등을 통하여 분석한다. 내부적 자료수집이 끝나면 가능한 벤치마킹 대상 기업을 선정하고 2차로 자료 및 문헌 조사를 실시한다. 이 단계에서는 관련 잡지, 학술지 혹은 언론 매체, 컨설팅 기관 등을 통하여 초우량 프로세스에 관한 연구조사를 실시한다. 대상 기업이 선정되면 외부 데이터 수집을 수행하여야 한다. 외부 데이터 수집 방법은 전화 인터뷰, 설문지 작성, 면접, 인터뷰 등이 사용될 수 있다. 궁극적으로는 현장을 방문(site visit)하여 실무감각을 느끼고 프로세스의 형태, 성과 등을 관찰해 보는 것이 필요하다.

3) 3단계 : 분석단계

벤치마킹 프로세스 모델의 분석단계에서는 데이터 분석, 근본 원인 분석(root cause analysis), 결과 예측, 동인 판단 등의 업무를 수행하여야 한다. 분석단계의 목적은 벤치마킹 수행을 위해 개선 가능한 프로세스 동인들을 확인하기 위한 것이다. 이 단계에서는 경쟁회사의 프로세스 성과 차이에 대한 분석을 수행하여야 하며 어떤 프로세스 혹은 프로세스 내의 어떤 활동들이 성과차이에 영향을 미치는가를 분석하기 위한 심층연구를 하여야 한다.

4) 4단계 : 개선 단계

올바른 목표의 설정은 프로세스 향상을 위한 필수적인 요소이다. 기업은 개선 단계에서의 목표를 단기 목표(short-term goal), 등가 목표(parity goal), 리더십 목표(leadership goal)의 3단계로 설정할 수 있다. 단기목표는 벤치마킹 활동을 하지 않을 경우에도 자사 업무의 분석으로 인해 얻어질 수 있는 개선 목표를 말한다. 등가 목표는 벤치마킹 파트너의 프로세스 및 동인을 분석하여 적용함으로써 얻어질 수 있는 목표를 말하고, 리더쉽 목표는 여러 회사를 벤치마킹한 장점의 효과를 살리고 시너지 효과를 올려서 경영자가 경쟁사의 성과 이상으로 책정한 성과 목표를 말한다. 세 종류의 성과 목표가 <그림 6-12>에 나타나 있다.

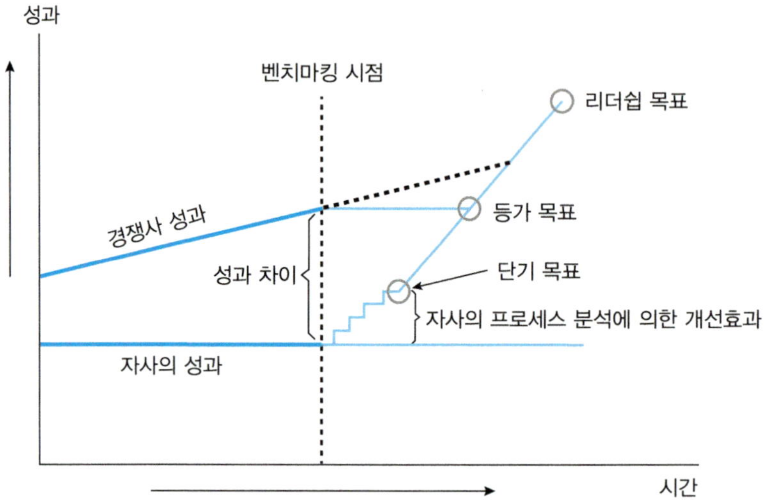

그림 6-12 벤치마킹에 의한 성과 차이 분석

개선 단계의 궁극적인 목표는 자사의 핵심 프로세스를 개선함으로써 벤치마킹 결과를 현실화시키자는 것이다. 이 단계에서는 벤치마킹 연구를 통해 얻은 정보를 활용함으로써 향상된 프로세스를 조직에 적응시켜 지속적인 향상을 유도하여야 한다.

6.2.5 시장 탐색

1 시장세분화전략

1) 기술시장세분화

여기서는 기술시장으로 특정하며 기술시장의 표적마케팅에 대한 개략적 도식화는 다음과 같다.

① 기술시장 세분화의 기준

- ❑ 산업범주(표준산업분류)
- ❑ 기업규모나 유형

❑ 기업위치

❑ 현재 사용중인 기술의 성격과 수준

❑ 기업이 추구하는 효익

❑ 관련 제품/서비스의 용도, 시장규모 등

그러나, 기술의 혁신성이 높을수록 기존시장이나 고객이 그다지 존재하지 않으므로 표적시장을 선정하는 일이 쉽지 않다. 이러한 세분화 방식은 기존제품 수요를 활용한 수요의 추정에 의해 고객을 찾아내는 것으로 다음의 5단계로 구성된다.

① 잠재고객들에 대한 기술(제품)의 가치를 추정

② 쉽게 규명된 고객들을 집단화하여 세분시장 설정

③ 세분시장의 평가

④ 가장 이익이 되는 세분 시장 선정

⑤ 선정된 세분 시장 내에서의 포지셔닝 결정 및 마케팅 수단 결집

② 기술제품의 시장 가치에 대한 내부 평가

신기술의 사용가치와 효용가치를 구현하기 위해서는 그 기술을 고객의 요구에 부합되도록 변형시키는 것이 필요하다. 예컨대 바륨 아철 산염 사용기술은 마이크로컴퓨터의 자료저장 요구에 부응할 수 있다. 기술은 여러 산업 분야 여러 고객의 다양한 요구에 부합할 수 있으므로 기술, 산업, 마케팅, 제품기획, 소비자 등 여러 부문 전문가들의 브레인스토밍과 창조성기법 등을 통하여 유용한 시장가치를 판별해 낼 수 있다.

③ 잠재적 세분시장에 대한 검토

고객이 어느 정도 파악되면 동질적인 욕구를 갖는 범주로 분류시켜 여러 가지 세분 시장을 만들 수 있다. 예컨대 로봇회사는 석유회사, 핵 엔지니어 회사, 국영전기회사들 등 3개의 범주로 집단화 할 수 있다. 그런 다음 일정한 소비자 특성에 따라 잠재 소비자들을 선정함으로써 세분화를 완료할 수 있다.

2 표적시장 선정

1) 세분시장 평가 기준

파악된 세분시장 중에서 가장 의미 있는 세분 시장을 선택하는 것이 중요하다. 이와 관련하여 전통적인 마케팅에서는 두 가지 요소, 즉 수익성과 기업자원의 부합성을 기준으로 하고 있다. 가장 수익성이 높은 시장이면서 기업의 경영자원에 부응하여야 한다는 것이다. 기술 또는 기술집약제품의 경우에 다음과 같이 10가지의 평가기준을 예로 들어 볼 수 있겠다. 즉, ① 고객욕구에 대한 적절성, ② 수요의 수준, ③ 기술의 수용, ④ 유통 가능성, ⑤ 가격 민감성, ⑥ 제조시설에 대한 적절성, ⑦ 경쟁지위, ⑧ 진입장벽 극복 능력, ⑨ 전략적 유의성, ⑩ 투자수익률로 파악된다.

2) 표적시장 결정

표적시장의 결정 방법은 크게 세 가지가 있다. 먼저 집중마케팅으로 한 두 개의 세분시장만을 선정한다. 다음으로 차별화 마케팅으로 각 세분시장에 맞추어진 전략으로 몇 개의 세분 시장을 선택한다. 끝으로 비차별화 마케팅은 전체 시장을 하나로 보고 전혀 세분 시장을 고려하지 않는 방법이 있다.

3 포지셔닝

포지셔닝은 시장세분화 전략의 마지막 단계로서 기술/제품이 표적집단에게 제대로 이해되고 인정받기 위하여 제품에 대한 소비자의 지각을 구축하는 과정이다. 포지셔닝을 위해 다음을 고려하여 정한다.

① 어떤 소비자 편익을 제공하나?

② 누구를 대상으로 하나?

③ 언제 사용하나?

④ 누구를 경쟁으로 하나?

1) 시장분포도

또 다른 방법으로는 아래와 같이 부품별 시장점유율 및 매출액을 추정하는 과정이 필요하다. 만약 부품1의 경우는 B사, 부품2의 경우는 E사, 부품3의 경우 C사, ... 등으로 조사된다면 가장 우월하게 나온 부분만을 채택하여 이를 차별화할 수 있는 방안을 연구한다면 이 또한 시장탐색의 방법이 될 수도 있을 것이다. 그리고 이들을 벤치마킹하여 제품화에 반영할 수 있다.

	A사	B사	C사	D사	E사	기타	선택
부품1	5%	60%	15%	10%	3%	7%	B사
부품2	8%	12%	10%	20%	40%	10%	E사
부품3	14%	16%	50%	5%	5%	10%	C사
부품4	7%	10%	23%	45%	10%	5%	D사

B사, E사, C사, D사 → 신제품

그림 6-13 벤치마킹 방법 예시

6.2.6 사업 탐색

1 제품 기반의 특허 포트폴리오

제품을 기준으로 시장과 기술, 기업과 기술혁신을 측정 특허지표로 하여 구성된 종합적인 포트폴리오를 구성함으로써 사업성 여부를 따져 보고 투자 또는 포기 전략을 수립할 수 있다. 이때, 보통 수직축에 나타내는 외부 요인으로 시장 및 기술이 정의된 특허가치를 나타낸다. 수평축에 나타내는 내부 요인으로는 기업 및 기술혁신이 정의된 특허가치를 나타낸다. 이에 대한 판단 기준은 다음의 표와 같이 예시적으로 요약된다. 또한, 시장 및 기술이 정의된 특허가치와 기업 및 기술혁신이 정의된 특허가치가 결정되고 난후 제품이 포트폴리오 매트릭스에 위치하게 된다.

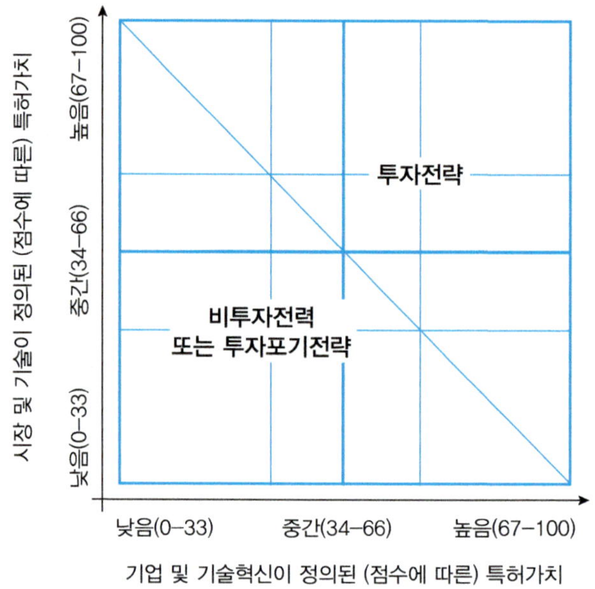

그림 6–14 호핑거의 포트폴리오

자료 : Hofinger, S. 1999

그림 6–14의 포트폴리오 그림에서 대각선 상위부분은 투자 전략의 대상으로, 예를 들어 추가 출원이나 추가 외국출원 및 기존 특허의 장기간 유지 관리 전략이 필요하다. 대각선 하위부분의 제품에 대해서는 특허활동을 강력하게 제한하거나 이러한 제품에 투자된 금융 수단을 제한해야 한다. 마찬가지로 경쟁력있는 다른 방법을 모색해야 한다. 더욱이, 기존 특허의 유지 관리에 대한 경제성을 검토해야 한다.

표 6-6 시장 및 기술이 정의된 특허 가치의 산출

지표	비중	설명	점수
시장구조	0.4	제품 공급자의 수가 적으면 적을 수록 특허침해가 적다.	• 독점일 경우 100점 • 과점일 경우 70~95점 • 완전 자유경쟁 시장일 경우 20점
선택적 보호메카니즘	0.2	여기서는 특허에 대해서 또 다른 보호 메카니즘이 있는지의 여부이다. 방법 특허는 대개 비밀로 유지되는 경우가 많은데 제3자에 의한 특허침해 입증이 어렵기 때문이다.	• 방법 혁신의 경우 10~50점 • 순수 제품 혁신에 대해서는 50점 이상
경쟁 도구	0.15	경쟁 도구의 순위: 특허, 가격정책, 광고/마케팅 등 성공을 위한 경쟁도구 선정 순위	• 특허가 첫 번째일 경우 100점 • 두 번째일 경우 80점
경쟁적인 특허활동성	0.25	경쟁업체의 높은 활동성은 다른 기업들의 새로운 특허출원을 어렵게 하고 회피 설계도 어렵게 한다.	경쟁업체의 활동성이 높으면 높을수록 점수는 낮아진다.

자료 : Hofinger, 1999, Patentmanagement, 2007 재인용

표 6-7 기업 및 기술혁신이 정의된 특허가치 판단기준

판단 기준	비중	설명	평점 0-100점
전체 매출액에서 해당 제품이 차지하는 상대적 비율	0.45	전체 매출액에 대해 얼마만큼 기여하는 가를 측정	매출액이 매우 클 때(예를 들어 전체 매출액에서 80%이상) 100점, 그 다음으로 이를 기준으로 비례적으로 점수를 감소시킴
발명의 질(고객 사용 및 제조업자 사용)	0.4	발명의 질을 고객의 사용에 의해 결정하고, 이에 속하는 사용 편의성 및 기능에 있어서 개선정도, 높은 안전성, 선호도, 추가적인 응용가능성, 제조업자의 제조단가 절감 가능성을 따져 봄	발명의 질이 높을수록 점수는 높음
특허침해가능성	0.15	경쟁사에 대해 회피가 쉬운 특허, 또는 회피 설계를 하여 출원한 특허	종래 기술과 차이가 많으면 많을수록 높은 점수

2 사업탐색을 위한 기업 분석

기업의 사업 환경 분석을 하기 위해 사용하는 방법들 중 대표적인 분석 방법으로는 SWOT 분석이 있다. SWOT 분석이란 기업의 강점, 약점, 기회 및 위협에 대한 전반적인 평가를 의미한다. 기업 환경에서 사업단위는 중요한 거시적 환경요인(인구통계적/경제적, 자연적, 기술적, 정치적/법적, 사회적/문화적)을 조사해야 한다. 그리고, 시장에서 수익을 획득할 수 있는 기업의 능력에 영향을 주는 미시적 환경요인(고객, 경쟁사, 유통업자, 공급업자, 판매상)을 조사해야 한다. 사업단위는 추세와 중요한 발전 등을 추적 조사하는 마케팅 정보시스템을 수립해야 한다. 그리고 나서 각각의 추세나 발전에 대해 마케팅 관리자는 연관되는 기회와 위협을 확인해야 한다.

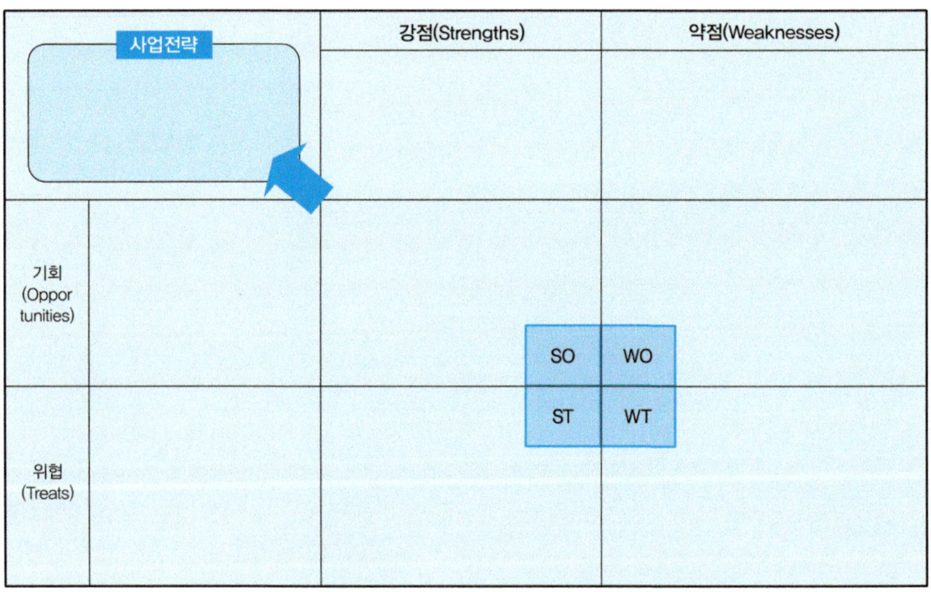

그림 6-15 SWOT 분석 예시

6.2.7 종합 탐색

지금까지 살펴 본 여러 가지 활용 기법을 이용하여 종합적인 탐색을 생각해 볼 수 있다.

❶ 기술로드맵에 의한 유망 기술 예측

⇩

❷ 5Force를 통한 산업환경분석에 의한 시장파악

⇩

❸ 선행기술조사를 통한 경쟁사 및 시장 규모 파악

⇩

❹ SWOT분석에 의한 사업아이템군 도출 → 제품 → 경쟁사 파악

⇩

❺ 특허맵을 통한 유망기술아이템군 도출(경쟁사 모니터링 → 틈새시장)

⇩

❻ 특허포트폴리오를 통한 유망기술아이템 선정

⇩

❼ 유사기술적용의 제품 포트폴리오 구축 → 벤치마킹

⇩

❽ 선정된 유망제품사업에 대한 사업/기술가치평가 → 기술전략 수립

6.3 특허를 통한 시장 파악

6.3.1 특허 인용에 따른 시장진입시기 확인

기업 출원인의 자기 인용과 타 인용의 관계에 있어 일반적으로 다음의 <표 6-8>과 같이 시장진입시기를 추정해 볼 수 있다.

표 6-8 특허 인용을 통한 시장진입시기

	특허 수	인용 횟수	자기인용 횟수	참고 문헌수
조기/개척자	높음	높음	높음	낮음
특화된 개척자	높음	낮음	높음	낮음
비공격 개척자	낮음	높음	낮음	낮음
공격적 추격자	높음	낮음	높음	높음
쇠퇴단계(기업)	낮음	낮음	낮음	낮음

예를 들어, 특허 출원을 많이 한 기업으로 그 출원 특허들에서 전반적으로 타인용 및 자기 인용이 많으면서 상대적으로 인용 문헌수가 적은 경우는 그 기업이 해당 시장의 조기 개척자임을 간접적으로 예상할 수 있다.

6.3.2 기업간 인용 분석

여기서는 인용기업과 피인용기업간의 인용 관계를 <표 5-9>와 같은 매트릭스를 통해 나타낼 수 있으며, 이는 특별한 의미를 부여할 수 있다.

표 6-9 기업간 인용 관계

인용기업 \ 피인용기업	Abbott Labs.	Adlr	AHP	Allergan	Am, Cyanamid	Bayer	BMS	Fujisawa	GD Searle	Glaxo Wellcome	
Abbott Labs.	71	2	34			3	3				113
Adlr	1	39	1				1	3			45
AHP	1	1	320	1	2	4		2			331
Allergan				925			3				928
Am, Cyanamid			1		65	1	1				68
Bayer	5		1			88	1		2		97
BMS	2	26		3		2	101	1	1		136
Fujisawa			2			1		29			32
GD Searle	1						1		315		317
Glaxo Wellcome			1				3			17	21
	81	68	360	929	67	99	114	35	318	17	

자료 : Vivian Nitsche, Patentmanagement 2007 재인용

다시말해, Adir는 자기 인용을 39회, AHP를 1회, BMS를 1회, Fujiswwa를 3회 인용하여 모두 45회 인용한 것을 보여 주고 있다. 또한, Fujisawa는 Adir, AHP, BMS, Fujisawa로부터 각각 피인용된 횟수를 나타내고 있다. 인용 기업에 있어서 최다득점 기업으로는 Allergan으로 이 경우에는 대부분 자기인용인 점으로 볼 때 전문성과 틈새시장의 개척자로서 역할을 할 가능성이 크다고 예상할 수 있다.

또한 BMS의 경우는 여러 기업을 인용하고 있는 점으로 보아 타사 벤치마킹 등에 매우 큰 관심

이 있으며, 특허침해의 여지도 있을 수 있다. 마찬가지로 피인용 기업에 있어서도 BMS가 여러 기업으로부터 피인용됨으로써 BMS의 동종업계 기업이 서로 치열한 경쟁관계 속에 있음이 추정된다.

이와 같이 기업간 인용 분석은 제품 벤치마킹과 같이 여러 형태의 제조 프로그램이나 기업의 기술이전 측면에서 대상 기업을 찾아 볼 때 고려해 볼 수 있는 분석이다. 더욱이, 기업이 라이센싱 대상 기업을 발굴할 때 유용하게 사용할 수 있는 방법이다. 이 방법을 사용할 때 주의할 점은 인용 관계에서 인용 횟수로 나타내지 못할 경우는 인용 또는 피인용의 비율로 나타낼 수도 있다.

기술수명(technology cycle time, TCT)의 경우는 기업의 신규 특허에서 피인용되는 특허 문헌의 평균 나이를 뜻한다. 이 때, 점수가 낮을 수록 기본적으로는 단기 개발 기간으로 볼 수도 있다.

6.3.3 특허지표를 활용한 수명주기 인식

전형적인 기술수명주기는 다음의 <그림 6-16>과 같은 종형 곡선이나 S형 곡선을 따르는데, 선택하는 P 파라미터에 달려 있다. 예를 들어, 만약 P 파라미터가 기술의 응용 분야일 경우에는 종형 곡선을, 기술의 성능 분야일 경우는 S형 곡선을 선택할 수도 있다.

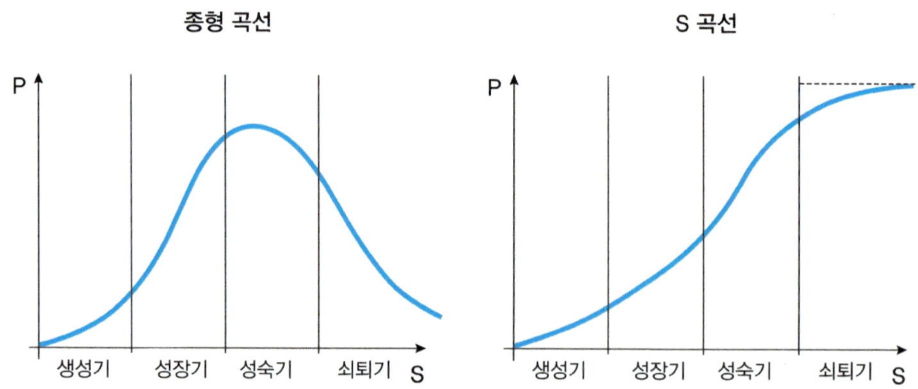

그림 6-16 전형적인 기술수명곡선

특허지표를 활용하여 기술수명주기에 따른 단계별 특성을 살펴 보면 다음의 <표 6-10>으로 요약된다.

표 6-10 기술수명주기에 따른 특성

수명주기단계		특허 지표		
		특허 출원	집중도	활동성
	도입기	적지만 증가 상태	높음	증가 상태
	성장기	많음	감소 상태	높음
	성숙기	일정한 상태	증가 상태	감소 상태
	쇠퇴기	적고 감소 상태	높으며 증가 상태	적고 감소 상태

자료 : Vivian Nitsche, Patentmanagement, 2007

<표 6-10>에서 보는 것 처럼, 도입기에는 출원이 적지만 (R&D)집중도가 높으면서 서서히 (R&D)활동성이 증가되어 가는 추세를 보인다. 그러나 성장기에 들어서면 여전히 활동성이 높아 출원으로 이어지는 경우가 많지만 집중도에 있어서는 이미 감소세로 돌아 설 경우가 많다. 성숙기에는 집중도가 여전히 증가하고 있지만 활동성이 감소되고 쇠퇴기에서는 활동성과 비례하여 출원이 감소된다.

제3부

스타트업의 기술창업 경영

제 7 장

특허기반의 기술창업

7.1 특허정보의 활용

7.1.1 특허 정보의 의의

1 특허정보의 중요성

기술의 발전의 속도가 빨라질수록 기술개발에 대한 경쟁 속도도 빨라질 수밖에 없다. 기업이 연구개발을 시작하여 제품을 만드는 과정에서 만일 선행기술을 조사하지 않는다면 어떤 일이 벌어질까. 아마도 특허침해소송과 같은 원치 않은 소송에 휘말리거나, 제품을 출시할 수 없거나 혹은 많은 설계변경 때문에 큰 손실을 입게 될 가능성이 높을 것이다. 또한 여러 국가 연구기관에서 서로 중복하여 연구를 진행한다면 국가적으로도 낭비가 될 수 있다. 독일의 막스프랑크 연구소의 연구 결과에 따르면 모든 지식의 80%는 특허문헌으로 공개되고, 특히 특허문헌에 공개된 발명 중 71%는 다른 문헌으로는 전혀 공개되지 않는다고 한다. 즉, 특허정보자료는 논문 등 다른 과학 기술자료에 비하여 앞선 기술정보자료일 뿐만 아니라 해당국가의 특허 관련자료 검색 사이트를 제외한 곳에서는 전혀 찾을 수 없는 경우가 많은 최신 기술정보 자료다. 매년 세계 각국의 정부와 기업이 유망한 분야라 보고 막대한 자금을 투자하여 개발한 신기술 특허가 200만 건 이상 공개되고 있다. 따라서 이러한 특허정보만 잘 분석하면 지금 어느 기술이 유망한지, 경쟁자는 어떤 기술을 확보하고 있는지, 기술의 공백이 있는 분야는 어디인지 파악할 수 있다.

2 특허정보의 특징

특허정보자료는 특허, 실용신안권 뿐 아니라 산업재산권에 포함되는 디자인, 상표 등에 관한 여러 가지 정보, 즉 발명자, 출원인, 공고일, 발명의 명칭, 발명의 설명, 특허청구범위, 디자인, 상표 등과 같은 정보를 담고 있는 종합적인 정보자료이다. 특허정보는 특허청을 통해 공개가 이루어져 정보의 수집 및 자료입수가 용이하고, 세계적으로 통일된 분류체계와 통일된 기재양식을 따르고 있어 국가별로 검색이 큰 차이가 나지 않아 검색이 용이한 편이다. 또한 특허정보는 기계, 전자, 화학, 바이오 등 특허권의 대상이 되는 광범위한 기술 분야에 대한 정보를 가지고 있어 기술개발의 방향설정에 도움이 되고, 중복연구나 중복투자를 방지할 수 있게 하며, 기술의 내용이 구체적으로 서술되어 있기 때문에 기술적 지식습득에도 용이하다. 특히 출원인이 특허출원 한 후 18개월이 지나면 특허공개공보로 출원 내용이 모두 공개되므로 특허공개공보는 특허정보 중 가장 최근의 정보라 할 수 있어, 이미 개발된 최신기술을 참고로 하여 기술수준을 파악하거나 기술적 내용을 참고할 수 있다.

[스티브 잡스의 특허 지키기]

2001년 애플사는 신개념 휴대용 음악 플레이어 아이팟을 발표하였다. 출시 이후 날개 돋친 듯 팔려나간 아이팟은 2010년 누적 판매량 3억대, 세계점유율 75%로 음악 플레이어 부분 세계 점유율을 압도하게 된다. 그러나 싱가포르의 '크리에이티브 테크놀로지'사는 2006년 애플사의 아이팟에 사용된 UI가 자사특허를 침해했다며 소송을 제기 하였고 애플사는 소송 3개월 만에 손해배상금 1억 달러를 지불하였다. 그 이후 애플사는 제품과 관련된 모든 아이디어를 특허화하였고 이후 10년간 애플사의 특허 출원 수는 10배 이상 증가하게 되었다. 뉴욕 타임즈는 '애플사는 특허소송 비용으로 2년간 총 200억 달러를 썼는데 이것은 화성에 큐리오 시티 탐사로봇을 8번 보낼 수 있는 액수다'라고 하였다.

그림 7-1 크리에이티브사 ZEN과 IPOD 초기모델

자료 : 창업을 부르는 발명과 특허, 특허청(2014)

7.1.2 문제해결을 통한 사업 모색

새로운 사업을 준비하는데 있어서 기존의 제품이나 특허에서 문제점을 먼저 찾아 해결하는 것은 매우 중요하다. 왜냐하면 특허침해를 회피하고 개선된 가치를 고객에 제공함으로써 안정적인 사업을 도모할 수 있기 때문이다.

이런 점을 고려하여 다음의 예시를 통해 문제 해결의 과정을 살펴 보자.

1 예시 1: 물통

기존 물통의 문제점을 살펴 보고 그에 대한 해결책을 다음을 통해 생각해 보기로 한다.

① 문제 상황

물통 속의 물을 따르기가 힘들다고 가정하자.

이런 사각 물통은 일반적으로 물, 기름과 같은 액체를 담아 보관하기도 하고 필요한 곳으로 이동할 때 들고 가서 통을 들어 배출구로 액체를 따라 배출하기도 한다. 하지만 현재 사용하고 있는 물통은 물통속의 액체를 따르려면 통을 들고 따라야 하는 데 물통이 너무 무거워 몸이 작은 어린이나 여성들은 들기도 힘들 뿐만 아니라 무게 중심이 흔들려 액체를 따를 때 바닥에 쏟거나 흘리는 일이 종종 벌어진다.

② 문제 제시

이 문제를 해결할 방법은 없을까?

물통의 물을 따르기가 어려운 이유로 다음과 같이 생각해 볼 수 있다.

첫째, 액체를 들고 따르려면 액체가 들어 있는 물통이 무거워 들기가 힘들다. 둘째, 통을 들어 따르다 보면 무게 중심이 위로 올라가고 지지할 곳이 없어 통이 많이 흔들려 액체가 좌우로 흐르게 되어 바닥에 흘리게 된다.

③ 문제 해결

물통의 물을 쉽게 따르는 방법은 없을까?

노약자들뿐만 아니라도 물통을 사용하고 있는 많은 사람들에게 물통의 물을 힘들이지 않고 쉽게 따를 수 있는 방법을 한번 생각해 보자.

다음은 스캠퍼(SCAMPER) 기법의 수정(Modify)하기를 통해 물통의 모양을 수정하여 불편함을 해소하는 방법을 생각한 것이다.

④ 해결 방법

첫째, 물통의 무게 중심을 바닥에 붙여 지지할 수 있게 한다.

둘째, 물통을 들지 않고 따르는 방법으로 해결할 수 있게 고안해 본다.

❑ 테스트용의 작품 제작

무게 중심만을 이동시키는 방법으로 기울였다가 다시 세울 수 있게 만든다.

1차 작품은 무게 중심 이동이 어려워 2차 작품을 고안해 본다.

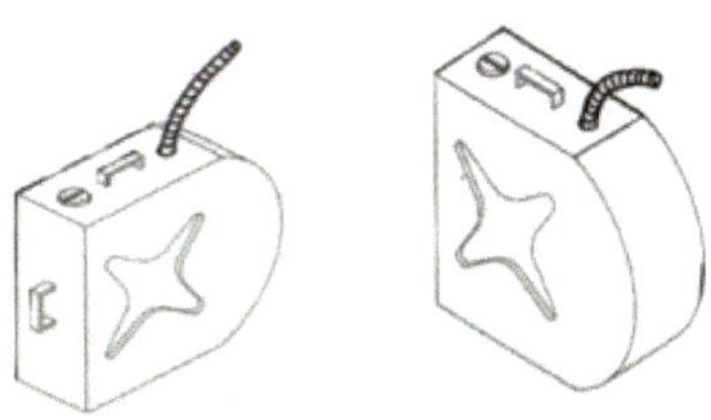

1차 작품

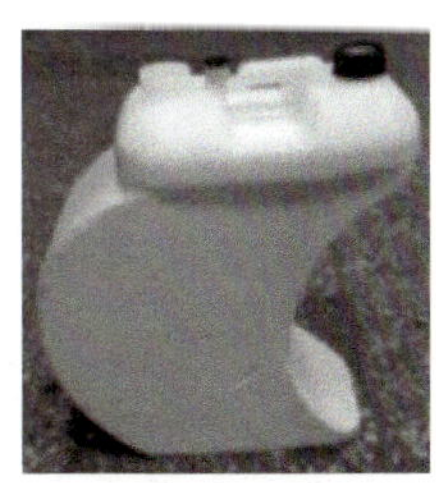

2차 작품

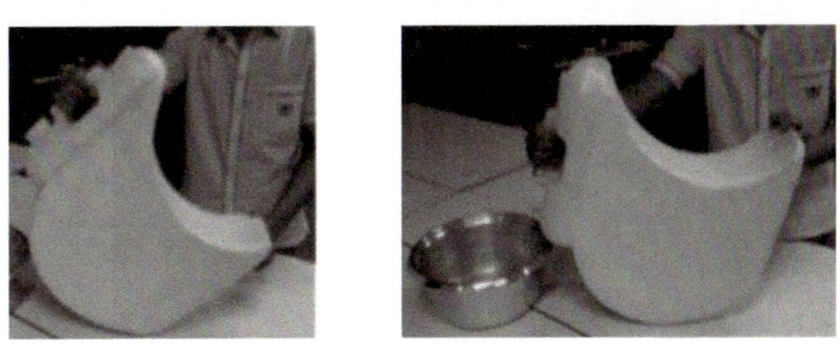

통을 굴려 따르는 모습

자료 : 세상을 바꾸는 도전 발명왕(2014), 창업을 부르는 발명과 특허(특허청) 재인용

2 예시 2: 비닐하우스

기존의 비닐하우스의 문제점을 찾아보고 그에 대한 해결 방법을 찾아 본다.

① 문제 상황

기존의 비닐하우스의 문제점으로는 폭설이나 폭우 등의 자연재해로 인해 망가지는 경우와 농작물 재배의 효율성에 대한 것이다. 주어진 재료로 기존의 비닐하우스에 비해 튼튼하고 안의 작물들을 더 든든하게 키울 수 있는 새로운 비닐하우스를 표현해 보자. (모형을 제작하며, 실제로 작동하지 않더라도 글과 그림으로 설명하도록 한다)

이를 위해서 아래와 같은 순서로 호기심과 의문점, 관찰을 통한 주변 여건의 문제점을 찾아내도록 하는 것이 중요하다.

민감성 착안

⇩

문제점 파악 조사

⇩

원인 파악

② 문제 제시

즉, 생활하는 범위 속에서 "이것은 이상하다" "왜 이럴까?" "안될까?"

"무엇 때문일까?"등 관찰을 날카롭고 세밀하게 문제점을 감각이 아닌 사실로서 찾아내도록 한다.

③ 문제 해결

그 다음으로 다음과 같이 생각해 본다.

독창성 착상

⇩

아이디어 내기

문제점에 대한 다음과 같은 다양한 아이디어 발상과 관련된 정보를 구하고 습득하는 것이 중요하다.

① 기능의 종류를 증가시키는 방향(응용품)

② 성능(품질)을 향상시키는 방향

③ 생산단가를 줄일 수 있는 방향

④ 상품성을 고려(디자인 등)하는 방법 등

그 다음으로는 주어진 문제에 대해 한 가지 방법에 집착하지 않고 다양한 접근 방법을 취할 수 있는 능력을 키운다. 한 가지 문제에만 국한되지 않고 문제점의 해결 방안을 다양하게 모색하고 아이디어를 정리하여 실현 가능한 아이디어를 실험으로 확인하고, 다시 아이디어를 정리·통합하고 모양을 더하기도 해보고, 빼기도 해보고, 용도를 바꾸어 보기도 하고, 반대로 사용해 보기도 하고, 크게 해보기도 하고, 작게 해보기도 하고, 재료(원료)를 바꾸어 보기도 한다. 이렇게 하여 구체적인 방안을 제시하도록 한다.

④ 해결 방법

이러한 과정을 거치다 보면 자연히 독창성이 창출되고 새로운 발명에 이르게 된다. 이때 주의해야 할 것은 문제에 대해 통상적인 것에서 탈피하여 독특하고 참신한 아이디어를 산출해 내는 사고 능력을 키워야 한다.

결국 기존의 방안이나 생각을 바탕으로 하여 자기 나름대로 색다르고 참신한 문제 해결 방법을 생각해 내는 능력을 통해 발명의 성립성, 신규성과 진보성을 확보하면 그것이 바로 새로운 발명으로 변신하는 것이다. 이를 위해서는 무엇보다도 특허 검색 등 선행기술조사를 통하여 중복 연구를 먼저 회피하는 것이 중요하다.

또한, 다듬어지지 않은 기존의 아이디어를 보다 치밀한 것으로 발전시키기 위해서는 끝까지 문제해결 방법을 연구하고 점진적으로 발전하고 진보된 발명품이 되기 위한 인내와 끈기인 정교성이 갖추어질 때, 창의적이고 실용적이며 경제적 가치를 가진 미래지향적인 발명품을 제작할 수 있을 것이다.

그리고 발명에 있어서 중요한 의미를 갖는 실용성과 경제성 그리고 가치성에 대해서는 다음의 **표 7-1**과 같이 그 내용을 충분히 고려한다.

표 7-1 발명이 갖추어야 할 가치

실용성	생활이나 산업에 이용 가능
	시간, 공간, 안전, 편리성 등 충족
	시대에 맞는 착상의 발명
경제성	시장성, 생산비 절감
	시대 흐름에 맞는 사회적 동감
	사회적 기여도 요소 확인
가치성	수요자의 선호와 필요성이 있는 발명
	경험, 정보, 지식을 접합한 발명
	새롭고 진보되어 경쟁력이 있는 발명

7.1.3 특허의 활용

1 특허 활용의 정의

특허의 활용이란 특허기술이 산업적으로 활용되는 것을 의미한다. 즉, 특허 받은 기술을 가지고 창업을 하고 사업화를 하거나, 특허권을 다른 사람에게 판매하여 수익화하는 것, 특허기술을 다른 사람에게 사용할 수 있게 하고 로열티를 받는 것, 이러한 3가지가 가장 대표적인 특허의 활용에 해당한다.

물론 자신이 현재 특허기술을 실시하지는 않고 있지만, 타인이 그 기술을 실시하지 못하도록 하기 위한 방어적인 목적의 특허 보유도 특허 활용의 범주에 포함시킬 수 있다.

2 특허권의 본질과 활용

1) 특허권의 활용

특허권의 본질에 대해서는 여러 가지 논의가 있기는 하지만, 가장 분명한 것은 타인의 모방을 금지하는 배타적인 재산권이라는 것이다.

"배타성(exclusiveness)"에 기반하여, 특허기술을 직접 사업화하기 위해 제품을 만들거나 서비스를 제공한다.

2) 특허권의 미활용

사업자 자신의 특허권을 적용하여 생산 또는 판매하고, 이러한 제품을 타인이 모방하여 생산 또는 판매하지 못하도록 방어적으로 활용하는 것이 특허권의 가장 본질적 활용이라고 볼 수 있다.

또한 매각이 가능한 "재산권(property right)"이라는 측면에서, 특허권이라는 재산권을 매각(양도)하거나 빌려주어서(라이센스) 이에 대한 금전적인 대가를 얻는 것 역시 특허권의 본질에 따른 활용이라고 할 것이다. 특허의 활용은 여기에 한정되지 않으며, 배타적 재산권이라는 본질을 기반으로 하여 아주 다양한 활용 방법이 존재한다. 그러나 특허권을 가지고 있으면서도 이를 활용하지 않는다면 그 특허권은 아무런 의미를 가지지 않으며 특허권 취득과 유지에 따른 비용만 낭비하는 셈이 된다.

3) 특허 활용의 확장

최근 들어 점점 더 많은 기업이 기업가치를 창출하기 위해 특허를 전략적으로 활용하기 시작하고 있으며, 특허의 활용 방법은 시간에 따라 확장되어 가고 있다. 방어적인 출원이라는 특허권의 본질 자체에만 주목하는 단계에서 비즈니스 및 경영전략의 일부로서 활용하는 단계를 거쳐 금융자산으로 활용하는 단계에 이르기 까지 특허의 활용 방법은 점차 확대되고 있다.

국내에서도 상당수의 기업들이 방어적인 특허활용 이상으로 확장하고 있으며, 삼성과 애플의 특허소송에서 보듯이 기업전략과 경영전략으로서의 특허활용이 활발히 이루어지고 있다.

최근에는 산업은행, 기업은행 등에서 지식재산(특허)담보대출을 시행하는 등 마지막 5단계인 금융자산으로의 특허활용이 국내에서도 본격적으로 시작되고 있는 상황이다.

5. 금융자산으로서의 특허활용
   - 특허 보유기업에 대한 자금조달 방법
   - 금융기관입자에서 자산에 대한 투자

↑

4. 경영전략으로서의 특허활용
   - 이상적인 특허포트폴리오의 확보
   - 기업자산으로서의 적극적인 활용

↑

3. 기업전략으로서의 특허활용
   - 법적인 '무기'로서의 특허
   - '이윤원천'으로서의 이용

↑

2. 우월성 확보용 특허활용
   - 대안적인 제품디자인의 확장
   - 침해에 대한 법적 집행(Enforcement)

↑

1. 방어적 특허활용
   - 타기업의 사업 억제
   - 타기업으로부터의 공격에 대한 방어

↑

특허의 생산 및 유지

그림 7-2 특허 활용의 발전과 확대

자료 : 박규호(2006). 특허정책의 변화와 특허의 활용에 관한 연구

3 창업과 사업화를 위한 특허권의 활용

1) 특허권의 활용 방법

특허를 보유한 사람이 회사를 새롭게 창업하여 특허기술을 상품화해 나가자고 한다면, 그 창업자가 보유한 특허권은 사업을 진행해 나가는 데 분명히 큰 도움이 되고, 사업의 발판이 될 수 있다. 창업의 개념과 절차를 이해하고, 창업과 사업화에 직접 도움이 될 수 있는 특허권의 활용방법에 대해 살펴보자.

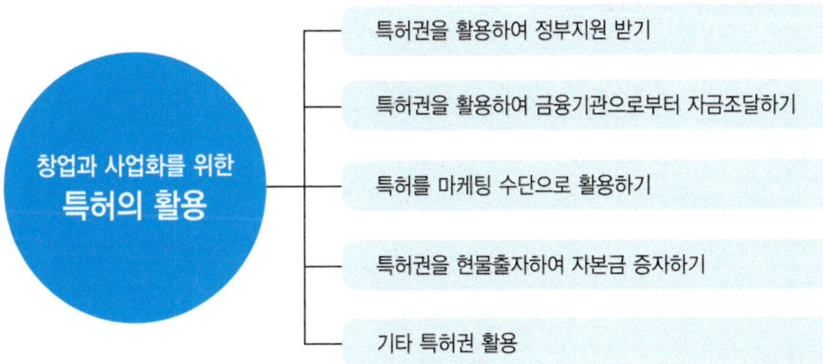

그림 7-3 특허의 활용

자료 : 창업을 부르는 발명과 특허, 특허청

2) 사업화 자금 조달하기

특허권을 활용하여 금융기관으로부터 보증, 대출, 투자를 받을 수 있는 방법은 다음과 같이 다양하게 존재한다.

- 기술창업아카데미 운영 지원
- 청년창업사관학교 운영 지원
- 글로벌 청년 창업활성화 지원
- 스마트 벤처창업학교 운영
- 대학생, 예비 창업자 및 창업 1년 미만의 창업자

위와 같은 지원 제도 또는 유사한 제도는 체계적인 창업교육을 실시하고 창업단계 전 분야를 일괄 지원하고 있다.

그밖에, 해외 창업 진출을 위한 연수 및 보육 프로그램 제공과 외국인의 국내 창업을 위한 자금 지원도 있다.

특허권 없이 자금을 조달하는 것 보다 특허권을 활용하여 사업자금을 조달하는 것은 분명히 더 유리할 수 있다. 최근 들어 기술보증기금, 신용보증기금, 한국산업은행, 기업은행 등은 특허권을 보유한 중소기업만을 대상으로 하는 지식재산금융 상품을 확대 또는 신설하고 있는 상황이고, 지식재산권을 기반으로 중소기업에 투자하는 자산운용사나 벤처캐피탈도 늘어나고 있다.

기술보증기금(www.kibo.or.kr)은 특허권을 보유한 창업자를 대상으로만 보증을 하는 "특허창업 특례보증"이라는 특별한 보증지원을 하고 있다. 신용보증기금(www.kodit.co.kr)도 2013년부터 "지식재산보증"이라는 보증상품을 출시하면서, 특허권을 보유한 초기기업에 대하여 우대 지원을 제공하고 있다(2013년 기준).

특히 특허권에 대한 가치평가를 거치는 경우 매우 유리한 조건으로 자금 조달 지원을 받을 수 있다. 그밖에 한국산업은행(www.kdb.co.kr)은 2013년 "지식재산담보대출"이라는 새로운 금융상품을 출시하였다. 특허권의 가치평가를 통해 산출된 가치금액을 그대로 대출 담보로 인정하여 중소기업에게 낮은 금리로 기업에 대출을 하는 상품이다.

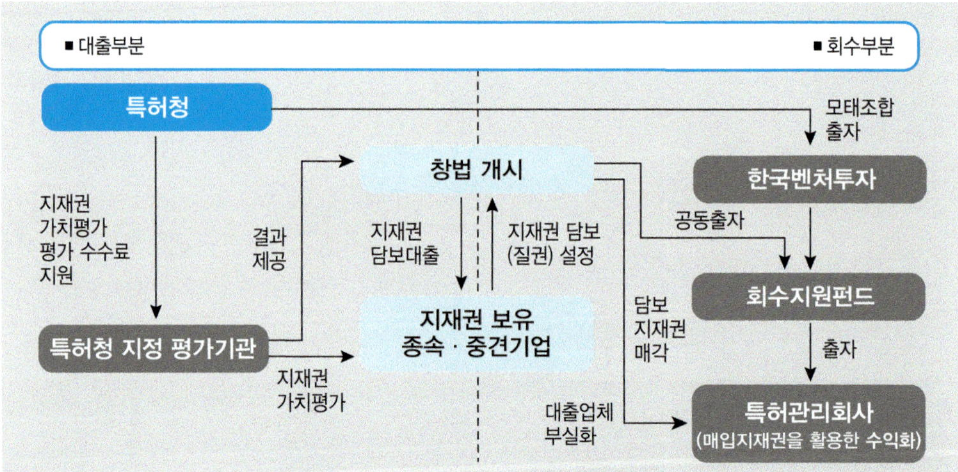

그림 7-4 한국산업은행 IP담보대출 흐름도

자료 : 특허청(2014). 2015년도 특허청 예산안 보도 자료

3) 특허를 마케팅 수단으로 활용하기

특허는 기존 기술에 비해 기술적인 진보가 있는 경우에 한해서 인정되는 것이기 때문에, 어떤 제품에 특허를 받은 기술이 적용되었다고 하면 적어도 기존 기술에 대비해 우수한 효과가 있다는 것으로 인식이 될 수 있다. 소비자는 어떤 제품이 특허출원 또는 특허등록 되었다는 광고를 보면 다른 제품에 비해 품질이나 효과가 뛰어나다고 여기고, 그로 인해 특허를 받은 제품이라는 광고는 적지 않은 광고효과를 가지게 된다.

특히 중소기업의 경우 대기업과 같은 대규모의 광고를 할 수 없고, 따라서 특허를 마케팅의 수단으로 활용하는 것은 중요한 사업전략이 될 수 있다. 숙취해소 음료인 "여명808"은 특허 마케팅을 적극적으로 활용하여 성공한 사례이다.

4) 특허권 현물출자를 통한 자본증자

현물출자는 회사에 대한 자본을 출자함에 있어 금전 이외의 재산을 목적으로 하는 출자를 말한다. 이러한 현물출자가 인정되는 이유는 회사의 입장에서 필요한 특정재산을 손쉽게 미리 확보할 필요성이 인정되는 점과, 출자자의 입장에서 금전이 없더라도 출자가 가능해지므로 출자가 편리해진다는 점에서이다.

특허권의 현물출자는 회사설립 또는 회사 운영 중 현금대신 특허권이라는 현물을 출자하여 회사의 지분을 확보하는 것이다. 특허권 보유자는 지분확보를 통해 지분율만큼 이익을 배당받거나 회사가 성장했을 경우 지분매각을 통해 현금화 할 수 있다. 또한 특허권 보유자는 지분율만큼 회사경영에 적극적으로 참여할 수 있으며 경영권 확보를 할 수 있다. 특허권을 현물출자하기 위해서는 반드시 특허권에 대한 가치평가가 수반되어야 한다.

특히, 창업 초기기업의 경우 벤처캐피탈 등의 투자를 받기 전에 반드시 특허권을 확보해 두어야 하고, 특허권을 현물출자함으로써 좀 더 유리한 조건에서 투자를 받을 수 있다.

[아미코스메틱의 특허권 현물출자 사례]

2006년부터 기능성 화장품을 개발하여 판매하던 ㈜아미코스메틱은 기능성 화장품에 대한 다양한 특허를 보유하여 지식재산 경쟁력을 갖추고 있었지만 재무상태가 좋지 않아 사업화 추진에 어려움을 겪고 있었고, 좋은 조건으로는 투자를 받기 어려운 상황이었다. 그러던 중 특허기술의 현물출자를 통해 자본확대가 가능하다는 정보를 접하고 특허청을 찾았다. 2012년 특허기술평가를 지원받아 이를 현물출자를 위한 자료로 활용하여 4.2억원의 현물출자에 성공하였고, 재무제표의 개선을 통해 벤처캐피탈로부터 20억원의 투자유치에 성공하여, 2014년 초 500만불 수출의 탑을 수상하는 등 성공적인 사업을 추진하고 있다.

7.1.4 특허기술거래를 통한 특허의 활용

1 특허기술거래의 의미

특허기술거래는 특허 받은 기술을 거래하는 경제적 행위를 의미한다. 특허기술에 대한 소유권(즉, 특허권)을 타인에게 완전히 이전하고 그 대가를 받는 특허권의 매매, 그리고 특허기술의 소유권은 보유한 채 특허기술의 실시 및 사용을 허락하고 그 대가인 로열티를 받는 라이센스의 2가지 형태가 대표적이라고 할 수 있으나 기타 다양한 방식의 특허기술거래가 있을 수 있다.

기술이전방식에 따른 위험(risk)의 정도에 따라 기술양도(assignment)가 가장 위험이 낮고, 공동연구(cooperative research), 라이센싱(licensing), 합작벤처(joint venture), 인수합병 (M&A)의 순으로 위험도가 증가하며, 기업 설립을 통해 기술을 직접 사업화하는 분사 (spin-off) 방식이 가장 위험도가 높다. 반대로 기술이전 성공을 통한 즉, 성공적 사업화를 통한 수익(reward)은 위험도가 높을수록 높다.

표 7-2 기술이전 방식

기술이전 방식		내용
기술양도		매매 형태로 이루어지는 기술이전으로서 기술도입자가 대가를 지불하고 특허권 등의 권리를 명의이전 받음으로써 계약이 완료
라이센스	전용 실시권	기술공급자와 기술도입자의 설정계약으로 정한 일정한 범위 내에서 그 특허 발명이나 노하우를 독점적으로 실시할 수 있는 권리
	통상 실시권	기술공급자와 기술도입자의 설정계약으로 정한 일정한 범위 내에서 그 특허 발명이나 노하우를 실시할 수 있는 권리
	재실시권	기술도입자가 기술공급자로부터 실시권을 허락받은 지식재산권을 제3자에게 다시 라이센스 할 수 있는 계약
기술과 경영자원이 함께 이전 되는 방식		기술을 거래함에 있어 그와 관련된 자본, 경영노하우, 설비, 핵심부품 등 관련 경영자원을 함께 거래하는 방식
기술력 보유 기업 또는 자산의 M&A 방식		기술을 보유한 기업 전체를 매수하는 방식, M&A의 결과 자산을 매각하는 회사가 사라지게 된다.
기술자문 및 지도와 연계한 거래 방식		기술자 파견 등을 통해 기술자문 및 지도를 라이센스 거래와 연계하는 방식
기타		기술자료의 매매에 의한 거래 방식, 기술제휴에 의한 협력, 공동연구, 생산제휴

자료 : 특허청(2012). 특허기술평가 활용 안내서

기술이전 방식의 가장 대표적인 것은 특허기술 매매(양도)와 라이센스이며 이에 대한 특성을 살펴보면 다음과 같다.

첫째, 특허기술 양도(assignment)이다. 특허기술 양도란 특허기술수요자에게 특허기술의 권리를 판매하는 것으로 특허기술의 매각과 같은 의미이다. 민법상의 재산권은 권리의 일부를 분리하여 양도할 수 없지만 지식재산권의 경우 권리의 일부를 양도하는 것이 가능하기 때문에 특허기술양도의 경우 특허기술의 권리 또는 특허지분을 완전히 매각하는 경우도 있지만 특허지분의 일부를 매각할 수도 있다. 특허기술 수요자가 특허기술의 사업화를 안정적으로 시행하기 위해서 또는 특허분쟁에 대처하기 위한 목적 등으로 특정 기술의 권리자 또는 공동 권리자로 인정받기를 원하는 경우에 특허기술양도가 이루어진다.

특허기술 양도를 통해 특허기술이전을 하는 경우 특허기술을 판매하는 입장에서는 특허기술 개발 비용 등을 고려하여 책정한 특허기술료에서 크게 벗어나지 않는 수준에서 계약이 이루어진다면 위험이 가장 작은 특허기술이전 방법이다.

그러나 특허기술도입자의 입장에서는 특허기술의 사업화 가능성, 보상(Reward), 위험(Risk), 기술 양도, 공동 연구, 라이센스, 합작 벤처, 인수 합병(M&A), 분사(Spin-off)의 경제성 등과 관련된 모든 위험을 떠안게 되기 때문에 사업화 후의 수익은 모두 특허기술도입자의 몫이다. 특허기술 매각에 따른 경제적 보상의 크기는 사전에 결정하는 것이 어렵기 때문에 현실적으로 매매 당사자들이 제시한 가격 범위 내에서 협상에 따라 결정되는 데 이때 특허기술이전 주체들의 협상능력에 따라 가격이 결정된다.

둘째, 라이센싱(licensing)이다.

라이센싱은 특허기술 양도와 함께 가장 많이 사용되는 특허기술이전 형태의 하나로 특허기술제공자(licensor)가 특허기술도입자(licensee)에게 특허기술료를 받고 특정 특허기술에 대하여 일정기간 실시권을 허여하는 계약으로 특허기술도입자 입장에서는 실시대가를 지불하고 일정기간 특허기술에 대한 실시권리를 획득하는 것이다. 일반적으로 실시권 허여는 특허, 프로그램, 노하우 등을 특허기술도입자가 자신의 사용 목적(제품 및 서비스 생산 등)에 맞게 자유롭게 사용토록 함을 의미한다. 라이센싱은 특허기술 보유기관이 직접 특허기술을 사업화하거나 합작투자를 통해 합작법인을 만드는 경우보다는 투자비용 및 소요자원의 측면에서 비용 및 성공가능성에 대한 위험이 상대적으로 적다. 즉, 특허기술제공자의 개발, 제조, 마케팅 등의 특허기술 상업화에 대한 위험의 상당 부분이 특허 기술도입자 측으로 이전되기 때문이다. 그러나 상대적으로 특허기술 상업화에 따른 수익 또한 이전된 위험의 크기만큼 이전된다. 따라서 적절한 위험 부담의 분산 및 수익 배분을 위해서는 위험의 크기에 따라 특허기술도입자와 특허기술제공자 모두에게 적합한 라이센싱 전략이 요구된다. 예를 들면, 선급특허기술료를 높이고 경상특허기술료를 낮추는 경우에 특허기술 이전과 관련된 위험의 많은 부분을 특허기술도입자가 가지게 되고, 선급특허기술료를 낮추고 경상특허기술료를 높이는 경우에는 위험 부담의 많은 부분을 특허기술제공자가 가지게 된다.

라이센싱 계약은 전형적으로 특허유지비용 및 기타 라이센싱 관련 비용, 실시대가, 상업화에 대한 계획, 계량특허기술에 대한 지적재산권의 소유권 등을 포함한다.

2 특허기술거래의 절차

특허기술거래는 당사자 간의 협상과정에 따라 다양하게 이루어질 수 있으나, 개념적으로는 아래와 같은 순서로 진행된다고 볼 수 있다.

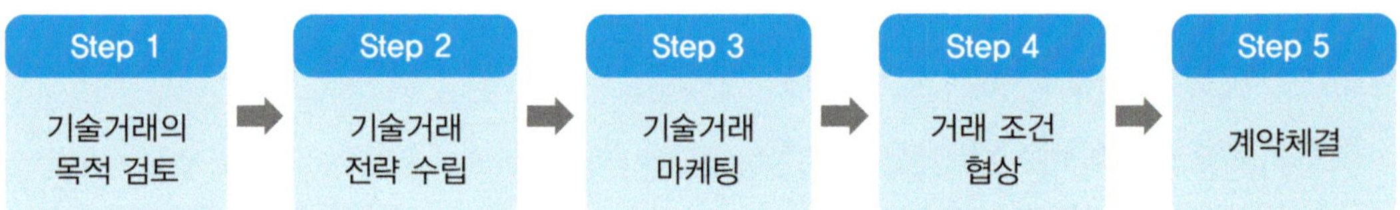

그림 7-5 특허기술거래의 절차

자료 : 특허청(2012). 특허기술평가 활용 안내서

3 기술료(로열티) 산정

1) 기술료 개요

Open Innovation은 기업 내부의 무형자원과 기업 외부의 무형자원을 유기적으로 연결, 결합하여 새로운 가치를 창조하는 것으로, 다음과 같은 경영 활동을 하는 경우 그 대가로 기술료를 지급하게 된다.

❑ Open Innovation의 경영 활동

① 지식재산권 등의 양수(매입)

② 지식재산권 등의 실시 사용권 도입(Licensing-in)

③ 지식재산권 등의 양도(매각)

④ 지식재산권 등의 실시 사용권 허락(Licensing-out)

⑤ 지식재산권 등의 상호 제공 및 교차 사용권 허락

또한, IP를 기반으로 하는 비즈니스의 유형을 보면 다음 표 7-3과 같다.

표 7-3 IP비즈니스의 유형

소유자 \ 사용형태	생산 판매	매매 라이선스	현물출자	자금조달 수단	비고
기업 (중견, 대기업)	○	○	○	○	○: 보통 △: 드뭄
대학		○	○		
공공연구소		○	○		
(중소)벤처기업	△	○	○	○	
개인발명가		○	○	△	

2) 경상기술료의 결정 요령

기술료의 종류는 기술의 실시가 사용 실적과 비례 관계에 있는 기술대가이면 경상기술료로, 사용 실적과 비례관계에 있지 않는 경우는 고정 정액으로 하는 고정기술료로 나누어 볼 수 있다. 다음 그림 7-6은 이익접근법에 따른 경상기술료 산정 과정을 나타낸 것이다.

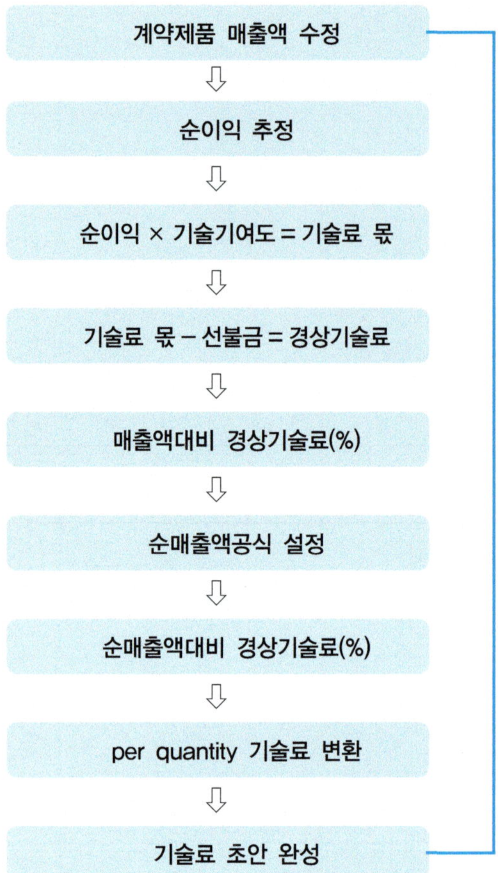

그림 7-6 경상기술료 산정 과정

또한, 경상기술료 산출방식의 사례로 다음을 예로 들 수 있다.

① 계약 제품 개수에 일정 금액을 곱하는 경우

② 계약 제품의 특정 용량에 일정 금액을 곱하는 경우

③ 엔진배기량에 기초한 경상기술료의 경우

④ 계약 제품 개수에 정액 기술료를 곱하기로 한 경우

⑤ 총 매출액의 일정 %를 일괄적으로 곱하기로 한 경우

⑥ 총 매출액 및 순이익을 동시에 기초로 한 경우

⑦ 최저 기술료와 최대 기술료를 동시에 규정하는 경우

⑧ 총매출액의 크기에 따라 누적율의 기술료 rate를 적용하는 경우

3) 최종 로열티 추정 방법

업종별 거래 사례 로열티 통계 혹은 상관행법 로열티 통계로부터 설정된 로열티 범위 하한을 Y_L, 상한을 Y_U로 표시하고 로열티 영향요인 10개 평가 항목에서 구한 종합평점을 X라고 표시하자.

또한, 업종별 로열티 하한 값에 대응되는 영향요인 평점을 20점으로 설정한다. 만약 영향요인 평점이 15~20점 범위로 산출된 경우 기술거래 가능성이 매우 낮다고 판단되고, 15점미만은 라이선스 가능성이 거의 없다고 판단한다. 이에 따른 최종 로열티 추정은 아래와 같은 보간법 함수를 이용하여 산출하게 된다. 또한, 이에 대한 사례는 예시 1을 참고할 수 있다.

$$R = Y_L + (Y_U - Y_L) \times \frac{(X-20)}{(50-20)}$$

7

[예시 1] 대상기술: 정보통신 장치, 기술거래 대상: 비상장기업

1 표준산업분류 상 C26(전자부품, 컴퓨터, 영상, 음향 및 통신장비 제조업)에 해당하고, 상관행법 로열티 범위에서 하한이 2.06%이고 상한이 4.92%로 설정됨.

2 로열티 영향요인의 평가항목별 평가 결과, 종합평점이 38점으로 산출됨.

구분	영향요인	평점				
권리적 속성	권리강도	1	2	3	4	5
	권리안정성	1	2	3	4	5
	침해대응 용이성	1	2	3	4	5
	라이선스 우위성	1	2	3	4	5
기술적 속성	기술완성도	1	2	3	4	5
	기술혁신성	1	2	3	4	5
	기술경쟁성	1	2	3	4	5
시장적 속성	수익성	1	2	3	4	5
	수요부합성	1	2	3	4	5
	시장경쟁성	1	2	3	4	5
평점 합계		(38)/50				

3 C26 업종의 비상장기업에 대한 상관행법 산출식을 이용하여 구한 최종 로열티 추정 값은 3.78%로 얻어짐.

$$R = 2.06 + (4.92 - 2.06) \times \frac{(38-20)}{(50-20)} = 3.78(\%)$$

자료 : 특허청(2013), 지식재산가치평가 실무 가이드

4) 로열티 추정에 의한 기술가치

로얄티공제법 가치산정의 또 다른 예로 다음 **예시 2**를 생각해 볼 수 있다.

7

[예시 2] 계약기간: 7년
지급방식: 연간 경상기술료 지급
로열티율: 매출액의 3%
세율: 10%
할인율: 9%

1 현재가치 산출

구분	1차년도	2차년도	3차년도	4차년도	5차년도	6차년도	7차년도
매출액	1,000	1,200	1,500	2,000	2,220	2,000	1,500
로열티 적용 비율	3%	3%	3%	3%	3%	3%	3%
로열티 수입	30	36	45	60	66	60	45
세율	10%	10%	10%	10%	10%	10%	10%
세후 로열티 수입	27	32.4	40.5	54	59.4	54	40.5
할인율	9%	9%	9%	9%	9%	9%	9%
세후 로열티 수입 (현재가치)	24.8	27.3	31.3	31.3	38.6	32.2	22.2
로열티공제법 기술가치 (조정계수 적용 전)	214.7						

2 조정계수의 적용

- 비교 대상기술을 1.0으로 설정했을 때, 대상기술의 경쟁력 조정계수를 기술성, 시장성, 권리성 등에 대한 종합 평점으로 조정하는 방법
- 대상기술 대비 비교대상이 동일한 속성인 경우를 1로 가정했을 때, 비교대상 대비 대상기술이 기술성 평점 0.7, 시장성 평점 1.1, 권리성 평점 0.9로 분석된다면, 결과적으로 조정계수는 0.693, 기술의 가치는 148.8이 얻어짐.

> ■ 조정계수 = 0.7 × 1.1 × 0.9 = 0.693
> ■ 기술의 가치 = 214.7 × 0.693 = 148.8

- 조정계수는 평가등급을 점수로 환산하는 방법 등 다양한 방식을 적용하여 전문가 합의에 의해 적용 가능함.

자료 : 특허청(2013), 지식재산가치평가 실무 가이드

7.2 특허기술창업의 이해

7.2.1 기술창업의 이해

1 기술창업의 단계별 절차

창업에 대한 일반적인 절차와 내용에 대해서 다음 표 7-4에 간단히 나타냈으며, 이에 대한 설명도 간단히 약술하였다.

표 7-4 벤처 창업단계별 활동들

단계	활동 내용	
1. 창업 준비	① 사업 아이디어 구상 ③ 회사 설립인력의 규합 ⑤ 사업계획서 작성	② 사업성 검증 ④ 기존 업무의 정리
2. 창업	⑥ 창업팀 구성 ⑧ 자금 확보 및 기업 설립 ⑩ 사업 시작	⑦ 초기자금 조달 ⑨ 사업장 확보: 업무 공간 및 생산시설
3. 초기 성장	⑪ 2단계 자금조달 ⑬ 운전자금 조달	⑫ 첫 생산품 출하
4. 성장 및 회수	⑭ 기업공개(IPO)	

① 1단계 : 사업아이디어 구상

기업의 비전은 아이디어화와 함께 생성되어야 한다. 기업의 비전에 대한 확신이 없다면 새로운 아이디어는 실현되지 못하고 꿈으로 끝나기 쉽다. 아무리 좋은 아이디어라고해도 사업계획으로 구체화되는 확률은 1/100에 불과하다. 아이디어를 찾는 일에도 적지 않은 시간이 걸린다. 최소 1년, 보통 그 이상의 기간에 걸쳐 서서히 진행된다. 물론 신속하게 형성된 아이디어도 성공할 수 있다.

창업자는 아이디어를 포기하거나 또는 신뢰할 수 있는 친구들과 비밀리에 논의할 만큼 구체적인 형태로 만들 때까지 독자적으로 여러 가지 대안을 숙고해야 한다.

② 2단계 : 사업성 검증

2단계에서 중점을 두고 해야 할 일은 꿈을 구체화시키고 견고하게 만드는 것이다. 기술창업 예비자는 진정으로 믿을 만한 친구들과 자신의 비전을 공개적으로, 또 자유롭게 의논하고 공유할 수 있어야 한다. 그런 가운데 창업 후보생의 아이디어는 최초로 검증받게 된다.

③ 3단계 : 회사설립 인력의 규합

3단계는 회사를 설립할 사람들을 규합하는 시기이다. 기술창업 예비자와 아이디어를 교환한 사람들 중 일부가 공동 창업자가 되는 것이 보통이다. 이 시기부터 몽상가(dreamer)와 행동가(doer)가 분리되기 시작한다. 몽상가는 주의하는게 좋다. 그들은 결정적인 순간에 발을 뺀다.

④ 4단계 : 기존 업무의 정리

4단계는 '현 고용주로부터의 독립', 즉 퇴사이다. 공동 창업자들의 참여약속을 얻어내기 위해 기존 업무를 정리하기 위한 조치이다.

⑤ 5단계 : 사업계획서 작성

5단계는 창업자의 비전이 사업계획서라는 형태의 문서로 구체화되는 시기이다. 사업계획서는 동료들과 함께 작성하는 것이 혼자 작성하는 것보다 당연히 좋다.

⑥ 6단계 : 창업팀 구성

창업 6단계는 창업팀을 구성하는 것이다. 신설 기술창업기업이 활동에 들어가기 위해 필요한 사람들을 채우는 단계이다. 기업화를 위해서는 아이템만이 아니라 비즈니스 모델이 있어야 한다. 비즈니스 모델은 아이템(기술)과 재무, 관리 등이 포함되는 것이다. 어디에서 가치가 창출되고, 창출된 가치가 다른 가치를 창출하기 위해 어디로 흘러가야 하는지를 포함하는 것이다. 그런 만큼 많은 사람들의 도움이 필요하다. 벤처캐피탈리스트, 회계, 법률, 경영자문, 홍보(PR), 광고 등의 전문가들이 필요하다.

⑦ 7단계 : 초기자금 조달

7단계는 종자돈 조달단계이다.

⑧ 8단계 : 자금확보 및 기업설립

8단계는 '회사설립과 현금의 은행예금'으로 넘어가는 단계이다. 이 단계는 7단계의 약속을 실행하는 시기이다. 즉 벤처캐피탈리스트와의 자금조달 계약을 마무리 짓고 회사를 설립하는 시기를 말한다. 투자자금을 예치할 은행도 결정해야 한다. 이때부터는 자금 사용이 가능하다. 지금까지 하나의 비전으로 머물러 있던 아이디어가 마침내 현실화될 수 있다.

⑨ 9단계 : 사업장 확보

9단계는 '사업장 마련하기'단계이다. 창업자의 통장에는 벤처캐피탈리스트로부터 돈이 들어와 있다. 이 중 일부를 사용할 때가 된 것이다. 이제는 사업장을 얻어야 한다.<벤처창업 A to Z>의 저자 존 네샤임 미 코넬대 교수는 사업장을 마련하는 과정에서 겪을 수 있는 위험요소를 다섯 가지로 정리했다.

첫째, 나쁜 장소이다. 입지가 좋지 않으면 직원 채용이 어렵다. 대중교통이 불편한 점도 실패의 한 요인이다.

둘째, 이미지의 실추이다. 사업의 본거지가 너무 값싼 이미지를 풍기면 좋은 직원을 채용할 수 없다. 또한 고객들에게 싸구려 이미지를 주게 된다면 사업 진행에 어려움을 겪게 될 수 밖에 없다.

셋째, 잘못된 크기이다. 너무 장소가 좁은 것도 너무 큰 것만큼이나 나쁘다.

넷째, 너무 비싼 임대료이다. 말할 것도 없이 귀중한 현금을 허비하게 만든다.

다섯째, 너무 긴 임대기간이다.

⑩ 10단계 : 사업시작

10단계는 '창업'단계이다. 이때의 창업은 좁은 의미로 회사 모양을 갖추기 위해 추가적으로 인력을 확보하고 첫 제품을 시장에 내놓은 일을 의미한다. 이 10단계부터 신설벤처기업 대표이사는 돈을 '쓰는' 걱정을 해야 한다. 특히 월별 현금 소진율(burn rate)에 신경을 집중해야 한다. 대표이사는 특히 계획된 시간 내에 첫 번째 제품을 내놓을 수 있도록 노력해야 한다. 첫 번째 자금조달을 끝내고 법인 등록을 마친 후 창업자는 무엇과도 비교할 수 없는 기쁨에 젖어든다. "이제 내 회사가 생겼다"고 기뻐하지만, 얼마 지나지 않아 기술창업자는 은행에 남아 있는 현금만으로는 첫 제품개발을 완료하고 영업매출을 올릴 방법이 전혀 없다는 사실을 알게 된다.

⑪ 11단계 : 2단계 자금조달

11단계는 2차 자금조달이다. 충분한 자금을 조달하는 한편 소중한 자본 활용의 효과를 최대한으로 높이는 것이다.

⑫ 12단계 : 첫 생산품 출하

12단계는 첫 제품 출시단계이다. 12단계에서 가장 중요한 일은 한 가지 일에 초점을 맞추는 것이다. 존 네샤임 교수는 "다른 제품이나 다른 기술, 또는 다른 대상고객으로 분야를 확대시키는 것은 실수"라고 지적한다. 기회를 제대로 이용하고 시장을 제대로 공략하기 위해서는 당초 사업계획을 고수하는 게 좋다는 얘기이다. 한 가지 일에 초점을 맞추는 것만큼 중요한 일은 고객을 찾고 확보하는 것이다. 고객의 존재는 매출액 또는 현금유입을 의미한다. 현금 유입없는 기업은 오래가지 못한다.

7

⑬ 13단계 : 운전자금 조달

13단계는 운전자금 조달이다. 시장에 첫 제품을 내놓으면서 창업자는 이제 자금조달은 끝났다고 생각할지 모른다. 하지만 자금조달은 그렇게 쉽게 끝나는 게 아니다. 자금조달은 일회성 이벤트가 아니라 연속되는 과정이기 때문이다. 기업활동이 지속되는 한 창업자는 자금조달에서 해방될 수 없다.

⑭ 14단계 : 기업공개(IPO)

14단계는 기업공개이다. 기업공개 시기를 결정하는 일은 매우 중요하다. 너무 빠르거나 너무 늦어서는 안 된다. 공모가격도 문제이다. 주가(발행가)가 너무 높게 책정되거나 너무 낮게 책정되어서는 안 된다.

창업자는 자기지분을 아껴야 한다. 돈을 벌기 위해 사업을 하는 것이 아니라 사업을 함으로써 돈을 벌 수 있다는 창사 초기의 마음가짐을 지켜야 한다. 투자자관리 업무는 기업공개 이후 어려워진다. 기업이 살아 있는 한 기업가는 끊임없이 고민하고, 행동해야 한다.

2 기술창업을 위한 기술사업화 전략

지금은 상황이 많이 달라졌지만 독일 사람들은 90% 이상이 특허가 있어야 창업을 하는 데 한국인들은 90%가 특허 없이 창업을 한다는 이야기가 있었다. 창업은 업종에 따라 차이는 있으나 제조업으로 세계 시장을 공략할 생각이라면 필수적으로 특허를 가지고 있어야 한다.

특허권은 누구나 자신의 아이디어만 있으면 얻을 수 있는 데 특허권을 얻기 위해서는 일정한 형식에 따른 자신의 발명을 설명할 수 있는 서류를 작성하여 특허청에 출원 할 수 있다.

우리나라의 특허제도는 가장 먼저 출원한 사람에게만 특허를 주는 선출원제도를 따르고 있기 때문에 특허를 출원하고자 한다면 신속하게 출원해야 한다.

1) 창업을 위한 특허 출원

① 특허 출원 요건

새로운 발명에 대한 중요 특허 요건으로는 다음과 같은 것을 생각해 볼 수 있다.

- ❑ 자연법칙을 이용한 기술적 사상인가?
- ❑ 산업상 이용할 수 있는 것인가?
- ❑ 출원 전에 알려졌는가?
- ❑ 기술자·연구자가 용이하게 발명할 수 없는 것인가?
- ❑ 불특허 사유에 해당되지 아니한 것인가?
- ❑ 명세서에 발명이 구체적으로 기재되고 청구 범위는 명확한가?
- ❑ 다른 사람보다 먼저 출원하였는가?
- ❑ 정당권리자의 출원인가?

② 5단계 특허 출원 절차

특허 출원은 일정한 서류와 요건을 갖추어 특허청에 자신이 출원하고자 하는 발명이 특허권을 받기에 적합한지 요청하는 행위이다. 우리나라는 선출원주의 제도를 따르고 있으며 출원 방법은 무료 변리사를 이용하는 방법과 유료 변리사를 이용하는 방법 또는 본인이 직접 출원하는 방법이 있다.

❑ 특허 출원 절차

첫 번째, 나의 발명품이 특허조건을 만족하는지 확인(미풍양속을 해치지 않고 공공을 위한 것이어야 함)

두 번째, 선행기술 조사를 통해 나의 발명과 같거나 비슷한 아이디어가 없어야 함

세 번째, 특허 출원에 필요한 서류는 특허 출원서, 명세서, 도면, 요약서로 정해진 규칙대로 작성해야함

네 번째, 작성된 서류를 특허청에 제출

다섯 번째, 특허청 심사 후 등록 여부 결정

여섯 번째, 특허로 인정을 받으면 등록

2) 기술사업화 순서도

특허기술사업화 순서를 아이디어 착상단계부터 생각한다면 대체로 다음과 같을 것이다.

아이디어 착상	* 평소 불편했던 점 또는 희망 개선 요구 사항에서 착상
⇩	
유사 특허 조사 분석	* 관련 유사 특허 조사 및 분석을 통해 개선사항 구체화
⇩	
아이디어 발굴	* 벤치마킹을 통해 최종적인 아이디어 구체화
⇩	
개량(수요자니즈)	* 문제점을 트리즈 기법 등을 통해 개선 연구 및 개발
⇩	
아이템 확정	* 신규 사업의 아이템으로 확정
⇩	
특허출원	* 실시예 가능한 특허로 출원 / 특허기술가치 평가 실시
⇩	
사업계획서 작성	* 사업타당성분석, 아이템 개발 비용 및 창업에 따르는 관리 비용 등 계산
⇩	
창업	* 개발 비용, 창업 비용 조달
⇩	
제품 3D 시뮬레이션	* 제품 상용화 테스트
⇩	
시작품 제작	* 자금조달, 필요시 투자자 유치
⇩	
아웃소싱(양산)	* 양산을 위한 아웃소싱 발굴
⇩	
제품 마케팅	* 제품 판로 및 홍보

그림 7-7 기술사업화 과정

여기서 중요한 아이디어 착상과 특허 출원을 위한 검토사항에 대해 다시 한번 생각해 보기로 한다.

① 아이디어 착상

아이디어 착상은 앞서 설명한 다양한 발상법에서 생각해 볼 수 있지만, 기본적으로는 평소 그 어떤 대상물에 대해 불편하게 여겼던 점이나 개선 사항에 대해, 다시말해 수요자 니즈의 조사분석을 통해 구체화시키는 것이 바람직하다. 또한, 아이디어 차원에서의 생각이 과연 이미 선행하고 있는 것인지에 대해서도 국내외 관련 특허를 조사해서 유사한 것이 있으면 면밀히 분석해서 아이디어를 발굴해야 한다. 이때, 개선 요구사항의 해법 전개를 위해서 이미 기술한 아이디어 발상법을 통해 해결하거나 트리즈 기법을 활용하여 해결한다.

7

② 특허출원을 위한 검토사항

❑ 실시가능한 특허출원

일반 기업연구소의 자사 제품에 대한 연구개발 이외에 개인발명가 또는 대학이나, 연구원의 연구 결과물을 사업화하려는 경향이 점점 늘고 있다. 매우 고무적인 일이 아니라고 할 수 없다. 자원 하나 미천한 우리나라로서는 어떻든간에 물건을 만들어서 팔아야(수출)하는 숙명적인 나라임에는 틀림없다. 그러기에 연구개발과 사업화 시도는 어쩌면 당연한 일인지도 모른다. 하지만 보통 아이디어의 수준에서 생각했던 것을 특허 출원이라는 지적재산으로 권리화를 시도할 경우 그 내용이 실시하기 난감한 너무 단순화된 것들이 많다. 이러한 특허는 여러 가지로 취약함에도 불구하고 이를 사업화하려고 애쓰곤 한다. 물론 이런 특허는 청구항도 3~4개 이내로 권리범위 자체도 매우 넓게 잡는 경우가 많다. 구체적인 실시예가 없으므로 당연한 결과일 것이다. 따라서, 무엇보다도 아이디어 수준의 생각을 실시 가능한 형상 및 기능을 먼저 생각하고 그에 대한 구체적인 시작품의 구상과 제작이 뒤따라야 한다.

❑ 청구범위의 회피설계

유사한 특허의 경우 새로 구상한 아이디어가 적용 가능한 것인지 또는 변형 가능한 것인지에 대해 우선 검토해야 한다. 이렇게 검토해서 특허청구범위를 설정하면 상당한 정도의 회피 설계가 가능하리라 본다. 이러한 유사 특허에 대한 선행기술을 조사 분석함으로써 경쟁자가 누구인지를 미리 파악해 두는 것은 앞으로의 사업 전개에도 매우 유리한 점을 가져다 줄 것이다.

❑ 투자를 염두에 둔 특허출원

구체적인 실시예를 갖고 있는 특허라 하더라도 특허 하나 달랑 내놓고 사업화 자금을 구하러 다닌다는 것은 너무나 어처구니없는 시간 소모적인 일이라는 것을 잘 인식하지 못하는 경우가 많다. 모든 특허가 사업화되는 것도 아니지만 특허가 사업화되는 비율에서 성공하는 비율을 또 따지자면 10%도 채 되지 못한다. 이런 상황을 잘 알고 있는 투자자가 쉽사리 투자하기란 좀처럼 기대하기 어려운 현실이다. 그렇다면 투자자에게 어떤 투자 메리트를 제시하여 투자자로부터 투자심리를 자극시킬 것인가? 결국 사업자 입장에서는 이루고자하는 사업을 어떻게든 성공적으로 성취하는 것이 매우 중요하기 때문에 사업자는 투자자를 위한 투자 조건에 대해 심사숙고해야 한다.

❑ 특허기술가치 평가 및 시장성

아직 시작품도 나오지 않았고 겨우 특허출원만 진행된 상태이다. 그래도 기술가치평가를 실시할만한 가치는 있다. 투자를 받기 위해서라기 보다는 이런 특허를 갖고 과연 제품화가 이루어졌을 때 경제적 부가가치를 어느 정도 가져 올 수 있는 것인지를 미리 예측해 보자는 것이다. 그래야 사업을 할 것인지 말 것인지를 결정할 수 있다. 그냥 기술이 좋아서, 또는 없는 새로운 제품인 것 같아서 라는 막연한 생각으로는 사업에 내재된 리스크가 너무 많기 때문에 헛된 망상은 처음부터 갖지 않는 것이 나을 것이다.

그렇다면 어떤 방식으로 특허기술가치평가를 할 것인가? 다양한 방법이 있지만 수익접근법으로 특허기술을 평가하고, 그 밖에 특허가치에 대한 기준 이슈를 기본으로 하여 추가적인 평가를 실시하여 종합적으로 살펴보아야 할 것이다. 예를 들어, 특허가치에 영향을 주는 요소들, 다시말해 국제출원여부, 우선권주장여부, 특허잔존기간, 복수 출원인 여부, 선행특허존속여부, 특허침해가능성여부, 청구항수 등. 궁극적으로는 정량적인 산출에 의해 매출액 규모 추정 및 시장성에 대한 평가를 제품화 시도전에 수행하여야 한다.

7.3 특허출원 전략

7.3.1 선택적 특허 보호

새로운 발명에 대해서는 당연히 특허에 의해 보호되어져야 한다. 그러나, 때로는 발명을 공개하지 않거나 노하우로 보유하는 것이 유리할 수 있다.

발명을 보호할 수 있는 방법으로는 여러 형태의 보호법이 있다. 기술에 대한 발명은 보통 특허법에 의해 보호되지만 실용신안법에 의해서도 가능하다. 실용신안은 일반적으로 특허에 비해 발명의 정도가 약한 경우에 해당하지만 빠른 시장 진입을 위해서는 실용신안을 고려해 볼 수 있다. 물론 실용신안과 함께 특허를 병행하는 것도 유리할 수 있다. 이러한 보호법에 의한 보호와는 달리 기술을 공개하지 않고 비밀유지하는 것이 오히려 보호에 유리할 수도 있다.

비슷한 방법으로 특허출원을 하지 않고 노하우 보유로써 보호할 수도 있다. 상대적으로 기술의 가치를 고려하여 이 방법을 택할 수 있지만, 그럼에도 불구하고 상대 경쟁자로부터 복제당 할 경우 발명 기술을 보호하기가 매우 어렵다. 이러한 모방을 억제하고 발명을 보호하기 위한 방법으로는 공개 또는 비공개 출원중 하나를 선택할 수 밖에 없는 경우가 현실적이다. 기업이 특허전략을 수립하기 위해서는 위와 같은 보호 메카니즘을 잘 따져 우선 어느 방법을 선택하는 것이 유리한지를 고민해야 한다.

특허출원은 기본적으로는 강력한 보호를 제공해 줄 수 있는 도구이기도 하다. 실제로 기술에 대한 비밀을 유지하는 것은 쉽지 않으며, 비교적 짧은 시간 안에 기술에 대한 정보가 경쟁자에게 흘러 들어가기가 쉽다. 이런 경우 경쟁자의 모방을 피할 길이 없으며, 경쟁자로부터 특허출원의 위험성이 있게 된다.

비밀 유지 전략의 경우도 경쟁자로부터 기술 노출을 완전히 차단할 수 있는 가능성은 적다. 이때, 특허화되어 있을 경우 특허침해를 제소할 수 있다. 특히, 방법 특허의 경우 비밀 유지 전략이 일반적으로 유리하다. 특허법 등 관련 보호법으로 보호되고 있는 것중 90%정도는 제품에 관한 것이고 10% 정도는 공정에 관한 것이다.

이에 반해 특허출원은 특허분쟁을 야기할 수 있는 단점이 있다. 또 다른 측면에서 특허출원은 특허 등록을 통해 특허의 활용 기회 가능성을 제공해 주고 기술에 대한 분쟁시 해결점을 줄 수 있는 장점이 있다. 또한, 발명의 사용 기간을 고려할 수 있다. 특정 분야에서 매우 짧은 수명주기로 인해 또 다른 기술혁신이 도래하기 전에 적시에 특허 등록을 할 수 있는지에 대한 여부를 생각해 볼 수 있는 장점이 있다. 적정한 시장진입에 대한 준비 시간과 특허 출원을 통한 시장 진입에 대해 부작용을 미리 예측해 볼 수도 있다.

기업은 특허화 전략을 수립할 때 제품 혁신과 공정 혁신에 따라 어떤 보호 방법을 택할 것인지 결정해야 한다. 대부분의 기업은 제품 혁신의 경우 특허출원을 하고 공정 혁신의 경우 비밀유지를 하는 경우가 많다.

기업은 비밀 유지 전략을 구사할 경우 예기치 않은 기술 유출을 방지하는 규정을 갖고 있어야 한다. 이러한 규정은 예를 들어, 종업원을 통한 유출에 대한 조사, 종업원 보상 제도 확립, 주요 연구개발자의 이직, 경영 정탐 금지, 개발 구역의 출입 통제, 기업의 비밀 유지 정책의 이행 등을 고려해야 한다.

7.3.2 특허권리화

특허권리화는 특허화가 가능한 발명들을 실제로 얼마만큼 특허권리화할 수 있는지가 문제이다. 선택적인 출원인은 가능한 적게 출원하는 경향이 있고 주요 출원인의 경우는 가능한 많이 출원하고자 하는 경향이 있다.

특허화에 관하여 살펴보면, 분야 및 국가간에 차이가 존재한다. 레빈(Levin)의 연구에 따르면, 일본 기업들의 74%가 특허화 가능성이 있는 발명중 50% 이상을 특허권리화하는 반면에, 유럽의 경우 기업의 50%가 특허화 가능성이 있는 발명중 50% 이상을 특허권리화하는 것으로 조사되었다. 또한, 에른스트 홀거(Ernst Holger)의 연구에 따르면, 화학 및 제약 산업에서의 특허 보호가 자동차 산업 및 섬유 산업에서의 그것보다 훨씬 큰 의미를 갖고 중요하다고 하였다.

특허화는 특허전략에 달려 있다. 예를 들어, 어떤 기업은 비용을 고려하여 선택적인 출원 전략을 선택할 수 있으며, 또 다른 경우는 강한 특허로 만들기 위해 가능한 많은 특허 출원을 시도할 수도 있다. 일부 기업은 특허 보호로부터 이익을 고려할 수도 있다. 보통은 특허포트폴리오 분석을 통해 잠재된 특허 중에서 얼마만큼을 특허화할 수 있는지를 알아 낼 수 있다.

7.3.3 출원국가의 선택

해외 출원의 경우는 국내 출원과는 달리 출원에 따르는 비용이 매우 높기 때문에 시장 진입에 따르는 국가의 선택과 진입 시기를 고려하여 결정해야 한다. 그렇지 않으면, 많은 비용을 상대적으로 값없이 소모시킬 우려가 있다. 기업은 특허의 활용 가능성이 높다고 생각하는 국가에 특허 출원을 할 것이다. 예로서, 생산 시설을 보유하고 보호된 생산물을 생산하거나 보호된 공정을 적용할 수 있는 국가가 해당될 것이며, 그 외 관련 경쟁자 및 잠재 라이센스 사용자가 있는 주요 시장을 갖고 있는 국가를 출원 대상으로 하여야 할 것이다. 공동 특허 출원의 경우는 비용 절감이 가능하고 관련 해당 시장 진입이 용이하다.

7

해외 출원의 경우는 미리 진행해야 할 사항에 대해 검토 및 확인을 해야 한다. 기본적으로는 국내 출원을 한 후 미국 혹은 유럽 출원 또는 PCT 출원을 하는 경우가 많다. 먼저 국내 특허 출원 이후 우선권 기간중 해외 출원으로 이어지게 하거나, 바로 미국 또는 유럽으로 출원을 해야 할 지를 분명히 해야 한다. 이에 대해 첫 번째로 해야 할 일로 우선권 기간중 발명의 사용에 대한 추가적인 정보를 얻을 경우, 이를 통한 경제적인 의미를 제대로 평가하고 해외 출원의 범위를 정해야 한다.

7.3.4 출원 시기의 선택

출원국 선택 이외에 출원 시기도 잘 결정해야 할 중요한 사항이다. 경쟁업제와의 관세에서 조기 출원은 경쟁사의 출원을 미리 저지할 수 있는 장점이 있다. 발명을 언제했든 먼저 출원한 출원인에게 우선한다는 소위 '선출원주의'를 통해 주도권을 잡을 수 있을 것이다. 이렇게 함으로써, 후발 경쟁사의 발명을 무력화시킬 수 있다. 따라서, 타 경쟁사들의 유사한 발명을 시도하고 있거나 발명의 내용이 노출되었을 때 조기 출원은 의미가 있다. 조기 출원후에도 우선권 제도와 보정기간을 활용하여 조기 출원에 따른 미흡한 부분을 수정 보완할 수 있다.

한편, 이런 조기 출원에 따른 단점도 있다. 통상 출원후 18개월 뒤에 출원 특허의 내용이 공개됨으로써 경쟁사에게 발명에 관한 내용이 자연스럽게 노출되고 경쟁사의 회피특허나 경쟁 개발을 유발할 수 있다. 경쟁사는 공개된 정보를 바탕으로 추가개발을 하여 원천특허를 보유한 기업이 추가 개발을 하거나 추가 출원을 하기전에 출원을 할 수 있다. 이럴 경우에는 어떠한 경우에도 특허 분쟁에 휘말리기 쉽기 때문에 경쟁사로부터 추격을 피하려면, 원천 특허를 보유한 기업이 추가적인 개발을 게을리 해서는 안 된다.

반면에, 상대적인 문제이긴 하지만 발명 이후 늦게 출원하는 경우도 장점이 있는데, 이는 상술한 경쟁기업 관계에서 조기 출원의 단점을 활용하는 경우이다. 다시말해, 출원을 먼저 실시한 상대 경쟁기업이 추가적인 개발을 미루는 동안 특허분쟁을 피할할 수 있는 회피 특허를 만들어 출원하는 경우이다. 따라서, 경쟁 기업에 대한 모니터링은 자사 특허의 보호를 위해서 필수적인 일이며, 이를 전략적으로 활용해야 한다.

7.3.5 청구범위의 설계

특허보호를 위한 특허청구범위는 공개되는 청구항에 달려 있다. 청구항이 일반화되면 될수록 보호 범위는 넓어진다. 청구항을 설계하는 것은 출원 시점과도 관계한다. 위에서 설명한 것과 같이 타 경쟁기업이 추가적인 발명 출원을 할 경우 당연히 특허 침해를 회피하기 위해서 특허청구범위를 어떻게 잡을 것인지 고민해야 한다.

여하튼 출원을 서둘러 하면 어떤 경우든 보호 범위는 상대적으로 좁아진다. 나중에 여러 형태의 많은 선택 사항과 변수를 고려하면 실제로 약간 넓게 설정하는 것이 낫을 수 있지만 정확한 임계점을 구별하기란 쉽지 않다. 따라서, 특허 전략을 수립할 때 경쟁기업과의 관계에 따라 경쟁 환경을 충분히 고려하고 관련 전문가의 자문을 받아야 한다.

특정 기술 분야에서 넓게 해석된 특허 출원은 대부분의 기술분야를 침해할 수 있으며, 좁게 해석된 특허 출원은 해당 기술 분야에서 특정지어 질 수 있다. 기본적으로 타 경쟁 기업이 회피 특허를 만드는 것을 어렵게 하여 특허 보호 강도를 높일 때 특허의 가치는 올라간다.

물론, 보호 범위가 너무 넓으면 특허를 보호할 가능성은 줄어들고 특허의 가치도 상대적으로 떨어진다. 따라서, 특허 출원시 청구범위를 넓게 잡으면 잡을수록 특허심사에서 신규성을 해치는 경우가 발생하며 경쟁업체는 이러한 특허에 대해 무효처리를 요구할 수 있다. 이럴 경우에는 청구범위를 비교적 좁게하여 여러 건의 특허로 보유하는 것이 낫다.

요약하여 말하면, 청구범위에 대한 전략적 선택이나 설계는 출원 시점과도 매우 밀접한 관계가 있다. 또한, 일반적으로 청구범위를 다소 넓게 잡는 경향이 있다. 그러나, 이러한 전략은 경쟁업체가 비슷한 시기에 비슷한 발명을 할 위험 가능성이 비교적 적은 화학분야에 적합하다.

전략적 선택의 다른 경우를 보면, 조기 출원시 청구범위가 좁게 잡혀 있을 경우 추가 연구 개발을 통해 특허를 보완하여 다시 출원 할 수 있다. 이러한 전략은 기술수명이 짧은 분야에 적합한데,

예를 들어 컴퓨터 하드웨어나 첨단 기술분야가 해당된다.

7.3.6 심사청구

심사청구는 보통 출원일로부터 5년 이내 하게 되어 있다. 만약 이 기간내에 심사청구를 하지 않으면, 출원한 특허는 자동 소멸된다. 기업은 어느 시점에 심사청구를 해야 할 지 결정해야 한다. 예를 들어 출원 공개와 특허 등록 사이의 기간 동안 출원 특허의 보호가 약화될 수 있는 경우가 있다면 당연히 심사청구를 조기에 해야 할 것이다. 만약 더 빠른 특허 보호를 원한다면 출원과 동시에 할 수도 있다.

반면에 늦게 심사 청구를 하는 것도 전략적으로 고려해 볼 수 있는데, 특허 출원이 빈번한 경우 심사청구 비용 및 연차료 등의 비용 지급을 늦추고 더 개선된 혁신적인 개발 결과물로 심사 청구할 수 있는 이점이 있다.

7.4 | 기술창업의 방법

7.4.1 기술이전을 통한 기술사업화

내가 발명한 나의 아이디어로 사업을 구상해 볼 수도 있지만 기본적으로 순수 아이디어에 의한 아이디어 상품의 경우는 제외되더라도 보통은 개량 기술에 의한 개발이므로, 필드에서의 수요자 요구사항에 맞춰 개선할 수 있는 개량 기술을 대학이나 정부 출연 연구원에서 찾아서 접목하여 새로운 아이템으로 거듭나도록 하는 것도 매우 중요하면서도 비용을 줄일 수 있는 부분이 되기 때문에 권장할 만하다. 이 때는 기술이전을 받아야 하고 최근 이런 기술을 대상으로 기술이전사업들이 많으므로 사업자의 기술창업을 위한 제품상용화개발은 이러한 지원사업을 통해 추진하는 것이 리스크나 비용 모두를 줄일 수 있어서 매우 좋은 개발 방법 중 하나이다.

7.4.2 지원기관의 활용

전국 지역별로 테크노파크가 있으며, 해당 지역의 전략산업 등에 맞춰 특화된 분야의 지원이 가능하고 창업보육 공간의 제공과 장비 활용, 그리고 연구개발의 지원, 그밖에 여러 형태의 지원책이 상시로 있어서 기술이전에 의한 창업자에게는 최적의 지원기관이 될 수 있다.(한국테크노파크진흥회 사이트 http://www.technopark.kr/ 참조)

또한, 주요 기술창업 지원기관 중 하나로 지역별로 창조경제혁신센터가 있으며, 아래와 같은 웹사이트내에서 시설 및 장비 활용을 위한 열람과 신청을 할 수 있다.(https://ccei.creativekorea.or.kr/service/reserve_place.do 참조) 또한, 다양한 창업 지원 프로그램이 제공되므로 초기 기술창업에는 큰 도움을 받을 수 있다.

자료 : http://www.technopark.kr/

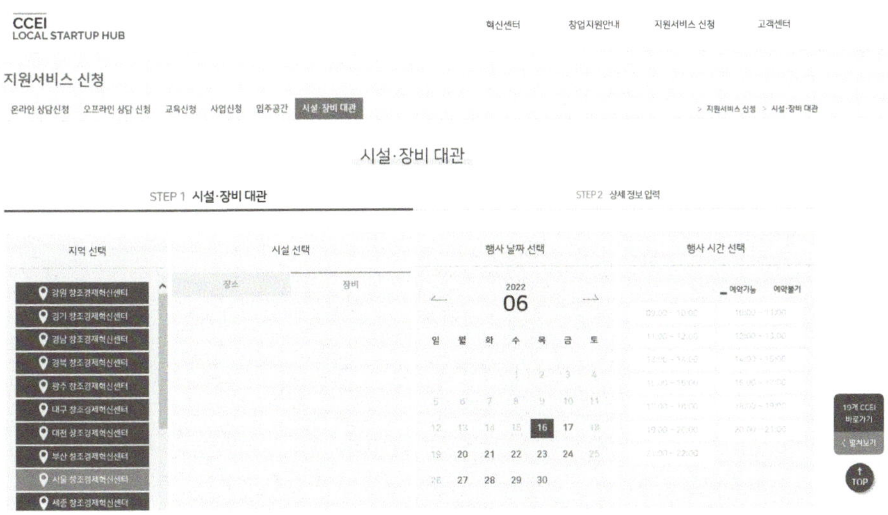

자료 : https://ccei.creativekorea.or.kr/service/reserve_place.do

제 8 장

스타트업 자금조달과 투자유치

The Fourth Industrial Revolution & Startup

8.1 | 창업 자금조달과 재무관리

자금조달은 창업 초기단계뿐만 아니라 성장단계에서도 매우 중요하다. 이는 기업이 창업을 할 때는 물론이고, 경영활동 과정에서의 자금조달이 기업의 성공과 실패를 결정하는 가장 중요한 요소 중 하나이기 때문이다. 창업아이템이 창의적이고 성공가능성이 높더라도, 창업 자금이 마련되지 않으면 실행 불가능하다.

창업 자금은 창업을 시작하고 운영하는 원동력이라고 할 수 있다. 아무리 좋은 창업아이템이나 우수한 신기술을 가지고 있어도 자금이 부족하다면 사업을 포기하거나, 사업 규모를 줄이거나, 변경할 수밖에 없다. 이러한 애로사항을 없애기 위해 사전에 자금을 정확하게 예측하고 구체적인 조달방법을 강구해야 한다. 일반적으로 예비창업자들은 개인이 보유한 자금(자본)을 기본으로 부족한 자금을 외부투자자 또는 공공기관의 자금지원제도를 활용할 계획을 세워야 한다.

초기 창업기업, 특히 기업이 성장하고 있을 시기에는 많은 기업 운영비용이 발생하게 된다. 고객들에게 제공하는 제품 및 서비스를 준비하는 시기에 드는 비용, 예를 들면 필요한 장비를 구매하거나 새로운 직원을 고용하거나 교육·훈련시키는 것과 같은 기본적인 운용비용을 확보해야만 초기 창업기업이 빠르게 성장할 수 있다. 초기에 충분한 창업자금 확보를 통해 안정적인 현금흐름과 성장을 위한 자본, 제품 개발에 투자가 이뤄져야만 창업기업을 성공적으로 이끌 수 있다.

8.1.1 창업 자금조달의 의미

자금조달은 성공적인 창업에 막중하고도 큰 비중을 차지하는 중요한 요소이다. 실제로 창업 후 애로사항 1순위가 자금조달로 현업에서 또는 관련 기관에서 조사된 바 있다. 따라서 안정적인 창업자금의 조달과 이용, 그리고 이를 위한 정부나 관계 기관의 지원 제도 등도 성공적인 창업을 위해 중요한 것이다. 같은 제품을 생산하는 모든 기업들의 기술수준이 동일할 수는 없다. 기술개발을 위해 얼마나 투자하고 노력했느냐의 여부에 따라 기업 간 기술수준에 큰 격차가 나타날 것이다. 기술개발 노력은 투자이므로 결국 기술도 자금의 뒷받침으로 가능하다.

창업을 성공하기 위해서는 사업규모에 맞는 자금이 필요한데, 실제 창업자의 대부분이 창업 과정에 자금 문제로 많은 고민을 하게 된다. 초기 창업자금은 본인의 능력에 맞게 최소화하는 것이 좋으며 예산편성은 개업 준비자금, 운영자금, 시설자금 등으로 구분해 계획하는 것이 좋다. 왜냐하면 시설자금과 같이 장기적으로 투자해놓아야 하는 자금은 조달과정에서부터 미리 알고 자기자본이나 장기차입금으로 충당해야만 유동성으로 인한 자금곤란 현상을 막을 수 있다.

창업자들의 주요 관심 중 하나는 필요한 자금을 어디서, 어떻게 마련하는가의 문제이다. 자금을 어디서, 어떤 조건으로 조달하였는가는 창업자의 소유 지분에도 영향을 미친다. 초기에 지분투자방식 중심으로 자금을 조달하는 경우, 창업자의 지분비율은 빠르게 줄어든다. 증자과정에서 어떠한 비율로 자금을 조달하는가에 따라 창업자에게 돌아올 수 있는 미래의 수익에 커다란 차이를 나타내게 된다. 불리한 조건으로 초기 자금조달을 하는 경우 자신의 노력과 기여에 비해 보상은 줄어들게 된다.

반면에, 차입에 의한 자금조달을 하는 경우 금융비용의 부담이 커지게 된다. 부채비율이 증가하면 도산의 위험이 높아지게 되며, 사업실패의 경우 창업자의 개인적 채무가 되거나 신용불량 상태에 빠지게 된다. 또한 창업초기에는 기업의 신용이 약하기 때문에 차입에 의한 자금조달 자체가 어렵고, 개인적인 담보에 의한 자금조달은 벤처사업과 같이 위험이 높은 경우 적절치 않은 경우가 많다는 점을 신중하게 고려해야 한다.

기업이 조달할 수 있는 자금은 금액의 크고 작음을 떠나 정부에서 무상으로 지원하는 자금, 정책적으로 융자해 주는 자금, 은행에서 차입할 수 있는 자금, 보증기관으로부터의 보증에 의한 차입자금, 그 외에도 투자유치 등의 직접금융 등 무수히 많은 자금들이 존재하고 있지만, 모든 기업이 누구나 동일하게 지원받을 수 있는 것은 아니다.

자금조달을 위해서는 자금이 필요한 시기, 자금조달방법, 조달 후의 관리방법 등에 대한 전략이 기업의 실정에 맞게 설정돼야 한다. 정부가 무상으로 제공하는 자금이라고 해서 받기만 하면 모든 것이 해결된다는 생각은 금물이다. 그러한 자금들이 오히려 기업성장을 저해하고 결과적으로 기업을 사지로 내모는 독소가 될 수도 있다.

8.1.2 창업 자금조달의 계획 수립

대부분 아이디어를 시행하기 위해 준비하는 단계인 창업초기단계에서는 자금조달이 매우 어렵다. 창업자가 만든 아이디어나 新기술을 바탕으로 개발단계에 접어든 창업아이템에 대해 투자해 줄 사람은 거의 드물 것이다. 이는 창업 초기의 기업은 투자금 회수의 보장이 확실하지 않고, 성과가 눈에 보이지 않는 단계이기 때문이다.

창업 초기단계의 창업가에게 부족한 자금을 조달하는 방법은 크게 세 가지로 나눌 수 있다. 개인이 보유한 자금(자본)을 활용하는 것, 가족 또는 친구 등과 같은 지인을 통한 자금조달, 은행 또는 외부투자자들로부터 자금조달을 할 수 있다. 이러한 자금조달의 모든 방법에는 항상 장·단점이 수반되기 때문에 현재의 상황을 잘 파악해 검토한 후 자금조달 방법을 선택해 실행하는 것이 중요하다.

초기 창업자금은 사업 시작을 위해 사용되고, 기회를 얻기 위해 사용된다. 그렇기 때문에 창업자금을 마련하기 전에 조달에 관한 부분을 점검하고 준비하는 것이 중요하다. 자금 조달에 대해 신중하게 계획하지 않는다면, 아이디어의 성공가능성과 관계없이 실패할 가능성이 매우 커지기 때문이다. 창업자금 조달 시 확인해야 할 사항으로는 사업형태, 자기자금 보유형태, 대출가능 여부 확인, 매출 추정을 통한 상환계획 수립 등이다. 사업 아이템에 따라 제조업, 서비스업 등의 업태와 소기업, 중기업, 대기업 등의 사업규모가 결정될 것이다.

이에 따라 필요한 자금이 어느 정도 일지 소요자금 추정을 통해 예측해야 한다. **소요자금 추정**이란 창업 시 필요한 소요자금이 얼마인지 추정해 보는 것으로 초기 투자자금과 시설자금, 운전자금을 모두 합한 것을 의미한다. 소요자금을 추정할 때는 초기 수익이 저조할 것을 대비해 예비자금에 대한 고려도 함께 해야 한다.

표 8-1 소요자금 추정 항목

구분		조달 방법
고정자금	초기투자 자금(자본금)	사무집기, 비품, 사무실, 임차료, 통신비 등
	시설자금	고정자산 구입을 위한 필요한 자금(유형 및 무형 고정자산)
운전자금		재료비, 인건비, 운반비, 유지보수비, 예비자금 등

소요자금이 추정되고 자금조달 능력이 있다고 판단되면, 자금조달 및 운용계획표를 작성해 자금을 어떻게 조달하고 어떻게 운용할 것인지에 대한 계획을 수립해야 한다. 소요자금은 소요 시설자금 내역서와 소요 운전자금 내역서를 작성해 보는 것이 필요하다.

창업 1년차부터 3년차까지 추가적으로 소요되는 금액을 예측해보고, 총 소요자금이 얼마인지 추정해야 한다. 또한 창업 자금조달 내역서는 자기자금조달 내역서와 타인자금 내역서로 구분해 작성하는 것이 필요하다.

표 8-2 자금 소요 추정표(예시) (단위 : 백만원)

구분	항목	내용			총 소요자금
		1년차	2년차	3년차	
사업부문	대지	100	–	–	100
	건물	30	20	50	100
	기계시설	50	30	30	100
	리스기계	100	–	–	100
	차량운반구	–	–	–	–
	비품기타	20	30	40	90
	소계	300	80	100	420
운영부문	인건비	50	100	150	400
	마케팅비	30	50	100	180
	예비비	30	50	100	180
총계		410	280	460	1,180

자금조달계획표에 의해 조달계획을 수립하는데, 자금조달계획표란 일정기간 동안 자금의 수입과 지출을 과목별로 나열하고, 수입금액만으로 지급금액이 부족한 경우 은행차입이나 어음할인 등으로 부족분을 보충해 자금의 균형을 유지하기 위해 작성한 표를 말한다.

이는 대체적으로 월 단위로 작성되며 과거의 실적과 장래의 계획, 전망을 나타내는 형태로 구성돼 있으며, 여기서 가장 중요한 것은 **예상부분**이다. 따라서 단순히 자금조달계획표라고 하면 예상표를 말하는 것으로 이해해도 상관은 없다.

표 8-3 자금조달계획표(예시) (단위 : 백만원)

구분	항목	내용			총 소요자금
		1년차	2년차	3년차	
자본금	본인투자금	100	30	40	170
	동업 자금	-	-	-	-
	개인투자자	100	20	30	150
	기관투자자	-	-	-	-
	소계	200	50	70	320
차입금	정부지원자금	100	-	-	100
	은행차입금	50	-	-	50
	기타	30	-	-	30
	소계	180	-	-	180
총계		380	50	70	500

창업초기에 자금은 항상 예상보다 많이 투입되고, 성과는 예상보다 더디게 나타난다. 따라서 자금소요예측 및 자금조달 원천에 대한 파악이 매우 중요하다. 특히 현금(cash) 관리가 신생기업의 생존을 위해서는 매우 중요하다. 따라서 창업초기 3년 기간에 대해서는 월별로 현금흐름을 추정해야 한다.

현실적으로 보면 대부분의 중소기업이 체계적으로 필요자금 예측을 하지 못하고 가장 기본적인 소요자금인 현금 누적 적자분 중 일부만을 계산해 자금을 조달하고 있으며 예비자금은 자금계획에 거의 반영하지 않는 경우가 대부분이다. 그러나 예비자금은 여유를 가지기 위한 자금이 아니라 자금계획에서 미처 생각하지 못한 부분을 충당한다는 데 더 큰 의의를 가지므로 반드시 감안해야 한다.

특히 창업기업의 경우 사업개시 시점에서 반드시 필요한 부분인 임차료, 컴퓨터 및 비품구입 등을 준비해 창업한 후 나머지 자금은 정부지원금 또는 영업수익금으로 충당하고자 하는 경우를 볼 수 있는데, 이러한 형태의 창업은 예비자금을 준비하지 않은 창업이므로 계획이 어긋날 경우 사업을 중단해야 하는 상황이 올 수도 있다. 예비자금은 창업 후 6개월~1년 동안 매출액이 발생하지 않는다는 것을 전제로 준비하는 것이 가장 안전하지만 자금조달이 여의치 않을 경우 3~6개월 이상의 소요자금은 감안해야 한다.

8.1.3 창업기업과 재무관리

초기 창업기업의 재무관리는 기업이 경영활동을 하는데 자금을 합리적으로 조달하고 효율적으로 운용하는 의사결정을 하고, 기업 가치를 극대화하는 것을 목적으로 하는 활동을 의미한다. 보통 초기 창업기업들은 재무관리 기능이 부족하거나 부재해 실패하는 경우가 많이 발생한다.

재무관리의 역할은 창업기업이 필요한 자금을 어떻게 조달할 것이며, 이를 어떻게 운영할 것인지에 대한 세부적인 계획을 수립하는 것이다. 이러한 종합적 계획 활동을 하지 못한다면 무리한 차입, 과소투자 또는 과잉투자로 인한 투자수익 감소, 운영자금 부족, 자금관리 미숙, 재투자비용 부족 등의 문제로 인한 창업 실패로 이어지게 될 가능성이 매우 높다.

창업을 할 때 자금이 얼마나 필요할 것인지, 언제 필요할 것인지? 이러한 의사결정이 창업 활동에 어떠한 영향을 미칠지를 알 수 있다면 그 창업은 보다 성공적으로 이뤄질 수 있을 것이다. 성공적인 창업자금 조달과 효율적 운용을 위해서는 첫째, 금융의 기본원리를 이해해야 하고, 둘째, 정부의 (정책)자금지원제도를 파악하고 적극 활용할 줄 알아야 하며, 셋째, 금융상품에 대한 지식을 습득해서 활용해야 한다.

창업기업이 성공하려면 기업의 목표를 이루기 위해서 단기적, 장기적 계획을 세워 자금을 집행한다. **재무계획**이란 기업의 단기 및 장기계획을 완성하는데 필요한 자금의 조달, 자금의 지출에 대한 통제 및 지출로 얻어진 결과에 대한 평가 등에 관해 결정하는 것을 말한다. 재무관리를 위한 첫 출발점으로 재무계획을 바탕으로 기업의 재무활동을 통제하기 때문에 매우 중요하다. 특히 창업 초기의 기업에게는 기업 성장의 목표를 이루기 위해 어렵게 조달한 자금을 효과적 잘 사용해야 하며, 이를 위해서는 철저한 계획이 필요하다.

재무관리는 창업초기기업일지라도 꼭 필요한 업무이다. 하지만 대부분의 창업자들은 재무관리에 대한 지식과 경험이 없을 수 있다. 기술창업을 하는 경우 대부분의 이공계열 전공을 했거나 기술자이기 때문에 재무관리를 매우 어려워 할 수 있다. 이런 창업자들은 반드시 재무 관련 교육을 이수하거나 재무 툴킷(toolkit)을 사용해 문제를 해결해야 한다. 창업자가 꼭 알아야 할 재무 관련 보고(서)으로는 재무상태표, 손익계산서, 현금흐름표, 재무비율분석, 손익분기점 분석 등이 있다.

8.1.4 창업자금의 유형

초기 창업자는 엔젤투자, 엑셀러레이터, 크라우드펀딩, 벤처캐피털리스트 등을 통해 자금을 투자받을 수 있으며, 이를 통한 자금조달 뿐만 아니라 인큐베이팅, 네트워크 확보, 필요한 교육 등을 지원받을 수 있다. 일반적으로 창업자금의 유형을 아래와 같이 분류할 수 있다.

1 단기자금과 장기자금

통상적으로 외부 차입에 의한 부채나 외상매출금 등과 같은 자산의 경우 장·단기의 구분은 1년을 기준으로 하게 된다. 즉, 1년 이내에 변제기가 도래하는 부채의 경우를 **단기부채** 또는 **유동부채**라고 하며 기업의 유동성에 큰 영향을 미치게 되므로 이러한 단기부채의 관리에 각별하게 신경을 써야 한다. 이와 비슷한 맥락에서 1년 이내에 현금화가 가능한 자산을 가리켜 **유동자산**이라고 하는데, 자산의 경우는 현금화 기간이 길수록 불건전 자산으로 분류돼 재무구조의 건전성 평가에 있어서 부정적인 영향을 끼치게 된다.

자금을 외부에서 조달하는 경우라면 조달 조건에 좌우되기는 하지만 가급적이면 장기자금으로 조달해야 재무구조가 안정성을 띠게 된다. 그러나 금리가 하향하는 추세인 경우에는 반드시 장기라고 유리한 것만은 아니다.

2 내부자금과 외부자금

자금이 어디에서 조달되는가에 따른 구분은 자금흐름 상의 개념과는 그 종류에서 다소 차이가 있다. 자금은 이미 말했듯이, 조달하는 때에는 항상 비용이 수반된다. 그 비용의 형태는 이자율과 같이 명시적인 경우도 있지만 그렇지 않은 경우도 있다. 그러므로 기회비용을 꼼꼼히 따져 조달자금의 종류를 선택해야 할 것이다.

외부자금은 일반적으로 내부자금에 비해 높은 비용이 수반되게 된다. 따라서 자금을 조달해야 할 경우는 반드시 내부자금을 우선적으로 검토해야 하는 것이다. 한편 유형적인 자금조달에만 얽매이지 말고 거래조건의 변경 등 다양한 자금 활용방안을 모색하는 것이 중요하다. 스타트업 창업자금 조달방법은 일반기업의 자금 조달방법과 크게 다를 게 없다. 일반적으로 자본 조달은 내부자금(internal funds) 조달방법과 외부자금(external funds) 조달방법으로 구분한다.

1) 내부자금의 조달

내부자금 조달방법은 기존에 해온 사업체에서 쌓아온 유보이익이나 창업을 위해서 유보해 둔 창업자금, 부동산이나 사용 빈도가 낮은 자산 등의 자산 매각 대금, 운전자본 감축 등으로 필요한 자금을 조달하는 것이다.

2) 외부자금의 조달

외부자금 조달방법은 주식, 회사채 등과 같은 증권을 발행해 투자자로부터 자금을 직접 조달하는 방식인 **직접금융**과 금융기관 차입금이나 정부 정책자금을 간접적으로 조달하는 **간접금융**이 있다. 자본은 자기자본에 의한 조달(신주 발행)과 타인자본에 의한 조달(회사채 발행, 금융기관 차입, 정책금융 등)로 구분된다.

8

자기자본에 의한 자금조달은 일반적으로 주식(보통주)을 발행해 창업자와 투자자로부터 기업이 필요한 자금을 조달하는 방법으로, 보통주 발행에 의한 자기자본 조달 방법은 장기적이고 안정적인 자금조달에 적합하다. 주식회사의 증자 시 신규 발행하는 보통주를 '**신주**(new stock, 新株)'라 한다. 창업자의 투자자금은 창업자 자신이 보유한 현금, 현물(부동산, 유가증권 등), 신용을 통해 조달한 자금(차입금 포함)으로, 창업자의 신규자금 투입 규모는 향후 벤처캐피털의 투자 및 금융기관의 대출 등을 결정하는 중요한 전제조건(사업의 몰입도, 전업도 평가요소)으로 작용할 뿐만 아니라, 수익모델이 좋을수록 본인 투자자금(출자 지분)의 크기를 확대해야 추후 수익 극대화가 가능하다. 창업 수준이 개인사업체이면서 주식회사의 형태라면 주식발행이 가능하지만, 주식회사 형태가 아니라면 창업자금의 대부분은 내부자본과 간접금융에 의존할 수밖에 없다.

타인자본에 의한 자금조달은 은행 등 금융기관으로부터 자금을 차입하거나 사채를 발행해 일반투자자로부터 자금을 조달하는 것으로 이는 금리 부담이라는 중압감 때문에 계속적인 자금조달 방법으로는 적당하지 못하다. 현재는 정부가 스타트업이나 벤처기업 창업 시 정책금융으로 자금지원을 활성화하고 있기 때문에 정부의 정책연계지원 자금에 의한 자금조달도 한 몫을 하고 있다.

이런 정책자금을 지원받으려면 지원제도와 규정을 상세히 알고 이용하는 것도 중요하다. 부채의 원천으로는 은행, 창업투자회사, 신기술금융회사 등으로부터 필요한 자금을 차입하거나 중소벤처기업부 정책자금을 지원받거나, 정책자금을 지원하는 중소기업진흥기금, 신용보증기금, 기술보증기금 등으로부터의 차입하거나 보증받는 방법이 있다.

3 중소기업 정책자금

중소기업 정책자금이란 「중소기업기본법」상의 중소기업으로, 융자제한업종에 해당하지 않는 기업에 융자해 주는 자금이다. 이는 정부의 정책적 필요성에 따라 정부재정이나 기타의 방법으로 재원을 조성해 중소기업에 융자·출연·보조·보험·보증·출자 등의 방식으로 지원사업을 행하는 자금을 의미한다. 일반적으로 협의의 개념으로는 융자방식의 지원자금(시장보다 낮은 금리로 대출하거나 투자하는 자금)을 중소기업 정책자금으로 분류하기도 한다.

중소기업에 대한 정책자금 지원은 중소기업은행이 설립되고, 중소기업 의무대출비율제도를 도입한 1960년대부터 시작됐다. 이후 1978년 중소기업진흥법이 제정, 공포됨에 따라 이듬해인 1979년 1월 중소벤처기업의 경쟁력을 강화하고 중소기업의 경영기반을 확충해 국민경제의 균형 있는 발전에 기여할 목적으로 중소벤처기업진흥공단(www.kosmes.or.kr, 이하 '중진공')이 설치되었다. 이후 2000년대에 들어서면서 대기업과 중소기업 간 불균형 문제가 대두되면서 중소벤처기업 창업 및 진흥기금을 마련하는 등 정책자금 지원이 본격화됐다. 중소기업 정책자금은 시설자금을 중심으로 구성돼 있으며, 일부의 운전자금도 취급하고 있다. 이러한 정책자금은 중소벤처기업부 지원 자금이 주를 이룬다.

이러한 정책자금은 직접대출('중진공')과 대리대출(금융회사, 은행경유) 방식으로, 그리고 은행과 금융기관 방식으로 중소기업 유형 및 성장단계에 따라 지원하는 자금이다. 그의 지원 내용은 일반형 중소벤처 창업자금, 혁신형 개발사업화자금 등이 있으며, 장기 및 저리자금을 공급해 시설투자를 유도하는 방향으로 실시하고 있다. 특히, 금융시장 접근이 곤란한 중소벤처기업을 많이 지원하며, 담보 위주에서 신용대출 확대 정책으로 전환하면서 평가도 기술성과 사업성, 성장성 위주로 심사한다. 또한, 혁신형 중소기업 육성을 중점적으로 지원한다는 목표 하에 혁신역량 제고 및 경쟁력 강화를 기하면서 창업 초기 혁신형 기업에 집중 지원하는 방식으로 중점지원 대상을 선정하고 있다.

8.2 자금조달과 투자유치

8.2.1 벤처캐피털

1 벤처캐피털의 이해

스타트업이나 벤처기업의 자금조달방법에서 일반기업과 다른 것이 있다면, 벤처캐피털(venture capital)로부터의 자금조달이다. 창업초기기업이 새로운 아이디어와 우수한 기술을 갖고만 있다면, 벤처캐피털(창업투자회사, 신기술금융회사 등)에 사업계획서를 제출해 심사를 통과하는 경우 상당한 자금(투자와 융자)을 조달받을 수 있다. 따라서 벤처캐피털의 특성을 잘 이해하면 자금조달을 보다 용이하게 조달할 수 있다.

벤처캐피털이란 고도의 기술력을 가지고 있어 장래성이 있다고 평가되나, 아직 자본과 경영기반이 취약한 벤처기업이나 스타트업 등 기업설립 초기단계부터 자본과 경영관리, 기술지도 등 종합적 지원을 제공함으로써 투자 대상 기업의 성장을 지원하고자 설립된 투자회사 및 투자자 그룹을 말한다.

창업초기 및 성장 단계의 벤처기업은 고도의 기술력을 보유해 장래성은 있다고 평가되지만, 아직 경영기반이 취약해 일반 금융기관의 간접 금융(차입, 융자)을 받기 어려운 시기이다. 이 단계의 벤처기업은 높은 위험성과 성공 시 높은 수익성이란 양면성을 갖고 있기 때문에, 이들 기업에 대해 주식취득이란 자기자본 투자방식으로 투자를 행하는 자본 투자기관 또는 이를 수행하는 기관의 자본 그 자체를 뜻하는 벤처캐피털의 투자가 절실히 필요하게 된다.

벤처캐피털은 자본과 컨설팅이 결합된 성격을 가지고 있다. 벤처기업에 대해 단순히 자본의 투자와 융자뿐만 아니라, 투자한 기업들의 기술 개발 및 新기술의 상업적 응용, 경영컨설팅, 포트폴리오 등의 자문을 행하는 기업 또는 투자자 그룹의 성격을 가지고 있다. 벤처캐피털은 제품 및 서비스의 성공가능성을 검토 후에 창업기업에게 자금을 투자하고, 기술개발이나 경영지원으로 투자이익을 얻는 방법을 취한다. 주로 융자를 위주로 금융기관을 통한 자금조달과는 투자금 회수방법 및 리스트 등에서 차이가 난다. 벤처캐피털이 금융기관과 다른 차이점은 다음 표 6-4와 같다.

8

표 8-4 벤처캐피털과 금융기관의 차이

구분	벤처캐피털(VC)	금융기관
지원대상	성장가능성이 있는 창업(벤처)기업	담보 제공능력이 있는 창업기업
지원형태	주식, 전환사채, 신주인수권부사채 인수	융자
담보	벤처기업의 기술력, 성장가능성을 평가해 무담보	부동산, 동산 등의 담보 보증서
리스크	높음	낮음
회수방법	환매, M&A	원리금 상환
기대수익	투자 성공에 따른 이익	일정기간의 이자
지원결정	전문 투자 심사	담보 및 대출 여력

벤처캐피털은 벤처기업에 대한 자금을 지원해서 高성장 기업으로 키울 뿐만 아니라, 新기술의 개발 및 제품화를 통해 제품이 시장에서의 성공가능성을 개발하고, 주식 상장 시에는 주식공개를 돕는 일련의 활동을 지원함으로써 벤처기업의 육성과 성장에 기여하는 기능을 하고 있다. 이러한 기능을 통해 유망 벤처기업을 선정하고 육성하며, 미상장기업의 자기자본 확충에 기여한다. 또한 이는 지역경제와 국민경제의 활성화, 산업조직의 활성화에 크게 공헌하는 역할을 담당한다고 볼 수 있다.

2 벤처캐피털의 분류

국내 벤처캐피털은 중소기업창업투자회사와 신기술사업금융회사로 크게 이원화돼 있다. 중소기업창업투자회사는 「중소기업창업지원법」에 의해 등록된 회사고, 신기술사업금융회사는 「여신전문금융업법」에 의해 설립된 회사이다. 이 외에도 「벤처기업육성에 관한 특별조치법」에 의해 모태조합으로부터 출자를 받은 「상법」상 유한회사, 투자조합, 기업형 벤처캐피털 등이 있다.

1) 중소기업창업투자회사

중소기업창업투자회사(이하 '창투사')는 통상적으로 위험이 높고 자본능력과 담보가 취약해 기존의 금융기관의 지원을 받기 힘들었던 중소벤처기업을 발굴해 투자하는 회사이다. 창투사는 지속적·단계적으로 적절한 재무, 회계, 마케팅에서의 후속 지원을 하는 등 중소벤처기업이 코스닥 시장에 상장기업으로 성장하기까지 동반자의 입장에서 컨설팅 업무를 병행한다. 이 때 '창투사'는 투자를 하더라도 창업자가 가지고 있는 경영권은 지배할 수 없다.

'창투사'의 투·융자 지원사업은 「중소기업창업지원법」에 의거해 사업성은 있으나 자금력과 담보력이 취약한 창업자에 대해 납입 자본금의 50% 이내의 범위에서 직접 투자해 지원한다. 이는 주로 무담보의 주식 인수 또는 약정 투자, 전환사채 인수 등의 방법을 투자한다. 투자가 이뤄진 뒤에도 투자 자금 외에 단기 자금 융자, 경영 및 기술 지원 등 전문적인 후속 지원을 계속함으로써 창업자의 조속한 성장을 지원하고, 창업이 성공해 이윤 발생 시 투자한 지분에 따라 이윤을 배분받는다. 궁극적으로는 기업 공개를 통한 자본 수익 취득을 목적으로 하는 벤처캐피털 형식의 지원방식이다.

8

2) 신기술사업금융회사

신기술사업금융회사는 新기술을 개발하거나 이를 응용해 사업화하는 중소기업자(신기술사업자)에게 투자 또는 융자해주는 금융회사이다. 이는 사업개시일 7년 이내의 중소기업에 출자만 하는 창업투자회사와는 달리, 융자업무도 해줄 수 있다는 점에서 차이가 난다.

우선 투자의 경우, 발행 주식의 50% 이내에서 주식 또는 전환 사채를 인수하는 방식을 취하고, 투자액의 상환은 이익 배당과 기업이 성공한 후 서로 협의해 자본을 회수하고 있다. 융자한도는 소요자금의 90~100%이며 상환기간은 8~10년(거치기간 3년 이내 포함)이며, 원리금 상환을 대신해 사업결과로 발생하는 매출액에 비례한 일정 기간 실시료(royalty)를 받되, 사업계획이 실패 시에는 최소상환금만 물면 된다.

신기술사업금융회사는 중소기업의 창업과 기술개발을 중점 지원하고 있는 '창투사'와 함께 국내 벤처캐피털의 한 축을 이루고 있다. '창투사'가 주로 주식 인수를 통한 자본참여 방식에 의한 투자를 하는 데 반해, 신기술사업금융회사는 회사명에 금융이란 이름 그대로 주로 융자에 의한 자금대여 방식을 취한다는 것이 크게 다른 점이고 일반적으로 다음 표 6-5와 같은 차이점이 있다.

표 8-5 대표적인 벤처캐피털 회사의 비교

구분	중소기업창업투자회사	신기술사업금융회사
법률근거	중소기업창업지원법	신기술사업금융업법, 여신전문금융업법
관할부처	중소벤처기업부	기획재정부
설립과정	등록사항	인가사항
자본금	70억 원 이상	50억 원 이상
회사성격	민간 벤처캐피털	민간 벤처캐피털
지원대상	창업 중소기업, 7년 미만 중소기업	종업원 1,000명 이하 新기술 기반 중소기업
자금조달	창업지원자금, 조합자금, 사채발행	각종 기금, 해외차입, 조합자금, 사채발행
역할	자체자본으로 벤처투자에 비중	투자 외에 정부정책 자금을 대출하는 융자업무 수행
지원방식	투자(주식·전환사채· 신주인수권부사채인수, 프로젝트 투자)	투자(창업투자회사와 동일 및 융자·팩토링·리스 융자비중이 약 90%에 달함

3) 투자조합(중소기업창업투자조합, 신기술사업투자조합, 한국벤처투자조합, 엔젤클럽)

국내의 투자조합은 「중소기업창업지원법」에 의해 1987년 9월 최초로 투자조합이 결성되기 시작한 중소기업창업투자조합, 「여신전문금융업법」에 의한 신기술사업투자조합과 「벤처기업육성에 관한 특별조치법」에 의한 한국벤처투자조합, 개인들이 출자해 구성하는 엔젤클럽 등이 있다.

중소기업창업투자조합은 창업투자회사가 불특정 다수의 투자가로부터 출자를 받아 중소벤처기업부에 투자조합 등록을 하고, 일정기간(5년 이상)동안 창업자 또는 벤처기업에 대한 투자를 한 후 그 성과를 조합원에게 배분하고 해산하는 투자조합이다. 중소기업창업투자조합의 투자지원은 '창투사'가 창업기업에 투자 및 융자를 할 목적으로 스스로 업무 집행 조합원이 된다. 이는 개인, 공공기관 등 불특정 다수를 일반 조합원으로, 창업 지원 기금을 특별 조합원으로 민법상의 투자조합을 결성하고 그 출자금으로 창업기업에 투자해 일정 기간이 지나 투자수익이 발생할 때 이를 출자 비율에 따라 배분하는 투자방식이다.

벤처기업에 대한 투자와 이로 인한 높은 수익을 기대하는 투자자들이 간접투자의 한 방법으로 창업투자회사가 구성하는 투자조합 결성에 참여하는 방법이다. 현재 중소기업창업투자조합이 벤처캐피털 산업에 있어서 가장 중요한 투자재원 조달방법이다.

투자조합의 운용은 조합원이 출자한 자금을 투자전문기관인 업무집행조합원(창업투자회사)이 높은 투자수익이 기대되는 유망 중소기업을 발굴·심사하고, 이들 유망 중소기업이 발행하는 주식이나 전환사채 등을 취득하는 창업투자방법이 주를 이룬다. 여유자금인 미(未)투자자산은 안정성과 수익성 등을 고려해 여러 금융기관에서 투자해 운용하게 된다.

중소·벤처기업에 대한 투자재원은 과거에는 주로 '창투사'의 자산으로 조성하였다. 그러나 사회 전반의 벤처투자 분위기가 고조됨에 따라 창업투자조합을 통한 투자가 점차 증가하면서 '창투사'는 직접투자에서 펀드관리회사(management company)로서의 역할에 국한되고, 펀드 중심의 벤처투자 관행이 정착되고 있어 투자조합의 비중이 높아지고 있다.

8

한국벤처투자는 모태펀드(fund of fund) 운용회사, 즉 개별 기업에 직접 투자하는 게 아니라 벤처기업에 대한 투자를 목적으로 하는 벤처펀드(벤처투자조합)에 출자하는 펀드를 운용하는 회사이다. 모태펀드는 기업에 직접 투자하기보다는 개별펀드(투자조합)에 출자해 직접적인 투자위험을 감소시키면서 수익을 목적으로 운영하는 펀드로서 전체 출자자금을 하나의 펀드(母 펀드)로 결성하고, 母 펀드를 통해 펀드운용사가 결성하는 투자조합(子 펀드)에 출자하는 펀드이다.

4) 기업형 벤처캐피털

기업형 벤처캐피털은 대기업이 고수익을 얻기 위해서 유망 벤처기업을 선정해 투자, 육성하는 벤처캐피털을 말한다. 현재 미국의 벤처캐피털은 전통적인 벤처캐피털 업계와 대기업이 주축이 된 기업형 벤처캐피털이 양대 축을 이루고 있으며, 이는 세계적인 추세가 되고 있다. 자금력과 경영 노하우를 갖춘 대기업의 가세로 유망 벤처기업이 대거 육성될 것이라는 긍정적인 면도 있지만, 벤처기업을 앞세워 과거 문어발식 계열 확장이 아니냐는 우려의 시각도 없지 않다.

3 벤처캐피털의 활용과 속성

벤처캐피털을 적절히 활용하면 많은 이점이 있다. 벤처캐피털을 활용하는데 아래의 사항에 유의할 필요가 있다.

첫째, 창업계획을 수립하기에 앞서 벤처캐피털 회사와 사전에 협의하는 것이 좋다. 왜냐하면 벤처캐피털 회사에는 기술과 경영면에서 전문가들이 많을 뿐만 아니라, 자금조달 지원에 대한 가능 여부를 사전에 판단할 수 있기 때문이다.

둘째, 기술·사업적 타당성을 검토받기 위해서 벤처캐피털 회사를 이용할 필요가 있다. 이를 통해 사업계획은 보다 더 성공적으로 보완될 수 있다.

셋째, 자금지원이 확정된 경우에는 창업 및 성장 단계별로 자금조달 계획을 적절하게 수립할 수 있는 장점과 아울러 적기에 자금조달이 가능해진다.

넷째, 경영전반 및 기술에 대한 컨설팅을 적절히 활용하면 벤처기업의 경영능력은 그만큼 배가될 수 있다. 즉, 벤처캐피털로부터 경영 및 기술 관련 컨설팅과 자문을 적극 활용하면 자립성장 기반을 조속히 다질 수 있다.

따라서 창업기업은 창업 시 벤처캐피털의 속성을 충분히 알 필요가 있다. 그래야만 벤처캐피털로부터 자금지원을 받기가 쉽다. 일반적으로 벤처캐피털은 기술집약형 중소기업에 대한 투자는 투자수익률이 높을수록 선호하는 경향이 크고, 수많은 사업계획 중에서 가장 좋은 사업계획만 선택하며, 동일 업종에 복수투자는 가급적 피하는 동시에 일정기간(3~5년) 내 투자자금의 회수가 가능해야 투자하는 속성이 있다.

8.2.2 엔젤투자

벤처기업에 직접 투자할 수 있는 방법 중의 하나가 엔젤투자(angel investment)이다. 엔젤은 원래 미국 뉴욕의 브로드웨이에서 연극의 부유한 후원자들로부터 발생한 것으로, 기업화 초기단계에 천사처럼 나타나 필요한 사업화 자금을 지원하고 경영을 지도해주는 개인투자자들을 지칭한다. 즉 엔젤투자의 목표는 높은 수익성에 있으나, 주로 사업구상에서 초기 성장단계에 걸친 투자단계에서 이뤄지는 관계로 창업기업의 후견자 역할을 하는 것이다.

엔젤의 종류로는 기업경영자 출신으로서 투자한 기업에서 일하기를 원하는 **경영자 출신형 엔젤**(corporate angels), 성공한 기업의 소유자로서 사업다각화와 시너지효과를 위해서 전문 분야에만 투자하는 **기업가형 엔젤**(entrepreneurial angels), 투자를 취미로 해 소액을 여러 회사에 분산투자하면서 경영에는 관심이 없는 **취미형 엔젤**(enthusiast angels), 독자적으로 창업해 성공한 전문경영인으로 자신의 경영전략을 수용토록 시도해 적어도 이사회에는 참여하고자 하는 리드(lead) 엔젤로서 기능하는 경우가 많은 **경영관여형 엔젤**(micro management angels), 의사, 회계사, 변호사 등의 전문직업 종사자로서 관련된 기업에 투자하는 **전문가형 엔젤**(professional angels)이 있다. 이외에도 투자수익만을 노리는 재테크 차원에서 투자하는 **수익우선형 엔젤**(portfolio angels)이 있는데, 엔젤투자의 80%가 이에 해당한다.

엔젤은 잠재력이 많은 회사, 회사의 가치를 평가하기 위해 필요한 경영팀과 시장에 대한 충분한 정보가 있고, 경영방법을 인정받은 회사를 찾는 경향이 높다. 엔젤은 벤처캐피털보다 과감하게 투자하며, 정형화된 규정이나 투자규칙이 없다. 따라서 기업과 상황에 따라 수시로 협상을 벌여 투자 여부를 결정하는 등 유연한 의사결정을 할 수 있다는 특성을 지니고 있다.

벤처기업의 입장에서 보면 투자유치에 걸리는 시간도 엔젤과 협상하면 훨씬 빨리 절차가 마무리된다는 장점이 있다. 일반적으로 엔젤투자는 벤처기업의 창업과정에서 자금과 경영을 지원하는 것을 말하며, 벤처캐피털은 벤처기업이 창업된 이후의 추가적인 자금 소요를 충족시켜 주는 역할을 한다.

8

표 8-6 벤처캐피털과 엔젤의 비교

구분	벤처캐피털	엔젤
투자 단계	본격 매출 실현단계 성장초기	창업 초기 단계 사업아이디어 단계
투자 동기	고수익	고수익, 친분, 인연 중시
지원 내용	자금지원 중심에서 경영지원 기능 강화 추세	자금 지원, 전문경영 노하우 제공
투자 재원	회사자본금, 투자조합	개인 자산
자격 요건	일정한 법적 자격요건	자격요건 없음
투자 수익성	상대적으로 작음	상대적으로 큼
신분노출 여부	공개적 (벤처기업 인증, 추가자금 조달 유리)	익명(匿名) 선호

엔젤투자시장은 임시로 형성되는 벤처기업과 엔젤(투자자)이 만나는 시장으로서 **벤처마트**라고도 한다. 벤처기업은 투자를 받기 위해 자금 및 기술 등 사업계획서를 설명하고, 엔젤은 투자대상 기업을 선정해 투자를 하게 된다. 엔젤투자시장은 벤처기업, 엔젤 또는 공공기관 등이 개최하며, 이때 엔젤은 투자대상기업의 가치평가를 해 투자하게 된다. 가치평가는 벤처기업의 미상장주식의 가치를 평가하는 것으로 엔젤의 벤처기업 투자를 촉진하기 위해 도입된 제도이다.

엔젤투자의 방식으로는 개인이 직접 투자의 주체가 되는 엔젤, 엔젤들의 자치적인 모임이라 할 수 있는 엔젤클럽(angel club)과 법률적으로 조합의 성격인 개인엔젤투자조합 등이 있다. 정부에서는 엔젤투자조합 결성요건의 완화, 엔젤네트워크의 형성, 엔젤투자에 대한 세금감면 등 엔젤투자에 대한 지원을 하고 있다.

국내 「벤처기업육성에 관한 특별조치법」에 의하면, 엔젤은 벤처기업과 법인세법 또는 소득세법상 특수 관계인이 아닌 개인투자자를 말하는데, 엔젤의 투자대상은 창업 후 7년 이내인 벤처기업 또는 벤처기업 전환 후 7년 이내인 기업에 투자하는 것으로 정의하고, 엔젤에 대해 투자금액의 20%를 종합소득에서 공제하며, 5년 이상 투자한 주식에 대해 양도차익을 비과세하고 있다.

8.2.3 스타트업 액셀러레이터

액셀러레이터(accelerator, 창업기획자)는 창업 사업아이디어나 창업아이템만 존재하는 단계의 초기 창업자(사업 개시한 날부터 3년 이내)를 발굴해 사업 모델 개발, 기술 및 제품개발, 시설 및 장소의 확보 등을 지원하는 역할을 하는 기관을 말한다. 이는 창업 기업에 사무실, 컨설팅 서비스를 제공할 뿐 아니라 마케팅, 전략 등 각 분야의 우수한 전문가들을 멘토(mentor)로 연결시켜 주기도 한다. 액셀러레이터는 벤처 인큐베이터와 비슷한 개념이지만, 벤처 인큐베이터가 액셀러레이터보다 앞서 창업 직후의 신생기업을 지원하는 기관이나 기업이라는 점에서 차이가 있다.

특히, 3～4개월간의 지원 프로그램이 끝나면 언론과 투자자를 상대로 사업아이디어나 창업아이템을 발표하는 데모데이(demo day) 행사를 마련해 준다. 이 자리에서는 보통 회사가 진출하려는 시장이 직면한 과제와 이를 해결할 수 있는 사업 방향, 현재까지의 사업성과 등에 대한 발표가 이뤄진다.

액셀러레이터는 유망 신생 창업자·창업기업의 발굴 및 육성, 전문보육을 주된 업무로 하는 자로서 「중소기업창업지원법」에 따라 자본금 및 전문인력 등의 요건을 갖춰 중소벤처기업부에 등록한 경우 개인투자조합 결성 권한과 세제혜택 등을 부여한다.

국내의 경우 2010년 설립된 '프라이머(Primer)'가 최초의 액셀러레이터이며, 이후 2013년에 TIPS(Tech Incubator Program for Startup) 프로그램을 통해 민간 액셀러레이터를 활용한 기술창업자를 육성하였고, 2016년 「중소기업창업지원법」 개정을 통해 액셀러레이터를 제도화하였다. 이후 매월 등록 액셀러레이터는 꾸준히 증가해 2020년 7월말 현재 중소벤처기업부에 267개社가 등록돼 있다.

8.2.4 크라우드 펀딩

크라우드 펀딩(crowd funding)은 소규모 후원이나 투자 등의 목적으로 SNS나 인터넷 사이트 등과 같은 플랫폼을 통해 다수의 개인 후원자로부터 자금을 모으는 행위를 지칭한다. 이처럼, 일종의 크라우드 소싱(sourcing) 형태로 투자금을 모금하는 크라우드 펀딩 개념은 이미 수년 전에 등장했지만, 프로젝트 제안자와 후원자의 원할한 소통을 지원하는 SNS(Social Networking Service)의 활성화 및 후원의 편의성을 향상시킨 디지털 결제기술의 발전, 업계 대표주자인 킥 스타터(Kick Starter)[1)]를 비롯한 다양한 크라우드 펀딩 서비스의 출현 등에 힘입어 최근 들어 한층 더 확산되는 추세이다.

크라우드 펀딩은 최근 대중을 상대로 창업자가 직접 필요한 자금을 플랫폼을 통해 투자받는 방식을 말한다. 이러한 크라우드 펀딩은 창의적인 아이디어나 기술, 제품 및 서비스를 가진 초기 단계의 창업기업이나 개인을 위한 새로운 투자방식으로 주목받고 있다. 투자 받는 방식과 목적에 따라서 지분투자형, 대출형, 후원형, 기부형으로 구분할 수 있다.

지분투자형은 창업기업과 같이 사업이 성공한 후 주가 배당 및 상장이익 등의 수익을 받는 것을 말한다. 이는 미국의 잡스(JOBS: Jumpstart Our Business Startups)법[2)]이 계기가 돼, 全세계적으로 제도화되고 있다. 기업의 부채비율이 낮아져 자산 건전성이 강화되고 초기 기업이 겪는 자금 경색기간의 생존율을 높임으로서 사업 성공의 확률을 높이고, 우호적인 엔젤투자자를 많이 확보한다는 장점이 있다.

자금이 필요한 개인이 펀딩 포털(portal)을 통해 자신의 재무상태, 자금의 목적과 상환 계획을 정리해 등록하면 펀딩 포털은 진위여부를 확인한 후 등록을 허가하고, 이들 투자자들은 예치된 금액 내에서 신청금의 일부를 역경매 방식으로 투자하는 형태를 **대출형**이라고 한다. 그 외 원리는 금융기관이 대출해주고 일정기간 이자수익을 받는 것과 동일하다.

후원형은 금전 이외의 현물이나 서비스로 보상받을 수 있는 투자방법으로, 2008년 미국의 인디고고(indiegogo.com)가 문화, 예술, 공연에 엔젤투자자를 유치하고 공연에 필요한 자금을 조달한 것이 시초가 되었다.

1) 이는 2009년 설립된 미국의 대표적인 크라우드 펀딩 서비스이다. 킥 스타터는 개인이나 기업이 상품 아이디어, 모금 목표액, 개발 완료 예정 시점 등을 사이트에 올려놓으면 프로젝트를 지지하는 킥스타터 회원이 후원자로 나서는 시스템이다.

2) 잡스법은 미국 버락 오바마 행정부가 2012년에 마련한 신생 모험(벤처)기업 지원법이다. 이는 세계 금융권이 오랜 경기 침체의 영향으로 중소기업에 필요한 대출을 줄인 상황을 타개할 대안의 하나로, 닷컴 버블 붕괴와 엔론 사태 이후 강화된 기업공개(IPO) 절차와 규제를 신생기업들에 한해 대폭 간소화하고, 소액투자자를 모을 수 있는 크라우드 펀딩을 허용하고 있다.

기부형은 자선활동 등과 같이 아무런 대가가 요구되지 않는 형태를 말한다. 사회 소외계층이나 어려움이 있는 이들에게 순수한 목적으로 자금을 모집해 조달될 수 있도록 중개하는 방식으로 주로 비영리단체에서 모금을 주도한다.

제 9 장

지식재산권과 특허경영전략

9.1 지식재산권의 개념

현재 지식기반 경제에서 지식재산권은 곧 돈을 의미한다. OECD(Organization for Economic Cooperation and Development, 경제협력개발기구)는 지식기반 경제를 지식의 창출과 확산, 활용에 근거한 경제라고 정의하고 있다. 지식과 돈이 직접적으로 연결된 경제사회로 진입하고 있는 지금, 지식재산권은 창의적 아이디어를 돈으로 연결시키는 필수 요소다.

지식재산권(intellectual property right)[1]은 창업의 필수요소다. 다양한 사업아이디어를 거쳐 창업아이템을 지식재산권으로 보호하지 않으면 성공에서 멀어지게 된다. 스타트업 창업에서 지식재산권은 독점적 비즈니스를 보장하고, 현금 융통을 위한 재산이며, 비즈니스 파트너십을 구축하는 핵심요소다.

9.1.1 지식재산권의 정의

지식재산(intellectual property, 知識財産)이란 인간의 창조적 활동 또는 경험 등에 의해 창출되거나 발견된 지식·정보·기술, 사상이나 감정의 표현, 영업이나 물건의 표시, 생물의 품종이나 유전자원 등, 그 밖에 무형적인 것으로서 재산적 가치가 실현될 수 있는 것을 말한다. 따라서 **지식재산권**이란 법령 또는 조약 등에 따라 인정되거나 보호되는 지식재산에 관한 권리를 말하는 것으로서, 산업재산권, 저작권, 신지식재산권 등을 포괄하는 무형적 권리를 뜻한다.

지식재산권에 대한 국가 간 협조는 물론 세계적으로 지식재산권 보호를 촉진하기 위해 설립된 국제기구인 세계지식재산권기구(World Intellectual Property Organization)에서는 지식재산권을 구체적으로 '문학·예술 및 과학 작품, 연출, 예술가의 공연·음반 및 방송, 발명, 과학적 발견, 공업의장·등록상표·상호 등에 대한 보호 권리와 공업·과학·문학 또는 예술분야의 지적 활동에서 발생하는 기타 모든 권리를 포함한다.'고 정의하고 있다.

1) 1980년대 중반까지는 '지적소유권'이란 말이 유행하다가 1990년대까지는 '지적재산권'이란 용어가 많이 쓰였다. 그러다가 1998년 4월부터 특허행정정책자문위원회의 심의를 거쳐 '지식재산권'이란 용어가 일반적으로 통용되고 있다.

재산권과 관련해, 유체(有體)재산권과 무체(無體)재산권의 차이를 살펴보면, 유체재산을 대상으로 하는 권리를 **유체재산권**이라 한다. 유체재산의 대상은 동산·부동산이 대표적이나, 이에 국한되지 않고 예를 들어 채권을 비롯해 전기·열·바람 등 관리할 수 있는 자연력도 여기에 포함된다. 반면에, **무체재산권**은 발명·고안·디자인·상표·저작물 등 무체물을 대상으로 하는 권리이다. 무체재산 또는 지식재산은 이를 명시적으로 소유할 수 없고 이용이 무한하다는 특성을 가진다.

이처럼 지식재산권은 문학, 예술, 연출, 공연, 음반, 방송, 발명, 공업 특허 등 지식활동에서 발생하는 모든 권리를 뜻한다. 지식재산권은 크게 산업발전을 목적으로 하는 산업재산권(industrial property)과 문화 창달을 목적으로 하는 저작권(copyright)으로 분류할 수 있다. 이 두 권리는 지적 창작물을 보호하는 무체재산권이라는 점과 보호기간이 한정돼 있다는 점에서 동일하다. 9

그러나 **산업재산권**이 특허청 심사를 거쳐 등록해야만 보호되는 반면, **저작권**은 출판과 동시에 보호된다는 점에서 다르다. 보호기간도 산업재산권은 10~20년 정도로 비교적 짧고, 저작권은 저작자 사후 70년까지로 상당히 길다. 현재 국내에서는 산업재산권은 특허청에서, 저작권은 문화체육관광부에서 관장하고 있다. 하지만 최근에는 문화 및 예술 활동이 산업화 경향이 점점 커짐에 따라 산업재산권과 저작권 간의 경계가 모호해지고 있다.

최근 과학기술의 발전과 ICT산업 환경의 변화에 따라 그 재산적 가치의 중요성이 인식돼 법적 보호가 요구되는 새로운 대상들이 다수 등장하였는데, 이와 같이 경제사회 또는 문화의 변화나 과학기술의 발전에 따라 새로운 분야에서 출현하는 지식재산을 **신지식재산**이라 한다. 이처럼 신지식재산의 영역이 점차 다양해지고 지식재산권의 범위도 지속적으로 확대되고 있다.

신지식재산권(new intellectual property right)이란 산업재산권이나 저작권 등 기존의 지식재산권 분야로는 분류하기가 부적합한 새로운 분야의 지적 창작물로 분류해 보호하려는 제도를 말한다. 이처럼 신지식재산의 영역이 점차 다양해지고 지식재산권의 범위도 지속적으로 확대되고 있다. 인터넷(비즈니스 모델 특허), 생명공학(유전자 특허) 등 新산업의 특허 출원이 급증하고 있고 게임시나리오, 컴퓨터프로그램, 디지털콘텐츠 등 지적 창작물들이 특허 대상으로 확대되고 있다.

지식재산권의 종류를 총괄해서 살펴보면 다음 그림 9-1과 같이 분류할 수 있다.

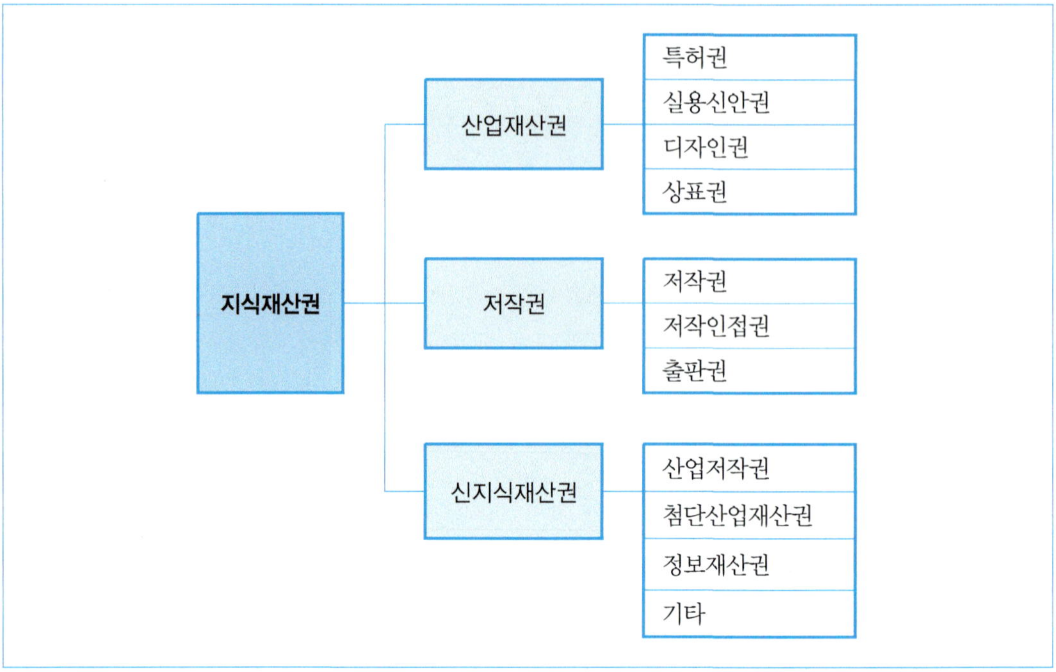

그림 9-1 지식재산권의 종류

9.1.2 지식재산권의 특징

지식재산권 개념을 종합해 보면, 새로운 물질의 발견, 새로운 제품의 발명, 새로운 용도의 개발, 새로운 상품의 디자인, 상품의 새로운 기능의 개발 등과 같은 산업적 발명과 문학, 미술, 음악, 연극, 방송 등에서의 예술적, 상업적 시장가치를 가지는 창작물에 대한 배타적 재산권으로서 유체물에 체화돼 있는 모든 무형·무체의 지적 요소에 대한 재산권까지 모두 포함한다고 할 수 있다.

이러한 의미를 갖는 지식재산권은 창업자에게 관심의 대상이 될 수밖에 없다. 창업자는 새로운 기술이나 새로운 아이디어를 사업화하는 기업가(起業家)이기 때문에 새로운 기술을 개발한다면 사업화하기 전에 지식재산권으로서 보호받기 위한 장치를 마련해야 한다. 지식재산권은 창의적 아이디어에 대해 독점적으로 소유하고 다른 사람이 사용하지 못하게 보호해주는 법적인 권리다.

이를 위해서는 개발한 기술의 정도에 따라 특허나 실용신안 등록을 통해 다른 사람이 도용하지 못하도록 하고 새로운 기술을 개발한 창업자만 독점적으로 사용해 부(富)를 축적해 나갈 수 있도록 할 필요성이 있다. 뿐만 아니라 자신이 개발한 기술을 통해서 생산된 제품에 대한 상품명인 상표, 그리고 창업자가 설립한 회사의 상호 등을 다른 기업이나 제품에서 사용하지 못하도록 방어할 수 있게 되고, 제품에 적합한 디자인 또한 고유 디자인으로 보호받도록 할 필요성도 존재한다. 지식재산권의 필요성을 종합해 보면 아래와 같이 크게 네 가지로 살펴볼 수 있다.

첫째, **시장에서 독점적 지위 확보 수단**으로서 특허 등 지식재산권은 독점배타적인 무체재산권으로 신용창출, 소비자의 신뢰도 향상 및 기술판매를 통한 로열티(royalty) 수입도 가능하다.

둘째, **분쟁 예방 및 권리보호 수단**으로서 자신의 발명 및 개발기술을 적시에 출원 및 권리화함으로써 타인과의 분쟁을 사전 예방하고, 타인이 자신의 권리를 무단 사용 시 적극적으로 대응해 법적 보호가 가능하다.

9

셋째, **R&D 투자비 회수 및 향후 추가 기술개발의 원천**으로서 막대한 기술개발 투자비를 회수할 수 있는 확실한 수단이며 확보된 권리를 바탕으로 타인과 분쟁 없이 추가 응용 기술개발이 가능하다.

마지막으로 **정부의 각종 정책자금 및 세제지원 혜택**을 받을 수 있다. 즉 특허권 등 지식재산권을 보유하고 있는 경우 특허기술사업화 자금지원, 우수발명품 시작품 제작지원을 비롯해 각종 정부자금 활용과 세제지원 혜택을 받을 수 있다.

지식재산권 보호활동이 바로 창업과 밀접한 연관성을 갖는다는 측면에서 볼 때, 기업가(起業家)들이 주목할 필요가 있는 분야라고 판단된다. 이러한 지식재산권은 다른 일반의 재산권과는 달리 권리 발생에서의 특징인 산업정책적 요소와 경쟁적 요소 그리고 거래상 국제적 보호주의의 특징을 가지고 있다.

1 산업정책적 요소

지식재산권 중 산업재산권에 속하는 특허, 실용신안권, 디자인, 상표 등의 권리는 심사주의에 의해 일정한 법정 요건을 구비하였는지의 여부를 심사해 권리로서의 인정여부를 결정한다. 그런데 「산업재산권법」은 산업정책적 요소가, 「저작권법」은 문화정책적 요소가 강하다. 「산업재산권법」의 궁극적인 목적은 국가의 산업발전에 있으므로 국가의 산업정책이나 기술수준에 따라 영향을 많이 받는다는 점에서 다른 법, 특히 보편성과 항구성을 가지는 소유권 등 물권에 관한 법과는 다른 특징을 갖고 있다.

2 경쟁적 요소

지식재산권법은 영업활동에 있어서 이해관계자의 경쟁을 금지시키고 권리소유자에게 합법적인 독점을 보장하는 수단이 되므로 경쟁적 요소를 가진다. 특히 상표, 서비스, 상호, 영업비밀 등의 남용은 그 자체가 경쟁원리를 해치므로 부정한 경쟁행위로 돼 일반적으로 금지된다.

이에 비해 발명이나 저작물 등은 소유자에게 일정기간 독점배타적으로 보호대상인 발명이나 저작물을 사용할 수 있도록 보장하고 제3자의 무단이용행위를 금지시키기 때문에 경쟁적 요소가 가미돼 있다. 하지만 이들 권리의 보호 본질이 창조적 인간정신의 산업상. 문화상 기여를 보호하자는데 있으므로 경쟁적 요소는 그만큼 희박하다고 할 수 있다.

3 국제적 요소

현대사회는 국가 간의 거래의 자유를 확대하는 추세에 있으므로 일정 국가의 독점적·배타적인 거래제도는 점점 희박해져가고 있다. 특히 지식재산권은 국제화에 친하기 쉬운 성격을 가지고 있다. 발명특허권을 비롯해 상표권, 저작권 등은 자국(自國) 내는 물론 제 3국에서의 침해도 용이하므로 국제적 보호를 요구하고 있다.

9.1.3 지식재산권의 확보 이점

1 경쟁자에 대한 시장진입장벽 구축

지식재산권을 확보함으로써 경쟁자를 이미 확보된 지식재산을 이용해서 시장에 진입하는 것을 저지할 수 있으므로, 이러한 권리의 확보를 통해 시장에서의 독점적이거나 우월적인 지위를 차지할 수 있다.

애플사의 전자통신기기인 아이패드(iPad)의 디자인에 관한 권리를 삼성전자가 갤럭시탭(GALAXY Tab) 10.1을 판매·마케팅 함으로써 침해하였다는 애플社의 선공으로 시작돼 삼성전자의 통신관련 기술에 관한 권리의 침해여부로 확대된 특허침해 전쟁은 양 社 모두 상대방 제품의 유통을 중단하라는 것이다. 이러한 국제적인 지식재산권 침해관련 소송 진행은 양 社의 시장에서의 우월적인 지위를 선점하기 위한 일환이라고 볼 수 있다.

그림 9-2 삼성전자와 애플사의 제품디자인 비교

2 지식재산권에 의한 공격으로부터의 보호

지식재산권의 침해를 주장하며 사업중지, 손해배상 또는 높은 로열티(royalty, 특허권 사용료) 등을 요구하는 경쟁자의 공격을 사전에 예방하는 조치로서 지식재산권의 확보가 중요하다. 이와 관련해 **특허괴물**(patent troll)의 등장에 주목할 필요가 있는데, 이것은 제품을 제조하거나 판매하지 않고 특허권만을 집중적으로 보유함으로써 로열티 수입으로 이익을 창출하는 특허관리 전문회사를 가리키는 것이다.

1998년 미국의 반도체 회사 인텔(Intel)은 인터내셔널 메타 시스템스(International Meta Systems)라는 마이크로프로세서 생산업체의 특허권을 사들인 테크서치(Tech Search)라는 회사에게 자신들의 특허기술을 도용했다는 이유로 소송을 당하였는데, 당시 테크서치社가 요구한 배상액은 특허권 매입가의 1만 배에 이르렀으며, 당시 인텔 측 사내변호사로 활동했던 피터 뎃킨(Peter Detkin)이 테크서치社를 가리켜 특허괴물이라고 비난한 데에서 이 말이 유래되었다. 다른 말로 '특허파파라치', '특허해적', '특허사냥꾼'이라고도 불린다.

3 마케팅 상의 이점

우수한 특허권 또는 우수한 디자인권 확보 등을 통해 제품의 품질이 자연스럽게 보증 및 광고되는 효과가 있으며, 상표권이 확보된 우수한 상표의 사용을 통해 마케팅 비용을 줄이면서도 제품에 대한 광고 선전 및 판매량 확보에 도움이 될 수 있다. 예를 들면 '조선맥주 주식회사'는 자신의 맥주상표인 '하이트'의 마케팅 상의 이점을 활용하기 위해서 '하이트맥주 주식회사'로 상호까지 변경한 예도 있다.

그림 9-3 과거 상호와 현재 상호로 사용되고 있는 상표의 예

4 브랜드의 재산적 가치와 新사업으로서의 특허 경영

미국 경제전문지 포브스에서 2020년도 브랜드(brand) 가치 순위를 발표했는데, 삼성전자는 세계 8위로서 504억 달러에 해당한다고 평가하고 있다. 미국의 애플社의 브랜드 가치는 2,412억 달러(약 288조)에 달하며 지난 10년간 1위 자리를 놓치지 않았다고 발표하였다. 이처럼 2010년에는 19위인 삼성전자 보다 한 계단 낮은 20위의 브랜드 가치를 보인 애플社는 2020년에는 삼성의 브랜드 가치를 추월해 1위를 차지하고 있다.

표 9-1 브랜드의 재산적 가치

Rank	Bank	Brand Value	1-Yr Value Change	Bank Rwvenue	Industry
1	Apple	$241.2 B	17%	$260.2 B	Technology
2	Google	$207.5 B	24%	$145.6 B	Technology
3	Microsoft	$162.9 B	30%	$125.8 B	Technology
4	Amazon	$135.4 B	40%	$260.5 B	Technology
5	Facebook	$ 70.3 B	21%	$49.7 B	Technology
6	Coca-Cola	$64.4 B	9%	$25.2 B	Beverages
7	Disney	$61.3 B	18%	$38.7 B	Leisure
8	Samsung	$50.4 B	-5%	$209.5 B	Technology
9	Louis Vuitton	$47.2 B	20%	$15 B	Luxury
10	McDonald's	$46.1 B	5%	$100.2 B	Restaurants
11	Toyota	$41.5 B	-7%	$187 B	Utomotine

삼성전자 등 국내 전자통신기기 제조업체가 퀄컴(Qualcomm)에 통신관련 기술 로열티로 지급한 금액이 2010년 한 해에만 4억1,200만 달러에 이르는 등 특허기술에 대한 로열티 지급액수도 매우 많은 액수임을 확인할 수 있다. 브랜드 경영과 관련해서는 한국존슨은 삼성제약의 'F킬러'의 브랜드(상표)와 공장을 인수하면서 387억원을 지불한 바 있고, 질레트는 로케트밧데리(세방전지)의 브랜드 임대에 660억원을 지불하였던 바도 있으며, IBM은 미국 특허등록 1위 기업으로 로열티 수입이 연간 1조원에 이르기도 하였다. 이와 같이 브랜드에 대한 권리나 특허기술은 그 재산적 가치

를 가지고, 상당한 액수로 거래되거나, 로열티 수입을 벌어들이게 해주는 등의 역할을 하고 있는 것이다.

퀄컴은 1985년 설립돼 CDMA(Code Division Multiple Access) 기술을 상용화한 회사이다. 퀄컴은 혁신 기업으로서 자신의 아이디어를 특허로 보호한 채 새로운 비즈니스 모델을 세상에 선보였다. 반도체 칩을 제조업체에 판매해 기술을 확산시키는 동시에, 특허권을 활용해 제조업체로부터 특허 로열티를 받는 방식이다. 크게 보면 이 비즈니스 모델의 핵심은 제조업체로부터 나온 수익을 다시 연구개발에 투자해 기술 주도권을 놓치지 않는 전략이다.

퀄컴은 CDMA 특허권에 대한 로열티로 휴대폰 판매가의 5%를 제조업체로부터 받는 것으로 알려져 있으며, 특허 로열티 수입은 2016년 27억 달러 수준으로 퀄컴 순이익의 37%정도였다고 한다. 퀄컴이 이렇게 높은 특허 로열티를 받는 것은 CDMA에 대한 특허권을 대부분 소유하고 있었기 때문이다.

퀄컴의 비즈니스 모델인 '**특허 경영**'은 우리에게 왜 필요할까? 오늘날 지식경제 시대에는 지식과 혁신이 경제성장을 이끌고 있다. 지식경제 시대에 혁신은 아이디어를 기반으로 하며, 아이디어를 지식재산권으로 보호함으로써 경쟁력을 낸다.

현재의 상황에서 우리나라는 제조업 중심의 산업구조를 탈피해야 할 시점이다. 미국은 제조업이 일본, 한국, 중국과 경쟁하기 어렵다는 것을 알고, 친(親)특허 정책을 펼쳤다. 즉, 퀄컴처럼 제품을 생산하는 것보다는 특허권 또는 지식재산권을 통해 고부가가치를 창출하려 했다. 우리나라는 일본의 제조 경쟁력을 넘어서며 승승장구하였지만, 이제는 중국의 무서운 추격을 받고 있는 상황이다. 이런 상황에서 우리나라도 미국이 그랬던 것처럼 특허와 지식재산을 중시하는 정책과 경영이 필요한 시기이다. 특허를 중시하는 경영, 즉 '특허 경영'이 필요한 이유이다.

특허 경영이란, 기업의 이익을 위해 특허 전략을 수립하는 것이라고 정의할 수 있다. 즉, 특허권을 통해 기업의 이익을 극대화하는 경영방식이다. 혁신적인 아이디어를 특허권으로 보호하고, 특허권을 이용해 로열티 수입을 확보하고 로열티 수입은 다시 연구개발에 투자해 기술 주도권을 놓치지 않는 전략이다. 그렇다고 특허 경영이 반드시 로열티 수입으로 인한 이익으로 한정되는 것만은 아니다. 특허권에 의한 시장의 독점, 시장에서 우위성 유지, 비즈니스 보호 및 협력 등 다양한 형태로 기업의 경쟁력을 향상시킨다.

특허 경영은 제품생명주기(product life cycle)에 따른 영향을 최소화시켜 준다. 처음에 제품을 개발해 판매할 때는 이익이 많이 남을 수 있지만, 경쟁 기업이 많아질수록 더 이상 가격 경쟁력을 유지할 수 없다. 시장에서 제품의 성장률이 낮아지고 영업 이익률이 줄어들면, 제품 생산을 포기하고 새로운 제품이나 다른 비즈니스를 모색해야 한다. 마치 중국 기업이 한국의 주력 사업을 하나씩 점령해 나가는 과정과 같다. 이러한 과정에서 특허 로열티는 징검다리 역할을 수행한다. 제품을 판매하지 않아도 특허 로열티 때문에 기업의 수익이 계속 발생하고, 새로운 제품이나 다른 비즈니스의 연구개발에 투자할 수 있는 환경이 만들어진다.

5 타인의 무단도용 방지

9

지식재산권을 사전에 확보하지 않았을 때에는 타인의 무단 도용이 이뤄질 수 있으므로, 이를 방지하기 위해 지식재산권의 확보는 중요하다.

구체적인 사례들을 통해 살펴보면, 개그맨 이경규 씨가 KBS 프로그램 '남자의 자격'에서 선보인 요리법에서 힌트를 얻었던 '꼬꼬면'은 한국야쿠르트가 이를 제품화해 시판하면서 선풍적인 인기를 끌고 있었던 상황 속에서, 해당 방송을 본 시청자 중의 한명이 '꼬꼬면'에 대한 상표권을 확보하기 위해 특허청에 상표 등록 출원한 것이 발견되었다. 그러나 해당 상표등록 출원인에 대한 일반 국민들의 비난이 이어지자, 이에 부담을 느끼고 상표등록 출원을 취하하면서 문제가 해결된 사례가 있다.

그리고 인기가수그룹인 '소녀시대'의 명칭을 소속사인 SM엔터테인먼트와 관련 없는 일개 개인이 의류, 식품, 미용 등 9개 분야에 대해서 상표권을 확보하였고, 해당 개인은 자신의 상표권의 행사를 위해 온라인 쇼핑몰 등에서 다른 사람들이 '소녀시대'라는 명칭을 사용하는 것에 대해 상표권 침해 금지 경고장을 보낸 사건이 발생하기도 하였다. 게다가 SM엔터테인먼트는 자신이 직접 '소녀시대'를 상표로 출원해 상표권을 확보하려고 하였으나, 先출원 및 先등록돼 있는 해당 개인의 상표에 의해서 상표등록의 거절이 결정되기도 하였다.

이상과 같이 상표의 무단도용으로 인한 문제가 발생하고 있는 것이므로, 상표권의 확보가 매우 중요함을 알 수 있듯이, 역시 특허권의 확보를 통해 타인의 모방 침해 등에 따른 특허분쟁을 사전에 예방하거나 관련 기술 특허권자와 크로스 라이선스(cross license, 상호실시허락) 등을 통해 분쟁을 쉽게 해결할 수 있는 것이다.

6 지식재산권 획득에 따른 혜택

4차 산업혁명 시대에서 일반적으로 스타트업이 살아남는 방법은 지식재산권을 확보하고 활용하는 것이다. 지식재산권이 스타트업의 매출을 높이고 경쟁우위를 선점할 수 있다는 것은 당연한 이치지만, 스타트업의 경우 경영환경 상 기술개발에 적극적으로 뛰어들 수 없는 경우가 많다. 스타트업은 자금력과 인력이 취약하기 때문에 이를 보완하기 위해 기업부설연구소, 직무발명보상 제도를 적극 활용하는 것이 좋다.

기업부설연구소 제도는 다양한 업종에서 지원하고 있으며, 연구소 설립 시 세제혜택과 정책자금을 지원받을 수 있어 절세와 동시에 지식재산권을 확보할 수 있는 기회가 된다. **직무발명보상 제도**도 직무와 관련된 발명을 한 직원에게 보상금을 지급하는 형식으로, 직원 참여도가 높고 단기간에 특허권을 확보할 수 있으며 세제혜택이 있어 다양하게 활용될 수 있다.

이러한 제도는 지식재산권을 확보하는 중요한 수단이 되며, 선두업체의 권리 획득과 더불어 동종업체에서 절대적인 경쟁우위에 있는 것을 증명할 수 있다. 이는 입찰, 납품, 사업제휴, 자금조달 시 긍정적인 영향을 미치게 된다.

또한 투자회수와 기술개발에 있어서 지식재산권의 획득을 통해 각종 인센티브를 받는 것이 가능하며, 벤처자금, 기술담보 등 정부의 각종 정책자금 및 세제지원에 있어서도 지식재산권의 보유에 따른 각종 혜택의 수혜를 받을 수 있다.

9.2 산업재산권

9.2.1 산업재산권의 의의

산업재산권은 지식재산권 중에서도 가장 핵심이라고 할 수 있는데, 특허, 실용신안, 디자인, 상표 등에 대한 권리를 말한다. 이들에 대해서, 특히 산업재산권이라는 말을 붙이는 이유는 산업의 발달과 관련이 있다고 보기 때문이다. 특허와 실용신안은 산업발달에 필요한 기술을, 디자인은 물건의 판매와 관련된 외관을, 상표는 산업제품을 판매, 생산하는 회사를 나타내는 것으로서 재산적 가치가 있는 것이라고 보기 때문이다. 상품이 유통되는 과정에는 항상 산업재산권의 보호가 수반된다. 물건은 기술(발명)을 이용해 만들고, 만들어진 물건(제품)은 외형적 특정형태(디자인)를 갖게 되며, 이들 물건이 유통되는 과정에는 타사제품과 구별하기 위한 브랜드(상표)가 활용돼야 한다.

이와 같이 제품의 생산 또는 거래과정에서 등장하는 이들 발명, 디자인 및 상표 등의 지적 창작행위는 인간의 두뇌적 창작활동의 산물로서, 이를 독점하는 것은 시장지배의 수단이 되고, 기업 간 우위를 확보할 수 있으며, 타 기업과의 분쟁을 미리 예방하는가 하면, 고부가가치 상품창출의 요인이 된다. 그런 맥락에서 오늘날 국내·외 각 기업들은 산업재산권의 확보를 위해 막대한 자본을 투자하는 등 치열한 기술경쟁에 대비하고 있으며, 이것은 결국 총성 없이 전개되고 있는 기술의 무한경쟁시대에 적응하는 방편이 되기도 한다. 이러한 **산업재산권의 필요성**을 구체적으로 열거하면 아래와 같다.

- ❑ **시장에서 독점적 지위 확보** : 특허 등 산업재산권은 독점배타적인 무체재산권으로 신용창출, 소비자의 신뢰도 향상 및 기술판매를 통한 로열티 수입이 가능하다.
- ❑ **특허분쟁의 사전예방** : 자신의 발명이나 개발기술을 적시에 출원해 권리화 함으로써 타인과의 분쟁을 사전예방 할 수 있고, 타인이 권리를 무단 사용할 경우에는 적극적으로 대응해 법적 보호를 받을 수 있다.
- ❑ **R&D 투자비 회수 및 향후 추가 기술개발의 원천** : 산업재산권은 막대한 기술개발 투자비를 회수할 수 있는 확실한 수단이며, 확보된 권리를 바탕으로 타인과 분쟁 없이 추가 응용기술개발이 가능하다.

❑ **정부의 각종 정책자금 및 세제지원 혜택** : 특허권 등 산업재산권을 보유하고 있는 경우에는 벤처기업으로 확인을 받을 수 있으며, 이 경우 각종 벤처기업 지원혜택을 비롯해 정부 정책자금 활용과 세제지원 혜택을 받을 수 있다.

9.2.2 산업재산권의 분류

산업재산권은 일반적으로 특허권(patent), 실용신안권(utility model), 디자인권(industrial design), 상표권(trademark) 등 네 가지 분류로 총칭하며, 산업 활동과 관련된 사람의 정신적 창작물 또는 연구 결과물이나 창작된 바에 대해 인정하는 독점적 무체 재산권으로서 새로운 발명, 고안에 대해 그 창작자에게 일정 기간 동안 독점 권리를 부여하는 대신, 이를 일반에게 공개해야 하며 일정 존속 기간이 지나면 누구나 이용함으로서 기술 진보와 산업 발전을 추구하고 있다.

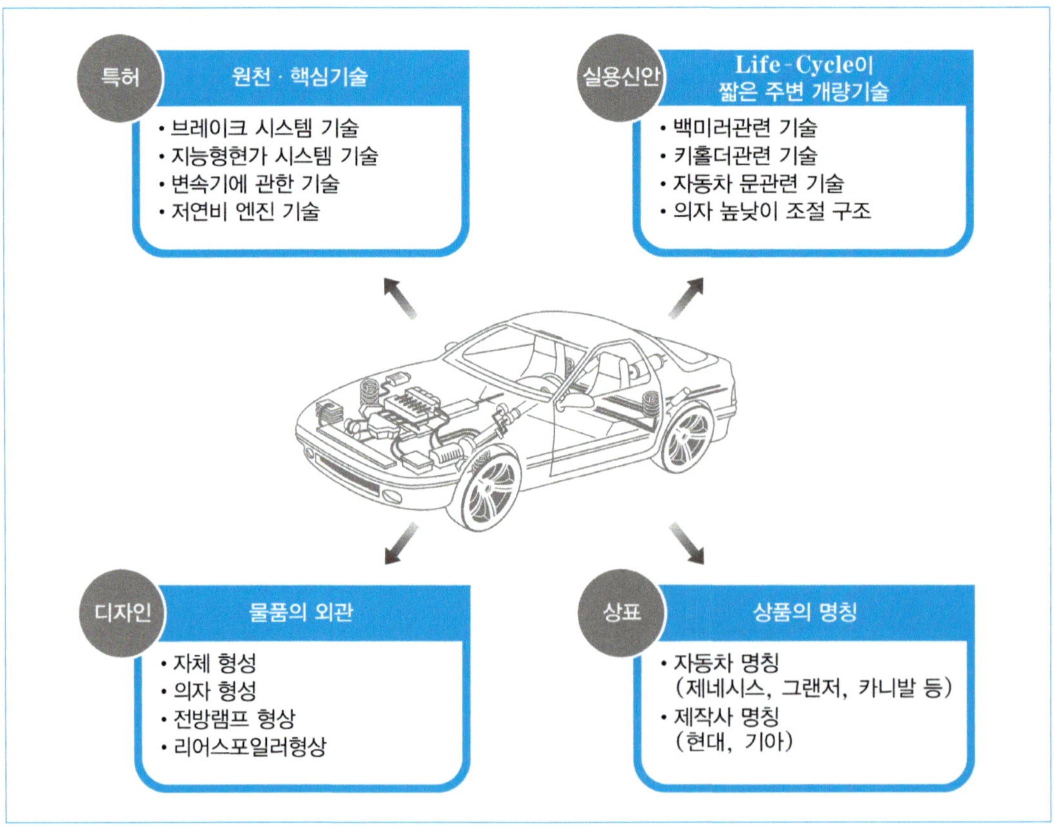

그림 9-4 자동차산업에서의 산업재산권 개념도

1 특허권

특허권(patent)은 어떤 발명이 특허를 받기 위해서는 자연 법칙을 이용한 기술적 사상(아이디어)의 창작으로 고도(高度)한 것(아직까지 없었던 물건 또는 방법으로 최초로 발명[2]한 것)으로 반드시 **신규성**이 있어야 하며 **진보성**과 해당 분야의 전문가가 출원서에 쓰여 있는 대로 반복했을 때 별다른 결과 없이 동일한 결과를 얻도록 출원 명세서가 기재돼야 한다.

상품의 진열 방법, 인사관리 방법 등 인문사회과학을 이용하거나, 연구기관 등 자연법칙에 위배되는 것은 특허를 받을 수 없으며, 시제품을 생산해 판매하기 전 또는 논문을 발표하기 전에 특허 출원을 먼저 해야 만이 신규성을 인정받을 수 있다.

특허권이란 새로운 기술적 발명에 대한 발명자가 일정한 기간 동안 발명의 독점을 가지는 배타적 권리 또는 지배권이다. 특허권은 설정 등록을 통해 효력 발생하며, 존속기간은 출원일로부터 **20년 동안 권리**를 획득한 국가 내에만 효력이 발생(속지주의)한다. 동일한 발명에 대해서는 단 하나의 특허권만이 허용된다. 특허권의 형태는 청구 범위로 나타낸다. 청구 범위는 토지나 건물의 등기부등본에 해당하는 것으로 권리의 범위를 글로 표현한 것이라 할 수 있다.

대부분의 경우 발명품이 특허권을 부여받기 위해서는 이전에는 상상할 수 없었던 새로운 것으로 간주돼야 하며, 기술적인 면에서도 상당한 발전을 보여야만 한다. 이러한 요건은 손쉬운 방법으로 기존의 생산품을 변형하는 수많은 발명품을 가려내기 위한 것이다. 기존 발명품의 특허권자는 당해 발명품의 새로운 발전성과에 대한 추가 특허권(patent of addition)을 확보할 수 있다. 특허권은 일종의 재산권으로 인정되며 인적 재산권의 속성을 갖는다.

따라서 특허권은 타인에게 매도(양도)되거나 담보물이 될 수 있고, 특허권자의 사후 상속인에게 승계될 수도 있다. 특허권자는 자신의 발명품의 제조, 사용, 판매에 대한 독점권을 가지므로 타인에게 특허 실시를 허락할 수 있으며, 특허 실시권자로부터 사용료(royalty)를 받거나 기타의 보상을 받을 수 있다. 특허권자는 특허 실시권 없이 특허권을 사용하는 자에 대해 법원에 권리 침해 이유로 제소할 수 있다.

2) 발명이 아닌 것 : ① 자연법칙 자체 ② 발견 ③ 자연법칙을 위반한 것 ④ 자연법칙을 이용하지 않은 것 ⑤ 기능 ⑥ 단순한 정보의 제시 ⑦ 미적 창조물 ⑧ 미완성 발명 ⑨ 컴퓨터 프로그램 자체(프로그램이 저장된 매체는 보호) ⑩ 반복해 동일한 효과를 얻을 수 없는 것

2 실용신안권

실용신안권(utility model)이란 새로운 기술을 고안해 고안자가 일정 기간 동안 배타적·독립적으로 실시하는 권리이다. 새로운 기술적 발명이라는 점에서는 **특허와 같을 수 있으나, 고도성을 요구하지 않은 점**에서 차이가 있다고 할 수 있다. 자연법칙을 이용한 기술적 사상의 창작이라 말할 수 있으며, 일반적으로는 물품의 형상, 구조 또는 조합에 관한 고안으로 발명에 해당되는 것을 말한다. 발명과 고안을 동일한 것으로 규정하는 국가도 있지만, 한국에서는 이를 구별해 발명은 「특허법」에서, 고안은 「실용신안법」에서 보장하고 있다.

한국의 실용신안제도는 1908년 8월 12일 칙령 제196호로 공포된 한국 특허청에서 시작되며, 1961년 이후 「실용신안법」이 제정되고 몇 차례의 개정을 거쳐 오늘에 이르고 있다. 고도의 기술을 요하는 발명은 전문가가 아니면 창작하기 어렵지만 고안은 전문 지식을 필요로 하지 않아도 숙련공이나 기능공들이 해당 업무에 종사하면서 고안할 수 있고, 가정이나 일반 직장에서도 고안할 수 있다.

기초적 요건 심사를 거치고 이후 심사 청구를 통해 산업 상의 이용 가능성, 신규성, 진보성을 심사해 등록 유지 여부를 결정한다.

실용신안은 보호 범위나 가치 면에서 특허보다 낮을 뿐만 아니라 보호 기간에서도 차이가 있다. 1998년 개정법에 따라 실용신안권의 존속 기간은 출원일로부터 10년 동안의 존속 기간이 발생하며 보호 기간의 연장은 불가하다.

3 디자인권

디자인(design)이라 함은 물품(물품의 부분 및 글자체를 포함)의 형상, 모양이나 색채 또는 이들을 결합한 것으로서 시각을 통해 미감을 일으키게 하는 것을 말한다. 따라서 「디자인보호법」상의 디자인은 독립거래의 대상이 되는 유체동산인 물품(또는 동 물품의 부분)의 외관에 대한 디자인이라고 할 수 있다. 디자인으로 성립되는 요건의 특성은 다음 표 9-2와 같다.

표 9-2 디자인 성립요건

특성	요건
물품성	독립성이 있는 구체적인 유체동산(도안이 적용된 물품을 보호)
형태성	형상·모양·색채로 표현
시각성	인간의 육안으로 식별할 수 있는 것만을 대상으로 함
심미성	미감을 일으키게 하는 것이어야 함(아름다움을 느낄 수 있는 정도의 형태적 처리가 된 것)

디자인권(industrial design)은 과거 의장권으로 불리었는데, 상품의 형상이나 모양 색채 또는 이들의 결합으로써 시각적으로 미감을 일으키는 고안을 등록받은 자가 그 의장을 독점적·배타적으로 사용할 수 있는 권리이다. 디자인은 정신적 창조물이지만 발명이나 실용신안권과 같이 자연법칙을 이용한 기술적 창작이 아니고 외견상 미감을 느끼게 해 상품의 가치를 높이는 작용을 한다. 하지만 등록 받을 수 없는 디자인은 아래와 같다.

- 국기, 국장, 군기, 훈장, 기장, 기타 공공기관 등의 표장과 외국의 국기, 국장 또는 국제기구 등의 문자나 표지와 동일 또는 유사한 디자인
- 공공의 질서나 선량한 풍속을 문란하게 할 염려가 있는 디자인
- 타인의 업무에 관계되는 물품과 혼동을 가져올 염려가 있는 디자인
- 물품의 기능을 확보하는데 불가결한 형상만으로 된 디자인

표 9-3 디자인 등록요건

특성	요건
신규성	출원 전 국내·외에 공지되지 않은 것
창작성	창작용이성 여부에 관한 판단
공업상이용가능성	공업적 생산방법에 의한 양산이 가능
선출원주의	먼저 출원한 자에게 디자인권을 부여

디자인권의 존속기간은 디자인의 설정등록일로부터 15년이다. 등록결정을 받은 후 소정의 등록료와 함께 특허청에 디자인등록을 함으로써 디자인권은 발생한다. 권리의 설정등록 시에는 최초 3년차분의 등록료를 납부해야 하며, 그 후 4년차분 이후 등록료에 대해서는 매 1년 단위로 납부하거나 필요한 기간단위로 분할 납부도 가능하다.

설정등록료 및 연차 등록료의 납부시기를 놓친 경우에는 6개월 이내에 일정한 할증료와 함께 재등록할 수 있다. 또한, 6개월의 유예기간마저 놓친 경우에도 본인이 책임질 수 없는 불가항력적인 사유에 의해 등록료를 납부하지 못한 경우에는 그 사유가 없어진 날부터 14일 이내에 증거서류 등을 첨부해 등록료를 추가 납부할 수 있다. 다만, 6개월의 유예기간 만료일부터 6월이 경과한 때에는 등록료를 납부할 수 없다.

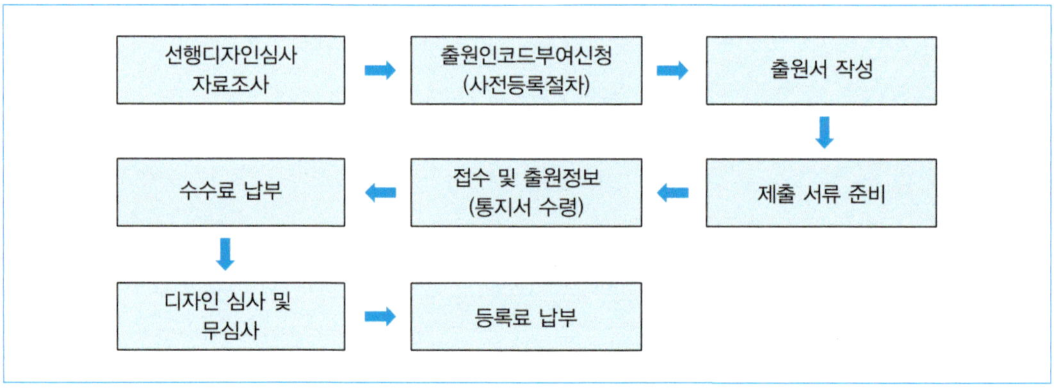

그림 9-5 디자인 출원등록 절차안내

4 상표권

상표권(trademark)이란 일정한 사업자가 자기의 상품을 타 사업자의 상품과 구별하기 위해 문자, 도형, 기호, 색채 등을 결합해 만든 상징을 독점적으로 사용하는 권리이다. 이는 상표를 보호함으로써 상표 사용자의 업무상의 신용 유지를 도모해 산업발전에 이바지함과 아울러 수요자의 이익을 보호함을 목적으로 한다. 다시 말하면, 이는 지정 상품에 독점적으로 사용할 수 있는 권리를 말한다.

특허권, 실용신안권 등은 산업 상 이용가능하고 신규이며 진보적인 것을 그 대상으로 하는 데 대해, 상표권은 신규성이나 독창성은 불필요하며, 타 상품을 구별할 수 있는 상징을 대상으로 한다는 데 큰 차이점이 있다. 또한 상표권은 산업재산권 중에서 역사가 가장 오래된 것으로서 고대에 기원을 두고 있다.

여기에서 상표에는 협의의 상표 및 서비스표와 단체표장이 포함되는데, **협의의 상표**는 상품을 표시하는 것으로서, 생산·제조·가공·증명 또는 판매업자가 자기의 상품을 다른 업자의 상품과 식별시키기 위해 사용하는 기호·문자·도형 또는 그 결합한 것과 위 각각에 색채를 결합한 것으로서 특별·현저한 것을 말한다. **서비스표**라 함은 서비스업을 하는 자가 자기의 서비스업을 타인의 서비스업과 식별시키기 위해 사용하는 표장으로서 특별·현저한 것을 말한다. **단체표장**이란 동종업자 및 이와 밀접한 관계가 있는 업자가 설립한 법인이 그 감독 아래에 있는 단체원의 영업에 관한 상품 또는 서비스업에 사용하게 하기 위한 표장을 말한다.

상표권은 설정등록에 의해 발생하는데 상표권의 존속기간은 설정등록이 있는 날로부터 10년이며, 상표권의 존속기간 갱신등록출원에 의해 10년간씩 그 기간을 갱신할 수 있으므로 계속 사용을 하는 한 반영구적인 효력을 갖는다. 상표권이 존속기간을 갱신하고자 할 경우에는 상표권의 존속기간 만료 전 1년 이내에 상표권 존속기간 갱신등록출원을 해야 한다. 존속기간이 만료된 후라도 6개월이 경과하기 이전에는 상표권의 존속기간 갱신등록출원을 할 수 있으나 일정액의 과태료를 납부해야 한다.

표 9-4 산업재산권의 구별

구분	특허권	실용신안권	디자인권	상표권
보호대상	발명 (고도한 기술)	고안 (일반적 기술)	제품의 외관	상품표지
보호기간	출원일로부터 20년 (등록일로 부터 보호)	출원일로부터 10년 (등록일로 부터 보호)	등록일로부터 15년	등록일로부터 10년 (갱신가능)

* 특허권, 실용신안권, 디자인권은 권리의 존속기간에 대한 갱신이 불가능하나, 상표권만 10년 단위로 반영구적으로 권리의 존속기간에 대한 갱신 가능

9.2.3 산업재산권의 등록

특허를 비롯한 산업재산권은 등록해야 독점적이고 배타적인 권리를 행사할 수 있다. 산업재산권을 등록하기 위해서는 특허청에 출원을 하고 특허청 심사관의 심사를 받은 후 요건에 적합할 경우 등록을 받을 수 있게 된다. 그 후에 산업재산권과 관련된 권리를 행사할 수 있게 된다.

1 산업재산권 등록요건

산업재산권 별로 등록요건은 다소 차이가 있다. 특허를 받기 위해서는 특허요건에 충족돼야 하는데, 대표적인 특허요건은 신규성, 진보성, 산업 상 이용가능성이다.

- **신규성**은 사회 일반에 알려지지 않은 새로운 발명이여야 한다는 의미이다. 특허법에 규정돼 있는 신규성 관련 내용은 특허출원 전에 국내에서 공지 또는 공연이 실시되지 않아야 하고 특허출원 전에 국내 또는 국외 간행물에 기재돼 반포되지 않아야 한다. 그리고 다른 사람이 먼저 특허출원을 하지 않아야 함은 당연하다. 이러한 신규성 확보를 위해 특허 관련 내용을 사전에 조사할 필요가 있다.

- **진보성**이 있어야 한다. 발명기술이 해당 기술 분야에서 통상의 지식을 가진 사람이 종래의 기술로는 용이하게 발명할 수 없는 것임을 말한다. 말하자면 진보된 기술로 발명을 해야 한다고 보면 틀림없다. 특허 출원한 것 중에서 불합격판정을 가장 많이 받는 특허요건이 바로 진보성이다.

- **산업 상 이용가능성**이 있어야 한다. 광업, 공업, 농업, 수산업 등 각종 산업에서 실제 활용할 수 있거나 장차 이용될 가능성이 있어야 한다는 요건이다. 단지 학술적, 실험적으로만 이용할 수 있거나 의료업 가운데 질병의 진단방법이나 치료방법의 발명 등은 산업 상 이용가능성이 없어서 특허를 받을 수 없다.

특허요건을 갖춰도 특허를 받을 수 없는 것도 있다. 대표적인 것이 발견인데 종래부터 있었던 것을 발견할 경우 특허를 받을 수 없는 것이다. 그리고 미완성 발명도 특허를 받을 수 없다. 기술적으로 실시 가능한 정도까지 완성되었을 때만 가능하다. 뿐만 아니라 특허의 조건을 모두 갖추었다고 하더라도 국가의 산업정책이나 공익적인 측면에서 문제의 소지가 있을 경우에는 특허로 인정받을 수 없다. 말하자면 공공의 질서나 선량한 풍속을 문란하게 하고 공중의 위생을 해할 우려가 있을 때는 특허권을 부여하지 않는다.

특허요건 중 진보성에 다소 결함이 있는 경우에는 실용신안으로 등록할 수 있다. 그래서 실용신안은 '소(小)특허'라고 불리기도 하는데 이 실용신안의 등록요건은 특허요건 중 단지 진보성이 부족한 경우만을 제외하고는 특허요건과 크게 다르지 않다. 디자인 등록은 특허요건 중 진보성보다는 창작성을 중요시한다. 신규성이나 산업 상 이용가능성은 특허요건과 마찬가지이다. 그리고 상표의 경우는 보통명칭, 품질원재료표시 등 성질표시나 간단하고 흔히 있는 표장, 다른 상품과 식별할 수 없는 상표가 아니어야하는 등 여러 가지 상표 등록요건을 「상표법」에서 나열하고 있다. 상표의 기능이 다른 상품과의 구별을 위한 것이므로 독창적인 상표만이 등록이 가능하다.

9

2 산업재산권 등록절차

산업재산권 등록절차는 크게 나눠 출원 신청, 심사, 등록 순으로 진행된다. 특허, 실용신안을 비롯한 산업재산권을 획득하고자 하는 자는 특허청의 일정서식에 출원 신청을 해 등록절차를 시작한다. 그러나 출원 신청 시 각종 설계 도면이나 디자인 문안 등을 제출해야 하기 때문에 서류작성이 어렵고 복잡할 뿐 아니라 권리를 주장할 수 있는 항목을 설정하는 것이 중요하다.

그러나 이러한 고도의 능력을 일반인들은 확보하고 있지 못하므로 변리사를 통해 대행하게 된다. 출원을 하면 특허청에서는 심사국에 이관해 출원서류를 심사관들이 심사한다. 심사내용은 앞에서 설명한 산업재산권 등록요건에 적합한지 여부를 판단하는 과정이다. 특허청 심사관들의 심사결과, 등록요건을 갖추었다고 판단되면 등록을 하게 되는데 등록료를 납부하면 특허를 획득하게 돼 특허권을 행사할 수 있게 된다.

3 국제출원

국제적으로 산업재산권을 보호받고자 할 때는 여러 나라에 출원을 해야 한다. 그러나 일일이 출원서류를 여러 나라에 출원하고 심사를 받는다는 것은 비용측면이나 시간적으로 낭비가 아닐 수 없다. 따라서 국제출원 절차를 간소화하고 여러 나라에 동시에 출원한 것과 동일한 효과를 발휘할 수 있는 국제조약이 시행되고 있다.

대표적인 예가 특허 국제출원이다. 특허협력조약(PCT: Patent Cooperation Treaty)에 가입한 나라의 경우 한 나라에서 특허를 출원하고 국제출원을 하게 되면 각 지정국에도 출원한 것과 같은 효과를 나타낸다. 따라서 우리나라도 1984년에 PCT에 가입하였고, 1999년부터는 국제조사기관 및 예비심사기관으로 지정돼 한국 출원인들이 편리하게 국제출원을 할 수 있게 되었다. 실용신안의 경우는 국제적으로 보호하고 있는 나라가 독일과 일본, 스웨덴 등 10여개 국가에 한정돼 있으므로 국제출원에 대한 국제조약이 마련돼 있지 않지만, 상표나 디자인의 경우에는 국제출원을 용이하게 할 수 있는 국제조약이 체결돼 있어서 이를 활용하면 손쉽게 국제출원을 완료할 수 있다.

9.2.4 산업재산권 분쟁해결

산업재산권은 재산권이기 때문에 산업재산권자의 허락 없이 사용하는 것이 배제되는 권리이다. 그런데도 불구하고 산업재산권은 발명하거나 연구·개발하는데 드는 비용은 많이 소요되는데 반해 모방하거나 활용하는 데는 적은 비용으로도 가능하다. 때문에 무임승차하거나 도용하는 사례가 많아 산업재산권 분쟁이 끊이지 않고 있다. 다른 사람의 산업재산권을 사용하고자 할 때는 산업재산권자에게 동의를 구하고 사용료, 즉 로열티를 지불한 뒤 사용하는 것이 가장 합리적이다. 하지만 교묘한 방법으로 산업재산권자의 권리범위를 피해가면서 침해하는 경우가 적지 않다.

이럴 경우 산업재산권을 침해했는지 여부를 다툴 수밖에 없는데, 이러한 산업재산권 관련 분쟁은 크게 나눠서 산업재산권 심판과 산업재산권 침해소송, 그리고 산업재산권 침해에 대한 손해배상청구소송으로 대별된다.

1 산업재산권 심판

산업재산권 심판은 특허청에 출원한 산업재산권 출원이 특허청 심사결과 등록이 거절되었거나 등록이 허용되었을 때 특허청을 상대로 거절된 것에 대한 불복이나 등록을 허용한 것에 대한 이의제기에 대해 시시비비(是是非非)를 가리는 심판이다. 따라서 제1심은 처분 청구에 해당하는 특허청의 심판국에서 심판하게 되고, 제1심에 이의가 있는 경우에는 전문고등법원으로 설립된 특허법원에서 제2심을 전담하고 있다.

산업재산권 출원자가 본인이 원하는 산업재산권을 획득하지 못한 것에 대한 불만을 표출하는 것이 등록거절에 대한 불복인 반면, 자신이 가지고 있는 산업재산권을 특허청이 심사를 잘못해 다른 사람에게 산업재산권 등록을 허용한 것에 대한 이의제기 사건을 다루는 것이므로 행정소송절차와 유사한 형태를 취하고 있다.

2 산업재산권 침해소송

산업재산권 침해소송은 등록된 산업재산권을 산업재산권자의 허락 없이 사용한 자에 대해 산업재산권을 침해하였는지 여부를 다투는 소송이다.

산업재산권 관련분쟁이 격화되고 있는 상황인 것과 기술부분의 침해여부를 다투는 소송이므로 전문적인 수준의 기술지식을 함양하고 있는 기술심리관(변리사 등)의 도움을 받으면서 판결할 수 있는 특허법원에 전속 관할한다.

어쨌든 산업재산권 침해소송 결과 산업재산권자의 권리를 침해한 것으로 판결되면 산업재산권자가 입은 손해를 보상받아야 마땅하다. 이를 위해서 소송을 또다시 제기하게 되는데, 이러한 소송을 산업재산권 침해에 대한 **손해배상 청구소송**이라고 한다.

덧붙여서 다른 나라의 기업이나 개인이 자신의 산업재산권을 침해한 경우가 있을 수 있는데, 이런 경우 재판관할은 산업재산권자의 재량에 의해서 소송을 제기할 나라의 법원을 선택할 수 있다. 그러나 일반적으로 산업재산권 침해자의 재산이 있는 나라의 법원에 소송을 제기한다. 산업재산권 침해 소송을 제기하는 목적이 침해를 구제받기 위한, 즉 손해배상을 청구하는데 있기 때문이다.

9.3 저작권

저작권(copyright, 著作權)은 지식재산권의 하나로서, 인간의 사상 또는 감정 등을 독창적으로 표현한 창작물인 '저작물'에 대해 창작자가 가지는 독점·배타적인 권리를 말한다. 저작권은 창작물을 만든 사람의 노력과 가치를 인정하고, 만든 사람, 즉 저작자의 권리를 보호하고자 하는 것이다. 이는 산업재산권과 달리, 창작과 동시에 보호를 받으며 보호받기 위해 별도의 등록 절차나 방식을 필수적으로 요구하지는 않는다.

「저작권법」이 보호하는 권리는 저작자의 권리인 '저작권'과 이에 인접하는 권리인 '저작인접권', '출판권'으로 나눠진다.

저작권은 다시 '저작인격권'과 '저작재산권'으로 나뉘게 된다. **저작인격권**(moral right)은 저작물을 공중에 공개할 것인지 결정할 권리(공표권), 저작물에 이름을 표기할 권리(성명표시권), 저작물의 내용이나 형식의 동일성을 유지할 권리(동일유지권)가 포함된다. **저작재산권**(economic right)은 저작권자가 저작물을 배타적으로 이용할 수 있는 재산적 권리를 말하는 것으로 복제권, 공연권, 공중송신권, 전시권, 배포권, 대여권, 2차적 저작물작성권 등이 인정된다.

저작인접권(neighboring copyright)은 저작물의 실연자(實演者) 등이 소유하는 권리를 말한다. 예를 들어 음악 저작물의 경우 작사자나 작곡자가 저작권을 소유하는데 반해, 연주자나 가수, 음반제작자 등이 저작인접권을 소유한다. 이는 저작권과 함께 저작권법과 저작권 관련 국제조약에 따라 보호를 받는다.

출판권(publication right)은 저작권자와 출판자 사이의 출판권 설정계약에 의해 발생하는 권리로서, 당해 저작물을 원작 그대로 출판할 권리이다. 출판권은 배타적·독점적인 권리로서 출판권자는 제3자의 위법한 출판행위가 있을 경우 그 금지뿐만 아니라 손해배상을 구할 수 있다.

저작인격권은 상속 및 다른 사람에게로 양도가 되지 않지만, 저작재산권은 상속 및 양도가 가능하며, 저작자의 생존하는 동안과 사망 후 70년간 존속한다. 저작재산권의 기간은 저작자의 사후 50년에서 70년으로 바뀌었는데,[3] 이는 여러분이 잘 알고 있는 미키마우스(Mickey Mouse)의 저작권 시효를 늘리기 위해서였다.

3) 원래은 저작권 보호 기간이 50년까지였으나, 한미 자유무역협정(FTA) 체결 이후 2013년 7월 1일부터 70년으로 연장되었다.

미키마우스는 저작재산권으로 인해 全세계적으로 가장 돈을 많이 벌어들이는 캐릭터(character)이다. 미키마우스와 그의 친구들(미니마우스, 도널드 덕 등)은 매년 60~100억 달러를 벌어들인다고 한다. 미키마우스가 그려진 휴대폰케이스, 시계, 티셔츠, 인형, 키홀더 등은 미키마우스 캐릭터의 사용대가를 월트 디즈니社에 지불하기에 가능한 것들이다. 어마어마한 돈줄을 붙잡기 위한 월트 디즈니社의 엄청난 로비로 개정된 법이라 해 **미키마우스 법**이라 부르기도 한다.

이렇듯 저작권의 대상이 되는 저작물에는 미키마우스 같은 캐릭터 뿐만 아니라, 소설·시·논문·강연·각본·음악·연극·무용·회화·서예·도안(圖案)·조각·공예·건축물·사진·영상(映像)·도형·작곡·영화·춤·그림·지도·컴퓨터프로그램 등이 포함된다. 여기에 더해 원(原)저작물을 번역·편곡·변형·각색·영상제작 등의 방법으로 작성한 창작물(이를 '2차적 저작물'이라 한다)과 편집물로서 그 소재(素材)의 선택 또는 배열이 창작성이 있는 것(이를 편집저작물이라 한다)도 독자적 저작물이다.

저작물에는 물리적 매체뿐만 아니라, 디지털화 된 형태 역시 해당된다. 문자 형태의 저작물뿐만 아니라, 컴퓨터로 작성한 건축 설계도면, MP3와 같은 음악 저작물, DVD 영화나 비디오 같은 영상 저작물, 소프트웨어와 같은 컴퓨터 프로그램 저작물, 그 밖에 디지털화 된 미술이나 사진 저작물 등이 모두 디지털 저작권의 보호 대상이 된다.

일례로, 프레젠테이션 자료 등을 만들기 위해 인터넷으로 다운받아 사용하는 폰트 파일 또한 저작권의 보호 대상이다. 무료로 배포되고 있는 폰트일지라도, 폰트의 이용 조건(라이선스)을 꼼꼼히 확인해볼 필요가 있다.

디지털 자료가 네트워크 공간에 무수히 많이 존재하는 사회에서 정보를 이용하는 사람으로서, 이러한 저작권법을 엄격히 들이댈 경우, 법을 지키며 살아가는 것이 쉽지 않겠다는 생각이 든다. 일각에서는 저작권 체제 하에서 저작물을 자유롭게 이용하는 것을 허락함으로써 저작권을 공유하자는 움직임도 있다. 이러한 움직임을 **카피레프트**(copyleft)라고 한다. 저작권을 일컫는 **카피라이트**(copyright)의 반대되는 뜻으로 만든 용어이다.

무명(無名) 또는 이명(異名)이 표시된 저작물의 저작자는 현재 그 저작재산권의 소유에 관계없이 그 실명(實名)을 등록할 수 있다. 저작자가 사망한 경우, 저작자의 특별한 의사표시가 없는 때에는 그의 유언으로 지정한 자 또는 상속인이 앞의 규정에 의한 등록을 할 수 있다. 또한, 저작재산권의 양도나 처분제한, 저작재산권을 목적으로 하는 질권의 설정·이전·변경·소멸 또는 처분제한 등은 등록하지 않으면 제3자에게 대항할 수 없다. 이러한 등록은 문화체육관광부 장관이 저작권 등록부에 기재한다.

9.4 신지식재산권

9.4.1 신지식재산권의 의의

1980년대 이후 미국은 新기술에 대한 산업정책을 주요 경제정책으로 포함시키고 어려운 미국 경제에 있어서 새로운 대안으로 삼았다. 전통적 산업보다 정보통신기술(ICT)이나 생명공학 등과 같은 新기술 분야가 성장률이 크고 고용의 창출 효과가 크므로 관련 기업의 창업과 투자를 장려하고 연구개발과 금융지원을 강화하려는 정책을 폈으며, 특허를 전담하는 연방 항소법원을 설립해 특허권자의 권리를 강화하면서 특허보호의 대상에서 멀어졌던 미생물의 특허나 컴퓨터프로그램 관련 발명을 특허로 인정하기 시작했다.

최근에 와서는 인터넷 관련 사업의 비약적 성장에 견인차 역할을 한 컴퓨터프로그램 관련 기술은 오랫동안 저작권으로 보호해 왔으나 표현상 보호에 그치는 한계가 발생하였다. 1990년대 후반에는 인터넷과 함께 컴퓨터프로그램 및 전자상거래의 폭발적인 성장은 관련 기술을 특허로 보호해야 할 필요성을 더욱 증대시키게 돼 이를 점차 특허권으로 보호하게 되었으며 현재도 기술 선진국과 대등한 수준으로 보호 중에 있다. 그리고 생명공학 분야에서의 특허 논쟁은 최초에 물질 특허에서 출발하였으며 우리나라의 경우에는 물질 특허의 인정을 발판으로 해 미생물 특허와 동식물 특허를 국제적 수준으로 인정하게 되었으며 최근에는 유전자 관련 특허에 대해서도 미국과 동등한 수준으로 보호해 주고 있다.

기존의 법에 따로 신(新)자를 붙이게 된 것은 가령 컴퓨터프로그램을 보호하려고 할 경우 「특허법」으로 보호하자니 이것이 꼭 자연법칙을 이용한 것도 아니고 어느 경우는 기술적 사상(思想)[4]의 착상도 아니기 때문에 발명의 정의와 어긋나며, 그렇다고 이를 「저작권법」으로 보호하자니 저작권은 사후(死後) 70년간 보호하기로 돼있는데, 수도 없이 만들어지는 컴퓨터프로그램을 그렇게 오랫동안 보호하다 보면, 오히려 산업 발전에 도움이 안 되기 때문에 이를 신지식재산권으로 분류해 보호하기로 한 것이다.

4) 기술적 사상이란 발명의 본질이 그 형체 내에 존재하는 무형의 관념이므로, 이는 기술보다는 추상적이지만, 목적달성을 위한 수단으로서의 범위 내에서 구체성이 있어야 한다.

반도체집적회로배치설계는 기술의 혁신결과 고집적화가 급속하게 이뤄져 현재는 모든 전자·전기기기에 필수적인 구성요소가 되었다. 이러한 반도체집적회로의 개발에는 막대한 비용의 투자가 이뤄져야 하지만, 현행법 하에서 만족스러운 보호를 받을 수 없게 되자, 선진국에서는 새로운 특별법을 만들어 보호하고 있으며 우리나라에서도 1993년 9월 1일부터 「반도체집적회로의 배치설계에 관한 법률」을 제정 및 시행해오고 있다.

생명공학은 식물이나 동물의 경우에 특허법으로 보호하는 경우가 몇 가지 있다. 최근 관심거리로 부상한 동물 복제와 관련해서는 DNA 관련의 유전자 사업, 게놈 프로젝트(genome project)라는 것이 있다. 미국이나 유럽국가에서는 이 게놈 프로젝트에 대한 많은 투자를 하고 있는데, 이러한 큰 돈 들여 연구 개발한 내용을 특허로 인정해야 되는가에 대해서는 많은 논란의 소지가 있다. 인체에 관련된 것은 생명공학에서 가장 핵심적인 분야로서 全세계 각국이 이와 관련해 종교, 윤리, 철학, 법적인 문제 등 여러 가지 관점에서 논의 중에 있다.

또한 기업경쟁이 격화되면서 산업스파이 등에 의한 기술정보의 불법유출을 방지하기 위해 영업비밀에 대해 강한 법적인 보호 필요성이 더욱 강조되고 있다. 영업비밀은 공공연히 알려져 있지 않고 독립된 경제적 가치를 가지는 것으로 상당한 노력에 의해 비밀로 유지된 생산방법, 판매방법, 기타 영업 활동에 유용한 기술상 또는 영업상의 정보를 말한다. 영업비밀은 특허청이 관장하는 「부정경쟁방지법」에서 다루고 있다.

신지식재산권은 이러한 새로운 유형의 지식재산에 대한 권리를 보호하기 위한 개념으로, 그 범위가 점차 확대돼가고 있는 추세를 보이고 있다. 이러한 신지식재산권은 첨단 기술을 보유하고 있는 몇몇 선진국에 편중돼 있어서, 이들 선진국들에게는 세계시장에서 기득권을 유지하고, 막대한 이익을 창출할 수 있는 기회를 제공함과 동시에 후발국에는 통상 압력의 수단이 되는 중요한 역할을 한다고 볼 수 있다.

9.4.2 신지식재산권의 유형

신지식재산권은 전통적인 산업재산권, 저작권의 범주에 속하지 않으면서 경제의 발전 및 변화와 함께 그 보호의 필요성이 대두된 새로운 지식재산권을 말한다. 이는 크게 컴퓨터프로그램, 인공지능, 데이터베이스 등과 같은 **산업저작권**과 반도체집적회로배치설계, 생명공학, 변종 동·식물과 같은 **첨단산업재산권** 그리고 데이터베이스, 영업비밀, 멀티미디어 등과 같은 **정보재산권**으로 분류되며, 이 외에도 애니메이션 영화 등의 주인공을 각종 상품에 이용해 판매할 수 있는 캐릭터, 독특한 색채와 형태를 가진 콜라병, 트럭의 외관 등과 같은 독특한 물품의 이미지인 트레이드 드레스, 프랜차이즈 등도 신지식재산권의 일종으로 포함된다.

또한 최근에는 유전자원, 전통 지식, 민간 전승물 등에 대한 것을 지식재산권으로 보호하기 위해 활발히 논의되고 있다. 우리나라에서는 아직은 일반적으로 지식재산권에 포함시키지 않고 다만 지식재산권 유사의 것으로 취급하고 있는 것들이 있으며, 이들은 노하우, 서비스마크, 원산지 표시 등을 들 수 있다. 이 중에는 이미 제도적으로 보호되고 있는 것도 있고 또 현재 제도적 보호가 논의되고 있는 것도 있다. 다만 제도적 보호과정에서 기존의 지식 대상들과는 다른 특성을 보이고 있으므로 신지식재산권이라는 범주로 분류돼진다.

이들 신지식재산권의 보호 현황을 법률적 측면과 행정적 측면으로 나눠 살펴보면, 우선 법률적 보호 측면에서는 반도체집적회로배치설계, 컴퓨터 프로그램, 영업비밀, 식물 新품종 등은 특별법적 근거에 의해서 보호가 이뤄지고 있으며, 「반도체집적회로의 배치설계에 관한 법률」, 「컴퓨터프로그램보호법」, 「부정경쟁방지 및 영업비밀보호에 관한 법률」 및 「종자산업법」 등으로 각각 보호되고 있다.

인공지능, 생명공학, 트레이드 드레스, 캐릭터, 프랜차이즈 등은 별도의 보호 규정이 없는 신지식재산권이다. 식물 기술 중 무성번식 식물은 「특허법」으로, 트레이드 드레스, 캐릭터, 지리적 표시 등은 「디자인법」 및 「상표법」으로 포함해 전통적 산업재산권으로 나타나고 있다.

9.5 특허경영 전략

기술창업을 하고 이후 추가적인 개발이 지속적으로 이루어지고 업력이 쌓이면 지식재산권(특히 특허권)이 축적되기 마련이다. 빠르게 발전하는 산업 분야일수록 지식재산권 또한 빠르게 쌓여간다. 위에서 살펴 본 바와 같이 특허권의 경우 제품이나 서비스의 부가 가치 창출뿐만 아니라 특허권의 적극적인 활용도 중요하다. 애써 개발하여 지식재산권을 확보하였더라도 시간이 지나면서 어느 시점에서는 유지 비용 등 유지 관리가 반드시 필요하다. 이러한 관리를 단순히 관리적 차원이 아니라 수익과 비용적인 측면에서 경쟁 기업에 대해 경쟁력있는 특허기술 전략이 필요하다.

9.5.1 전략 방향 분석

전략 방향을 분석하기 위해서는 예상 경쟁기업의 환경 분석이 선행되어야 한다. 우선, 특허맵 등을 통해서 공백기술이나 유망기술로 판단되는 대상기술이 선정되고 이와 관련된 제품이 결정되면 예상 경쟁기업의 환경 요인 분석을 해야 한다. 그 다음으로 해야 할 일이 이제 대상 제품군과 예상 경쟁기업을 고려하여 자사의 내외부 환경을 재검토하는 일이다. 이 때 분석 방법으로는 SWOT 분석 기법을 사용할 수 있다. 이미 설명한 바와 같이 SWOT 분석이란 기업의 강점, 약점, 기회 및 위협에 대한 전반적인 평가를 의미한다. 사업단위는 중요한 거시적 환경요인(인구통계적/경제적, 자연적, 기술적, 정치적/법적, 사회적/문화적)을 조사해야 한다. 그리고, 시장에서 수익을 획득할 수 있는 기업의 능력에 영향을 주는 미시적 환경요인(고객, 경쟁사, 유통업자, 공급업자, 판매상)을 조사해야 한다. 사업단위는 추세와 중요한 발전 등을 추적 조사하는 마케팅 정보시스템을 수립해야 한다. 그러고 나서 각각의 추세나 발전에 대해 마케팅 관리자는 연관되는 기회와 위협을 확인해야 한다.

9.5.2 전략 수립 절차 및 방법

1 1단계: 비전과 미션

비전과 미션은 기업에 있어서 일반적으로 기업 전략의 틀을 다시 재정립하고 경영 방향을 수립하는 절호의 기회이다. 기술주도형의 기업의 경우는 더 더욱 그렇다. 새로운 기술의 개발에 따라 적용 제품군의 선택과 판매전략 등 기존 전략에서 무언가 달라져야 하는 중요한 시기에 봉착한다. 이러한 일은 기업의 중장기 목표와 연결되어야 하며 기업의 가치가 상승되는 일로 이어져야 한다. 이런 목표를 달성하기 위해서는 기업의 도전적인 경쟁우위가 무엇인지를 제대로 평가할 수 있어야 한다. 중요한 것은 이를 위해서 비전과 미션은 구체적이어야 하고 실현 가능해야 한다는 것이다.

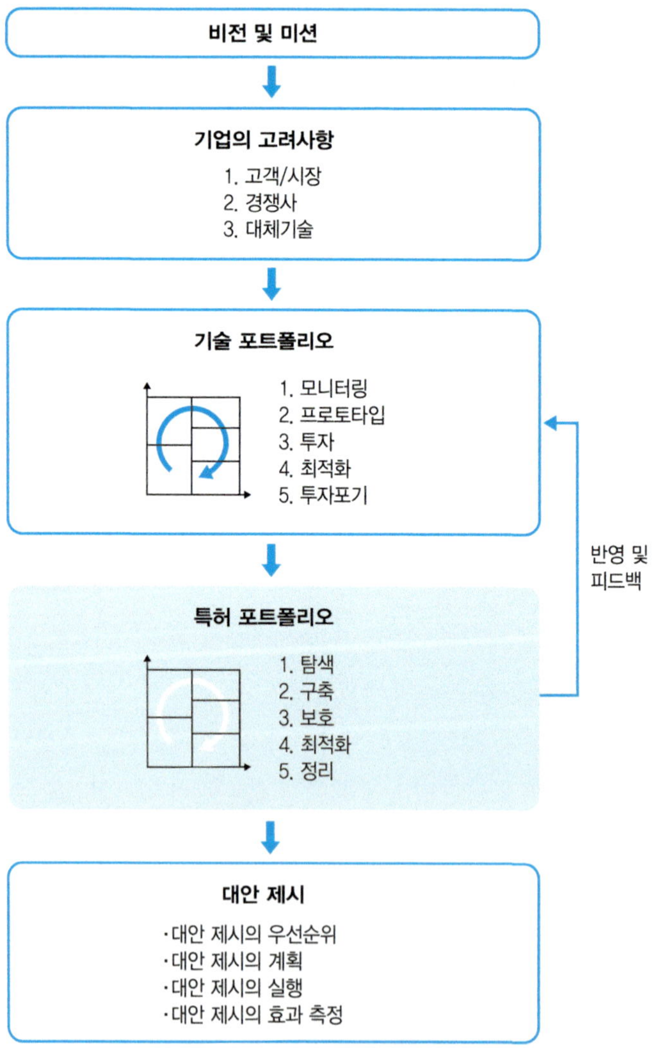

그림 9-6 특허경영 전략 수립 절차도

자료 : 특허경영(김성호)

예를 들어 시장에서 점유율 1위를 한다든지 고객 지향을 한다든지 하는 말은 주위 환경을 고려하지 않은 너무 막연한 비현실적인 얘기이다.

비전은 "어디서 언제까지 해야 할지"에 대한 분명한 답이 있어야 한다. 따라서, 다음과 같은 예시적인 것들이 충분히 고려되어져야 한다.

- 소정의 개발 목표
- 이상의 현실화
- 미래 지향
- 기간내 구현 가능성

9

또한, 미션은 비전을 위해 "무엇을 어떻게 해야할 지"에 대한 명쾌한 답이 있어야 한다. 이를 위해 다음의 요소를 기본으로 고려해 볼 수 있다.

- 개발에 대한 장벽 해소
- 도구를 활용한 전환에 초점
- 현재 지향

2 2단계: 기업의 도전

이 단계에서는 기업이 서기 위해서 기술 도전을 해야만 한다. 이 때, 기업은 기업의 경쟁우위전략에 있어서 3가지 측면에서 고려되어져야 한다.

- 고객/시장
- 경쟁사
- 대체 기술

고객과 시장 측면에서 고려되어져야 하는 것은 기업의 경쟁우위, 기업의 능력, 기술, 제품과 서비스가 고객과 시장으로부터 요구되는 사항을 반영해야 한다는 것이다. 선도 고객과 시장의 트렌드는 요구사항이 다를 수 있다. 예를 들면, 독일의 자동차 BMW는 일시적인 수요량을 따지기 보다는 시장에 신제품 출시를 위한 고객의 미래지향적 요구사항에 더 많은 관심을 가질 수 있다는 것이다.

경쟁사의 경우, 경쟁사의 활동과 상대적으로 비교하고 장단점과 강약점을 잘 분석해야 할 것이다. 기업은 예를 들어 선도 기술이나 선도 경쟁우위가 없을 경우 어떤 추격기업도 또는 자사 보다 훨씬 낫은 기업도 없다고 생각할 수 있는가? 하는 물음에 대해 고민하지 않을 수 없다.

'대체기술'의 경우를 보면, 기업의 내부 경쟁우위의 역량을 살펴보기 위해서는 새로운 외부 기술, 제품 또는 서비스를 평가해야 한다. 이 때 자사의 새로운 내부 기술로 이들을 이겨낼 수 있는가를 판단하는 것은 중요하다. 새로운 신제품 출시가 어떤 장점이나 추가적인 이득도 많지않고 기능 개선도 없다면 대체 기술에 대해 충분히 생각해야 한다. 더욱이 내부 기술개발 비용을 절감시키고 물류 비용을 줄일 수 있다면 기술 도입을 통한 대체 기술의 활용을 긍정적으로 생각해야 할 것이다. 타이완의 광다이오드 전문제조업체 후가 옵토텍의 경우를 예로 들면, 기존에 사용하는 사무실용 네온램프를 광다이오드로 대체시킨 일은 대표적인 사례라 할 것이다.

3 3단계: 기술 포트폴리오

기술 포트폴리오는 기본적으로 2차원의 포트폴리오를 통해 쉽게 도출할 수 있다. 우선 경쟁우위요소의 측면에서 고객이나 시장, 또는 경쟁사나 대체기술 등을 포트폴리오 그림의 수직축에 표시하고 이에 대응할 수 있는 상대적인 기업의 자원정도를 조사하여 같은 포트폴리오의 수평축에 대응 위치시킨다. 여기서 기업의 기술에 대한 능력은 예를 들어 인프라 구조라든가 종업원, 기존의 지식들 그리고 경험 등이 고려되어 지고 경쟁사와 비교하여 평가할 수 있다. 다음의 그림은 이에 대한 것으로, 각각 설명해 보기로 한다.

① 모니터링

기업의 경쟁우위를 확보하기 위해서 경쟁사 모니터링은 매우 의미있는 일이다. 하지만 보통은 이에 대해 예산도 없고 내부 기술책임부서의 경우도 이러한 감시망에 대한 책임은 없다. 그럼에도 불구하고 경쟁우위요소, 기술분야, 제품분야, 서비스 분야에 대한 모니터링이 필요하며, 이에 대해 전시회나 학술회의, 전문잡지나 저널의 연구, 인터넷 또는 산학협력 등을 통해 가능하다.

② 프로토타입

고객과 시장, 경쟁사 또는 대체 기술의 측면에서 전략적 의미가 증가함에 따라 우선 독자적 경험과 능력이 예를 들어 프로토타입을 통해 구현될 수 있다. 이와 같은 범주에서 프로젝트는 성공의 위험성이 높을 경우 종종 넉넉지 않은 예산과 싸워야 할 때가 있다. 또한, 외부에서 파트너를 구할 때 사내의 경쟁우위 요소를 가능한 효율적으로 구축해야 한다.

③ 투자

내부 자원의 강도가 장기간 강할 경우 전략적 의미는 매우 크다. 그러므로 기존의 기술과 투자를 보장하고 경쟁사의 장점을 계속 저감시켜나가기 위해 핵심역량 분야에서 장기적인 투자가 필요하다. 목표로 하는 자기자본이익률에 도달하는 것은 매우 오래 걸릴 수 있는 일로 단기적인 성공은 바로 기대하지 않는 것이 좋다.

④ 최적화

내부 자원의 강도가 높음에도 불구하고 중기적인 전략이 의미가 있을 경우 이럴 때 더 이상 큰 투자는 피하는 것이 좋고 최적화가 필요하다. 자기자본이익률을 단기간내 끌어 올릴 수 있다.

⑤ 투자 포기

경쟁사의 상섬이 항후 5년 내지 10년간 더 이상 나타나지 않을 경우로 보일 때 지금까지 연계된 자원의 투자는 새로운 기술잠재력을 준비하기 위해서 감소시켜야 한다. 물론 이익이 여전히 잔존하는 경우라면 기술과 제품은 당분간 지속시켜야 할 것이다. 단지 경쟁 요소가 줄어드는 상황에서 더 이상의 투자는 의미가 없다.

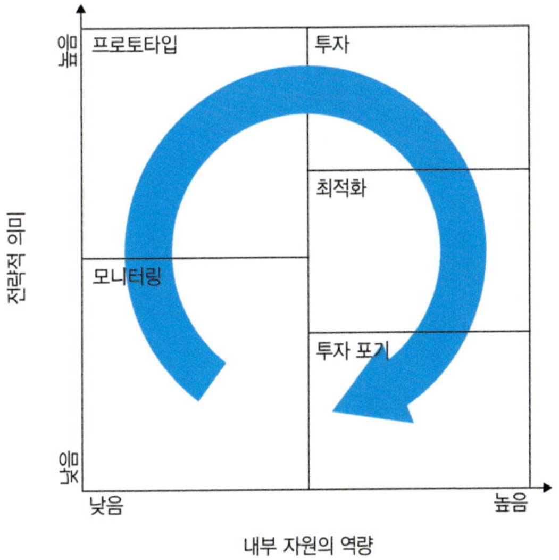

그림 9-7 특전략적 표준전략(예시)

4 4단계: 특허 포트폴리오

기업의 전략으로부터 도출되는 특허전략은 한편으로는 사업의 잠재 가능성을 활용하는 것이며, 또 다른 한편으로는 기존의 잠재적 목표를 달성하는 것이다. 특허 포트폴리오는 위에서 언급한 기술 포트폴리오를 기반으로 한다. 기업의 기술과 제품, 서비스 등의 경쟁요소가 사내 자원으로부터 준비할 수 있는 것이라면 이는 매우 큰 전략적 의미를 갖는다 할 것이다.

포트폴리오의 구축은 예를 들어 특허출원을 통하거나 라이센스를 통해 권리의 양도 또는 인수를 따른다.

특허 포트폴리오 경영에서의 실질적인 기준은 상호 관련성에 따른 특허 분류이다. 여기서 중요한 것은 청구범위의 보호폭이나 특허침해의 입증가능성이 특허의 가치에 대해 매우 중요한 역할을 한다는 것이다. 또한, 특허 포트폴리오 경영에 있어서 국가에 대한 평가도 고려되어져야 하는데, 이는 예를 들어 어떤 국가의 시장 및 제품에 영향을 주느냐를 자사 또는 경쟁사의 측면에서 함께 생각해 볼 수 있기 때문이다. 포트폴리오의 또 다른 기준의 경우 라이센스 전용실시권이나 통상실시권이 있다.

제약산업에서는 연구성과물과 관련련 제품을 보호하기 위해 원천특허를 시도할 경우 라이프싸이클 관리가 중요한 역할을 한다. 기본적으로 물질특허는 시간이 지남에 따라 효과가 줄어들 수도 있다. 이는 급성장하는 일반 시장에서는 매우 큰 의미가 있다.

특허 포트폴리오 모델을 다음의 5가지로 나누어 볼 수 있다.

- 탐색
- 구축
- 보호
- 최적화
- 정리

이러한 표준 전략은 3가지 측면의 핵심적인 특허 전략에 기초하고 있다. 일반적으로 포트폴리오를 나타낼 때 전략적 의미가 있는 외부 측면에는 고객/경쟁사/대체기술을, 자사의 자원 강도를 나타내는 내부 측면에는 자사능력/경쟁요소를 반영한다.

① 탐색

'탐색'의 경우, 특허 검색을 통해 전 산업에 걸쳐 잠재 가능성을 파악한다. 이 단계에서는 기술 포트폴리오 및 기술로드맵을 기초로 하여 폭넓은 개념 특허로 출원되었는지의 여부를 결정해야 한다.

② 구축

수명 주기에 따른 특허 포트폴리오 '구축'단계에서는 소정의 특허정보풀로부터 시작한다. 특허출원시 전략적으로 경쟁사 장점을 고려하기 위해 선택한 경쟁사를 분석한다. 또한, 문제가 있는 사항을 파악하여 관련 보호법에 의해 제거해야 한다. 이 단계에서는 필요한 경우 크로스 라이센스를 검토해 보고 모든 사항에 대해 현실적으로 고려한다.

③ 보호

'보호'의 단계에서는 특허의 보호를 확보하기 위해 체계적인 특허풀을 형성한다. '보호'를 더욱 강화하기 위해서는 기술 포트폴리오 및 기술로드맵을 기초로 한 원천특허와 특수한 변수(예를 들어, 성장성)를 갖는 특허를 만드는 일이다. 기술금융에 영향을 줄 수 있는 '보호'막을 장기적으로 가져가기 위해서는 라이센스를 생각해 볼 수 있다.

④ 최적화

특허 포트폴리오의 최적화는 단기적으로는 기술금융에 영향을 줄 수 있으며, 자체 기술개발 전 영역에 걸쳐 라이센스의 가능성을 검토해 보는 것이 좋다. 또한, 비용과 사용의 측면에서 특허풀을 고려해야 한다. 경쟁사의 상황에 따라서는 방어 특허를 통해 대체 기술을 보호할 수 있다.

⑤ 정리

마지막으로 '정리'의 단계로서 수명 주기에 따른 특허 포트폴리오는 특허의 독점적 활용(양도, 독점 라이센스, 필요시 무상 양도)이 고려될 수 있다.

5 5단계: 대안 제시

기술 및 특허 전략의 도출에 따라, 마지막 단계에서는 포트폴리오가 변환된다. 그러나, 이러한 대안 제시가 때로는 분석을 통해서 오히려 혼란에 부딪칠 수도 있다. 이 때, 무리하게 개발된 전략이라도 어떻게든 추진하려면 혼란을 야기시키는 모순에 대한 우선순위가 필요하다. 전략 개발자는 중요한 대안 제시에 대해서는 사업 범위내에서 상세한 계획을 해야 하고 이를 실행 변환시켜야 한다. 이를 통해 나중에 발생되는 특허 대안 제시의 간접적인 효과를 상술한 위협으로부터 피해야 한다. 분명한 것은 실행 가능한 목표를 어떻게 정기적으로 측정하고 관리를 해 나가야 하는가에 대해서는 이 단계에서 매우 의미있는 일이다.

9.5.3 보유 특허 전략

여기서는 특허의 내부 및 외부 활용에 대해서 알아본다. 내부 활용에 있어서는 자사가 개발한 기술을 제품화하는 것을 의미하며, 이때 타사에 비해 경쟁우위가 있을 만큼 자사의 핵심 역량을 이용하여 기술사업화하는 것을 말한다. 이 때는 자사의 강점이 무엇이고 약점이 무엇인지 냉철하게 분석해야 한다. 기술개발을 하고 특허까지 내놓고 사업화하는 과정에서 타 경쟁사와의 비교에서 비교우위가 떨어진다면 자체 사업화로 끌고 가기보다는 차라리 외부에 양도하거나 라이센스하는 등 외부 활용에 대해 심사숙고하는 편이 낫을 수 있다. 이 경우 포트폴리오 기법을 이용하여 무엇을 해야 할 지 결정하는 것이 바람직하다.

기업은 특허 전략을 도입할 때 자사의 경쟁 요소에 해당하는 기술분야가 무엇인지를 생각하고 이를 포함해야 한다. 기업은 자사가 사용할 수 있는 특허는 라이센스로 활용할 여지가 있어도 보통은 활용하지 않는다.

또한, 기업 스스로 사용하지 않는 특허의 경우, 라이센싱이나 양도 전에 비활용에 대한 전략적 가치가 있는지의 여부도 검토해야 한다. 반대로 전략적 가치가 적으면, 라이센싱이나 양도를 적극 모색해야 한다.

제 10 장

스타트업의 출구전략

The Fourth Industrial Revolution & Startup

10.1 | 스타트업의 출구전략의 의의

스타트업 생태계에서 흔히 언급되는 용어 중에 'exit'이란 것이 있다. 이는 창업자 입장에서는 '출구전략', 투자자 입장에서는 '투자회수' 등으로 풀어 설명할 수 있다. 창업기업이 정상적인 궤도에 들어선 이후에는 투하된 자금을 어떤 방식으로 회수할 것인가를 결정해야 하는데, 스타트업 창업자나 투자자가 투자자금을 회수하는 것을 **출구전략**(exit plan)이라 한다.

스타트업 창업 생태계가 활발해지기 위해서는 투자금을 회수할 수 있는 출구가 반드시 필요하다. 창업자와 투자자는 이를 통해 투자금을 회수하고, 이중 상당수가 다시 창업 혹은 투자로 순환되는 구조다. 창업자는 투자자에게 출구전략을 미리 분명하게 설명할 수 있어야 하는데, 이러한 사항을 사업계획서 상에 명시할 필요가 있다. 출구전략은 스타트업의 생애 주기에서 가장 중요한 마지막 단계로, 창업의 메카(mecca)라 불리우는 실리콘밸리의 경우 이곳의 스타트업은 창업 시 출구전략을 사업계획에 많은 경우 포함시킨다.

스타트업은 항상 출구전략을 염두에 둬야 한다. IPO(Initial Public Offering, 기업공개-상장)이든 M&A(Mergers & Acquisitions, 기업인수합병)이든 사업계획 단계에서 회사에 적합한 출구전략을 결정해야 하며, 이는 가급적 빠른 것이 좋다. 국내의 경우, M&A와 IPO에 대해 자의반 타의반 소극적인 편이다. 시장의 규모, 기업을 팔고 사는 것에 대한 문화적 거부감, 우량기업의 부족 등 여러 요인이 있다.

스타트업 창업자는 어떻게 기업을 성장시킬 것인가와 어느 시기에 기업을 공개할 것인가 그리고 어느 시점, 어느 경우에 사업을 정리하고 투자를 회수할 것인가에 대해 결정하는 것이 매우 중요하다. 이는 초기 창업기업에 자금을 투자한 투자자가 일정기간 후 투자된 자금의 회수를 통해 투자수익의 실현을 원하고 있기 때문이다. 이러한 투자는 대부분 융자가 아닌 지분을 공유하는 형태로 이뤄지기 때문에 투자이익을 실현하기 위해서는 먼저 기업의 안정적 성장과 발전에 관심을 가져야 한다.

10.2 | 출구전략의 종류

출구전략에는 여러 가지가 있으나 일반적으로 많이 이용되는 방법으로 IPO(Initial Public Offering), M&A(Mergers & Acquisitions) 등이 있으며, 이외에도 기업매각, 우회상장, 지분매각 등의 방법이 사용된다.

10.2.1 IPO

10

1 IPO의 개념

IPO(Initial Public Offering, 기업공개-상장)란 일정 규모의 기업이 상장절차 등을 밟기 위해 행하는 외부 투자자들에 대한 첫 주식공매를 말한다. 법률적인 의미로, IPO란 상장을 목적으로 50인 이상의 여러 사람들을 대상으로 주식을 파는 행위를 말한다. 즉 이는 증권거래법과 기타 법규에 의거해 주식회사가 발행한 주식을 일반투자자들에게 균일한 조건으로 공모하거나, 이미 발행돼있는 대주주가 소유하고 있는 주식의 일부를 매출해 주식을 분산시키고 재무내용을 공시함으로써 주식회사의 체제를 갖추는 것을 말한다.

최근 미국을 비롯한 국내외적으로 기업의 주식공개가 늘어나면서 IPO가 중요한 투자회수 수단으로 인식되는 경향이 있다. IPO가 성공적으로 이뤄질 경우 투자자들에게 엄청난 이득을 가져다주며, 더 많은 자금을 더 적은 자본비용으로 조달할 수 있고 소유경영자의 경영권 침해문제도 최소화할 수 있다. 이는 기업의 입장에서도 중요한 의미가 있다. 즉 영업에 의한 자금조달이 시간이 오래 걸리는데 비해, 주식시장에선 기업의 사업성과 실적을 평가받아 지속적인 성장을 위한 자금을 마련하고 공개기업으로 전환되는 중요한 관문이기도 하다.

2 성공적인 IPO를 위한 고려사항

성공적인 IPO전략을 수행하기 위해서는 기업의 사업 내용이 IPO 사업에 적합한지 점검해야 한다. 사업비전, 산업성장 추세, 기업의 역량, 사업가로서의 능력과 자세 등을 종합적으로 점검해 IPO가 적절한 투자회수 전략인지를 판단해야 한다. 일단 IPO를 통해 코스닥(KOSDAQ: Korea Securities Dealers Automated Quotation)[1)]에 등록하겠다는 판단을 하였다면, IPO 시기를 선정하는 것이 IPO의 성공여부를 결정하는 중요한 요소가 된다. IPO 시기는 기업의 성장속도, 시장 여건 등을 고려해 기업이 가치를 제대로 평가받을 수 있는 시기로 선택해야 한다.

등록요건은 시장상황에 따라 일부 조항이 수시로 변하기 때문에 변동사항에 대해 계속 숙지하고 있어야 한다. 특히 자본금 변동제한, 유·무상 증자 제한, 대주주 지분변동 제한 등에 관한 조항을 위반해 원하는 시기에 등록하지 못하는 일이 흔하므로, 이러한 조항을 염두에 두고 적어도 목표로 하는 IPO시기보다 1~2년 전에 자본계획을 수립해야 한다.

3 IPO의 효과

IPO를 하게 될 경우에 기업이 얻는 효과를 크게 재무적 효과 및 비재무적 효과를 나눠 설명할 수 있다. 재무적 효과도 중요하지만, 그에 못지않게 주권상장기업이 됨으로 인해 우수인력 확보, 글로벌 시장에서의 영업력 강화, 기업경영의 전문성·투명성 증대 등 비재무적 효과가 강조될 수 있다.

1) 재무적 효과

① 자금조달능력 증대 → 기업공개를 통해 공개된 자본시장에 편입

- ❑ 신규 상장 시 공모를 통한 자금 조달, 상장 후 공모 증자 용이
- ❑ 재무적 융통성 증대 : 기존 주주의 신주인수권 배제 → 불특정다수를 상대로 IPO와 유상증자(일반 공모 증자)를 통해 장기적인 안정적 자금조달 가능, 의결권 없는 주식발행한도·사채발행한도 확대, 신종사채 발행 가능

② 금융비용 절감 : 공모자금으로 기존차입금 상환 & 신용도 상승에 따른 차입이자율 하락

1) 이는 미국의 나스닥(NASDAQ: National Association of Securities Dealers Automated Quotation)을 본떠 만든 것으로, 증권거래소 시장과는 유망한 중소·벤처기업을 위한 다른 별도의 증권시장이다.

③ **기존 주주의 투자자본 회수 및 자본이득 실현** : 주주매출방식, 주식매각 용이

④ **세제상 혜택** : 주식양도에 따른 양도소득세 비과세, 상속 및 증여재산 평가 시 코스닥 시장 시세 인정 → 주식시장 침체 시 상속증여 기회

2) 비재무적 효과

① **대외적 인지도와 신용도 제고**

- 글로벌 시장에서의 영업력 강화 : 대외신용도 상승으로 고객접근 용이, 신문·TV·인터넷 매체 등으로 인지도 상승 → 브랜드파워 상승

10

② **기업 홍보효과 및 공신력 제고**

- 대외 이미지 제고 및 주식매수선택권 스톡옵션(stock option) 등 활용 → 인재선발 풀(pool) 확대, 직원 자긍심 고취
- 우리사주조합에 공모주식의 20% 한도 내에서 우선 배정(외국기업 및 코스닥시장 상장은 제외) : 주가상승 시 경제적 이익, 주주의 지위를 통한 사기 진작과 조직 분위기 활성화

③ **기업의 질적 성장 추구 → 전문성·투명성 증대 → 기업영속성 증대**

- 규정 준수(compliance) 의식 향상 : 각종 규정의 체계화, 내규 정비, 회계 등 내부통제시스템 업그레이드(upgrade)
- 회사경영의 전문성 강화 : 투자자(주주)의 견제와 감시
- 회사경영의 투명성 제고 : 각종 공시의무 발생 및 회계·공시담당자의 책임의식 향상

10.2.2 M&A

1 M&A의 개념

M&A(Mergers & Acquisitions)는 기업의 인수(acquisitions)와 합병(mergers)을 뜻한다. 기업의 '인수'란 한 기업이 다른 기업의 주식이나 자산을 취득하면서 경영권을 획득하는 것이며, '합병'이란 두 개 이상의 기업들이 법률적으로나 사실적으로 하나의 기업으로 합쳐지는 것을 말한다.

이러한 M&A의 목적은 기존 기업의 내적 성장한계를 극복하고 신규 사업 참여에 소요되는 기간과 투자비용의 절감, 경영상의 노하우, 숙련된 전문인력 및 기업의 대외적 신용확보, 경쟁사 인수를 통한 시장점유율 확대, 경쟁기업의 주식 매입을 통한 M&A 대비, 자산가치가 높은 기업을 인수한 뒤 매각을 해 차익 획득 등 여러 가지가 있다. M&A는 그 성격에 따라 우호적 M&A(기업의 인수·합병을 상대기업의 동의를 얻는 경우)와 적대적 M&A(상대기업의 동의 없이 강행하는 경우)가 있다.

국내에서는 과거 대기업 주도의 M&A는 부도덕한 것으로, 또한 IMF 외환위기 이후 구조조정과 맞물려 인수대상기업은 부실기업으로 인식돼왔다. 그러나 2000년 중반이후 벤처 경기가 전반적으로 조정기에 접어들면서 코스닥 시장을 통한 자금 회수가 어려워지고, 또한 코스닥 등록요건이 강화되면서 벤처캐피털과 투자자들은 효과적인 투자회수 방안으로서 M&A에 관심을 갖기 시작하였다.

M&A는 신속하게 경쟁우위를 확보하는 사업전략의 하나이며, 기업 내부자원의 한계를 극복함으로써 새로운 시장의 진입에 있어 비용과 시간 측면에서 경쟁자에 비해 우위를 점할 수 있는 수단이다. 최근의 M&A는 경기 불황기에 흔히 나타나는 구조조정을 위한 M&A, 신규 사업진출, 규모 확장, 전후방 사업 통합 등 경쟁력 제고와 시장지배 확장이 주요한 목적이다.

2 M&A의 방식

일반적인 M&A 방법으로는 주식인수, 영업양수, 자산취득, 위임장대결, 합병 등이 있으며, 적대적 M&A는 주로 주식매수와 위임장대결을 통해 이뤄진다.

1) 주식인수

주식인수는 우리나라에서 가장 일반적으로 일어나고 있는 M&A으로, 주식 매수를 통한 회사의 경영권 인수(주주개별매수, 증권시장매수, 공개매수 등)을 말한다. 이것은 인수기업이나 그 지배주주가 대상기업의 지배주주로부터 직거래에 의해 취득하거나 혹은 불특정 다수의 주주들로부터의 공개매수의 방법을 통해 대상기업의 주식을 취득해 기업을 지배하는 방법이다.

2) 자산인수

자산인수는 대상기업(피인수기업)의 자산뿐 아니라 영업권 등 포괄적 권리를 매수하는 것을 말한다. 즉 이는 인수기업과 피인수기업의 경영진 간에 영업권 양도, 양수 계약을 체결해 피인수기업의 주식이 아니라, 유형자산을 포함한 영업권을 양수, 양도해 피인수기업의 주요한 자산 전부 혹은 일부에 대해 지배권을 인수하는 방법이다. 자산인수는 형식적으로 주식인수와 유사하지만, 내용적으로는 오히려 합병과 유사하다.

3) 신설합병

신설합병이란 두 기업이 합병을 하면서 두 기업의 상호 및 법인격 자체가 없어지면서 소멸되고 새로운 기업이 설립되면서 흡수되는 것이다. 물론 소멸기업의 자산, 부채, 자본이 합쳐져서 신설기업의 자산, 부채, 자본을 구성하게 된다.

4) 흡수합병

흡수합병은 하나의 기업이 합병기업으로 존속하고, 다른 기업이 피합병기업으로 사라지게 되고 소멸기업의 자산, 부채, 자본은 존속기업으로 이전되게 된다.

10.2.3 A&D

1 A&D의 개념

A&D(Acquisition & Development)란 종래의 R&D(연구개발)와 M&A(인수합병)를 결합한 개념으로, '인수개발' 또는 '인수 후 개발'을 뜻한다. 이는 부도 상태에 있거나 성장이 정체된 코스닥 혹은 거래소 상장기업을 인수한 다음, 기술력과 성장성이 있는 벤처기업 등과의 합병을 통해 업종 변경을 해 高성장기업으로 변신시키는 기업인수방식으로, 기업 가치를 높이는 게 주목적이다. 따라서 인수 그 자체보다는 기업의 체질을 강화하는데 중점을 둔다.

A&D는 기업이 독자적으로 R&D 또는 사업다각화를 꾀하는 것보다, 기존의 기업을 인수해 기술 개발하는 것이 금전적·시간적으로 경제적이기 때문에 등장한 신종 M&A기법이다. A&D는 이미 상장 또는 등록돼있는 회사 중에서 인수 대상을 물색, '상장 프리미엄'을 노리는 게 기존 M&A와는 다르다. 주로 장외 기업이 장내 기업을 인수, 합병함으로써 장외 기업을 간접 상장하는 형태가 많아 '우회등록'(back door listing)의 수단으로 많이 쓰인다.

A&D는 법률적으로는 기업인수에 해당하는 것이지만, 인수를 통해 기업의 변신을 꾀하는 것이라는 점에서 M&A와는 차별화가 된다. 2000년 이후 주식시장에서 A&D 관련주가 높은 주가상승률을 기록하며 선풍적인 인기를 끌기도 하였으나, 그 중 대다수가 '인수 후 개발'이라는 본래의 취지와는 상관없이 자본이득을 얻기 위한 머니게임(money game)으로 변질되었으며, 몇 차례의 소위 게이트(gate) 이후 그 부정적 폐해가 드러나 사회적 물의를 빚기도 하였다. 이후 A&D는 그 용어 자체의 긍정적 이미지와는 달리, 사실상 우회상장과 유사한 이미지의 부정적 개념으로 사용되는 경우가 빈번한 실정이다.

2 A&D의 형태와 목적

A&D는 공개법인과 비공개법인 간 또는 공개법인 간 또는 비공개법인 간의 인수합병을 통해 사업 구조조정을 한 후 기업의 가치를 극대화시키고자 하는 것이며, 그 형태는 다음 표 10-1과 같다.

표 10-1 A&D의 형태와 목적

형태	주요 목적
공개법인이 비공개법인을 인수해 합병하는 형태 (공개법인 + 비공개법인)	• 자금력이 있으나 수익 사업부재 또는 매출부진을 극복하기 위해 부가가치 높은 비공개법인의 인수합병을 통한 구조조정과 기업가치 극대화를 통해 주식의 가치 상승 • 비공개법인과 합병을 통해 주식지분을 높여 안정적인 지분을 확보하고자 할 경우
공개법인이 또 다른 공개법인을 인수해 합병하는 형태 (공개법인 + 공개법인)	• 수평적 M&A 또는 수직적 M&A를 통한 시장지배력 강화 • 관련 사업 간의 시너지 효과 증대 • 새로운 사업으로의 사업다각화
비공개법인이 또 다른 비공개법인을 인수해 합병하는 형태 (비공개법인 + 비공개법인)	• 공개와 무관하게 오로지 구조조정을 통한 기업가치 증대 • 수평적 M&A 또는 수직적 M&A를 통한 시장 • 지배력 강화

10.2.4 우회상장

1 우회상장의 개념

우회상장(backdoor listing)이란 '뒷문상장'이라는 뜻으로, 비상장 기업이 상장기업의 지위를 얻기 위해 상장기업에 인수돼 자동 상장되는 효과를 얻는 방법을 말한다. 이 방법 말고도 부실한 상장기업이 건실한 비상장기업을 흡수 합병해 업종을 바꾸는 방법도 해당된다.

코스닥시장 본부에서는 경영권이 변동되는 우회상장 판정기준을 상장기업과 비상장기업의 합병, 포괄적 주식교환, 주식스왑(swab), 영업양수와 연계한 제3차 배정증자를 통해 비상장기업의 최대 주주 및 5% 이상 주주가 소유한 코스닥 기업 지분이 코스닥 기업의 기존 최대주주 등의 지분보다 많은 경우를 판단기준으로 정하고 있다.

2 우회상장의 효과

우회상장의 효과를 상장기업(피인수기업)과 비상장기업(인수기업)의 회사와 주주 측면에서 정리하면 다음 표10-2와 같다.

표 10-2 우회상장의 효과

구분	상장기업	비상장기업
회사	• 소유 및 지배구조 개선, 사업구조 개선(A&D 효과) • 비상장기업과 사업연계성이 높은 경우 시너지 효과 창출로 기업 가치 상승 • 비상장기업과 사업연계성이 낮은 경우 신규사업 진출로 인한 위험분산 및 새로운 성장 동력 마련 • 주가부양 및 주식의 유동성 증대 • 상장·등록폐지 등 시장 퇴출 예방	• 공개에 따른 비용, 절차, 기간단축 • 공개요건 심사 생략 • 상장기업과 사업연계성이 높은 경우, 시너지 효과 창출로 기업가치 상승 • 상장기업과 사업연계성이 낮은 경우, 신규사업 진출로 인한 위험분산 및 새로운 성장 동력 마련 • 직·간접적으로 자본시장을 활용한 자금 조달 가능 • 상장기업으로서의 효익 향유(홍보효과, 조세문제 등)
주주	• 주가상승 • 대주주는 경영권 프리미엄 부가된 가격으로 지분매각 가능 • 구조조정 및 자본 확충으로 기업의 안전성 증대하고, 이로 인해 주식의 안정성도 증대됨	• 주식이 상장 또는 등록돼 주식의 유동성 확보 • 공개법인 주주로서 주식의 매각, 상속·증여 시 각종 조세비용 절감

부록

사업계획서 작성(예시)

The Fourth Industrial Revolution & Startup

사업계획서 부문별 작성요령을 이해하고 본인이 직접 작성해봐야 하며, 일반적으로 많이 사용되고 있는 사업계획서 양식을 소개한다. 작성 요령을 잘 숙지해 활용하면 훌륭한 사업계획서를 만들 수 있을 것이다.

회사의 개요

1. 기업체의 현황

(1) 회사의 개요

<table>
<tr><td>업 체 명</td><td colspan="2"></td><td rowspan="2">업 종
(표준산업
분류번호)</td><td rowspan="2"></td><td>조직형태</td><td></td></tr>
<tr><td>대 표 자</td><td colspan="2"></td><td>상시
조직구성원수</td><td></td></tr>
<tr><td>설립(예정)일</td><td colspan="2"></td><td>주 제품</td><td></td><td>결산일</td><td></td></tr>
<tr><td rowspan="2">주 소</td><td>본사</td><td colspan="5"></td></tr>
<tr><td>공장</td><td colspan="5"></td></tr>
<tr><td>자 본 금</td><td colspan="2"></td><td>자산총액</td><td></td><td>연간매출액
(당기순이익)</td><td>(　　　　)</td></tr>
<tr><td>사업장현황</td><td>용도
지역</td><td></td><td>소유형태</td><td></td><td>규모
(대지/건물)</td><td></td></tr>
<tr><td>사업자등록번호
인허가등록</td><td colspan="2"></td><td colspan="2">협회/단체가입상황
주거래은행</td><td colspan="2"></td></tr>
</table>

작성요령

① 업체명은 법인등기부 상의 정확한 명칭을 기재하고 개인의 경우에는 사업자등록 상의 명칭을 기입한다. 개인과 법인을 분명하게 구별하도록 한다.

② 대표자란에는 등기부 상과 사업자등록증 상의 대표이름을 기재한다.

③ 설립일은 법인인 경우 법인등기부 상의 등기일, 개인의 경우 사업자등록증 상의 개업일을 기재한다. 설립예정일일 경우에는 설립예정일을 기재한다.

④ 업종 란은 한국표준산업분류표 상의 세세분류(5단위)와 번호를 기재한다.

⑤ 조직의 형태는 개인사업자, 법인사업자로 구분 표시한다.

⑥ 소재지는 법인인 경우 법인등기부등본 상의 본점주소를, 개인이면 사업자등록증 상의 주소를 기재한다.

⑦ 납입자본금은 등기한 자본금액을 기재한다. 개인은 회사 출자금을 기재한다.

⑧ 자산총액, 부채총액 및 연간매출액과 당기순이익을 기재한다.

⑨ 사업자등록번호는 관할 세무서에서 부여받은 사업자등록 번호를 기재한다.

(2) 업체연혁

년 월 일	주 요 내 용

작성요령

- 업체연혁은 발생일자별로 핵심내용으로 기재한다.
- 주요내용은 ① 회사설립 ② 자본금증감 ③ 상호변경 ④ 대표자변경 ⑤ 사채발생 ⑥ 기술도입 ⑦ 규격표시 획득내용 ⑧ 신상품개발 ⑨ 경영권의 양도 및 승계 등 경영 상의 주요변경 내용을 상세하게 기록한다.

2. 조직도 및 인력계획

(1) 조직도

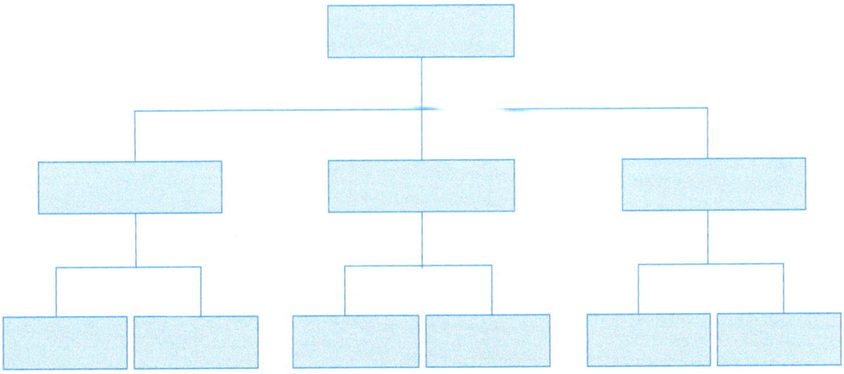

작성요령

- 조직도는 회사의 규모 및 실정에 맞게 부 또는 과(팀)단위까지 작성한다.
- 서비스업 및 유통업의 경우에는 조직구성원 수와 자산규모 등 많은 차이가 있다. 조직구성원이 몇 명밖에 없는 경우는 조직도 자체가 필요 없는 경우도 있겠지만, 10명 이상이 되는 경우는 조직의 활성화를 위해 기업의 실정에 맞게 업무를 체계적으로 분담해 작성할 필요가 있다.

(2) 대표자 및 경영진 현황

직위	성명	연령	학력	경력	교육훈련	특기사항
대표이사						
이사						
이사						
감사						

작성요령

대표자 및 경영진 현황은 다음 항목에 의거해 작성한다.

① 직위는 현재 회사 내의 직책 또는 담당업무를 기록한다.

② 성명은 한글과 한자를 병기한다.

③ 연령은 현재 연령을 만으로 표시하며 생년 년·월·일을 병기한다.

④ 학력은 교육기간, 학교명, 전공분야, 수학 상태(졸업, 수료, 중퇴)등을 기록한다.

⑤ 경력은 경력기간 및 근무처 내용을 기입하되 근무처에는 근무 기업체명 최종 직위를 표시한다.

⑥ 교육훈련은 교육훈련 기간, 실시 기관명, 과정명, 분야 등을 기입한다.

⑦ 특기사항은 자격증 보유 내용, 상훈, 학위취득 내용 등을 기입한다.

(3) 주주현황

총주식수		주		주당액면가액		원	
성명	주민등록번호	보유주식수	금 액	지분	주식취득일	대주주와의 관계	특기사항
계							

작성요령

① 총주식수는 발행 총주식수를 기재하며 주당액면가액은 1주당 금액을 명기한다.

② 주주명부에 의거 성명과 주민등록번호를 기재하며 법인의 경우에는 사업자등록번호 또는 법인등록번호를 기재한다.

③ 보유주식수와 취득금액은 설립 시, 증자 시 등 출자가 이뤄진 시점을 기준으로 주식 취득일별로 취득 주식수를 기입한다.

④ 지분은 전체 총주식수 중 취득한 비율을 취득일별로 기재한다.

⑤ 대주주와의 관계를 기입함으로써 각 주주의 상호관계의 실제 경영주의 내용을 파악할 수 있도록 작성한다.

(4) 관계회사 내용

업체명	설립연월일	주생산품	총자산	자본금	전년도영업실적		당해업체와의 관계
					매출액	당기순이익	

작성요령

① 관계회사 내용은 당해 기업에 대한 출자 관계나 대표이사 또는 제3기업의 내용을 기입함으로써 당해 기업 대표이사 등의 신용도를 표시한다.
② 업체별로 업체명, 설립 년·월·일, 주생산품을 기입한다.
③ 총자산, 자본금, 전년도영업실적은 직전년도 결산 대차대조표와 손익계산서에 의거 정확히 작성한다.
④ 당해업체와의 관계는 출자 지분, 대주주와의 관계를 기입한다.

(5) 조직구성원 현황 및 충원 계획

구분			조직구성원 현황 및 충원 계획			
			전년도	당해 연도	1차년도	2차년도
생산직	기술계	기술사				
		기시 1.2급				
		기타 기술계				
	기능계	기능장				
		기능사 1.2급				
		기능사 보				
		기타 기능직				
	생산직합계		명	명	명	명
사무직	임원					
	일반사무직					
	사무직합계		명	명	명	명
기타업종 전문직						
일용근로자						
조직구성원 총계			명	명	명	명

작성요령

① 조직구성원 현황 및 충원계획은 창업기업의 단순한 인적 구성요소만을 아는 지표로서 사용되는 이외에 실질적으로는 기업의 기술 수준을 알 수 있는 척도가 된다.
② 각 연도별 조직구성원 수는 해당년도 '소득세액 징수액 집계표' 상에 기재된 월 급여자의 평균을 기재한다.
③ 생산직은 생산에 직결되는 현장 작업에서 종사하거나 보조 작업에 종사하는 조직구성원을 기술계와 기능계로 구분해 작성한다.
④ 사무직은 총무, 관리, 영업 등 생산직 이외의 피고용자를 기재한다.
⑤ 기타업종 전문직은 해당업종에 전문성을 갖고 있는 자를 기재한다, 조리사, 영양사, 디자이너 등을 기재한다.
⑥ 일용근로자는 기업체에서 필요에 따라 그날그날 고용된 자를 기재한다.

기술개발 및 생산계획

1. 기술현황 및 기술개발계획

(1) 제품(상품)의 내용

구분	제품명	표준산업분류표	규격	성능 및 품질
주생산품				
제품(상품)개요				
용도 및 특징	- 용도 : - 특징 :			

작성요령

① 제품(상품)의 내용은 매출액 또는 예상 매출액을 기준으로 하며 제품명, 표준산업분류표상 세세분류번호(5단위번호)로 작성한다.
② 제품(상품)의 개요에는 제품의 용도, 기능성, 실용성, 안정성, 주요고객 및 거래처 등을 기입한다.
③ 용도 및 특성란은 해당 제품이 어떤 산업과 연계돼 있으며 어떻게 사용되고, 경쟁제품과 비교해 어떤 특별한 성질을 갖고 있는지 기입한다.

(2) 사업전망

아이템 선정 과정	
사업 전망	

작성요령

① 아이템선정은 창업아이템 선정 동기, 창업자의 과거 경력 등을 기술한다.

② 사업전망은 향후 국내의 시장동향, 국내 수요처 및 수요량, 사업성 등을 분석해 계획사업의 향후 전망을 기술한다.

부록

(3) 기술현황

구분	주요 내용
1. 제조기술내용	
2. 기술인력 보유현황 및 특징	
3. 공업소유권 등의 등록 현황	
4. 규격표시 획득내용	
5. 기술집약형 사업유형 및 신기술 현황	

작성요령

① 제조기술내용은 동종제품에 대한 국내외 경쟁기술 또는 연관된 기술수준 및 당해 기술 발전 추이 등을 기술한다.

② 기술인력 보유 현황 및 특징은 기술자격증 보유자, 기술 분야의 기술 등급자에 대한 보유 현황과 기술인력 구성의 특징을 기재한다.

③ 지식재산권의 등록현황은 특허권, 실용신안권, 디자인권, 상표권, 등록번호, 등록일, 발명자, 권리자 등을 기재하며 출원 중인 경우에는 등록번호와 등록일 란에 신청접수번호와 신청일을 기재한다,

④ 규격표시 획득 내용은 KS, 수입국규격(UL, JIS, CCC 등), 공산품 품질관리등급, 품질인증(검, Q마크 등), 형식승인(전, 열 등)등의 규격 표시 종류별로 허가(승인)일자, 허가품목, 허가번호, 승인기관 등을 기재한다.

⑤ 기술집약형 사업 유형 및 新기술 현황을 기재한다.

(4) 기술개발투자 현황 및 계획

구분	연간매출액(A)	개발투자액(B)	투자비율(%) (B/A×100=%)	투자효율
기술개발 투자현황				
기술개발 투자계획				

작성요령

① 기술개발 투자현황은 손익계산서 및 제조원가명세서 상의 시험연구비, 기술개발비, 교육훈련비, 견본비 등의 개발비 투자액이 연간 매출액에서 차지하는 비율로 표시한다.

② 투자효율은 투자비율에 따라 어느 정도 되는지를 분석하는 가치 척도이다.

③ 기술개발투자계획은 투자비율 증가계획 및 개발비 투자계획 등을 기재한다.

2. 생산 및 시설투자계획

(1) 생산 및 시설투자계획

<table>
<tr><th rowspan="2">종별</th><th rowspan="2">시설명</th><th rowspan="2">규격</th><th rowspan="2">수량</th><th rowspan="2">내용연수</th><th colspan="2">설치</th><th colspan="2">제작</th><th rowspan="2">제작국명</th></tr>
<tr><th>년도</th><th>금액</th><th>년도</th><th>금액</th></tr>
<tr><td>기본시설</td><td>대지
건물</td><td></td><td></td><td></td><td></td><td></td><td></td><td></td><td></td></tr>
<tr><td>생산설비</td><td></td><td></td><td></td><td></td><td></td><td></td><td></td><td></td><td></td></tr>
<tr><td>기타설비</td><td></td><td></td><td></td><td></td><td></td><td></td><td></td><td></td><td></td></tr>
</table>

작성요령

① 기본시설은 대지, 공장 등의 건물의 규모와 배치내용을 간략히 기록한다.

② 생산설비는 규격, 수량과 법인세법 시행규칙의 별표에 의한 내용연수와 설치년도, 금액, 제작년도, 제작회사 및 제작국명을 기재한다.

(2) 생산실적 및 가동현황

구분	설비증설 전 현황			설비증설 후 현황			생산능력 산출근거
	생산능력	생산실적	가동률	생산능력	생산실적	가동률	
(제품별)							
기타설비							

작성요령

① 생산능력은 손익분기점에 대한 시설면의 제약 조건이 될 뿐만 아니라, 제조업의 산출기초가 되므로 매우 중요하다.
② 생산능력을 산출하는 여러 변수는 기계수량, 투입 조직구성원의 수, 기계의 성능, 작업시간, 기술력 및 숙련도 등에 따라 차이가 난다.
③ 생산실적은 재무제표상의 생산계수를 기재한다.
④ 가동률은 일반적으로 조업도로 (연간생산능력 ÷ 연간생산량 × 100%) 계산한다.
⑤ 특기사항은 생산능력, 가동현황 작성 시 제약요인, 해당기업의 특수요인, 생산형태 등을 기재한다.
⑥ 기타 가동률 산정방법
- 광업, 어업의 경우 : 실제작업시간 ÷ 작업기준시간 × 100
- 자동차운수업의 경우 : 실제운행총일수 ÷ (재적차수 영업일수) × 100
- 숙박업 등 서비스업 : 연이용인원수 ÷ (영업일수 정원수) × 100

(3) 원·부자재 사용 및 조달계획

원·부 자재명	단위	연간 소요량 및 금액						조달 전망
		연간		국산		수입		
		물량	금액	물량	금액	물량	금액	

작성요령

① 원재료 및 부재료 조달계획은 원·부재료 별로 목표생산량을 달성하기 위한 원·부재료의 연간 소요를 물량과 금액으로 표시하고 이를 국내산과 수입품으로 구분해 표시한다.
② 물량은 재료의 특성에 따라 개수, 톤, kg, kℓ, ㎡ 등으로 표시한다,
③ 원·부재료 조달 전망은 생산업체 및 관련 산업의 기업환경을 면밀히 분석해 원·부재료 조달 상 예견되는 문제점 및 적기조달과 구입가액 등 제 전망 등을 기술한다.

(4) 시설투자 계획

종별	시설명	규격	수량	설치 예정년도	설치 및 제작		설치 구분	제작 구분
					소요금액	제작회사		

작성요령

① 현재 보유하고 있는 시설 외에 추가설치 예정인 시설투자계획을 나타내기 위해 작성한다.
② 종별은 생산설비, 기계설비, 시험설비, 공해방지설비, 기타설비 등으로 구분해 작성한다.
③ 설치구분은 신설, 증설, 개체 등으로 구분해 표시한다,
④ 제작구분은 국산 또는 외국산 인지를 구분해 표시한다.
⑤ 이밖에도 시설 명, 수량, 투자연도, 금액 및 제작회사를 기재한다.

(5) 생산성 향상계획

구분	기준년도	연차별 목표		
		1차년도	2차년도	3차년도
노동생산성				
자본생산성				

작성요령

① 생산성향상계획은 기준년도 및 향후 1～3차년도 간의 노동생산성 및 자본생산성 향상계획을 표시한다.
② 연차별 목표는 추정재무제표에 의거 부가가치액, 총자본, 조직구성원 수의 연차별 변화 예상치를 추정해 계산한다.
③ 노동생산성은 (부가가치액 ÷ 조직구성원 수)
④ 자본생산성은 (부가가치액 ÷ 총자본 x 100)
⑤ 부가가치액은 손익계산서 상(법인세공제전순이익+임원보수+조직구성원급료,임금,수당+복리후생비+지급이자와할인료+지급임차료+세금과공과금+고정자산감가상각비+대손상각비)금액과 제조원가 명세서 상(노무비+복리후생비+지급임차료+세금과공과+감가상각비)금액 합계액

판매계획

1. 시장현황 및 판매계획

(1) 동종 및 경쟁사 현황

업체명	대표자	설립일	홈페이지	주생산품	최근결산기매출액	특기사항

부록

작성요령

① 관련 산업 및 최근 동종업계 조사는 해당 제품의 판매계획과 마케팅전략 수립의 정보 및 시장의 우수성 파악에 절대적이므로 충분히 조사가 필요하다.
② 아무리 좋은 제품이더라도 이 부분에 소홀히 취급함으로써 제품의 시장성을 간과하는 경우가 많다.
③ 동업계의 최근 동향, 원재료 조달여부, 최근 설비현황, 조직구성원 업무수행능력 등을 분석해 파악한다.
④ 해당업종 관련 전문잡지, 협회, 협동조합 등 각종 기관의 분석 자료를 활용 한다.
⑤ 동종업계 중 경쟁사의 대표자, 설립일, 홈페이지, 주생산품, 최근결산기 매출액과 기타 경쟁회사의 특기 사항을 기재한다.

(2) 시장규모 및 수요전망

구 분	시장총규모예상	자사제품 수요전망		
		1차년도	2차년도	3차년도
내수				
수출				
계				

작성요령

① 철저한 시장분석만이 시행착오를 줄일 수 있다.
② 시장분석에는 시장환경분석, 시장구조분석, 시장규모분석이 있다.
③ 시장환경분석은 기업 외부의 거시적 환경요소 파악과 통계학적, 문화적 환경, 경제적 환경, 정부환경, 기술 환경 등을 분석해 파악한다.
④ 시장구조분석은 동일 업종에 대한 시장구조분석 및 목표시장 설정과 시장구조의 개별주체들이 연결되는 가치사슬의 체계로 이해해야 하며 산업분석, 고객분석, 경쟁분석으로 나눠 분석한다.
⑤ 시장규모분석은 목표시장에 대한 시장규모를 분석하는 것으로 적정 시장규모는 경쟁구조, 수익구조, 투자금 규모 등에 따라 달라지며 시장세분화를 통한 목표시장을 대상으로 분석한다.
⑥ 시장총규모는 관련 산업, 동종업계 및 경쟁회사 현황 조사를 토대로 시장성 및 시장 총규모를 추정한다.
⑦ 자사제품의 수요전망은 수주계약, 납품계약, 대리점계약 등의 근거에 의거 년차별 추정치를 내수와 수출액을 구분한다.

2. 판매실적

(1) 생산 및 판매실적

목표	직전년도				기준년도				특기사항
	생산실적	판매실적			생산실적	판매실적			
		내수	수출	계		내수	수출	계	
계									

작성요령

① 생산 및 판매실적은 제품별로 직전년도와 당해 연도의 생산 및 판매실적을 기입한다.

② 생산실적은 제조원가명세서상의 당기제품 제조원가를, 판매실적은 손익계산서상의 매출액을 기입한다.

③ 판매실적은 내수와 수출을 구분해 산출한다,

④ 특기사항은 직전년도 이후 당해 연도 사이에 기계 증설, 조직구성원 증원 등 생산능력 향상 요인이 있는 경우 기입한다.

(2) 생산 및 판매계획

품목	기준년도		1차년도		2차년도		3차년도	
	생산	판매	생산	판매	생산	판매	생산	판매
계								

작성요령

① 판매계획은 경쟁회사와의 관계, 시장상황, 생산능력, 전년도 실적 등을 감안해 실현 가능한 수치를 제시해야 한다.

② 수출은 직수출과 로컬수출을 합산해 기록한다.

③ 매출액 순서로 제품명을 나열한다.

④ 관련 산업, 동 업계 및 경쟁회사 현황조사를 토대로 시장성 및 시장 총 규모를 추정하고, 이를 근거로 해 수요를 전망한다.

3. 마케팅 전략

마케팅 전략 수립에 있어서 목표시장진입을 위한 마케팅 전략은 제품전략, 가격전략, 유통전략, 판매촉진전략, 기반구축전략으로 구분하고 있다.

(1) 제품전략 : 제품전략이란 기업이 제공하고자 하는 제품이나 서비스의 유형과 특징을 정의하고 파악한다.

(2) 가격전략 : 가격전략은 원가전략과 함께 기업의 이익전략을 구성하는 요소이며 가격차별화 전략에 있어서 고가전략, 이익극대화 전략, 저가전략, 매출증대 전략이 있다.

(3) 유통전략 : 유통전략은 목표시장을 표적으로 해 유통경로를 개척하고 유통시스템을 유지, 관리하는 활동이며 일반적으로 유통경로가 충실화 될수록 소비자의 제품구매는 쉬워지나 유통비용은 상승한다.

(4) 판매촉진전략 : 광고, 판매촉진, 호보, 이적판매 등 네 가지 커뮤니케이션 요소에 의해 제품의 매출을 늘리고 기업의 이미지를 좋게 하는 활동이며 판매촉진전략에는 수단만이 아니라 비용과 효과를 고려해야 한다.

(5) 국내 독자적 기반구축 전략 : 국내 판매계획의 재정립을 위해 현재 경쟁회사 거래선을 당사 거래선으로 전환 추진하며 업체별로 저가정책을 기준으로 재정립한다. 또한 인식재고를 위해 매체 홍보활동을 위해 이미지를 통한 고객홍보로 품질우위 확보와 고객과 거래처의 유대강화를 통한 기반구축 및 신규고객확보와 미디어를 통한 신규고객 유치전략 등을 강구한다.

영업조직 및 마케팅 전략	마케팅 전략상 문제 및 해결방안

작성요령

① 제품(상품), 가격, 영업조직, 판매처, 판매경로, 유통 및 시장공략의 구체적인 마케팅전략을 수립해 기술한다.

② 마케팅전략 수행 시 예상되는 모든 문제점을 사전에 파악해 그 해결 방안도 동시에 기술한다.

③ 제품, 단위별로 구체적으로 기술한다.

④ 국내 및 국외판매계획을 구체적으로 수립한다.

⑤ 시장기반 구축, 영업의 다변화, 마케팅전략, 영업목표, 월별매출계획, 수출계획, 추진방향 등을 수립해 작성한다.

재무 및 수익계획

1. 재무현황

구분	당해 연도	직전연도	증감요인
총 자 산			
자 본 금			
부채 총계			
매 출 액			
당기순이익			

작성유령

① 최근 결산기의 주요 재무상태 및 영업실적사항은 재무제표인 대차대조표와 손익계산서에 의거 총자산, 자본금, 부채총계, 매출액, 당기순이익을 기입한다.

② 자본금은 납입자본금을 기입한다.

③ 당기순이익은 당해 연도 당기순이익을 표시한다.

2. 추정재무제표

추정재무제표란 자금수지 예상표, 추정대차대조표, 추정손익계산서를 말하며, 이는 장래에 이뤄질 기업의 재무 상태와 경영성과를 미리 예상하고 계획해 기업의 목표이익 달성을 위한 사업타당성, 기업의 수익성, 자금 조달 계획의 타당성 및 원리금 상환 능력을 검토하는 자료가 된다.

추정재무제표는 장래에 대한 기업의 재무상태의 추이를 예측함으로써 기업의 성장 가능성을 검토하는데 활용된다. 따라서 추정재무제표 작성의 정확성 여부가 기업경영 전략 성공에 영향을 미칠 뿐만 아니라, 자금조달 및 상환계획에 차질을 빚게 돼 기업경영에 큰 곤란을 겪게 될 우려도 있다. 이 작성방법을 정확히 숙지해 신뢰성 있고 객관성 있는 추정재무제표를 작성해야 한다.

부록

(1) 추정대차대조표

항목 \ 연도	실적	추정액		
	기준년도	1차년도	2차년도	3차년도
Ⅰ. 유동부채				
1. 매입 채무				
2. 단기 차입금				
3. 미지급법인세				
4. 미지급 비용				
Ⅱ. 고정부채				
1. 사채				
2. 장기 차입금				
3. 장기성매입채무				
부채 총계				
Ⅰ. 자본금				
1. 납입 자본금				
Ⅱ. 자본잉여금				
1. 주식발행초과금				
2. 감자 차익				
3. 기타자본잉여금				
Ⅲ. 이익잉여금				
1. 이익 준비금				
2. 각종 적립금				
3. 차기이월이익잉여금				
Ⅳ. 자본조정				
1. 주식할인발행차금				
2. 배당건설이자				
3. 자기 주식				
4. 투자유가증권평가익				
자본 총계				
부채와 자본총계				

항목 \ 연도	실적	추정액		
	기준년도	1차년도	2차년도	3차년도
Ⅰ. 유동자산				
1) 당좌자산				
1. 현금 및 현금등가물				
2. 유가 증 권				
3. 매출 채권				
2) 재고자산				
1. 상품				
2. 제품 및 반제품				
3. 원재료				
4. 저장품				
Ⅱ. 고정자산				
1) 투자자산				
1. 투자유가증권				
2. 보증금				
3. 투자부동산				
4. 이연법인세차				
2) 유형자산				
1. 토지				
2. 건물				
3. 구축물				
4. 기계장치				
5. 차량 운반구				
3) 무형자산				
1. 영업권				
2. 산업 재산권				
3. 창업비				
4. 개발비				
자산 총계				

작성요령

① 추정대차대조표는 장래의 일정기간에 영업활동을 수행한 결과 기말에 자산·부채·자본의 상태가 어떻게 변화할 것인가를 보여주는 것이다.
② 추정손익계산서가 주로 수익성을 검토하기 위해 작성하는데 반해, 추정대차대조표는 경영정책, 경영의 안정성, 경영의 유동성 등에 대한 관점에서 작성되는 것이다.
③ 추정대차대조표를 작성함에 있어서는 최근의 대차대조표를 출발점으로 해 그 숫자가 어떻게 변화할 것인가를 계정과목별로 하나하나 추정해야 한다.
④ 먼저 전기말 재무상태(기존업체) 또는 현재의 재무상태(신설업체)를 기준으로 해 작성한다. 즉 기준연도 대차대조표를 작성한 후 각 계정과목별로 순증감액을 가감해 현재의 재무상태를 표시한다.
⑤ 매출액을 기준으로 총자본회전율 (매출액/총자본)을 곱해 자산총계 및 부채와 자본총계를 산출한다.
⑥ 한국은행 기업경영분석은 중소기업 동 업계 대차대조표상 자산총계 및 부채와 자본총계에 대한 각 계정과목의 비율을 참고해 연도별 각 계정과목의 금액을 산정한다,
⑦ 각 자산계정의 합계와 자산총계, 부채와 자본 각 계정과목의 합계가 부채와 자본총계 합계와 일치해야 한다.
⑧ 감가상각방법은 추정 시에는 종합상각법(단일평균 감가상각률)을 적용하는 것이 간단하나, 회사에 적합한 방법(세무서에 신고한 방법)으로 사용해도 된다.(정액법, 정률법 등)
⑨ 자본금은 전기말 자본금에서 당기 증가분을 가산해 당기의 자본금으로 표기한다.

(2) 추정손익계산서

추정재무제표에 의거 기업의 장기 경영계획을 바탕으로 자금의 수지, 즉 자금의 원천(조달)과 자금의 운용계획에 의거 추정손익계산서와 추정대차대조표가 작성된다. 추정손익계산서는 기업의 향후 성장가능성을 타진해볼 수 있는 가장 중요한 재무제표이며 연도별 매출액 규모는 얼마나 되며, 당기순이익은 어느 정도를 실현해 기업의 궁극 목표인 수익달성 가능여부를 예측할 수 있기 때문이다.

① 추정손익계산서는 기업의 향후 성장가능성을 타진해볼 수 있는 가장 중요한 재무제표이다.
② 추정손익계산서 작성 후에는 반드시 손익분기점 분석과 수익률을 현가법에 의해 계산해 목표수익률 달성 가능한지, 사업성이 있는지를 분석해 손익분기점매출액이 실현되도록 재조정한다.

항목 \ 연도	실적	추정액		
	기준년도	1차년도	2차년도	3차년도
매 출 액				
매 출 원 가 (+) 기 초 제 품 재 고 액 (+) 당 기 제 품 매 입 액 (−) 기 말 제 품 재 고 액				
매 출 총 이 익				
판 매 비 와 일 반 관 리 비				
영 업 이 익				
영 업 외 수 익				
영 업 외 비 용				
경 상 이 익				
특 별 이 익 특 별 손 실				
법 인 세 차 감 전 순 이 익				
법 인 세 비 용				
당 기 순 이 익				

작성요령

① 매출원가란의 당기 제품제조원가는 각 제품별로 제품1단위 당 원재료비, 노무비, 경비를 산출해 당기 총제조비용을 산정한 후, 여기에 기초재공품 재고액을 가산하고, 기말재공품 재고액을 차감해 당기제품제조원가를 산정한다.

② 판매비 및 관리비는 인건비와 기타 경비로 구분해 작성한다.

③ 영업외비용은 이자비용 등을 말하며, 일괄해 계상한다.

④ 영업외수익은 금융자산운용에 따른 이자수익 등을 기재한다.

⑤ 특별손실과 특별이익은 해당항목이 있으면 계상한다.

⑥ 마지막단계인 법인세 비용을 산출해 세전 순이익에서 차감해 당기 순이익을 산출한다.

⑦ 정확한 당기순이익을 산출하기 위해서는 전문가의 세무조정이 필요로 하지만 추정손익계산서 작성 시에는 세무조정을 생략한 채 바로 세율을 적용해 법인세비용 등을 산출하고, 법인세차감 전 순이익에서 법인세 비용 등을 차감해 당기순익을 계상한다.

(3) 추정제조원가 명세서

추정제조원가 명세서는 각 제품별로 제품 단위당 원재료비, 노무비, 경비 등을 산정해 총제조비용을 산출한 후 여기에 기초재공품 재고액, 즉 전기말 재공품 재고액을 가산하고 기말재공품 재고액을 차감해 당기제품 제조원가를 산출한다. 이렇게 산출된 제조원가를 추정 손익계산서의 각 연도별 매출원가란에 이기한다.

<table>
<tr><th rowspan="2">연도
항목</th><th>실적</th><th colspan="3">추정액</th></tr>
<tr><th>기준년도</th><th>1차년도</th><th>2차년도</th><th>3차년도</th></tr>
<tr><td>Ⅰ. 재료비
1. 기초재료 재고액
2. 당기재료 매입액
3. 기말재료 재고액</td><td></td><td></td><td></td><td></td></tr>
<tr><td>Ⅱ. 노무비
1. 급 여
2. 퇴 직 급 여</td><td></td><td></td><td></td><td></td></tr>
<tr><td>Ⅲ.경비
1. 전 력 비
2. 가 스 수 도 비
3. 운 임
4. 감 가 상 각 비
5. 수 선 비
6. 세 금 공 과
7. 임 차 료
8. 보 험 료
9. 복 리 후 생 비
10. 여 비 교 통 비
11. 통 신 비
12. 잡 비</td><td></td><td></td><td></td><td></td></tr>
<tr><td>Ⅳ. 당기총제조비용
(+)기초재공품원가
(-)기말재공품원가</td><td></td><td></td><td></td><td></td></tr>
<tr><td>Ⅴ. 당기제품제조원가</td><td></td><td></td><td></td><td></td></tr>
</table>

(4) 추정인건비 명세서

구분		월평균임금	기준년도		1차년도		2차년도		3차년도	
관리부문	임원	천원	인원	금액	인원	금액	인원	금액	인원	금액
	사무직									
	기타									
	소계									
생산부문	관리직									
	생산직									
	소계									
총 계										

(5) 감가상각비 명세서

구 분	상각대상	취득년도	내용연수	장부가액	상각방법	감가상각액		
						년	년	년
유형자산 감가상각					정액법			
	소 계							
무형자산 감가상각					정율법			
	소 계							
합 계								

작성요령

① 감가상각 대상자산은 건물, 구축물, 기계장치, 차량운반구, 공구기구, 비품 및 기타자산 등이 대상이 된다.

② 감가상각 계산 기준은 취득가격에서 잔존가액을 뺀 금액이다.

③ 내용연수는 법인세법 별표에서 규정하고 있는 고정자산의 내용연수를 적용한다.

④ 감가상각방법은 여러 방법이 있으나, 회사 설립 시 관할 세무서에 신고한 방법으로 산출한다. 통상적으로 정액법과 정률법을 많이 적용하고 있다.

자금조달 및 운용계획

1. 단기총괄 자금계획

<table>
<tr><th colspan="3">소요 자금</th><th colspan="3">조달 계획</th></tr>
<tr><th colspan="2">내용</th><th>금액</th><th colspan="2">내용</th><th>금액</th></tr>
<tr><td rowspan="2">사업장</td><td>대지매입
공장건축
부대시설</td><td></td><td rowspan="2">자기자본</td><td></td><td></td></tr>
<tr><td>소계</td><td></td><td>소계</td><td></td></tr>
<tr><td rowspan="2">생산설비</td><td>기계시설
부대시설</td><td></td><td rowspan="4">차입금
및
특수금융</td><td rowspan="3"></td><td rowspan="3"></td></tr>
<tr><td>소계</td><td></td></tr>
<tr><td rowspan="2">유형
고정자산</td><td>차량운반구
기계비품 등</td><td></td></tr>
<tr><td>소계</td><td></td><td>소계</td><td></td></tr>
<tr><td>운전자금</td><td>원·부자재구입비
기타운전자금</td><td></td><td colspan="2" rowspan="2">대차대조표상
가용자금 기타</td><td></td></tr>
<tr><td colspan="2">예비비</td><td></td><td></td></tr>
<tr><th colspan="2">합계</th><td></td><th colspan="2">합계</th><td></td></tr>
</table>

작성요령

① 단기적인 자금조달 운용계획은 창업일정계획에 의거 설립일에서부터 정상 가동 시까지의 일련의 소요자금을 산정하고 이의 조달계획을 수립하는 것이다.
② 사업장의 대지매입자금은 공장부지 매입에 소요된 자금에 세금과 부대비용합산해 계상한다.
③ 공장건축비는 설계비를 포함해 공사 도급계약서, 시방서 또는 견적서에 의거 정확히 작성해야 자금조달계획에 차질이 없게 된다.
④ 부대시설비는 토목공사비, 배관공사비, 구축물 공사 진입로 공사, 전기공사 및 기술 용역비 등 부대설비 설치에 소용될 자금을 계상해야 한다.
⑤ 생산설비는 기계설비 구입자금에다 각종 설치비용을 가산하고 부대시설은 시험 검사시설, 공해방지 시설 등을 포함한다.
⑥ 유형고정자산은 차량운반구와 사무실 집기 및 비품 등을 계상한다.
⑦ 운전자금은 원·부자재 구입과 인건비, 개발비, 기타 제경비등 운전자금으로 소요되는 비용을 산정해 계상한다.

2. 시설자금 조달계획

계획 시설 및 소요자금					조달계획	
시설구분	수량	외부자금	내부자금	합계	내용	금액
대지 건물 기계장치						
계						

작성요령

① 시설자금의 소요 추정은 설치 예정기업의 도움을 받아 견적서 등에 의해 실제 소요자금에 근접한 자금 소요액을 산출한다.
② 금융기관으로부터 시설자금의 지원요청이 필요한 경우에는 반드시 공사 시작 전의 계획단계에서부터 사전 자금 협의가 돼야 한다.
③ 자금수급 계획에 따라 지급계획이 추진될 수 있도록 돼야 한다.
④ 계획시설 준공 후 반드시 준공검사 등의 행정절차 이행이 수반돼야 한다.

3. 자금조달 상 문제점 및 해결방안

구분	최근 상황
자금조달 상 문제점	
해결 방안	

작성요령

① 소요자금의 문제점은 主거래은행의 결정, 담보문제, 자금규모, 자금조달의 시차, 연대보증 문제 등 자금 조달에 관계되는 제반 문제점을 제시한다.
② 각종 문제점들을 회사의 실정에 맞춰 대응방안 내지 해결방안을 모색한다.

참고문헌

Klaus Schwab, 송경진 옮김「클라우스 슈밥의 제4차 산업혁명(The Fourth Industrial Revolution」새로운 현재, 2016.

KOTRA「미리보는 CES : 2020년 주목할 5가지 기술 트렌드」2019.

WEF(World Economic Forum)「The Future of Jobs」2016.

강성일「4차산업혁명시대 핵심 IT 트랜드」부크크(bookk), 2019.

권혁중, 이도연「4차 산업혁명 시대의 기업가 정신과 창업」교학사, 2020.

금진호, 오재균, 이용재「4차 산업 그리고 창업」양성원, 2019.

금진호, 오재균, 최성규, 김선애「4차 산업혁명과 창의적 사고」양성원, 2020.

김경환「대학생을 위한 과학기술창업론」성균관대학교출판부, 2018.

김기홍「제4차 산업혁명 : 급변하는 디지털경제, 불확실한 미래사회」법문사, 2020.

김만술, 박철수, 윤재호, 조진행, 민정기「4차 산업시대의 기업가정신과 창업」명경사, 2020.

김민식, 손가녕「제4차 산업혁명과 디지털 트랜스포메이션(Digital Transformation)의 이해」정보통신정책연구원 정보통신방송정책 제29권 3호 통권 640호, 2017.

김보라「(4차 산업혁명시대) 스타트업 창업실무와 경영전략」늘푸른하늘, 2018.

김선우, 고혁진「4차 산업혁명 시대 기업가정신의 방향」한국창업학회 하계학술대회 발표자료, 2017.

김성호「기술경영기반의 특허경영」한티미디어, 2013.

김성호「기술료(로열티) 산출 및 지급」, 기술자산(특허)관리 및 기술이전/사업화실무과정 교육자료, 한국생산성본부, 2015.

김성호, 김지표「QFD를 이용한 우수 특허선별에 관한 연구」, 기술혁신연구, 2019.

김영국, 여성환, 노승일, 이상구, 최아람, 오춘식「4차 산업혁명과 실전창업보육 : 산·학·연·관 실전 창업전문가들의 Startup+ 길라잡이」박영사, 2020.

김영두「4차 산업혁명과 경영」박영사, 2019.

김인권, 손인배, 정연도「(12단계 창업 프로그램의) 혁신 창업」청람, 2020.

김인숙, 남유선「4차 산업혁명, 새로운 미래의 물결」호이테북스, 2016.

김태완「4차 산업혁명 인사이트 22」북랩, 2019.

김희철 「산업혁명 바로알기 - 슈밥의 4차 산업혁명 개념은 합당할까」 국회보 2월호, 2018.

맥킨지코리아 「4차 산업혁명을 주도하기 위한 스타트업코리아」 캠퍼스서울 아산나눔재단, 2017.

미래전략정책연구회 「10년 후 4차 산업혁명의 미래」 일상이상, 2017.

박건실 「(사례와 실무 중심의) 경영의 이해와 창업」 한올출판사, 2020.

박무일, 정해주, 김성용 「(4차 산업혁명 시대의) 기술창업과 기업가정신」 탑북스, 2020.

배호영, 박창기 「창업의 이해」 박영사, 2019.

윤경배 「4차 산업혁명의 이해 : 융복합 기술과 미래사회」 일진사, 2020.

윤남수 「기업가 정신과 창업」 한올출판사, 2020.

이국환, 김성호 「제품·서비스플랫폼 개발전략」, 진샘미디어, 2022.

이국환, 김성호, 유치영, 도한우 「제품개발과 기술사업화전략」, 한티미디어, 2009.

이민화, 박시온 「하드웨어 스타트업 4차 산업형 창업 모델 : 4차 산업혁명은 현실과 가상이 인간을 중심으로 융합하는 혁명이다」 창조경제연구회, 2017.

이상수 「제4차 산업혁명 시대의 주요 기술」 바른북스, 2019.

이윤준, 한정희 「(4차 산업혁명 시대) 기업가정신과 창업」 한경사, 2020.

임춘성, 장기신 「4차 산업혁명 시대의 창의적인 IT경영론」 청람, 2020.

조보상, 윤두열 「(4차 산업혁명 시대의) 창업실무」 무역경영사, 2020.

조성진, 김진영, 은종성, 조영빈, 강재열, 황윤성 「(대학생들이 쉽게 할 수 있는) 창업실무」 양성원, 2020.

최원식 「(제4차 산업혁명의 혁신 실천서) 기업을 혁신하는 스타트업 DNA」 마켓포럼, 2016.

클레이튼 크리스텐슨, 휴 커트니, 제인 커클랜드 등 지음, 현대경제연구원 옮김 「불확실성 경영: 미래 예측과 대응전략」 21세기북스, 2009.

특허청, 지식재산가치평가 실무가이드, 2013.

특허청, 창업을 부르는 발영과 특허, 2014.

특허청, 특허기술평가 활용안내서, 2012.

홍성학 「(삶과 가치를 남기는) 비즈니스 모델」 법문사, 2020.

찾아보기

S

T

U

V

ㅁ

ㅂ

ㅅ

ㅊ

ㅋ

ㅌ

ㅍ

ㅎ

저자 소개

백광현(白光鉉, Baik Kwang-Hyun)

독일 괴팅엔(Göttingen)대학교 Vordiplom 취득(경영학 학사)

독일 괴팅엔대학교 Diplom-Kaufmann 취득(경영정보학 석사)

독일 괴팅엔대학교 경영정보학 박사(Dr. rer. pol.)

논문지도교수: Prof. Dr. Dr. h.c. Jürgen Bloech

박사논문: 중소기업에 있어서 총체적 정보통신시스템의 전략적 기획을 통한 기회와 위험(Chancen und Risiken bei der strategischen Planung des Ganzheitlichen Informations-und Kommunikationssystems in Klein- und Mittelbetrieben, Cuvillier 1997)

- 1994-1997 독일 괴팅엔대학교 생산투자연구소 연구원
- 1998-현재, 선문대학교 교수(직위: 교수)
- 2001-2002 국가정보화평가위원회 전문위원(전자상거래 분야)
- 2002-2007 정보통신부 정책분과(정보화분야) 위원회 평가위원
- 2006-2018 선문대학교 창업보육센터 센터장
- 2012-2015 선문대학교 창업교육센터 센터장
- 2007-2012 충청남도 정책자문교수단 경제통상분과위원회 위원
- 2008-2010 충남창업보육협의회 회장 / 중소기업청 (사)창업진흥원 이사
- 2010-2017 중소기업기술개발 지원사업 평가위원
- 2010-2016 선문대학교 사무처장 / 취업학생처장
- 2012-2016 충남지역 과학기술정보협의회 운영위원

주요 수상

- 중소기업청장 (2010.10)
- 부총리 겸 교육부장관상 (2015.10)
- 아산시장상 (2016.02)

주요 연구/발표논문

- Performance Analysis of ATM LAN Interworking Unit in the Internet Environment (2001.06)
- Role of Virtual Enterprise Broker in SMEs (2002.10)
- IT 중소 · 벤처기업의 가상기업 체제 기반구축을 위한 연구 (2002.12)
- e-비즈니스 취약계층을 위한 활성화방안 연구 : 정부정책을 중심으로 (2002.12)
- A Study on Infrastructure of Virtual Enterprise for IT SMEs/Ventures (2004.03)
- An Enterprise Engineering Methodology for Design and Evaluation of Virtual Enterprise (2004.03)
- 국내 임베디드 소프트웨어 산업 실태조사에 관한 연구 (2004.04)
- 국내 유비쿼터스 산업 육성정책 연구 (2004.12)
- Economic Effects Analysis on Ubiquitous Industry (2005.03)
- A modeling approach for designing a value chain of virtual enterprise (2005.03)
- e-Business에서 u-Business로의 이행을 위한 연구 (2005.12)
- 국내 u-비즈니스 표준화 추진전략에 관한 탐색적 고찰 (2006.12)
- 국내 u-러닝 산업 활성화를 위한 정책에 관한 연구 (2007.12)
- Approximate Analysis of an N-Design Call Center with two Types of Agents (2008.10)
- 국내 창업활성화를 위한 창업지도사 도입 방안 연구 (2009.02)
- 창업보육센터 매니저의 보유 역량과 필요 역량의 비교 연구 (2011.05)
- 스마트 시대의 중소기업 IT 대응 전략 (2012.05)
- 전공 교과목 연계를 통한 경영교육 향상 사례연구 (2013.02)
- 국내 빅데이터 산업 성공요인에 관한 탐색적 고찰 (2013.11)
- Performance analysis of an AAL multiplexer with dynamic bandwidth allocation in an IP/ATM environment, Computers & Operations Research (2013.12)
- 4차 산업혁명 시대의 중소제조기업 스마트경영 탐색적 연구 (2016.11)

주요 저서

- 비즈니스를 위한 인터넷 활용, 제일어학 (2002.02)
- 인터넷 경영, 두양사 (2007.02)
- 기업경영을 위한 정보기술 입문, 브레인코리아 (2009.02)
- 벤처창업실무, 인디자인 (2013.06)
- 정보통신기술 경영, 범한출판사 (2017.12)
- 데이터베이스 입문, 문운당 (2019.09)

김성호(金成鎬, Kim Sung-Ho)

독일 베를린공과대학교 기계체정보공학(학부석사통합) 수료
아주대 경영대학원 경영학석사(e-business전략)
서울과학기술대학교 IT정책전문대학원 공학박사(산업 · 정보시스템 ; 특허경영)

현) 덕성여자대학교 산학협력교수(중소기업협력센터장)
현) 유망특허발굴사업화 협동조합 이사

전) 계명문화대학교 산학협력교수
전) 대구테크노파크, 부천산업진흥원, 용인시산업진흥원 팀장
전) ㈜오토산업 해외영업부 차장
전) ㈜일흥/기술연구소 설계부 과장
전) 김&장 법률사무소 기계특허부 특허엔지니어

대외 활동

- 2005~2007 대한변리사회 지식재산연구소 비상근 전문위원
- 2006~2007 한국정보통신진흥원 주관 기술사업화서비스포럼/기술사업 분과위원장
- 2006~2007 한국기술벤처재단 한 · 일기술마케팅 코디네이터 위촉
- 2006~2008 한국산업기술진흥협회 연구성과지원단 특허과제 평가 위원
- 2006~2008 경기테크노파크 경기기술이전센터 기술사업화 전문가 위촉
- 2006~2008 광주테크노파크 광주기술이전센터 기술사업화 전문가 위촉
- 2007~ 한국산업기술평가관리원 산업기술혁신 평가단 평가위원
- 2008~2010 인천상공회의소 인천지식재산센터 특허전문위원
- 2008~2011 한국기술거래소 벤처클리닉센터 컨설턴트
- 2009~2011 서울시 시정개발연구원 전문위원(사업성 평가)
- 2009~2011 서울산업통상진흥원 서울지식재산센터 특허전문위원
- 2009~2011 중진공 아이디어상업화 전문컨설턴트
- 2009~2012 인천테크노파크 기술이전센터 전문위원
- 2010~ 중소기업기술정보진흥원 중소기업기술개발 지원사업 평가위원
- 2010~2011 한국기술거래사회 강서지회장
- 2010~2012 대구테크노파크 컨택센터 전문위원(특허/기술이전사업화 분야)
- 2011~2013 농업기술실용화재단(농진청) 기술가치평가 자문위원
- 2014~ IP-Academy 등록교수

- 2014~2015 지역맞춤형기술이전사업(대구과학기술진흥센터 자문위원)
- 2015~2016 기술거래사 등록교육 교재편찬위원회 위원(한국기술거래사회)
- 2015~ 한국생산성본부 R&D전문위원
- 2016~ 부천산업진흥원 창업멘토 · 자문 위원
- 2017~ 창업진흥원 창업멘토, 성남산업진흥재단 창업멘토

주요 연구 및 저서

- 논문: 특허지표를 활용한 특허경영성과에 관한 실증적 연구
  QFD를 이용한 우수 특허 선별에 관한 연구
  주성분분석을 활용한 우리나라 주요 기업의 특허경쟁력 분석
- 연구실적: 4차산업혁명수요형 NCS활용 경력단절여성 교육과정개발(여성가족부),
  국산 로봇보급·운용 활성화를 위한 사용자 측면 규제개선 및 이해관계자 의견 등을 반영한 제도 개선(산업통상자원부) 등
- 저서: 제품개발과 기술사업화전략, 2008
  기술경영기반의 특허경영, 2013
  기술경영, 2015 (e-book; 기술거래사 교재)
  제품·서비스플랫폼 개발전략, 2022

자문 및 특강

- 기업자문: 특허경영전략수립, 특허맵을 통한 특허분석, 특허청구범위의 회피설계, IP기반의 R&D기획, R&D 성과분석, 특허(기술)가치평가, 특허포트폴리오 구축, 기술도입/기술판매, 유망특허/신규사업 발굴, 기업/기술/제품 인증, 기술금융
- 창업자문: 기술창업, 지식서비스창업(웹/앱비즈니스), 기술마케팅, 비즈니스모델수립, 사업타당성 분석, 사업계획서, 클라우드펀딩
- 특강: 특허경영전략수립, IP기반의 기술창업, 기술경영기반의 특허경영, 특허(기술)가치평가, 로열티 산정법 등

창의적 스타트업

발 행 일 | 2023년 2월 28일
저　　자 | 백광현 · 김성호
발 행 인 | 최 봉 조
발 행 처 | 진샘미디어
주　　소 | 서울시 은평구 연서로 5길 28 부호아파트 102동 상가 5호
전　　화 | 02)353-4421 / FAX 02)353-4431
홈페이지 | www.jinsaem.co.kr

신고번호 | 제311-2005-000025호
ISBN | 979-11-91419-31-3 93320

정가 29,000원